普通高校"十三五"规划教材·经济学系列

经济法

（第2版）

郭若愚 ◎ 主　编
彭　霞 ◎ 副主编

清华大学出版社
北　京

内容简介

本书主要根据高等院校经济管理专业的专业特点安排内容和体例结构，针对教育需求特点和职业实际需要，遵循培养复合型和应用型人才的教学规律，阐述经济法的基本理论和重要制度。全书的内容分为七篇，主要包括经济法总论、市场主体法律制度、合同和担保法律制度、支付和结算法律制度、市场管理法律制度、知识产权法律制度和经济纠纷的解决制度。力求从实际出发，立足学生必须掌握的实用内容，让学生掌握交易流程中的主要法律规定。

本书既可作为高等院校经济管理类相关专业学生的教材，又可作为经济法学习爱好者的辅导用书。

图书在版编目(CIP)数据

经济法／郭若愚主编. —2版. —北京：清华大学出版社，2018(2018.9重印)

(普通高校“十三五”规划教材. 经济学系列)

ISBN 978-7-302-48684-8

Ⅰ. ①经… Ⅱ. ①郭… Ⅲ. ①经济法－中国－高等学校－教材 Ⅳ. ①D922.29

中国版本图书馆CIP数据核字(2017)第271398号

责任编辑： 张　伟
封面设计： 汉风唐韵
责任校对： 宋玉莲
责任印制： 刘海龙

出版发行： 清华大学出版社
　网　　址： http://www.tup.com.cn，http://www.wqbook.com
　地　　址： 北京清华大学学研大厦A座　　**邮　　编：** 100084
　社 总 机： 010-62770175　　**邮　　购：** 010-62786544
　投稿与读者服务： 010-62776969，c-service@tup.tsinghua.edu.cn
　质量反馈： 010-62772015，zhiliang@tup.tsinghua.edu.cn
　课件下载： http://www.tup.com.cn，010-62770175-4506
印 装 者： 三河市龙大印装有限公司
经　　销： 全国新华书店
开　　本： 185mm×260mm　　**印　　张：** 24.75　　**字　　数：** 570千字
版　　次： 2014年5月第1版　2018年1月第2版　　**印　　次：** 2018年9月第2次印刷
印　　数： 4001～7000
定　　价： 49.00元

产品编号：077125-01

第2版 前言

社会主义市场经济是法制经济，熟悉和掌握经济法的基本理论和基本制度，对经济管理类专业的学生而言十分重要，目前经济法或商法课程已经成为各大高校经济管理类专业学生的必修课。随着市场经济的不断发展，经济法律规范不断的调整和颁布对经济法教材的日益更新提出了新的要求。

本书编者均具有近20年的高校经济法和民法教学实践经验。在教学实践中深刻地感受到经济法教材内容应系统性和实用性并重，内容应全面且不脱离课堂教学需要。为适应高校经济管理类专业经济法课程教学的需要，编者在总结多年教学经验和研究成果的基础上编写了本书。

本书结合经济管理类专业教学特点，安排教材内容和体例结构。力求理论联系实际，阐述市场交易中涉及的经济法的基本理论和基本制度。鉴于大多数经济管理类学生并未先修民事法律等课程，未掌握经济法所需的法律基础知识，本书将相关的民事法律基本概念和基本制度收入其中，加上经济纠纷的解决制度，使得内容体系更加完整和实用。本书内容分为七篇，包括：第一篇经济法总论、第二篇市场主体法律制度、第三篇合同和担保法律制度、第四篇支付和结算法律制度、第五篇市场管理法律制度、第六篇知识产权法律制度和第七篇经济纠纷的解决制度。本书根据每章具体内容的特点，配有案例和习题，能较好地满足教师课堂授课和学生自主学习的需要。因此，本书除面对高校经济管理类学生，也适用于对经济法具有一定兴趣的自学者。

本书主编为郭若愚，副主编为彭霞，编写分工如下：郭若愚负责第一篇、第三篇、第四篇和第七篇，彭霞负责第二篇、第五篇和第六篇。本书最后由郭若愚统稿定稿。

在本书的编写过程中，编者参考了大量相关教材和书籍，这些资料对本书的成文具有重要作用，在此对有关作者表示衷心感谢。清华大学出版社为本书的出版付出了辛勤的工作，在此表示由衷感谢。

本书第2版在第1版的基础上，根据我国近年的最新立法，结合实践中出现的典型案例，并总结三年多来教材使用情况，对内容进行了相应的修改和充实，能较好地反映我国相关立法的最新进展，适应教学的需要。

由于编者水平所限，本书中难免存在不当或疏漏，敬请广大读者批评指正。

郭若愚

2017年11月

第一篇　经济法总论

第二篇　市场主体法律制度

第三篇　合同和担保法律制度

第四篇　支付和结算法律制度

第五篇　市场管理法律制度

第六篇　知识产权法律制度

第七篇　经济纠纷的解决制度

经济法总论

第一章

经济法概述

第一节　法的一般原理

2015 年 9 月，甲以每头 500 元的价格购得 20 头良种绵羊。同时，甲与乙达成购买饲料的合同约定甲以每公斤 0.2 元的价格购买饲料 5 000 公斤，次年 4 月 15 日交货付款。2016 年 4 月 3 日，甲存放的饲料因意外起火被烧毁。甲无奈之下找到乙要求提前交付购买的饲料。乙称双方约定的交付时间未到，如果需要提前交货，则甲用 5 头绵羊来抵偿购买 5 000 公斤饲料的货款 1 000 元。由于急需饲料，甲同意了乙的提议，双方签订了甲用 5 头绵羊来抵偿购买 5 000 公斤饲料的货款 1 000 元的书面合同。根据《最高人民法院关于贯彻执行〈民法通则〉若干问题的意见》第七十条的规定："一方当事人乘对方处于危难之机，为牟取不正当利益，迫使对方作出不真实的意思表示，严重损害对方利益的，可以认定为乘人之危。"因此，双方订立的合同属于乘人之危而订立的合同。根据《中华人民共和国民法通则》第五十八条的规定，一方以欺诈、胁迫的手段或者乘人之危，使对方在违背真实意思的情况下所为的民事行为无效。而根据《中华人民共和国合同法》第五十四条的规定，乘人之危签订的合同属于可变更、可撤销的合同。应如何判断该乘人之危的合同的效力？

一、法的概念和特征

（一）法的概念

广义的法是指国家制定或认可的，体现统治阶级意志的，由国家强制力保证实施的行为规范的综合。

（二）法的特征

法主要具有以下特征。

1. 规范性

法的规范性是指法是调整人们的行为或者社会关系的规范，具有规定人们的行为模式、指导人们行为的性质。

2. 国家意志性

法的国家意志性是指国家的存在是法存在的前提条件，法是由国家制定或认可的行为规范。

3. 国家强制性

法的国家强制性是指法依靠国家强制力保证实施，国家的强制力是法实施的最后保障手段。国家强制力是指国家通过监狱、法庭、军队等形态体现出的国家暴力。

4. 普遍性

法的普遍性是指法在国家权力管辖范围内具有普遍适用的效力和特性，即法律效力对象的广泛性，法律效力的重复性，相同事项和对象适用相同的法。

二、法的一般分类

法的分类标准很多。其中法的一般分类是指适合于世界各国和地区的法的分类，即对各国和地区具有普适性的法的分类。法的特殊分类是相对于法的一般分类而言的，仅适用于部分国家和地区。

法的一般分类通常包括以下五种。

1. 国内法与国际法

此分类的主要标准是法的创制和适用范围。

国内法是指由国内有立法权的主体制定的、其效力范围一般不超出本国主权范围的法律、法规和其他规范性法律文件。国内法法律关系的主体主要是个人和组织，国家仅在诸如国有财产所有权这样的少量法律关系中成为主体，如《中华人民共和国合同法》(以下简称《合同法》)。

国际法是由参与国际关系的两个或两个以上国家或国际组织间制定、认可或缔结的确定其相互关系中权利和义务的，并适用于它们之间的法。其主要表现形式是国际条约。国际法法律关系的主体主要是国家，如《保护工业产权巴黎公约》。

2. 成文法与不成文法

此分类的主要标准是法的创制方式和表现形式。

成文法又称制定法，是指有立法权或立法性职权的国家机关制定或认可的以规范化的成文形式出现的规范性法律文件。

不成文法是指由国家有权机关认可的、不具有文字形式或虽有文字形式但却不具有规范化成文形式的法。理解不成文法的表现形式应注意：所谓不成文法是相对于规范化成文形式而言的。因此不成文法不仅包括习惯法，也包括法院通过判决所创制的有文字表现形式的判例法、不成文宪法等。

3. 根本法与普通法

此分类主要适用于成文宪法制国家，分类的主要标准是法的地位、效力、内容和制定程序。

根本法是指在整个法的形式体系中居于最高地位的一种规范性法律文件。在我国，根本法指的是宪法，是国家最高立法机关经由特殊严格程序制定和修改的，综合地规定国家、社会和公民生活的根本问题的，具有最高的法的效力的一种法的形式。

普通法是指宪法以外的所有法的统称。其地位和效力都是低于宪法的，其内容涉及的是某类社会关系而不是综合地调整多种社会关系,其制定和修改的程序也没有根本法那样严格和复杂。

4. 一般法与特别法

此分类的主要标准是法的适用范围。

一般法指对一般人、一般事项、一般时间、一般空间范围有效的法,如刑法、民法、婚姻法。

特别法是指对特定的人、特定事项有效,或在特定区域、特定时间有效的法。

例如,根据《中华人民共和国商业银行法》(以下简称《商业银行法》)的规定,商业银行均应采用公司的组织形式。因此,对《商业银行法》而言,《中华人民共和国公司法》(以下简称《公司法》)是一般法,《商业银行法》相对于《公司法》而言是特别法。

5. 实体法与程序法

此分类的主要标准是法所规定的内容不同。

实体法是指以规定主体的权利、义务关系或职权、职责关系为主要内容的法,如民法、刑法、行政法等。

程序法是指以保证主体的权利和义务得以实现或保证主体的职权和职责得以履行所需程序或手续为主要内容的法,如民事诉讼法、刑事诉讼法、行政诉讼法等。

三、法的表现形式

法的形式是指法的效力渊源,从立法体制、法的效力等级和效力范围角度对法所作的分类,即从立法的角度所作的分类。我国是典型的成文法国家,根据2000年7月1日起施行的《中华人民共和国立法法》规定下的我国现阶段各种立法主体的立法活动,法的表现形式主要包括以下几种。

(一) 宪法

宪法是具有最高法律效力的根本大法。我国宪法由最高国家权力机关全国人民代表大会制定和修改。宪法之外的法律、法规和规章等都不得同宪法相抵触。

(二) 法律

这里是指狭义的法律,即由全国人民代表大会及其常务委员会制定和修改的法。法律调整国家、社会和个人生活中具有根本性的社会关系。法律的效力仅次于宪法,是制定其他规范性文件的依据。

(三) 行政法规

行政法规是由最高国家行政机关国务院制定和颁布的法。其法律效力低于宪法和法律,不得与宪法和法律相抵触。

(四) 地方性法规、自治条例和单行条例

地方性法规是省、自治区和直辖市等具有立法权的地方人民代表大会及其常委会在

不与宪法、法律和行政法规相抵触的情况下，根据本地区的情况制定和颁布的法。

自治条例和单行条例是民族自治地方的人民代表大会按照当地民族的政治、经济和文化情况而制定的法。

（五）行政规章

行政规章包括部门规章和政府规章。

部门规章是指国务院所属部委和直属机构依法在其职权范围内制定和颁布的法律文件。

政府规章是省、自治区和直辖市人民政府等地方政府依法在其职权范围内制定和颁布的法律文件。

此外，我国法的效力渊源还包括特别行政区法、国际条约等。另外，不成文法是我国法的渊源的补充，如政策、习惯和判例。

第二节　我国经济法的历史沿革和立法现状

一、经济法的概念

“经济法”一词源于法国空想主义者摩莱里 1755 年出版的著作《自然法典》。其经济法核心思想为：“经济法”是在未来的理想社会公平分配财富的分配法。摩莱里强调资本主义弊端根源于资本主义私有制，提出的解决之策是实行公有制以及国家对社会经济生活实行统一管理并按人口数量平等分配。

经济法是产生于市场经济基础上的体现国家干预经济意志的新型法律部门，是综合运用国家宏观调控权和市场规制权，以不断解决个体营利性和社会公益性的矛盾，兼顾效率与公平，促进经济稳定增长与社会良性发展的法律规范的总称。

经济法的调整对象是一定范围内的经济社会关系，包括国家或政府、市场经营主体以及消费者为实现社会公共利益而形成的社会关系。经济法兼顾了公平和效率，能最大限度地保障社会主义市场经济的健康有序发展，促进经济稳定增长，保障经济公平与社会公平，实现经济与社会良性运行与协调发展。

二、我国经济法的历史沿革

我国经济法的产生和发展主要可分为以下四个阶段。

（一）中华人民共和国成立之初的经济法（1949—1956 年）

在这一阶段，中国社会处于由极为落后的旧状况向当时人们所期望、所追求的新社会转变的时期，亦即处于人们通常所说的由新民主主义向社会主义初级阶段过渡的状态。立法在当时那种异常复杂而变动剧烈的历史条件下，仍然获得较大发展和许多成就。但由于这一阶段中国立法的历史背景过于特殊，它的历史局限也尤其大。这是一个矛盾的开端。而就其主要倾向和主要状况来说，还是好的。中华人民共和国成立之初，处于国民经济恢复及社会主义改造时期。我国制定和颁布了《矿业暂行条例》《关于发放农业贷款的指示》《公私合营工业企业暂行条例》等法律法规,以保障对农业、手工业和资本主义工商业的社会主义改造。此外,还颁布了调整产品供应、商业、基本建设、工商管理、物资管理、交通运输、金融、贸易等大量经济法律法规。

(二) 社会主义建设时期的经济法(1957—1965年)

自1957年开始,我国进入全面进行社会主义建设的十年时期。国家在计划、工业企业、基本建设、自然资源、农村集体经济、商业、物资、物价等方面制定了大量经济法规。

(三) "文化大革命"时期的经济法(1966—1976年)

自1966年到1976年的"文化大革命"时期,是我国法制建设的大破坏时期,中华人民共和国成立后制定的行之有效的经济法规几乎全部被废除。

(四) 党的十一届三中全会后的经济法(1978年至今)

1978年召开的党的十一届三中全会,把发扬社会主义民主、加强社会主义法制提上日程。市场经济的发展将经济法立法推到中国法制建设的前台。此后,经济法经历了复兴(1981—1993年)和纵深发展(1993年以后)两个阶段。我国围绕推进改革和建立社会主义市场经济体制颁布了大量的法律法规,以颁布《中华人民共和国反不正当竞争法》(以下简称《反不正当竞争法》)和《中华人民共和国消费者权益保护法》(以下简称《消费者权益保护法》)为起点,进入了制定真正意义上的经济法阶段。先后出台了有关产业政策、财政、金融等宏观调控的法律法规以及市场规制方面的法律法规。

三、我国经济法立法现状

目前,我国经济法立法已有一定规模,主要包括以下立法。

(一) 调整市场主体的法律

例如,《中华人民共和国个人独资企业法》《中华人民共和国合伙企业法》《公司法》《中华人民共和国全民所有制工业企业法》《商业银行法》《中华人民共和国企业登记管理办法》《中华人民共和国破产法》等法律法规。

(二) 调整市场交易的法律

例如,《合同法》《中华人民共和国担保法》《中华人民共和国拍卖法》《中华人民共和国支付结算办法》《中华人民共和国票据法》等。民事法律如《中华人民共和国民法总则》(以下简称《民法总则》)、《中华人民共和国物权法》也有相关内容。

(三) 宏观调控方面的法律

例如,《中华人民共和国财政法》《中华人民共和国预算法》《中华人民共和国国债法》《中华人民共和国证券法》《中华人民共和国人民银行法》《中华人民共和国政府采购法》及有关财政、金融和税收的法律法规。

(四)市场管理和行为规制的法律

例如,《中华人民共和国反垄断法》(以下简称《反垄断法》)、《中华人民共和国反不正当竞争法》《中华人民共和国产品质量法》《中华人民共和国广告法》《消费者权益保护法》《中华人民共和国城市房地产管理法》《中华人民共和国对外贸易法》《中华人民共和国海关法》等法律法规。

(五)知识产权法律

例如,《中华人民共和国商标法》《中华人民共和国专利法》和《中华人民共和国著作权法》。

另外,还有劳动和社会保障以及环境资源保护和开发方面的法律,如《中华人民共和国劳动法》《中华人民共和国劳动合同法》《中华人民共和国环境保护法》《中华人民共和国水污染防治法》《中华人民共和国矿产资源法》以及相关配套法律法规。

经济法通过市场主体法律确定参与市场经济活动的主体的法律资格,通过市场管理和行为规制法律保证市场竞争中的平等,通过宏观调控如财税法等实现社会资源的共享,通过市场交易建立市场主体之间的权利和义务关系,通过知识产权法律保障市场主体智力创造劳动,通过社会保障法律制度等给予社会上弱势群体以特殊关怀。经济法可保证和促进国家调节机制与市场调节机制的有机结合,创造平等交换、公平竞争的环境,实现社会主义市场经济的有序发展。

本书内容以经济法为核心,兼顾民事法律的相关内容,主要涉及市场交易主体的种类,企业的设立,主体之间法律关系的设立、变更和消灭,交易的结算,主体的主要权利,纠纷的解决。

一、名词解释题

法　法的渊源　经济法

二、问答题

1. 法的主要分类有哪些?
2. 法的效力渊源主要包括哪些?
3. 简述我国经济法的立法沿革。
4. 简述我国经济法的立法现状。

第二章

经济法基础知识

第一节　经济法律关系

某公司向某酒店供应了价值5万元的洁具。后酒店提出，给付4万元现金，另1万元货款以酒店消费卡折抵。公司负责此项业务的陈某担心如果不接受，余款4万元也就拿不到了，只好接受。

但公司要求陈某尽快追回这1万元货款，否则这1万元就由陈某个人负担。无奈陈某只好以自己的名义向法院起诉，要求该酒店给付货款1万元并收回酒店消费卡。

问题：从法律关系的角度来讲，陈某的做法是否适当？

一、经济法律关系的概念和要素

(一) 经济法律关系的概念

法律关系是指由法律规范调整所形成的主体之间的权利义务关系。社会关系只有经过法律规范的调整，才能形成法律关系。

经济法律关系是指国家调节或协调经济运行过程中，根据经济法的规定在主体之间所形成的权利义务关系。

(二) 经济法律关系的要素

法律关系的要素是指构成权利义务关系的必要条件。法律关系的要素包括参与法律关系的主体、作为权利义务对象的客体和权利义务的具体内容。正如法律关系一样，经济法律关系也包括上述三个要素。

1. 主体

主体是指参与到经济法律关系中享有权利承担义务的人。

2. 客体

客体是指经济法律关系中权利和义务指向的对象。主要包括物、行为、权利等。

3. 内容

内容是指经济法律关系主体享有的权利和承担的义务。

例如，甲和乙约定，甲将自己的房产出售给乙。甲和乙之间形成的法律关系的要素分别是：主体为甲和乙；客体为物——房产；内容为甲的义务是按照约定将房产交付乙，权利是要求乙支付房款，乙的权利是要求甲交付房产，义务是向甲支付房款。

二、经济法律关系的主体

经济法律关系的主体按照不同的标准可以有不同分类，主要有自然人、企业、国家机关等。按照《中华人民共和国民法通则》（以下简称《民法通则》）和 2017 年 10 月 1 日生效的《中华人民共和国民法总则》（以下简称《民法总则》）的规定，首先可以把主体分为自然人和组织；按照有无法人资格，可将组织分为法人组织和非法人组织。本章主要从自然人和法人组织的角度介绍主体。第四章介绍组织属性的主体中的企业。（《民法总则》吸收了《民法通则》的大多数规定，二者规定不一致时，根据新法优于旧法，以《民法总则》为准。故下文主要以《民法总则》为依据。）

（一）自然人

赵甲现年 7 周岁，小学在读。赵甲在儿童书法比赛中获得了一等奖。某杂志社和赵甲的父亲赵乙联系，称将出版一期儿童书画作品专刊，希望能寄来几幅赵甲的作品供他们挑选。赵乙收信后给杂志社寄去了三幅作品，之后一直没有回音。

半年后，赵乙在该杂志社的期刊上发现刊有未署名的赵甲的两幅作品后，联系杂志社询问为何杂志社不通知该作品已被选用，而且既不支付稿酬也不署名。

杂志社回复称：赵甲是年仅 7 周岁的未成年人，不能享有相关权利，因此没必要署名和支付稿酬。

1. 自然人的概念

自然人是指因为自然出生而取得民事主体资格的人。

《民法通则》中没有使用“自然人”而是使用了“公民”一词。公民是指具有一国国籍的自然人，因此公民和自然人的概念并不等同。

《民法总则》和 1998 年颁布的《合同法》中使用了“自然人”的概念。

2. 自然人的民事法律权利能力

自然人参与民事活动和经济活动，应当具有相应的民事法律资格。民事法律资格包括民事权利能力和民事行为能力两方面。

民事权利能力是指主体依法享有民事权利、承担民事义务的资格。《民法总则》规定：“自然人的民事权利能力一律平等。”

1）自然人民事权利能力的产生

《民法总则》规定：“自然人从出生时起到死亡时止，具有民事权利能力，依法享有民事权利，承担民事义务。”实践中，出生是指胎儿离开母体并能够独立呼吸的时间。《民法总则》规定：“自然人的出生时间和死亡时间，以出生证明、死亡证明记载的时间为准；没有出生证明或死亡证明的，以户籍登记或者其他有效身份登记记载的时间为准。有其他证据足以推翻以上记载时间的,以该证据证明的时间为准。”

根据上述规定,尚未出生的胎儿不具有民事权利能力,因此不享有民事权利,也不承担民事义务。但我国法律体现对胎儿利益的保护,《民法总则》规定:“涉及遗产继承,接受赠与等胎儿利益保护的,胎儿视为具有民事权利能力。但是胎儿娩出为死体的,其民事权利能力自始不存在。”又如《中华人民共和国继承法》(以下简称《继承法》)规定:“遗产分割时,应当保留胎儿的继承份额。胎儿出生时是死体的,保留的份额按照法定继承办理。”

2) 自然人民事权利能力的消灭(终止)

根据前述规定,自然人的权利能力自其死亡时消灭。

自然人的死亡会引起相关民事法律关系的产生、变更或终止,因此,确定自然人的死亡时间具有重要意义。根据《民法总则》规定,自然人死亡在法律上分生理死亡和宣告死亡,相应死亡时间也不同。

生理死亡是指从生理学的角度判断自然人死亡。目前,在我国法律中并无明文规定生理死亡的时间。实践中,一般采用医学临床认定标准中的呼吸停止说,即将自然人呼吸停止的时间视为自然人死亡的时间。

宣告死亡是指经利害关系人申请,由人民法院宣告符合法定条件的自然人死亡的法律制度。

自然人有下列情形之一的,利害关系人可以向人民法院申请宣告他死亡:下落不明满4年的;因意外事件下落不明满两年的。战争期间下落不明的,下落不明的时间从战争结束之日起或者有关机关确定的下落不明之日计算。

3. 自然人的民事行为能力

民事行为能力是指主体通过自己的行为享有民事权利和承担民事义务,并能够承担民事责任的资格。具有民事行为能力是自然人独立进行民事行为的前提。

民事行为能力并非随着自然人的出生而取得。根据《民法总则》规定,自然人的行为能力由自然人的年龄、智力、精神等因素区分为三种情况,即完全民事行为能力、限制民事行为能力和无民事行为能力。

1) 完全民事行为能力

完全民事行为能力是指自然人通过其行为独立进行民事活动,享有民事权利和承担民事义务的资格。

18周岁以上的自然人是成年人,具有完全民事行为能力,可以独立进行民事活动,是完全民事行为能力人。

不满18周岁的自然人是未成年人,16周岁以上的未成年人,以自己的劳动收入为主要生活来源的,视为完全民事行为能力人。

2) 限制民事行为能力

限制民事行为能力是指自然人能部分独立地进行民事活动,享有民事权利和承担民事义务的资格。

根据《民法总则》规定,限制民事行为能力人包括:

(1) 8周岁以上的未成年人。实施民事法律行为由其法定代理人代理或者经其法定代理人同意、追认,但是可以独立实施纯获利益的民事法律行为或者与其年龄、智力相适应的民事法律行为。

(2) 不能完全辨认自己行为的成年人。实施民事法律行为由其法定代理人代理或者经其法定代理人同意、追认，但是可以独立实施纯获利益的民事法律行为或者与其智力、精神健康状况相适应的民事法律行为。

3) 无民事行为能力

无民事行为能力指自然人没有独立进行民事活动的资格，不能通过自己的行为享有民事权利和承担民事义务。

根据《民法总则》的规定，无民事行为能力人包括：①不满 8 周岁的未成年人；②不能辨认自己行为的成年人。③8 周岁以上的未成年人不能辨认自己行为的。

无民事行为能力人、限制民事行为能力人的监护人是其法定代理人。

不能辨认或者不能完全辨认自己行为的成年人，其利害关系人或者有关组织，可以向人民法院申请认定该成年人为无民事行为能力人或者限制民事行为能力人。

被人民法院认定为无民事行为能力人或者限制民事行为能力人的，经本人、利害关系人或者有关组织申请，人民法院可以根据其智力、精神健康恢复的状况，认定该成年人恢复为限制民事行为能力人或者完全民事行为能力人。

4. 个体工商户和农村承包经营户

1) 个体工商户

个体工商户是指公民在法律允许的范围内，依法经核准登记，从事工商业经营的自然人或家庭。

个人经营的，以其个人财产承担民事责任；家庭经营的，以其家庭财产承担民事责任。

2) 农村承包经营户

农村承包经营户是指依法按照农村承包经营合同规定从事商品经营的农村集体经济组织的成员。农村承包经营户是一个相对独立的商品生产者和经营者，享有承包权和商品生产经营权。

农村承包经营户的债务，以从事经营的农户财产承担。事实上由农户部分成员经营的，以该部分成员的财产承担。

(二) 法人

法人和非法人均属于组织，是按照是否具备法人资格对组织进行的分类。

1. 法人的概念和特征

法人是指具有民事权利能力和民事行为能力，依法独立享有民事权利和民事义务的组织。

法人应有自己的名称、组织机构、住所、财产或经费。法人成立的具体条件和程序，依照法律、行政法规的规定。法人依法变更和终止。

2. 法人的种类

根据成立的目的，《民法总则》中将法人分为营利法人、非营利法人和特别法人。

1) 营利法人

营利法人是指以取得利润并分配给股东等出资人为目的成立的法人，包括有限责任公司、股份有限公司和其他企业法人等。

营利法人经依法登记成立，取得法人资格。依法设立的营利法人，由登记机关发给营利法人营业执照。营业执照签发日期为营利法人的成立日期。

2) 非营利法人

非营利法人是指为公益目的或者其他非营利目的成立，不向出资人、设立人或者会员分配所取得利润的法人，包括事业单位、社会团体、基金会、社会服务机构等。

非营利法人根据具体种类，自成立或登记成立之日起具有法人资格。

3) 特别法人

特别法人是指《民法总则》规定的机关法人、农村集体经济组织法人、城镇农村的合作经济组织法人、基层群众性自治组织法人。

特别法人依法成立，取得法人资格。

(三) 非法人组织

非法人组织指依法成立的不具有法人资格，但能够依法以自己名义从事民事活动的组织。

非法人组织包括个人独资企业、合伙企业、不具有法人资格的专业服务机构等。

非法人组织应当依照法律的规定登记成立。

非法人组织的财产不足以清偿债务的，其出资人或者设立人承担无限责任。法律另有规定的，依照其规定。

王某和张某合作，各自出资5万元创办了企业A。A在经营中对B负债10万元，A无力偿还。

(1) 若A为法人企业，B是否有权要求王某和张某偿还该债务？王某和张某是否有义务偿还？

根据法人的概念，法人应独立承担民事责任。因此，A对B的负债，应由A独立承担，所以B无权要求王某和张某偿还，王某和张某也无义务偿还。

从王某和张某的角度，A对B的负债，在当初出资的基础上，不需要投入更多为A承担债务，王某和张某对其创办的法人企业的责任，以其出资为限，即有限责任。

(2) 若A为非法人企业，则B是否有权要求王某和张某承担该债务？王某和张某是否有义务承担？

因A为非法人企业，所以王某和张某对A的债务应不以投入为限承担责任，即无限责任。张某与王某之间为连带关系，即无限连带责任。

三、经济法律关系的产生、变更和终止

经济法律关系的产生、变更和终止是指经济法律关系存续、变化的过程。经济法律关系产生、变更和终止的原因包括经济行为和经济事实。经济行为是主体的行为。经济事实是和该经济权利与经济义务相关的某种客观状态或者客观经济状况。

(一)经济法律关系的产生

经济法律关系的产生即经济法律关系的形成,是指主体之间形成经济权利和经济义务的关系。

(二)经济法律关系的变更

经济法律关系的变更是指因为某种原因导致经济法律关系的某一个要素发生变化。

(三)经济法律关系的终止

经济法律关系的终止即经济法律关系的消灭,是指主体之间经济权利和经济义务关系的终止或者消灭。

一、名词解释题

经济法律关系　自然人　民事权利能力　民事行为能力　完全民事行为能力人　限制民事行为能力人　无民事行为能力人　宣告死亡　法人　营利法人　非营利法人

二、问答题

1. 法人的法律特征是什么?

2. 简述有限责任、无限责任的含义。

3. 简述经济法律关系的产生、变更和终止的含义。

三、案例分析题

1. (1)甲和乙经谈判达成一致意见,签订买卖合同,甲为卖方,乙为买方。合同规定,交货期为当年1月10日,交货地点为甲方所在地,乙上门提货付款。合同签订后,甲提出将交货期延长到当年1月20日,乙表示同意。当年1月20日,乙按照合同约定,上门提货付款。

(2)甲按揭买房,每月需要还给银行按揭款1 500元。某年1月,中国人民银行调整贷款利息后,甲每月还款额减少了50元。

问题:本题中是否存在经济法律关系的产生、变更和终止?并分析原因。

2. 王某为某初中在校学生,现年15岁;王某将家中住房租给陈某居住,每月收取租金500元。

问题:王某是否有资格将该房屋出租?并简述理由。

第二节　经济法律行为

一、经济法律行为的概念和特征

(一)经济法律行为的概念

民事法律行为是指民事主体设立、变更、终止民事权利和民事义务的行为。

经济法律行为是主体根据经济法律的规定设立、变更、终止经济权利和经济义务的行为。

经济法律行为是经济法律关系的产生、变更和终止的原因之一。经济法律行为主要表现为各种经济活动,如企业之间、企业与个人之间签订合同买卖货物,如中国人民银行代理国家发行国债。其中合同为最常见的经济法律行为,本书将在第七章合同法中重点介绍。

(二) 经济法律行为的特征

经济法律行为是为了实现一定的经济目的,在当事人之间设立、变更和终止经济权利和经济义务关系的行为。

二、经济法律行为的有效要件

根据《民法总则》,关于民事法律行为的相关规定等规定,经济法律行为的有效要件主要有以下几个。

(一) 行为人具有相应的法律资格

经济法律关系的行为人(经济法律关系的主体)必须具备法律规定的主体资格,即相应的行为能力。

例如企业,需取得与其经营范围相应的资格。

(二) 行为人意思表示真实

行为人的意思表示真实是指行为人表现于外部的意志与其内心的真实意志一致,即行为人表示要追求的某种民事后果也即其内心真正希望出现的后果。

(三) 行为不违反法律、行政法规和公序良俗

经济法律行为的内容不违反法律、行政法规的强制性规定,不违反公序良俗。

另外,经济法律行为在某些时候还有形式要求。

三、经济法律行为的分类

根据不同的分类标准,可以将经济法律行为分为下列类型。

(一) 单方和双方行为

按照经济法律行为成立时是否需要主体双方的意思表示一致,可分为单方行为和双方行为。

1. 单方行为

单方行为是指基于一方当事人的意思表示即可成立的行为。

2. 双方行为

双方行为是指基于双方当事人的意思表示一致而成立的行为。

(二) 单务和双务行为

根据双方当事人是否均享有权利和承担义务,可分为单务行为和双务行为。

1. 单务行为

单务行为是指当事人一方仅负有义务,另一方当事人仅享有权利的行为。

2. 双务行为

双务行为是指双方当事人均享有权利且承担义务的行为。

(三) 诺成性和实践性的行为

1. 诺成性的行为

诺成性的行为是指双方当事人意思表示一致即可成立的行为。

2. 实践性的行为

实践性的行为是指不仅要求双方当事人意思表示一致,还需要交付标的物才能成立的行为。

(四) 要式和非要式行为

1. 要式行为

要式行为是指必须采用某种特定形式才能成立的行为。

2. 非要式行为

非要式行为是指法律没有规定或者当事人没有约定采用某种特定形式才能成立的行为。

四、经济法律行为的代理

(一) 代理的概念

根据《民法总则》的规定,代理是指代理人在代理权限内,以被代理人(也称本人)的名义实施民事行为,对被代理人发生效力。即由此产生的民事权利和民事义务归被代理人。

在代理关系中,首先,代理人需要取得对被代理人的代理权,成为合法的有权代理人;其次,代理人在代理权限范围内依法独立行使代理权,独立进行意思表示,独立实施代理行为;最后,被代理人对代理行为承担法律后果,享受相关权利,履行相关义务。

(二) 代理的种类

根据不同的标准,代理可分为不同种类。

1. 根据代理权的取得分类

根据《民法总则》的规定,按照代理人取得对被代理人的代理权的不同途径,代理可分为委托代理和法定代理。

1）委托代理

委托代理是指被代理人对代理人进行委托授权，代理人根据被代理人的委托而进行的代理。

因此，委托代理中的被代理人应当具备委托的资格，即相应的权利能力和行为能力。

2）法定代理

法定代理是根据法律规定而产生的代理。即代理人取得被代理人的代理权是基于法律规定而不是被代理人的委托或双方约定。

法定代理主要适用于被代理人是无民事行为能力或限制民事行为能力的情况。上述情况下，被代理人没有独立意思表示的能力，法定代理人的权限来自法律规定。

由于上述两种代理权取得的途径不同，因此，代理权消灭的条件也不完全相同。

2. 根据代理行为实施的名义分类

根据代理人在实施代理行为时是否以被代理人的名义，可以将代理分为直接代理和间接代理。

1）直接代理

如前所述，《民法总则》中规定，代理人以被代理人的名义实施民事行为。这是所谓的直接代理。

2）间接代理

间接代理是指代理人在特定情况下，以自己的名义进行代理活动，实施代理行为。

《合同法》第四百零二条的规定即为间接代理：“受托人以自己的名义，在委托人的授权范围内与第三人订立的合同，第三人在订立合同时知道受托人与委托人之间的代理关系的，该合同直接约束委托人和第三人，但有确切证据证明该合同只约束受托人和第三人的除外。”

（三）代理权的行使

1. 无权代理

无权代理是指“代理人”没有代理权，而以他人名义实施“代理”行为，给他人设定权利和义务的行为。

根据《民法总则》的规定，无权代理一般包括如下三种情况。

1）没有取得代理权

根据上述代理权取得方式的规定，代理人没有合法取得对被代理人的代理权。

2）超越代理权

越权代理是指代理人的代理权虽然有效，但代理人实施的代理行为超越了代理权的权限，因此也属于无权代理。

3）代理权过期

代理人曾经合法取得过对被代理人的代理权，但在实施某代理行为时，该代理权已经过期。

无权代理如果经被代理人同意，对被代理人将产生法律效力。此时无权代理转化为有效的代理。

另外，无权代理如果符合表见代理的条件，代理行为的法律后果也将由被代理人承担。即相对人有理由相信行为人有代理权的，代理行为有效。

2. 滥用代理权

滥用代理权是指代理人在实施代理行为中不适当履行代理职责，给被代理人造成损失的行为。

滥用代理权与无权代理的区别在于，代理人的代理权本身是有效的，但是代理人实施代理行为的过程违法。

根据《民法总则》的规定，滥用代理权主要包括以下三种情况。

1）恶意串通的代理

恶意串通的代理是指代理人与第三人恶意串通，损害被代理人的利益。代理人和相对人应当承担连带责任。

2）自己代理

自己代理是指代理人以被代理人的名义和自己进行法律行为。

3）双方代理

双方代理是指代理人以被代理人的名义和自己代理的另一被代理人进行法律行为。

代理人不得自己代理或双方代理，但经被代理人（或双方被代理人）同意或追认的除外。

一、名词解释题

经济法律行为　代理

二、问答题

1. 经济法律行为的有效要件有哪些？

2. 经济法律行为的种类有哪些？

3. 代理权取得的途径有哪些？

4. 代理的种类有哪些？

5. 应如何依法行使代理权？

三、案例分析题

1. 陈甲，10岁，小学在读。其父陈乙准备将陈甲的书法作品交由某出版社出版。陈甲认为自己的书画老师在这方面较有经验，打算委托该老师和出版社洽谈出版事宜，签订出版合同。

问题：本题中是否存在代理，有哪些代理？

2. 李某委托王某代理出售李某名下的两套房产。王某对其中一套房产很满意。于是王某自行决定将该房产买下。

问题：王某的行为性质是什么？

第三节 物权和债权

2016年10月27日,王某收到甲公司为出票人、票面金额10万元的转账支票,出票日期为2016年10月27日。王某误以为该转账支票的金额为1万元,并将之以1万元转让给李某,李某当即向王某支付现金1万元。李某收到支票后未仔细查看,于2016年10月28日,将其作为票面金额1万元的支票,连同现金2万元一并交给乙公司结算货款合计3万元。乙公司得到支票后,将该支票交付给丙公司支付运输费10万元。2016年11月2日,该支票所记载的票面金额被划至丙公司的账户。后王某经甲公司告知转账支票上的10万元已被划走,王某才知道其转让给李某的支票金额为10万元。王某起诉李某、丙公司,请求法院判令两被告立即向其返还9万元。

一、物权

(一) 物权的概念和特征

根据《中华人民共和国物权法》(以下简称《物权法》)的规定,物权是指权利人依法对特定的物享有直接支配和排他的权利。物权包括不动产和动产,以及法律规定作为物权客体的权利。民事主体依法享有物权。

物权的特征主要有:主体的对世性,即物权中的权利主体特定,义务主体不特定;内容方面的支配性;物权客体的特定性;权利取得的法定性,即物权的种类和内容由法律规定。

(二) 物权的种类

根据《物权法》的规定,物权包括所有权、用益物权和担保物权。

1. 所有权

所有权是指权利人对自己的不动产或者动产享有的占有、使用、收益和处分的权利。因此,所有权也称为自物权。所有权是最完整、最充分的物权。所有权的取得途径包括原始取得和继受取得。

所有权人有权在自己的不动产或者动产上设立用益物权和担保物权。

2. 用益物权

用益物权是指权利人在一定范围内对他人之物享有的使用和收益的权利。

根据《物权法》的规定,用益物权包括土地承包经营权、建设用地使用权、宅基地使用权和地役权等。

1) 土地承包经营权

根据《物权法》的规定,对农民集体所有和国家所有由农民集体使用的耕地、林地、草地以及其他用于农业的土地,依法实行土地承包经营制度。

土地承包经营权是权利人依法对其承包经营的耕地、林地、草地等享有占有、使用和收益的权利，有权从事种植业、林业、畜牧业等农业生产。

2）建设用地使用权

建设用地使用权是指权利人依法对国家所有的土地享有占有、使用和收益的权利，有权利用该土地建造建筑物、构筑物及其附属设施。

3）宅基地使用权

宅基地使用权是权利人依法对集体所有的土地享有占有和使用的权利，有权依法利用该土地建造住宅及其附属设施。

4）地役权

地役权是指权利人按照与他人书面合同的约定，利用他人的不动产，以提高自己的不动产的效益的权利。

3. 担保物权

担保物权是为了担保债的履行，在债务人或第三人的财产上设定的物权。担保物权人在债务人不履行到期债务或者发生当事人约定的实现担保物权的情形，依法享有就担保财产优先受偿的权利。

根据《物权法》和《中华人民共和国担保法》（以下简称《担保法》）的规定，担保物权包括抵押权、质权和留置权。本书将在合同法与担保法部分重点介绍担保物权。

另外，根据物权的客体，物权可分为不动产物权和动产物权。法律规定权利作为物权客体的，依照其规定。

二、债

（一）债的概念和特征

债是按照合同约定或者法律的规定，在当事人之间产生的特定的权利和义务关系。权利人依法要求特定义务人为或者不为一定行为的权利是债权，对方的义务是债务。双方分别是债权人和债务人。

债的内容具有相对性。债权人的权利必须依靠债务人履行债务的行为。债权人的权利只能向债务人主张，法律另有规定的除外。

（二）债的产生

债的产生是指债权人和债务人之间发生债的关系的原因。根据我国民事法律的相关规定，债的产生原因主要有以下几种情况，也即债按照产生原因的分类。

1. 合同之债

当事人之间依法签订设立、变更、终止民事法律关系的协议，即产生债的关系。

2. 侵权之债

侵权行为是非法侵害他人合法人身权和财产权的行为。侵权行为在行为人和受害人之间产生侵权损害赔偿的债的关系。

3. 无因管理之债

无因管理是指没有法定或者约定的义务，为避免他人利益受损而进行管理行为。无因管理在管理人和受益人之间产生债的关系。管理人有权要求受益人偿还由此支出的必要费用。

4. 不当得利之债

不当得利是指没有法律依据,获得不当利益,应将该利益返还他人,因此在得利人和他人之间形成的债的关系。

(三) 债的终止

债的终止是指债权和债务因为某些法律事实而消灭。债的终止主要原因有履行、抵销、提存、混同、免除等,本书将在第七章合同法中重点介绍。

一、名词解释题

物权　所有权　用益物权　担保物权　债

二、问答题

1. 所有权和用益物权、担保物权的关系是什么?
2. 用益物权的种类有哪些?
3. 担保物权的种类有哪些?
4. 债的产生原因有哪些?
5. 债的消灭原因有哪些?

三、案例分析题

1. (1)甲公司与乙公司约定:为满足甲公司开发住宅小区观景的需要,甲公司向乙公司支付100万元,乙公司在20年内不在自己厂区建造6米以上的建筑。

(2) A公司将办公楼担保给银行,从银行贷款500万元。双方约定,借款期为6个月。

问题:本题中存在哪些权利?

2. 王某承包村里的鱼塘,经过精心饲养经营,收成看好。就在鱼要大量出塘上市之际,王某因病住院无力照管鱼塘。王某的邻居李某便主动担负起照管鱼塘的任务,并花费2 000元组织人员将鱼打捞上市出卖,获得收益4万元。

问题:本题中是否存在债,并说明债产生的原因。

第四节　诉讼时效

2005年1月9日,某小区的业主刘某与某物业公司签订了《物业管理委托合同》,合同主要内容包括:某物业公司物业管理费的收取标准;刘某提前预交一年的物业管理费,之后每半年交纳一次;未按时支付物业管理费,物业公司从逾期之日起按合同约定收取违约金,期限自2005年10月30日起至小区业主委员选聘的物业公司进行管理止。合同签订后,该物业公司按约定服务至2013年12月3日。因房屋修缮纠纷,刘某自2011年1

月1日起开始拒交物业管理费，共计9 425.05元。该物业公司于2016年5月起诉刘某。刘某认为物业公司的起诉已过诉讼时效。该物业公司称该合同终止后，曾于2013年12月将向刘某催款的律师函张贴在刘某房屋墙上，但刘某不予认可，该物业公司也没有证据证明刘某已看到或收到该函件。(本案例节选自湖南法院网)

一、诉讼时效的概念和意义

(一) 诉讼时效的概念

诉讼时效是指权利人在法定期限内不行使权利即丧失请求人民法院保护其民事权利的法律制度。

(二) 诉讼时效的意义

诉讼时效的立法宗旨在于督促权利人尽快行使权利。因此，人民法院不得主动适用诉讼时效的规定。

诉讼时效届满后，权利人丧失请求法院依法强制保护其民事权利的权利。权利人起诉的，法院应当受理；法院查明诉讼时效确已经过的，应当判决驳回原告的诉讼请求。

二、诉讼时效的种类

(一) 普通诉讼时效

向人民法院请求保护民事权利的诉讼时效期间为三年，法律另有规定的除外。

(二) 特殊诉讼时效

特殊诉讼时效根据其他法律(如《中华人民共和国拍卖法》《中华人民共和国环境保护法》《中华人民共和国民用航空法》《中华人民共和国产品质量法》)和《合同法》中关于特殊诉讼时效的规定。

(三) 最长诉讼时效

最长诉讼时效是人民法院保护当事人请求权的最长期间。

从权利受到损害之日起超过20年的，人民法院不予保护。

三、诉讼时效的计算

(一) 诉讼时效的起算

诉讼时效期间从当事人知道或者应当知道权利受到损害以及义务人之日起计算。法律另有规定的，依照其规定。

李某借给朱某50万元。朱某出具借条："今从李某处借到人民币50万元。朱某

2014年8月10日立。”

2017年3月5日,李某向朱某催还借款,朱某以已过诉讼时效期间为由拒不返还。本题中诉讼时效应从何时起算?

(二) 诉讼时效的中止

1. 中止的概念和效力

诉讼时效中止是指在诉讼时效进行期间,因发生法定事由阻碍权利人行使请求权,诉讼依法暂时停止进行,并在法定事由消失之日起继续进行的情况,又称为时效的暂停。

2. 中止的条件

在诉讼时效期间的最后6个月内,因不可抗力或者其他法律规定障碍不能行使请求权的,诉讼时效中止。从上述原因消除之日起满6个月,诉讼时效期间届满。

中止的原因主要包括:不可抗力;无民事行为能力人或限制民事行为能力人没有法定代理人或法定代理人死亡、丧失行为能力、丧失代理权继承开始后未确定继承人或遗产管理人,权利人被义务人或其他人控制等情况。

(三) 诉讼时效的中断

1. 中断的概念和效力

诉讼时效的中断是指在诉讼时效进行中,因法定事由的发生,使已经进行的诉讼时效归于无效。诉讼时效期间从中断时重新计算。

2. 中断的条件

中断的条件主要包括提起诉讼、权利人一方提出要求、义务人同意履行义务。

(四) 诉讼时效的延长

诉讼时效的延长是指在诉讼时效期间届满后,权利人向人民法院起诉,有特殊情况的,人民法院可以根据权利人的申请延长诉讼时效期间。诉讼时效延长由法官行使自由裁量权,目的是确保法律的公平。

四、诉讼时效届满后的法律问题

(一) 义务人承诺履行的

诉讼时效届满后,义务人已同意履行,但尚未履行的情形,应当依法予以保护,义务人不得以诉讼时效期间届满为由抗辩。因此,义务人承诺履行的,诉讼时效重新计算。

(二) 义务人主动偿还的

根据诉讼时效的效力,诉讼时效期间届满,权利人的权利本身并未消灭。

依据《民法总则》规定,诉讼时效届满后,义务人自愿履行的,不得请求返还。

一、名词解释题

诉讼时效　诉讼时效的中止　诉讼时效的中断　诉讼时效的延长

二、问答题

1. 诉讼时效应如何计算?

2. 诉讼时效届满后有哪些法律后果?

三、案例分析题

1. 王某于2013年3月3日借给张某10万元,借款期限1年,张某向王某出具了欠条。借款到期后,王某多次向张某催要,张某一直以种种理由拖欠。2017年5月10日,王某再次要求张某还款时,张某称借款到期已超过3年,诉讼时效已届满,王某的债权不再受法律保护。

问题:请分析张某的主张是否成立及理由。

2. 甲公司与乙公司于2013年2月10日签订买卖合同约定,甲公司向乙公司购买某设备一台。价款10万元,甲应于收货验收后1个月内支付货款。

乙公司按照合同规定于2013年4月9日交货,甲收货验收后未按时付款。2013年5月5日乙公司向甲公司催款无果后双方再无接洽,直到2017年3月1日,乙公司再次向甲公司发送书面催款通知,要求甲公司在2017年3月31日前付清货款。甲公司在2017年3月20日付清了全部款项后,经人提醒欠款已过诉讼时效,遂以诉讼时效已过为由要求乙公司归还上述款项。

问题:请分析甲公司的要求是否合法及理由。

第五节　经济法中的法律责任

2008年三鹿奶粉事件

2008年,全国各地出现多名患"肾结石"病症的婴幼儿,经调查发现患儿多有食用河北石家庄三鹿集团股份有限公司(以下简称"三鹿集团")所产的三鹿牌婴幼儿配方奶粉的历史。三聚氰胺是一种可导致人体泌尿系统产生结石的化工原料,是不法分子为假冒增加原料奶或奶粉的蛋白含量而人为加入的。

2008年9月11日,三鹿集团发布声明将2008年8月6日前出厂的受到三聚氰胺污染的婴幼儿奶粉全部召回。

三鹿集团依法被停业整顿。

2008年12月19日,三鹿集团支付9.02亿元用于患病婴幼儿的治疗和赔偿费用。

2008年12月31日,石家庄市中级人民法院开庭审理了三鹿集团股份有限公司及原三鹿集团董事长田文华等4名原三鹿集团高级管理人员被控生产、销售伪劣产品案。三鹿集团犯生产、销售伪劣产品罪,被判罚金4 937万多元,田文华犯生产、销售伪劣产品罪,判处无期徒刑,剥夺政治权利终身,并处罚金人民币2 468.741 1万元。

一、法律责任的概念和特征

法律责任是指因违反法定义务或约定义务,或不当行使权利、权力所产生的,由行为人承担的不利后果。

法律责任首先表示一种因违反义务而形成的责任关系,它是以法律义务的存在为前提的。法律责任还表示为一种责任方式,即承担不利后果。法律责任具有内在逻辑性,即存在前因与后果的逻辑关系。法律责任的追究是由国家强制力实施或者潜在保证的。

二、法律责任的分类

法律责任有多种分类方式,如按照承担形式、按照归责原则进行分类等。根据违法行为所违反的法律的性质,主要可以把法律责任分为民事责任、行政责任、刑事责任和国家赔偿责任。

(一) 民事责任

1. 民事责任的概念和特点

民事责任是指由于违反民事法律、违约或者由于民法规定所应承担的一种法律责任。

民事责任主要包括合同责任和侵权责任。

自然人、法人由于过错侵害国家的、集体的财产,侵害他人财产、人身的,应当承担民事责任。没有过错,但法律规定应当承担民事责任的,应当承担民事责任。

民事责任具有以下主要特征。

(1) 民事责任以民事义务为基础,是违反民事义务的法律后果。

(2) 民事责任以恢复被侵害人的权利为目的。

(3) 民事责任具有法律上的强制性。

(4) 民事责任是保护性民事法律关系的内容。

2. 民事责任的承担方式

承担民事责任的方式主要有以下几种。

(1) 停止侵害。

(2) 排除妨碍。

(3) 消除危险。

(4) 返还财产。

(5) 恢复原状。

(6) 修理、重作、更换。

(7) 继续履行。

(8) 赔偿损失。

(9) 支付违约金。

(10) 消除影响、恢复名誉。

(11) 赔礼道歉。

法律规定惩罚性赔偿的，依照其规定。

（二）刑事责任

1. 刑事责任的概念和特征

刑事责任是指行为人因其犯罪行为所必须承受的，由司法机关代表国家所确定的否定性法律后果。

刑事责任具有以下主要特征。

（1）强制性。刑事责任是国家强制犯罪人向国家承担刑事责任的法律责任。

（2）专属性。刑事责任只能够对犯罪个人和犯罪单位适用，具有专属性，不能转移，不可替代。

（3）严厉性。刑事责任在法律责任中性质最为严重，否定评价最为强烈，制裁后果最为严厉。

（4）联系性。刑事责任体现了犯罪者与国家之间的社会关系。

2. 刑事责任的种类

刑事责任包括主刑和附加刑。

主刑包括管制、拘役、有期徒刑、无期徒刑、死刑。附加刑包括罚金、剥夺政治权利、没收财产、驱逐出境。

（三）行政责任

1. 行政责任的概念和特征

行政责任是指因违反行政法规定或因行政法规定而应承担的法律责任。

行政责任具有以下主要特征。

（1）承担行政责任的主体是行政主体和行政相对人。行政主体是拥有行政管理职权的行政机关及其公职人员，行政相对人是负有遵守行政法义务的普通公民、法人。

（2）产生行政责任的原因是行为人的行政违法行为和法律规定的特定情况。

（3）通常情况下，实行过错推定的方法。

（4）行政责任的承担方式多样化，包括行为责任、精神责任、财产责任和人身责任。

2. 行政责任的种类

行政责任分为行政处分（内部制裁措施）和行政处罚两种。其中行政处分包括警告、记过、记大过、降级、撤职、开除。行政处罚包括警告、罚款、没收违法所得、没收非法财物、责令停产停业、暂扣或吊销许可证、暂扣或者吊销执照、行政拘留；法律、行政法规规定的其他行政处罚。

（四）国家赔偿责任

1. 国家赔偿责任的概念和特征

国家赔偿责任是指在国家机关行使公权力时由于国家机关及其工作人员违法行使职权所引起的由国家作为承担主体的赔偿责任。

国家机关和国家机关工作人员违法行使职权侵犯公民、法人和其他组织的合法权益造成损害的,受害人有依照《中华人民共和国国家赔偿法》(以下简称《国家赔偿法》)取得国家赔偿的权利。

例如,人民法院在民事、行政诉讼过程中,违法采取对妨害诉讼的强制措施、保全措施或者对判决、裁定及其他生效法律文书执行错误,侵犯公民、法人和其他组织合法权益造成损害的,依法应由国家承担赔偿责任。

国家赔偿责任具有以下主要特征。

(1) 产生国家赔偿责任的原因是国家机关及其工作人员在执行职务过程中的不法侵害行为。

(2) 国家赔偿责任的主体是国家,由《国家赔偿法》规定的赔偿义务机关履行赔偿义务。

(3) 国家赔偿责任的范围包括行政赔偿与刑事赔偿两部分。

2. 国家赔偿责任的范围

1) 行政赔偿

行政机关及其工作人员在行使行政职权时有《国家赔偿法》规定的侵犯人身权或者财产权的情形之一的,受害人有取得赔偿的权利。

2) 刑事赔偿

行使侦查、检察、审判、监狱管理职权的机关及其工作人员在行使职权时有《国家赔偿法》规定的侵犯人身权或者财产权的情形的,受害人有取得赔偿的权利。

一、名词解释题

民事责任　行政责任　刑事责任　国家赔偿责任

二、问答题

简述四种法律责任的概念和特征及其区别。

本章主要参考法律法规

1.《中华人民共和国民法总则》;
2.《中华人民共和国物权法》;
3.《中华人民共和国国家赔偿法》。

第二篇

市场主体法律制度

第三章

个人独资企业法

2011年6月9日，王黎设立的个人独资企业某市清泉羊饭庄(以下简称“清泉羊饭庄”)向国家商标局申请在第43类服务上注册“王黎清泉羊”服务商标。2012年7月7日，国家商标局对“王黎清泉羊”服务商标予以核准注册，商标注册人为该饭庄。上述商标注册申请期间，王黎与张某于2011年10月18日签订转让合同，约定王黎自愿将清泉羊饭庄的字号、店面及经营权以15万元价格转让给张某。2014年6月28日，清泉羊饭庄的字号、店面及经营权又被张某以58万元价格转让给徐某。2015年8月6日，王黎注册成立了某市王黎清泉羊饭庄。该饭庄的名称与“王黎清泉羊”注册商标近似，且在门头装潢及对外广告宣传中突出使用了“王黎清泉羊”字样。两饭庄对“王黎清泉羊”注册商标专用权的归属等问题产生争议，清泉羊饭庄起诉王黎清泉羊饭庄，请求法院判令：①被告立即停止对原告享有的“王黎清泉羊”注册商标专用权的侵害，停止对该商标的使用；②被告登报消除影响；③被告赔偿原告起诉前的损失20万元，并按每月5万元标准赔偿原告起诉之后至被告实际停止侵权之日期间的损失。(本案例选自甘肃法院网)

第一节　个人独资企业概述

一、个人独资企业的概念和特征

为了规范个人独资企业的行为，保护个人独资企业投资人和债权人的合法权益，维护社会经济秩序，促进社会主义市场经济的发展，1999年8月30日第九届全国人民代表大会常务委员会第十一次会议通过了《中华人民共和国个人独资企业法》(以下简称《个人独资企业法》)，该法自2000年1月1日起施行。根据该法，个人独资企业是指在中国境内设立，由一个自然人投资，财产为投资人个人所有，投资人以其个人财产对企业债务承担无限责任的经营实体。与个体工商户、合伙企业、公司相比较，个人独资企业具有以下法律特征。

(一)一个自然人投资

个人独资企业的投资人为一人，而且只能是自然人。法人、其他经济组织和社会团体不能成为个人独资企业的投资人。

（二）财产归投资人所有

个人独资企业的投资人既是企业的所有者，也可以是企业的经营者。企业的财产由投资人个人享有所有权，其有关权利可以依法进行转让或继承。

（三）投资人对企业债务承担无限责任

个人独资企业的投资人仅为一个自然人，对企业出资多少、如何经营企业都由投资人一人说了算，因此企业对外发生的债务，理应由投资者个人承担。即当企业财产不足以清偿到期债务时，投资人应以自己个人的全部财产用于清偿企业债务。

如果个人独资企业投资人在申请企业设立登记时明确以其家庭共有财产作为个人出资的，应当依法以家庭共有财产对企业债务承担无限责任。

二、个人独资企业的法律性质

个人独资企业是一种简单而古老的企业形式。从法律性质上来讲，是一个经营实体，有企业名称，有固定的生产经营场所，有必要的资金和从业人员。但是，个人独资企业由一个自然人出资，投资人对企业的债务承担无限责任，企业的财产与投资人的财产没有进行界分，企业的责任也是投资人个人的责任。因此个人独资企业从性质上来讲是不具有法人资格的非法人经济组织。

作为当今市场经济最典型的三种企业形式：公司、合伙和个人独资企业，虽然都是以营利为目的的经济组织，但三者之间也存在区别，主要体现在以下几方面。

（一）存在的法律依据不同

公司是依据《公司法》设立，受该法调整；合伙企业是依据《中华人民共和国合伙企业法》（以下简称《合伙企业法》）设立，受该法调整；个人独资企业法依据《个人独资企业法》设立，受该法调整。

（二）法律性质不同

公司是法人企业。合伙企业和个人独资企业是非法人企业。

（三）组建方式不同

公司一般由两个以上投资人共同出资设立，投资人可以是自然人，也可以是法人。合伙企业由两个以上合伙人共同出资设立，合伙人可以是自然人、法人和其他组织。个人独资企业只能由一个自然人投资设立。

（四）投资人与企业的财产关系不同、责任形式不同

公司股东的个人财产与其投入公司的财产彻底分离，股东以其出资额为限，对公司承担责任，即负有限责任；合伙企业合伙人的财产与合伙企业的财产相对分离，当合伙企业的财产不足以清偿合伙企业债务时，合伙人以其投入合伙企业以外的其他财产对合伙企

业债务负连带清偿责任。个人独资企业投资人与企业财产不分离,投资人以其个人财产对企业债务承担无限责任。

(五) 内部事务管理结构不同

公司设股东会、董事会、监事会,依照法定职权和公司章程的约定管理公司事务。合伙企业的合伙人依照《合伙企业法》的规定和合伙协议的约定管理合伙企业事务,合伙人对执行合伙企业事务享有同等的权利,可以由全体合伙人执行合伙企业事务,也可以由合伙协议约定或者全体合伙人决定,委托一名或者数名合伙人执行合伙企业事务,不参加执行合伙企业事务的合伙人有权监督执行合伙企业事务的合伙人,检查他们执行合伙企业事务的情况。个人独资企业的出资人可以自行管理企业事务,也可以委托或者聘用其他具有民事行为能力的人负责企业事务的管理。

另外,个人独资企业与公司、合伙企业相比,一般规模较小,设立条件较宽松,设立程序较简便,进入或者退出市场也较灵活,但是其公示性(主要指财务公开程度)不如公司和合伙企业,投资者的经营风险大于公司和合伙企业。正是由于个人独资企业具有投资小、设立方便、经营管理方式灵活的特点,受到中小投资者的普遍欢迎。

第二节　个人独资企业的设立

一、个人独资企业设立的条件

我国对个人独资企业的设立采用了准则主义,即只要符合法律规定的设立条件,企业就可以登记设立,无须其他国家机关审核批准。根据《个人独资企业法》第八条的规定,设立个人独资企业要具备以下五个条件。

(一) 投资人为一个自然人

个人独资企业的投资人必须是自然人,还必须是中国公民。另外,根据《中华人民共和国外资企业法实施细则》的规定,港、澳、台同胞在我国境内设立个人独资企业也不适用《个人独资企业法》,而是参照有关外商独资企业的规定办理。法律、行政法规禁止从事营利性活动的自然人也不能成为投资人。

(二) 有合法的企业名称

个人独资企业的名称应当符合国家有关企业名称管理的有关规定,并与其责任形式及从事的营业相符合。2000 年 1 月 13 日开始施行的《个人独资企业登记管理办法》第六条规定,个人独资企业的名称中不得使用“有限”“有限责任”或者“公司”字样。

(三) 有投资人申报的出资

由于个人独资企业的投资人对企业承担无限责任,因此《个人独资企业法》对出资的最低数额未作强制性规定。

根据2000年国家工商行政总局关于贯彻实施《个人独资企业登记管理办法》有关问题的通知，投资人的出资额是指投资人以货币出资的数额，以及采取实物、土地使用权、知识产权或者其他财产权利出资的作价数额。投资人申报的出资额应当与企业的生产经营规模相适应。出资方式是指投资人以个人财产出资，或者以家庭共有财产作为个人出资。以家庭共有财产作为个人出资的，投资人应当在设立登记申请书上予以注明。

（四）有固定的生产经营场所和必要的生产经营条件

国家工商行政管理局在2000年发布的关于贯彻实施《个人独资企业登记管理办法》有关问题的通知中指出，从事临时经营、季节性经营、流动经营和没有固定门面的摆摊经营，不得登记为个人独资企业。除了固定的生产经营场所，企业还必须具备与企业发展相适应的生产设备、稳定的原材料供应和产品销售网络等必要的生产经营条件。

（五）有必要的从业人员

从业人员是指在企业中从事经营业务的人员，既包括投资人，也包括企业招聘的人员。从业人员是保证企业正常经营活动的必要条件。

二、个人独资企业的设立程序

个人独资企业的设立程序是指出资人为设立个人独资企业而依法进行的一系列法律行为和步骤。根据《个人独资企业法》的规定，个人独资企业的设立程序主要包括申请、受理和审查、登记。

（一）提出申请

申请设立个人独资企业，可以由投资人亲自办理，也可以委托代理人办理有关事项。申请设立个人独资企业，应向个人独资企业所在地的登记机关提交设立申请书、投资人身份证明、生产经营场所使用证明等文件。委托代理人申请设立登记时，应当出具投资人的委托书和代理人的合法证明。具体包括以下文件。

（1）投资人签署的个人独资企业设立申请书。

设立申请书应当载明下列事项。

① 企业的名称和住所。企业的名称是一个企业对外交往的标志。企业的住所是指主要办事机构所在地。

② 投资人的姓名和居所。投资人的姓名一般以其身份证件或户口证件上的姓名为准。根据其户籍所在地、经常居住地或监护人的住所等情况确定住所。

③ 投资人的出资额和出资方式。设立个人独资企业只规定应有投资人申报的出资。既未指明具体数额，也未规定具体数额的上下限。因此这个要求是指个人独资企业投资人为了自己的企业业务得以开展而申报的出资额和出资方式。可以根据自己的情况、营业范围、规模等方面自行确定。

④ 经营范围。经营范围是个人独资企业所要从事的行业和项目的种类。根据《个人独资企业法》的规定，个人独资企业不得从事法律、行政法规禁止经营的业务；从事法律、

行政法规规定须报经有关部门审批的业务，应当在申请设立登记时提交有关部门的批准文件。个人独资企业投资人要执行这些规定，在设立申请书中依法确定企业的经营范围。不能申请法律、行政法规禁止经营的业务，也不能申请须经有关部门审批而未获批准的业务。

(2) 投资人的身份证明。投资人的身份证明包括身份证和其他相关证明材料。

(3) 企业住所证明、生产经营场所使用证明等文件。相关证明文件如土地使用证明、房屋产权证或租赁合同等。

(4) 委托代理人申请设立登记的，应当提交投资人的委托书和代理人的身份证明或资格证明。

(5) 国家工商管理局规定提交的其他文件。例如，从事法律、行政法规规定须报经有关部门审批的业务的，应当提交有关部门的批准文件。按我国有关法律、行政法规的规定，有的行业不允许个人投资经营，如金融业、卷烟制造行业等；有的行业需要经过有关部门的审批之后才能经营，如音像制品或印章等特种行业，只要法律、行政法规有规定，在申请设立登记时就应事先提交有关部门的批准文件。

(二) 工商登记

为了规范个人独资企业的设立和经营行为，强化对个人独资企业登记的管理，《个人独资企业法》对登记的主管机关、受理程序、登记机关的责任以及营业执照的管理等事项都作出了规定。

1. 主管机关

国家工商行政管理局2000年发布的《个人独资企业登记管理办法》第四条规定，工商行政管理机关是个人独资企业的登记机关。国家工商行政管理总局主管全国个人独资企业的登记工作。省、自治区、直辖市工商行政管理局负责本地区个人独资企业的登记工作。市、县工商行政管理局以及大中城市工商行政管理分局负责本辖区内的个人独资企业登记。

2. 受理登记

根据《个人独资企业法》的规定，登记机关应当在收到设立申请文件之日起15日内，对符合本法规定条件的，予以登记，发给营业执照；对不符合本法规定条件的，不予登记，应当给予书面答复并说明理由。个人独资企业的营业执照的签发日期为个人独资企业成立日期。在领取个人独资企业营业执照前，投资人不得以个人独资企业名义从事经营活动。

3. 登记机关的责任

《个人独资企业法》第四十四条规定，登记机关对不符合本法规定条件的个人独资企业予以登记，或者对符合本法规定条件的企业不予登记的，对直接责任人员依法给予行政处分；构成犯罪的，依法追究刑事责任。第四十五条规定，登记机关的上级部门的有关主管人员强令登记机关对不符合本法规定条件的企业予以登记，或者对符合本法规定条件的企业不予登记的，或者对登记机关的违法登记行为进行包庇的，对直接责任人员依法给予行政处分；构成犯罪的，依法追究刑事责任。第四十六条规定，登记机关对符合法定条件的申请不予登记或者超过法定时限不予答复的，当事人可依法申请行政复议或提起行政诉讼。

4. 营业执照的管理

根据《个人独资企业法》第三十五条的规定，企业不得涂改、出租、转让营业执照。如有上述行为之一，责令改正，没收违法所得，处以3 000元以下的罚款；情节严重的，吊销营业执照。企业如伪造营业执照的，责令停业，没收违法所得，处以5 000元以下的罚款。构成犯罪的，依法追究刑事责任。

（三）个人独资企业分支机构的设立

个人独资企业设立分支机构，应当由投资人或者其委托的代理人向分支机构所在地的登记机关申请登记，领取营业执照。分支机构经核准登记后，应将登记情况报该分支机构隶属的个人独资企业的登记机关备案。

个人独资企业申请分支机构，应当向登记机关提交下列文件。

(1) 分支机构设立登记申请书。

(2) 登记机关加盖印章的个人独资企业营业执照复印件。

(3) 经营场所证明。

(4) 国家工商行政管理局规定提交的其他文件。

分支机构的民事责任由设立该分支机构的个人独资企业承担。当分支机构的财产不足以承担民事责任时，由设立分支机构的个人独资企业承担，因此，分支机构的民事责任最终仍然由投资人承担。

三、个人独资企业的事务管理

个人独资企业的事务管理是指控制和协调个人独资企业生产经营活动的行为，包括个人独资企业的生产经营管理以及个人独资企业对内对外事务的处理，是个人独资企业生产经营活动的一个重要内容，也是个人独资企业投资人行使其财产所有权，实现其财产的经济效益的重要方式。

（一）个人独资企业的事务管理人

根据《个人独资企业法》第十九条的规定，个人独资企业投资人可以自行管理企业事务，也可以委托或者聘用其他具有民事行为能力的人负责企业的事务管理。为了保护投资人、受托人和第三人的合法权益，投资人委托或者聘用他人管理个人独资企业事务，应当与受托人或者被聘用的人签订书面合同，明确委托的具体内容和授予的权利范围。受托人或者被聘用的人员应当履行诚信、勤勉义务，按照与投资人签订的合同负责个人独资企业的事务管理。投资人委托或聘用的人员处理个人独资企业事务时违反双方签订的合同，给投资人造成损失的，应当承担民事赔偿责任。

投资人对受托人或者被聘用的人员职权的限制，不得对抗善意第三人。个人独资企业的投资人与受托人或者被聘用人员之间有关权利义务的限制只对受托人或者被聘用的人员有效，对第三人并无约束力。如果受托人或者被聘用人员违反权限与善意第三人进行交易,投资人及其企业不得以此为由拒绝承担由此产生的后果。由此给投资人及其企业造成的损失,可以要求相应违反委托权限的受托人或者被聘用人员承担。

(二) 个人独资企业事务管理人的义务

个人独资企业事务管理人有权管理企业的事务,同时也承担一定的义务。根据《个人独资企业法》第二十条的规定,投资人委托或者聘用的管理个人独资企业事务的人员不得有下列行为。

(1) 利用职务上的便利索取或者收受贿赂。

(2) 利用职务或者工作上的便利侵占企业财产。

(3) 挪用企业的资金归个人使用或者借贷给他人。

(4) 擅自将企业资金以个人名义或者以他人名义开立账户储存。

(5) 擅自以企业财产提供担保。

(6) 未经投资人同意,从事与本企业相竞争的业务。

(7) 未经投资人同意,同本企业订立合同或者进行交易。

(8) 未经投资人同意,擅自将企业商标或者其他知识产权转让给他人使用。

(9) 泄露本企业的商业秘密。

(10) 法律、行政法规禁止的其他行为。

如果投资人委托或者聘用的人员管理个人独资企业事务时违反双方订立的合同,给投资人造成损害的,投资人也可以基于合同要求管理人承担违约的损害赔偿责任。投资人或者聘用的人员等企业事务管理人员违反规定,侵犯个人独资企业财产权益的,责令退还侵占的财产;给企业造成损失的,依法承担赔偿责任;有违法所得的,没收违法所得;构成犯罪的,依法追究刑事责任。

一、名词解释题

个人独资企业　住所

二、选择题

1. 个人独资企业存续期间,其登记事项若发生变更,应当在下列什么时间内依法向登记机关申请办理变更登记?( )

A. 在作出变更决定之日起的15日内　B. 在作出变更决定之日起的10日内

C. 在作出变更决定之日起的20日内　D. 在作出变更决定之日起的30日内

2. 以下关于设立个人独资企业条件的说法,哪个是错误的?( )

A. 投资者为一个自然人或多个自然人　B. 有投资人申报的出资

C. 有合法的企业名称　D. 有必要的从业人员

3. 以下关于个人独资企业的表述,哪项是错误的?( )

A. 个人独资企业解散后,由投资人自行清算或者由债权人申请人民法院指定清算人进行清算

B. 个人独资企业解散后,原投资人对个人独资企业存续期间的债务不应再负偿还

责任

C. 个人独资企业财产不足以清偿债务的，投资人应当以其个人的其他财产予以清偿

D. 个人独资企业解散后，原投资人对个人独资企业存续期间的债务仍应承担偿还责任

4. 下列关于个人独资企业的说法，哪项是错误的？（　　）

A. 个人独资企业投资人可委托他人负责企业的事务管理

B. 投资人可依其对受托人职权的限制，对抗善意第三人

C. 个人独资企业投资人对企业的财产享有所有权，其相关权利可依法进行转让

D. 投资人对受托人职权的限制，不得对抗善意第三人

5. 下列各项中，哪些属于个人独资企业当然解散的法定事由？（　　）

A. 投资人决定解散

B. 投资人死亡，无继承人

C. 投资人被宣告死亡，其继承人决定放弃继承

D. 被依法吊销营业执照

6. 个人独资企业有下列哪些情形的可被吊销其营业执照？（　　）

A. 提交虚假文件或采取其他欺骗手段，取得企业登记，情节严重的

B. 涂改营业执照情节严重的

C. 成立后无正当理由超过 6 个月未开业的

D. 开业后自行停业连续 6 个月以上的

7. 下列关于个人独资企业的说法哪些是正确的？（　　）

A. 个人独资企业以其主要办事机构所在地为住所

B. 个人独资企业的投资人以其个人财产对企业债务承担无限责任

C. 个人独资企业不设工会

D. 个人独资企业不设分支机构

8. 申请设立个人独资企业，应当由投资人或者其委托的代理人向个人独资企业所在地的登记机关提交下列哪些文件材料？（　　）

A. 设立申请书　　B. 投资人身份证明

C. 生产经营场所证明　　D. 从业人员身份证明

三、问答题

1. 简述个人独资企业的法律特征。

2. 简述个人独资企业的设立条件和程序。

3. 简述个人独资企业管理人员的行为限制。

四、案例分析题

2004 年 9 月，赵某作为投资人经工商管理部门核准登记，开办了个人独资企业 A。2004 年 10 月，A 向张某借款 5 万元，约定季度付息 2 250 元。2005 年 12 月，赵某与关某签订了《转让协议书》，协议约定：“赵某以 13 万元将 A 转让给关某，转让过户前，A 的所有债权债务都由赵某承担，关某不承担转让前 A 的任何债权债务。”

2006 年 1 月，经工商管理部门批准，关某分别将 A 投资人由赵某变更为关某、A 更名

为B。

问题:A欠张某的借款应由谁承担、如何承担?并说明理由。

1.《中华人民共和国个人独资企业法》;

2.《个人独资企业登记管理办法》。

第四章

合伙企业法

第一节　合伙企业概述

甲为厨师，甲、乙、丙三人约定开办饭店。三人签订的合伙协议中约定：甲负责灶上事务；乙提供三间房屋并负责饭店的经营，为负责人；丙出资10万元，但不参加饭店的事务处理；每年春节前结算，盈利按3∶4∶3的比例分配。后乙到工商管理部门办理了营业执照。开始三年，三人合作顺利，每年按约定的比例分得利润。但第四年不仅没有盈利反而欠下水产店货款5万元，水产店找乙要钱，乙提出应由丙还，因该饭店为丙出资；找丙要钱，丙则提出该饭店是甲、乙合开的，自己不参加经营，只是借了10万元钱给他们，应由甲与乙还钱。问：欠水产店的债务是何人的债务？应由何人偿还？为什么？

一、合伙企业的概念和特征

自2007年6月1日施行的《合伙企业法》规定，合伙企业是指自然人、法人和其他组织依照本法在中国境内设立的普通合伙企业和有限合伙企业。普通合伙企业由普通合伙人组成，合伙人对合伙企业债务承担无限连带责任。本法对普通合伙人承担责任的形式有特别规定的，从其规定。有限合伙企业由普通合伙人和有限合伙人组成，普通合伙人对合伙企业债务承担无限连带责任，有限合伙人以其认缴的出资额为限对合伙企业债务承担责任。

合伙企业的基本特征如下。

（一）合伙企业由各合伙人组成

合伙企业不是单个人的行为，而是两个以上个人的联合，所以才称为合伙。

（二）合伙人订立合伙协议

订立合伙协议是合伙人建立合伙关系、合伙企业的前提，也体现了合伙企业的基本属性。

（三）合伙人共同出资

合伙人共同出资是合伙人联合起来共同经营的必要条件，能否出资也是能否作为合伙人的一个衡量标准。

(四) 合伙人共同经营

合伙企业是各合伙人结合而形成的,合伙人相互信赖,共同出资,直接参与经营,在经营中具有同等地位,合伙人既是出资者又是经营者。

(五) 普通合伙人对合伙企业债务承担无限连带责任

普通合伙人对合伙企业债务承担无限连带责任是合伙企业所体现的合伙关系的一个基本特征。合伙企业是以合伙人个人财产为基础建立的,合伙财产为合伙人所共有,与合伙人的个人财产密切联系,合伙企业由合伙人共同经营,风险共担,要求各合伙人用其个人财产来共同保障合伙企业的信誉,承担合伙企业的债务责任。

(六) 合伙人共享收益

合伙人共享收益是合伙企业的共同目的,合伙企业共同出资、共同经营、共担风险,所产生的经营成果则由合伙人共享,合伙企业收益的归属、利润的分配都根据共享收益的原则来确定。

二、合伙企业的法律性质

合伙企业是不具有法人资格的营利性经济组织。合伙企业的营利性,使得合伙企业与其他合伙形式但不以营利为目的的合伙组织相区别,后者的设立和活动并不适用《合伙企业法》。合伙企业的组织性,使得合伙企业与一般的民事合伙区别开来,从而成为市场经济活动的主体和多种法律关系的主体。例如,合伙企业可以以自己的名义享有财产权利和其他合法权益,可以以自己的名义从事生产经营活动。

合伙企业作为一种企业形式,对合伙人而言既有有利的一面,也有不利的一面。

合伙企业的有利之处在于以下几点。

(1) 设立合伙企业的手续比较简单,费用较少。

(2) 通过合伙可以集中起比个人独资企业较多的资金。

(3) 每个合伙人都有参与管理的权利,对企业经营管理、企业的发展等问题有较多的控制权和发言权。

(4) 合伙企业的经营管理有较大的自由和灵活性,合伙企业不需公开财务账目和年度报告。

合伙企业的不利之处如下。

(1) 合伙企业人数有限,很难募集到大量资金,因而规模一般不大。

(2) 普通合伙人对合伙企业的债务承担无限连带责任,一旦经营失败,很容易导致倾家荡产。

(3) 每一合伙人都参与管理,不利于企业管理的集中和统一,不利于实现科学化的管理。

(4) 合伙企业的存续时间不稳定,一旦合伙人死亡或者退伙,合伙企业一般就解散了，这不利于合伙企业的稳定发展。

综上所述，合伙企业主要是一种适合中小规模企业或者家族企业经营的商事组织形式。

一、名词解释题

合伙企业

二、问答题

简述合伙企业的特点。

第二节 普通合伙企业的设立

王某、张某、李某与范某开办的独资企业甲共同签订了一份合伙协议，拟共同生产经营一种新式取暖设备，王某、甲各出资 30 万元，张某以其取暖设备专利作价出资 50 万元，李某则以其劳务作价出资 20 万元，对以上出资四合伙人经协商确定，不再委托法定评估机构进行评估。同时向企业登记机关申请设立登记，企业名称定为“光明”有限合伙厂，在申请登记期间，恰有一厂家急需取暖设备，于是四合伙人便以光明有限合伙厂名义与该厂家签订了一份购销合同。

一、普通合伙企业设立的条件

根据《合伙企业法》第十四条的规定，设立普通合伙企业（以下简称合伙企业），应当具备下列条件。

（一）对合伙人的要求

1. 关于合伙人的人数

合伙人数应不少于两人。《合伙企业法》未规定合伙企业的人数的上限。

2. 关于自然人合伙人的行为能力

合伙人必须具有相应的民事行为能力，即为完全民事行为能力人且能承担无限责任。限制民事行为能力人不得作为合伙人，无民事行为能力人当然更不得作为合伙人。

但需注意的是：根据《合伙企业法》第四十八条的规定，合伙人被依法认定为无民事行为能力人或限制民事行为能力人的，经其他合伙人一致同意，可以依法转为有限合伙人，普通合伙企业转为有限合伙企业；根据《合伙企业法》第五十条的规定，合伙人死亡或者被依法宣告死亡的，对该合伙人在合伙企业中的财产份额享有合法继承权的继承人按照合伙协议的约定或经全体合伙人一致同意，从继承开始之日起，取得该合伙企业的合伙人资格；继承人为无民事行为能力人或限制民事行为能力人的，经合伙人一致同意，可以依法成为有限合伙人，普通合伙企业转为有限合伙企业。

3. 关于合伙人的职业禁止

法律、行政法规禁止从事营利性活动的人,不得成为合伙企业的合伙人,具体包括国家公务员、法官、检察官及警察。

4. 关于合伙人的种类

除自然人外,法人和其他组织均可以成为合伙企业的合伙人,自然人之间可以设立合伙企业,法人或其他组织之间可以设立合伙企业,自然人和法人或其他组织之间也可以设立合伙企业。

根据《合伙企业法》以及2009年8月19日国务院第七十七次常务会议通过的《外国企业或者个人在中国境内设立合伙企业管理办法》的规定,企业合伙人可以是以下三种情况:①由两个以上中国公民、法人或其他组织构成;②由两个以上外国企业或者个人构成;③外国企业或者个人与中国的公民、法人和其他组织构成。

5. 普通合伙人的资格限制

《合伙企业法》第三条明确规定:"国有独资公司、国有企业、上市公司以及公益性的事业单位、社会团体不得成为普通合伙人。"

(二) 书面合伙协议

合伙协议是指合伙人为设立合伙企业而签订的合同。合伙协议应当依法由全体合伙人协商一致,以书面形式订立。合伙协议应当载明以下内容。

(1) 合伙企业的名称和主要经营场所的地点。

(2) 合伙目的和合伙企业的经营范围。

(3) 合伙人的姓名或者名称及其住所。

(4) 合伙人出资的方式、数额和缴付出资的期限。

(5) 利润分配和亏损分担办法。

(6) 合伙企业事务的执行。

(7) 入伙与退伙。

(8) 争议解决办法。

(9) 合伙企业的解散与清算。

(10) 违约责任。

合伙协议经全体合伙人签名、盖章后生效。合伙人按照合伙协议享有权利,履行义务。合伙协议的修改或补充,应当经过全体合伙人一致同意,但合伙协议另有约定的除外。

合伙协议未约定或者约定不明确的事项,由合伙人协商决定;协商不成的,依照《合伙企业法》和其他有关法律、行政法规的规定处理。

(三) 有合伙人认缴或者实际缴付的出资

合伙人应当按照合伙协议约定的出资方式、数额和缴付额出资的期限,履行出资义务。各合伙人按照合伙协议实际缴付的出资,为对合伙企业的出资。合伙人出资的形式可以是货币、实物、土地使用权、知识产权或者其他财产权利。其他财产权利是指货币、实物、知识产权、土地使用权以外的其他具有直接的财产内容的权利，如采矿权、资本证券、土地承包经营权、债权、商业秘密等。经全体合伙人协商一致，合伙人也可以用劳务出资。劳务出资是指出资人以自己的劳动技能等并通过自己的劳动体现出来的一种出资形式。合伙人的出资是设立合伙企业的基本物质条件，也是合伙人资格取得的必备条件。

(四) 有合伙企业的名称和生产经营场所

合伙企业作为市场主体应有自己的名称。合伙企业的名称中应当标明“普通合伙”字样，不得使用“有限”或者“有限责任”字样。

经营场所是指合伙企业从事生产经营活动的所在地。从事经营活动的必要条件是指根据合伙企业的业务性质、规模等因素而需具备的设施、设备、人员等方面的条件。

(五) 法律、行政法规规定的其他条件

例如根据《中华人民共和国注册会计师法》(以下简称《注册会计师法》)规定，合伙制的会计师事务所的合伙人应为注册会计师。

二、普通合伙企业设立的程序

申请设立合伙企业，应当向企业登记机关提交相关文件，申请登记。

申请人提交的登记申请材料齐全、符合法定形式，企业登记机关能够当场登记的，应予当场登记，发给营业执照。除上述规定情形外，企业登记机关应当自受理申请之日起20日内，作出是否登记的决定。予以登记的，发给营业执照；不予登记的，应当给予书面答复，并说明理由。

合伙企业的营业执照签发日期，为合伙企业成立日期。合伙企业领取营业执照前，合伙人不得以合伙企业的名义从事合伙业务。

合伙企业设立分支机构，应当向分支机构所在地的企业登记机关申请登记，领取营业执照。

在设立登记过程中，有以下几个注意事项。

(一) 合伙企业的登记机关

合伙企业的登记机关根据合伙企业的性质不同而略微有所区别。

(1) 一般的普通合伙企业，由直辖市以及设区的市的工商行政管理局的区分局登记。

(2) 特殊的普通合伙企业和有限合伙企业，一般由省、自治区、直辖市工商行政管理局以及设区的市的工商行政管理局登记。

省、自治区、直辖市工商行政管理局也可根据实际情况，对特殊的普通合伙企业和有限合伙企业的登记管辖作出规定。设立合伙企业的分支机构的，合伙企业分支机构的登记机关应在分支机构登记后，将《合伙企业分支机构登记情况备案书》发送合伙企业登记机关。

(二) 合伙企业的登记事项

合伙企业的登记事项包括名称;主要经营场所;执行事务合伙人;经营范围;合伙企业类型;合伙人姓名或者名称及住所、承担责任的方式、认缴或者实际缴付的出资数额、缴付期限、出资方式和评估方式。合伙协议约定合伙期限的,登记事项还应当包括合伙期限。执行事务合伙人是法人或其他组织的,登记事项还应当包括法人或者其他组织委派的代表。

(三) 设立合伙企业应当提交的文件

设立合伙企业,应当由全体合伙人指定的代表或者共同委托的代理人向企业登记机关申请设立登记。申请设立合伙企业,应当向企业登记机关提交下列文件。

(1) 全体合伙人签署的设立登记申请书。

(2) 全体合伙人的身份证明。

(3) 全体合伙人指定代表或者共同委托代理人的委托书。

(4) 合伙协议。

(5) 全体合伙人对各合伙人认缴或者实际缴付出资的确认书。

(6) 主要经营场所证明。

(7) 国务院工商行政管理部门规定提交的其他文件。合伙企业的经营范围中有属于法律、行政法规或者国务院规定在登记前须经批准的项目的,应当向企业登记机关提交批准文件。

第三节 普通合伙企业的财产和与第三人的关系

李某与赵某于2016年6月1日签订了一份李某为乙方、赵某为甲方的《协议书》,约定双方就本市体育西路的一家米线小食店进行合伙经营。《协议书》约定:本小食店由甲乙双方合伙经营,甲乙双方各自投资人民币5万元,作为小食店的租赁费用及购买设备款项,出资份额甲乙双方各占50%;甲乙双方均对本小食店经营管理、经济盈亏负有责任;甲乙双方合作不论期限,只要合同有续签,双方任何一方均无权终止;小食店的财产为甲乙双方共同拥有,任何一方不得侵占;本小食店管理方面委托甲方全权负责,但乙方有权对甲方的管理进行监督,共同管理好小食店。该《协议书》签订后,双方即投资经营,但是经营至2010年3月,由于李某怠于参加合伙企业的共同管理,赵某又经营不善,造成小食店的亏损。2010年3月27日,赵某自行将用于经营小食店的房屋退还给该房屋的业主即房屋出租人,关闭了小食店。李某则认为小食店应有盈余,便找赵某要求分配合伙企业财产以及盈余,赵某以小食店实际亏损为由,拒绝李某的要求。于是李某向法院提起民事诉讼,要求分割合伙企业财产、分配合伙企业盈余。

一、普通合伙企业的财产

(一) 普通合伙企业财产的构成

合伙人的出资、以合伙企业名义取得的收益和依法取得的其他财产，均为合伙企业的财产。性质上为合伙人共有财产，合伙人依法拥有财产份额。

由此可见，合伙企业的财产由两部分构成：

一部分是合伙人的出资，即合伙人按照合伙协议实际缴付的出资。

一部分则是所有以合伙企业名义取得的收益，即合伙人以合伙企业的名义从事经营活动的所得。主要包括：

(1) 以合伙企业名义取得的收益，即营业性收入，包括合伙企业的公共积累资金、未分配的盈余、合伙企业债权、合伙企业取得的工业产权和非专利技术以及合伙企业的名称、商誉等财产权利。

(2) 依法取得的其他财产，即根据法律、行政法规等规定合法取得的其他财产，比如合法接受赠予的财产等。

(二) 普通合伙企业财产份额的转让

财产份额的转让是指合伙企业存续期间，合伙人向其他合伙人或者合伙人以外的其他人转让其在合伙企业中的全部或者部分财产份额的行为。

除合伙协议另有约定外，合伙人向合伙人以外的人转让其在合伙企业中的全部或者部分财产份额时，须经其他合伙人一致同意。合伙人之间转让在合伙企业中的全部或者部分财产份额时，应当通知其他合伙人。合伙人向合伙人以外的人转让其在合伙企业中的财产份额的，在同等条件下，其他合伙人有优先购买权；但是合伙协议另有约定的除外。合伙人以外的人依法受让合伙人在合伙企业中的财产份额的，经修改合伙协议即成为合伙企业的合伙人，依照《合伙企业法》和修改后的合伙协议享有权利，履行义务。

合伙人以其在合伙企业中的财产份额出质的，须经其他合伙人一致同意；未经其他合伙人一致同意，其行为无效，由此给善意第三人造成损失的，由行为人依法承担赔偿责任。

(三) 普通合伙企业财产的管理

由于合伙企业的财产归合伙人共有，因此按照调整财产共有关系的法律要求和《合伙企业法》的规定，合伙企业的财产由全体合伙人依照《合伙企业法》的规定及合伙协议的约定共同管理和使用。

为了维护合伙企业财产的完整，并且以此保障合伙企业交易对方的合法权益，除法律另有规定外，合伙人在合伙企业清算前，不得请求分割合伙企业的财产。

合伙人在合伙企业清算前私自转移或者处分合伙企业财产的，合伙企业不得以此对抗善意第三人。

二、合伙企业与第三人的关系

合伙企业与第三人的关系是指合伙企业的外部关系，即合伙企业与合伙企业的合伙人以外的第三人的关系。

(一)合伙企业与善意第三人的关系

合伙企业对合伙人执行合伙事务以及对外代表合伙企业权利的限制,不得对抗善意第三人。对于善意第三人,由于其在设定法律关系时不知道或者不能知道合伙人是存在权利瑕疵的,其在交易中所取得的财产或利益是无权的合伙人所让与并且是有偿取得的,为了维护交易的安全和社会经济关系的稳定,其权益理应得到法律保护。因此当执行合伙事务的合伙人给善意第三人造成损失时,合伙企业不能因为合伙人没有依照法律或者合伙协议的要求执行事务,就对善意第三人讲合伙企业不承担责任,而是仍要依法承担相应的法律责任,以保护善意第三人的合法权益。

(二)合伙人与其债权人的关系

合伙企业对其债务,应先以其全部财产进行清偿。合伙企业不能清偿到期债务的,合伙人承担无限连带责任。合伙人由于承担无限连带责任,清偿数额超过《合伙企业法》规定的其亏损分担比例的,有权向其他合伙人追偿。

(三)合伙企业与合伙人个人债权人之间的关系

由于合伙企业与其合伙人之间是不同的利益主体,因此,合伙人个人所负的债务不应当影响合伙企业的正常经营,不应影响其他合伙人的正当权益。为了避免合伙人以及合伙企业被某一合伙人的个人债务所累,保障合伙企业和其他合伙人的合法权益,《合伙企业法》规定,合伙人发生与合伙企业无关的债务,相关债权人不得以其债权抵消其对合伙企业的债务,也不得代位行使合伙人在合伙企业中的权利。

合伙人的自有财产不足清偿其与合伙企业无关的债务的,该合伙人可以以其从合伙企业中分取的收益用于清偿;债权人也可以依法请求人民法院强制执行该合伙人在合伙企业中的财产份额用于清偿。人民法院强制执行合伙人的财产份额时,应当通知全体合伙人,其他合伙人有优先购买权;其他合伙人未购买,又不同意将该财产份额转让给他人的,依照《合伙企业法》的规定为该合伙人办理退伙结算,或者办理削减该合伙人相应财产份额的结算。

第四节　普通合伙企业的管理

一、合伙企业事务执行的方式

合伙人对执行合伙事务享有同等的权利。按照合伙协议的约定或者经全体合伙人决定,可以委托一个或者数个合伙人对外代表合伙企业,执行合伙事务。作为合伙人的法人、其他组织执行合伙事务的,由其委派的代表执行。

委托一个或者数个合伙人执行合伙事务的,其他合伙人不再执行合伙事务。不执行合伙事务的合伙人有权监督执行事务合伙人执行合伙事务的情况。

二、合伙企业事务的执行及监督

由一个或者数个合伙人执行合伙事务的，执行事务合伙人应当定期向其他合伙人报告事务执行情况以及合伙企业的经营和财务状况，其执行合伙事务所产生的收益归合伙企业，所产生的费用和亏损由合伙企业承担。

合伙人为了解合伙企业的经营状况和财务状况，有权查阅合伙企业会计账簿等财务资料。合伙人分别执行合伙事务的，执行事务合伙人可以对其他合伙人执行的事务提出异议。提出异议时，应当暂停该项事务的执行。受委托执行合伙事务的合伙人不按照合伙协议或者全体合伙人的决定执行事务的，其他合伙人可以决定撤销该委托。

合伙人对合伙企业有关事项作出决议，按照合伙协议约定的表决办法办理。合伙协议未约定或者约定不明确的，实行合伙人一人一票并经全体合伙人过半数通过的表决办法。《合伙企业法》对合伙企业的表决办法另有规定的，从其规定。

除合伙协议另有约定外，合伙企业的下列事项应当经全体合伙人一致同意：

(1) 改变合伙企业的名称。

(2) 改变合伙企业的经营范围、主要经营场所的地点。

(3) 处分合伙企业的不动产。

(4) 转让或者处分合伙企业的知识产权和其他财产权利。

(5) 以合伙企业名义为他人提供担保。

(6) 聘任合伙人以外的人担任合伙企业的经营管理人员。

三、合伙人及被聘任的经营管理人员的义务

合伙人不得自营或者同他人合作经营与本合伙企业相竞争的业务。除合伙协议另有约定或者经全体合伙人一致同意外，合伙人不得同本合伙企业进行交易。合伙人不得从事损害本合伙企业利益的活动。

被聘任的合伙企业的经营管理人员应当在合伙企业授权范围内履行职务。

被聘任的合伙企业的经营管理人员，超越合伙企业授权范围履行职务，或者在履行职务过程中因故意或者重大过失给合伙企业造成损失的，依法承担赔偿责任。

违反义务应承担责任。合伙人执行合伙事务，或者合伙企业从业人员利用职务上的便利将应当归合伙企业的利益据为己有的，或者采取其他手段侵占合伙企业财产的，应当将该利益和财产退还合伙企业，给合伙企业或者其他合伙人造成损失的，依法承担赔偿责任。

合伙人对《合伙企业法》规定或者合伙协议约定必须经全体合伙人一致同意始得执行的事务擅自处理，给合伙企业或者其他合伙人造成损失的，依法承担赔偿责任。

不具有事务执行权的合伙人擅自执行合伙事务，给合伙企业或者其他合伙人造成损失的，依法承担赔偿责任。

合伙人违反《合伙企业法》规定或者合伙协议的约定，从事与本合伙企业相竞争的业务或者与本合伙企业进行交易的，该收益归合伙企业所有，给合伙企业或者其他合伙人造成损失的，依法承担赔偿责任。

合伙企业登记事项发生变更,执行合伙事务的合伙人未按期申请办理变更登记的,应当赔偿由此给合伙企业、其他合伙人或者善意第三人造成的损失。

四、合伙企业的利润分配、亏损分担

合伙企业的利润分配、亏损分担,按照合伙协议的约定办理;合伙协议未约定或者约定不明确的,由合伙人协商决定;协商不成的,由合伙人按照实缴出资比例分配、分担;无法确定出资比例的,由合伙人平均分配、分担。

合伙协议不得约定将全部利润分配给部分合伙人或者由部分合伙人承担全部亏损。

问答题

1. 合伙企业事务执行的方式有哪些?
2. 合伙企业利润分配和亏损分担的标准如何确定?

第五节 普通合伙企业的入伙与退伙

一、入伙

入伙是指在合伙企业存续期间,其他主体取得合伙企业新合伙人的身份。新合伙人入伙,除合伙协议另有约定外,应当经全体合伙人一致同意,并依法订立书面入伙协议。订立入伙协议时,原合伙人应当向新合伙人如实告知原合伙企业的经营状况和财务状况。新合伙人可以采用两种方式入伙:①从原始合伙人手中取得部分或全部合伙权益;②投入资本,取得新合伙企业的权益。

入伙的新合伙人与原合伙人享有同等权利,承担同等责任。入伙协议另有约定的,从其约定。新合伙人对入伙前合伙企业的债务承担无限连带责任。即使入伙协议中约定新合伙人对入伙前合伙企业债务不承担责任,也不能对抗合伙企业的债权人。此种情况下,新合伙人应当向合伙企业的债权人清偿债权,清偿后有权依据入伙协议的约定向其他合伙人进行追偿。

合伙企业登记事项因入伙、合伙协议修改发生变更或者需要重新登记的,应当于作出变更决定或者发生变更事由之日起15日内,向企业登记机关办理有关登记手续。

二、退伙

(一) 退伙的概念和种类

在合伙企业存续期间,合伙人失去合伙企业合伙人身份的行为或事件,叫作退伙。退伙的分类:根据退伙是否出于退伙人的自主意愿,可以分为自愿退伙与被迫退伙;根据退伙的依据,分为法定退伙与约定退伙;根据《合伙企业法》具体规定的几种情况,可以分为合伙人自愿退伙、当然退伙和除名退伙。

（二）合伙人自愿退伙

合伙协议可以约定合伙期限，也可以不约定合伙期限。合伙协议约定合伙期限的，在合伙企业存续期间，有下列情形之一的，合伙人可以退伙。

（1）合伙协议约定的退伙事由出现。

（2）经全体合伙人一致同意。

（3）发生合伙人难以继续参加合伙的事由。

（4）其他合伙人严重违反合伙协议约定的义务。

合伙协议未约定合伙期限的，合伙人在不给合伙企业事务执行造成不利影响的情况下，可以退伙，但应当提前30日通知其他合伙人。

合伙人违反上述规定退伙的，应当赔偿由此给合伙企业造成的损失。合伙人违规退伙的法律责任形式为赔偿损失。合伙人违规退伙是指合伙人不按照合伙协议约定的或者法律规定的退伙程序退伙，或者突然声明退伙，不再履行法定义务的退伙行为。损失不仅包括直接损失，还应当包括间接损失。

（三）合伙人当然退伙

当然退伙是指当出现法律规定的原因或条件时，而导致的合伙人资格的消灭。合伙人有下列情形之一的，为当然退伙。

（1）作为合伙人的自然人死亡或者被依法宣告死亡。

（2）个人丧失偿债能力。

（3）作为合伙人的法人或者其他组织依法被吊销营业执照、责令关闭、撤销或者被宣告破产。

（4）法律规定或者合伙协议约定合伙人必须具有相关资格而丧失该资格。

（5）合伙人在合伙企业中的全部财产份额被人民法院强制执行。

合伙人死亡或者被依法宣告死亡的，对该合伙人在合伙企业中的财产份额享有合法继承权的继承人，按照合伙协议的约定或者经全体合伙人一致同意，从继承开始之日起，取得该合伙企业的合伙人资格。

有下列情形之一的，合伙企业应当向合伙人的继承人退还被继承合伙人的财产份额。

（1）继承人不愿意成为合伙人。

（2）法律规定或者合伙协议约定合伙人必须具有相关资格，而该继承人未取得该资格。

（3）合伙协议约定不能成为合伙人的其他情形。

合伙人的继承人为无民事行为能力人或者限制民事行为能力人的，经全体合伙人一致同意，可以依法成为有限合伙人，普通合伙企业依法转为有限合伙企业。全体合伙人未能一致同意的，合伙企业应当将被继承合伙人的财产份额退还该继承人。

合伙人被依法认定为无民事行为能力人或者限制民事行为能力人的，经其他合伙人一致同意，可以依法转为有限合伙人，普通合伙企业依法转为有限合伙企业。其他合伙人未能一致同意的，该无民事行为能力或者限制民事行为能力的合伙人退伙。

退伙事由实际发生之日为退伙生效日。

(四)合伙人被除名退伙

除名退伙是指在合伙企业存续期间，当某一合伙人违反有关法律法规或合伙协议的规定时，其他合伙人一致同意将该合伙人开除合伙企业，而使其丧失合伙人资格。

合伙人有下列情形之一的，经其他合伙人一致同意，可以决议将其除名。

(1) 未履行出资义务。

(2) 因故意或者重大过失给合伙企业造成损失。

(3) 执行合伙事务时有不正当行为。

(4) 发生合伙协议约定的事由。

对合伙人的除名决议应当书面通知被除名人。被除名人接到除名通知之日，除名生效，被除名人退伙。

被除名人对除名决议有异议的，可以自接到除名通知之日起30日内，向人民法院起诉。

(五)退伙的法律后果

(1) 合伙人退伙，不影响其他合伙人之间的合伙关系，合伙企业继续存在。

(2) 合伙人退伙，其他合伙人应当与该退伙人按照退伙时的合伙企业财产状况进行结算，退还退伙人的财产份额。退伙人对给合伙企业造成的损失负有赔偿责任的，相应扣减其应当赔偿的数额。

退伙时有未了结的合伙企业事务的，待该事务了结后进行结算。

(3) 退伙人在合伙企业中财产份额的退还办法，由合伙协议约定或者由全体合伙人决定，可以退还货币，也可以退还实物。

(4) 退伙人对基于其退伙前的原因发生的合伙企业债务，承担无限连带责任。

(5) 合伙人退伙时，合伙企业财产少于合伙企业债务的，由各合伙人依法分担亏损。

一、名词解释题

入伙　退伙

二、问答题

1. 简述入伙的条件和法律后果。

2. 简述退伙的分类和法律后果。

三、案例分析题

王某、李某、朱某3人订立了书面合伙协议约定，3人共同出资20万元开设普通合伙企业甲加工厂，其中王某出资8万元，李某出资6万元，朱某出资6万元；3人按出资比例分享收益或者分摊亏损。2015年3月18日，甲厂为解决资金周转困难，向乙银行贷款10万元，期限为1年。2016年6月2日，经王某和朱某同意，李某将其在甲厂中的财产份额以 6 万元转让给张某。2016 年 7 月 1 日，李某办妥了退伙手续。王某和朱某向张某介绍了甲的经营和财务状况，修改了合伙协议，办理了变更登记手续。上述贷款到期后，甲厂已无力偿还。此时，乙应向谁要求偿还贷款？

第六节　特殊的普通合伙企业

上海大智慧股份有限公司（以下简称“大智慧公司”）因其 2014 年 2 月 28 日发布的 2013 年年报虚假披露信息，违反《中华人民共和国证券法》的相关规定，构成虚假陈述，被中国证券监督管理委员会行政处罚。立信会计师事务所（特殊的普通合伙）作为大智慧公司 2013 年财务报表审计机构，因出具标准无保留意见审计报告，也受到证监会的处罚。某投资人起诉，要求虚假陈述的责任人承担其虚假陈述行为对投资人股票交易造成的损失。经法院审理认定，原告买卖股票的损失与涉案虚假陈述存在因果关系，判决大智慧公司于判决生效之日起十日内赔偿原告投资差额损失 52 927 元、佣金损失 118.81 元；被告立信会计师事务所对该义务承担连带清偿责任。

（本案例节选自上海市第一中级人民法院网站）

一、特殊的普通合伙企业的含义

特殊的普通合伙企业是指合伙人依照《合伙企业法》第五十七条的规定承担责任的普通合伙企业。特殊的普通合伙企业除《合伙企业法》另有规定外，适用前述普通合伙企业的规定，即本章第一节至第五节的内容。

以专业知识和专门技能为客户提供有偿服务的专业服务机构，可以设立为特殊的普通合伙企业。特殊的普通合伙企业名称中应当标明“特殊普通合伙”字样。

二、特殊的普通合伙企业的债务承担

一个合伙人或者数个合伙人在执业活动中因故意或者重大过失造成合伙企业债务的，应当承担无限责任或者无限连带责任，其他合伙人以其在合伙企业中的财产份额为限承担责任。

合伙人在执业活动中非因故意或者重大过失造成的合伙企业债务以及合伙企业的其他债务，由全体合伙人承担无限连带责任。合伙人执业活动中因故意或者重大过失造成的合伙企业债务，以合伙企业财产对外承担责任后，该合伙人应当按照合伙协议的约定对给合伙企业造成的损失承担赔偿责任。

特殊的普通合伙企业应当建立执业风险基金、办理职业保险。执业风险基金用于偿付合伙人执业活动造成的债务。执业风险基金应当单独立户管理。具体管理办法由国务院规定。

第七节　有限合伙企业

一、有限合伙企业的概念

有限合伙企业是指由有限合伙人和普通合伙人共同组成的,普通合伙人对合伙企业债务承担无限连带责任,有限合伙人以其认缴的出资额为限对合伙企业的债务承担有限责任的合伙组织。

二、有限合伙企业的设立

(1) 有限合伙企业的合伙人。有限合伙企业由两个以上50个以下合伙人设立;但是,法律另有规定的除外。有限合伙企业至少应当有一个普通合伙人。

(2) 有限合伙企业的名称。有限合伙企业名称中应当标明“有限合伙”字样。

(3) 有限合伙企业的合伙协议。合伙协议除符合普通合伙企业的规定外,还应当载明下列事项:

① 普通合伙人和有限合伙人的姓名或者名称、住所;

② 执行事务合伙人应具备的条件和选择程序;

③ 执行事务合伙人权限与违约处理办法;

④ 执行事务合伙人的除名条件和更换程序;

⑤ 有限合伙人入伙、退伙的条件、程序以及相关责任;

⑥ 有限合伙人和普通合伙人相互转变程序。

(4) 有限合伙企业的出资形式。有限合伙人可以用货币、实物、知识产权、土地使用权或者其他财产权利作价出资。有限合伙人不得以劳务出资。

(5) 有限合伙企业出资的缴纳。有限合伙人应当按照合伙协议的约定按期足额缴纳出资;未按期足额缴纳的,应当承担补缴义务,并对其他合伙人承担违约责任。

(6) 有限合伙企业登记事项中应当载明有限合伙人的姓名或者名称及认缴的出资数额。

三、有限合伙企业的事务执行

有限合伙企业由普通合伙人执行合伙事务。执行事务合伙人可以要求在合伙协议中确定执行事务的报酬及报酬提取方式。

有限合伙事务执行人是由有限合伙企业的普通合伙人推举负责管理合伙事务的人。执行人有权对外进行经营活动,其经营活动的后果由全体合伙人承担。如合伙协议约定数个合伙人执行合伙事务,该数人均为合伙事务执行人。如无以上的约定或推定,全体普通合伙人是合伙事务的共同执行人。合伙事务执行人除享有承担与一般合伙人相同的权利和义务外,还有接受其他合伙人的监督和检查,慎重执行合伙事务的义务,若因自己的过错造成合伙财产的损失的,应向合伙或其他合伙人负赔偿责任。

有限合伙人不执行合伙事务,不得对外代表有限合伙企业。有限合伙人的下列行为,不视为执行合伙事务。

(1) 参与决定普通合伙人入伙、退伙。

(2) 对企业的经营管理提出建议。

(3) 参与选择承办有限合伙企业审计业务的会计师事务所。

(4) 获取经审计的有限合伙企业财务会计报告。

(5) 对涉及自身利益的情况,查阅有限合伙企业财务会计账簿等财务资料。

(6) 在有限合伙企业中的利益受到侵害时,向有责任的合伙人主张权利或者提起诉讼。

(7) 执行事务合伙人怠于行使权利时,督促其行使权利或者为了本企业的利益以自己的名义提起诉讼。

(8) 依法为本企业提供担保。

四、有限合伙企业的几个特殊规定

(一) 有关有限合伙企业利润分配的特殊规定

有限合伙企业不得将全部利润分配给部分合伙人;但是,合伙协议另有约定的除外。

(二) 有关有限合伙企业合伙人自我交易和竞业禁止的特殊规定

有限合伙人可以同本有限合伙企业进行交易;但是,合伙协议另有约定的除外。与普通合伙人不同,有限合伙人并不参与有限合伙企业的事务执行,也就是说,对有限合伙企业的对外交易行为,有限合伙人并无直接或者间接的控制权,有限合伙人与本有限合伙企业进行交易时,一般不会损害本有限合伙企业的利益。有限合伙协议可以对有限合伙人与有限合伙企业之间的交易进行限定。如有限合伙协议另有规定的,则必须按照约定的要求进行。

有限合伙人可以自营或者同他人合作经营与本有限合伙企业相竞争的业务;但是,合伙协议另有约定的除外。

(三) 有关有限合伙企业合伙人的财产份额出质、转让的特殊规定

有限合伙人可以将其在有限合伙企业中的财产份额出质;但是,合伙协议另有约定的除外。有限合伙人在有限合伙企业中的财产份额是有限合伙人的财产权益,在有限合伙企业存续期间,有限合伙人可以对该财产权利进行一定的处分。有限合伙协议可以对有限合伙人将其在有限合伙企业中的财产出质进行特殊规定。有限合伙人可以按照合伙协议的约定向合伙人以外的人转让其在有限合伙企业中的财产份额,但应当提前30日通知其他合伙人。

(四) 有关有限合伙企业合伙人的财产清偿的特别规定

有限合伙人的自有财产不足清偿其与合伙企业无关的债务的,该合伙人可以以其从有限合伙企业中分取的收益用于清偿;债权人也可以依法请求人民法院强制执行该合伙

人在有限合伙企业中的财产份额用于清偿。

人民法院强制执行有限合伙人的财产份额时,应当通知全体合伙人。在同等条件下,其他合伙人有优先购买权。

有限合伙人清偿其与合伙企业无关的债务时,首先应当以自有财产进行清偿。只有在自有财产不足清偿时,有限合伙人才可以使用其在有限合伙企业中分取的收益进行清偿。若有限合伙人没有清偿其到期债务,其债权人可以要求有限合伙人以其在有限合伙企业中的财产份额清偿其债务。有限合伙人拒绝履行债务清偿义务的,债权人可以请求人民法院依法强制执行有限合伙人在有限合伙企业中的财产份额。人民法院在强制执行有限合伙人在有限合伙企业中的财产份额时,应当通知全体合伙人。另外,在同等条件下,其他合伙人有优先购买权。

(五)有关有限合伙企业合伙人责任的特别规定

有限合伙企业的合伙人必须由承担两种不同性质责任的合伙人即有限合伙人、普通合伙人组成,有限合伙人与普通合伙人缺一不可。在有两个以上合伙人的前提下,缺少有限合伙人,其责任性质就是普通合伙企业了,应当转为普通合伙企业,缺少普通合伙人,应当解散。

五、有限合伙企业合伙人的入伙、退伙

新入伙的有限合伙人对入伙前有限合伙企业的债务,以其认缴的出资额为限承担责任。新入伙的有限合伙人对入伙前有限合伙企业的债务承担,不同于普通合伙人对入伙前的普通合伙企业的债务责任承担。由于有限合伙人仅以其认缴的出资额为限对有限合伙企业的债务承担责任,所以,新入伙的有限合伙人对其入伙前有限合伙企业的债务只能以其认缴的出资额为限承担责任。

有限合伙企业的当然退伙。有限合伙人有下列情形之一的,为当然退伙:①作为合伙人的自然人死亡或者被依法宣告死亡;②作为合伙人的法人或者其他组织依法被吊销营业执照、责令关闭、撤销,或者被宣告破产;③法律规定或者合伙协议约定合伙人必须具有相关资格而丧失该资格;④合伙人在合伙企业中的全部财产份额被人民法院强制执行。作为有限合伙人的自然人死亡、被依法宣告死亡或者作为有限合伙人的法人或其他组织终止而导致退伙时,其继承人或者权利承受人可以依法取得该有限合伙人在有限合伙企业中的资格。

有限合伙人退伙后,对基于其退伙前的原因发生的有限合伙企业债务,以其退伙时从有限合伙企业中取回的财产承担责任。

除合伙协议另有约定外,普通合伙人转变为有限合伙人,或者有限合伙人转变为普通合伙人,应当经全体合伙人一致同意。有限合伙企业两类合伙人的相互转变,其本质是两类法律责任的转变,这对有限合伙企业的生产经营会产生一定影响。所以,对有限合伙企业两类合伙人的转变,除合伙人另有约定外,应当经全体合伙人一致同意。

有限合伙人转变为普通合伙人的,对其作为有限合伙人期间有限合伙企业发生的债务承担无限连带责任。

普通合伙人转变为有限合伙人的，对其作为普通合伙人期间合伙企业发生的债务承担无限连带责任。

一、名词解释题

有限合伙

二、问答题

1. 简述有限合伙企业的设立条件。

2. 有限合伙企业和普通合伙企业的主要区别有哪些？

三、案例分析题

2014年1月，甲、乙、丙、丁四人决定投资设立一合伙企业，并签订了书面合伙协议。合伙协议的部分内容如下：①甲以货币出资10万元，乙以机器设备折价出资8万元，经其他三人同意，丙以劳务折价出资6万元，丁以货币出资4万元；②甲、乙、丙、丁按2∶2∶1∶1的比例分配利润和承担风险；③由甲执行合伙企业事务，对外代表合伙企业，其他三人均不再执行合伙企业事务，但签订购销合同及代销合同应经其他合伙人同意。合伙协议中未约定合伙企业的经营期限。

合伙企业在存续期间，发生下列事实。

(1) 合伙人甲为了改善企业经营管理，于2014年4月独自决定聘任合伙人以外的A担任该合伙企业的经营管理人员，并以合伙企业名义为B公司提供担保。

(2) 2014年5月，甲擅自以合伙企业的名义与善意第三人C公司签订了代销合同，乙合伙人获知后，认为该合同不符合合伙企业利益，经与丙、丁商议后，即向C公司表示对该合同不予承认，因为甲合伙人无单独与第三人签订代销合同的权力。

(3) 2015年1月，合伙人丁提出退伙，丁退伙并不会给合伙企业造成任何不利影响。2015年3月，合伙人丁撤资退伙。于是，合伙企业又接纳戊新入伙，戊出资4万元。2015年5月，合伙企业的债权人C公司就合伙人丁退伙前发生的债务24万元要求合伙企业的现合伙人甲、乙、丙、戊及退伙人丁、经营管理人员A共同承担连带清偿责任。甲表示只按照合伙协议约定的比例清偿相应数额。丙则表示自己是以劳务出资的，只领取固定的工资收入，不负责偿还企业债务。丁以自己已经退伙为由，拒绝承担清偿责任。戊以自己新入伙为由，拒绝对其入伙前的债务承担清偿责任。A则表示自己只是合伙企业的经营管理人员，不对合伙企业债务承担责任。

(4) 2016年4月，合伙人乙在与D公司的买卖合同中，无法清偿D公司的到期债务8万元。D公司于2016年6月向人民法院提起诉讼，人民法院判决D公司胜诉。D公司于2016年8月向人民法院申请强制执行合伙人乙在合伙企业中的全部财产份额。

问题：

(1) 甲聘任A担任合伙企业的经营管理人员及为B公司提供担保的行为是否合法？并说明理由。

(2) 甲以合伙企业名义与C公司所签的代销合同是否有效？并说明理由。

(3) 甲拒绝承担连带责任的主张是否成立？并说明理由。

(4) 丙拒绝承担连带责任的主张是否成立？并说明理由。

(5) 丁的主张是否成立？并说明理由。如果丁向C公司偿还了24万元的债务，丁可以向哪些当事人追偿？追偿的数额是多少？

(6) 戊的主张是否成立？并说明理由。

(7) 经营管理人员A拒绝承担连带责任的主张是否成立？并说明理由。

(8) 合伙人乙被人民法院强制执行其在合伙企业中的全部财产份额后，合伙企业决定对乙进行除名，合伙企业的做法是否符合法律规定？并说明理由。

(9) 合伙人丁的退伙属于何种情况？其退伙应符合哪些条件？

第五章

公 司 法

某市股份有限公司因经营管理不善造成亏损,公司未弥补的亏损达股本的1/4,公司董事长李某决定在2017年4月6日召开临时股东大会,讨论如何解决公司面临的困境。董事长李某在2017年4月1日发出召开2017年临时股东大会会议的通知,其内容如下。

为讨论解决本公司面临的亏损问题,凡持有股份10万股(含10万股)以上的股东直接参加股东大会会议,小股东不必参加股东大会。股东大会如期召开,会议议程为两项。

(1) 讨论解决公司经营所遇困难的措施。

(2) 改选公司监事二人。出席会议的有90名股东。经大家讨论,认为目前公司效益太差,无扭亏希望,于是表决解散公司。表决结果,80名股东,占出席大会股东表决权3/5,同意解散公司,董事会决议解散公司。会后某小股东认为公司的上述行为侵犯了其合法权益,向人民法院提起诉讼。

1. 本案中公司召开临时股东大会合法吗?程序有什么问题?
2. 临时股东大会的通知存在什么问题?
3. 临时股东大会的议程合法吗?作出解散公司的决议有效吗?
4. 该小股东的什么权益受到了侵害?

第一节　公司法概述

一、公司的概念和特征

(一) 公司的概念

公司是社会经济活动最主要的主体,是当今世界最普遍、最重要的企业形式。根据《公司法》的规定。公司是指依照《公司法》在中国境内设立的有限责任公司和股份有限公司。公司是企业法人,有独立的法人财产,享有法人财产权。公司以其全部财产对公司的债务承担责任。

(二) 公司的特征

作为现代企业的重要组织形式,公司具有以下法律特征。

1. 公司具有营利性,是以营利为目的的企业组织

公司以进行经营活动、获取经营收益为基本动机和目的,营利是公司经营活动的出发点和归宿点。营利性是所有企业的基本特性,不论是公司企业,还是独资企业、合伙企业,都要进行经营活动,都是以营利为其目的。

2. 公司具有依法认可性,是依法登记成立的企业组织

公司必须经依法认可、登记注册,才能取得主体资格。设立公司必须符合公司法规定的条件,履行设立程序,如制定章程、缴纳出资、成立机构、注册登记等。只有按法定条件、法定程序设立的公司,才能取得公司的法律地位和资格。

3. 公司是以股东投资为基础设立的股权式企业

作为现代企业的主要形态,公司有其特定的产权结构形式。基于所有权主体追求其财产更有效运用的意志,以所有权主体向公司进行永久性投资的行为为基础,所有权人成为公司股东,传统所有权在公司中转换为股权和公司法人权利。股权与公司法人权利既相互依存、相互独立,又相互制衡,形成以公司为载体的所有权行使方式,即股权式方式。

4. 公司是具有法人资格的企业

法人是与自然人相对应的民事主体,是具有民事权利能力和民事行为能力,依法独立享有民事权利和独立承担民事义务的组织。法人的基本特征和实质要件是具有独立的财产、独立的组织机构、独立承担民事责任,进而具有独立的法律人格。公司是具有法人资格的经济组织,是最典型的法人。正是公司的出现,才使法人制度得以建立和完善。

二、公司的种类

随着公司在现代社会经济生活中占有越来越重要的地位,公司的规模得到了空前的发展,其组织形式也日益多样化。一般的分类有:按股东对公司所承担的财产责任的不同性质,可划分为无限责任公司、有限责任公司、股份有限责任公司和两合公司;按公司之间的关系不同,可分为母公司和子公司、总公司和分公司;依公司的国籍不同,可以划分为本国公司、外国公司和跨国公司;依公司对外信用基础的不同,可划分为人合公司、资合公司、资合兼人合公司。

根据《公司法》的规定,公司种类相对较简单,主要分为以下几种。

(一) 有限责任公司和股份有限公司

以公司资本是否划分为等额股份及股份是否通过发行股票方式募集,可划分为有限责任公司和股份有限公司。有限责任公司是股东以其认缴的出资额为限对公司承担责任,公司以其全部财产对其债务承担责任的企业法人。有限责任公司包括一般有限公司、一人有限公司和国有独资公司。股份有限公司是全部资本划分为等额股份,股东以其所认购的股份为限对公司承担责任,公司以其全部财产对公司债务承担责任的企业法人。根据公司的股票是否上市发行,股份有限公司又分为上市公司和不上市公司。

(二) 母公司和子公司

根据公司之间的控制或从属关系,可分为母公司和子公司。当一个公司拥有另一公司一定比例以上并足以将其控制的股份时，该公司即为母公司。反之，其一定比例以上的股份被另一公司所拥有，并因此受到该公司控制的公司则为子公司。子公司具有企业法人资格，依法独立承担民事责任。

（三）总公司与分公司

总公司与分公司是以公司分支机构的设置和关系系统为标准划分的。总公司是指依法设立的管辖其全部组织的总机构，分公司则是总公司管辖的分支机构。分公司没有独立的公司名称、章程，没有独立的财产，不具有法人资格，其民事责任由总公司承担，但可以领取营业执照，具有经营资格和诉讼主体资格，可以以自己的名义订立合同和参与诉讼。根据《公司法》规定，公司可以设立分公司。设立分公司，应当向公司登记机关申请登记，领取营业执照。分公司不具有法人资格，其民事责任由总公司承担。

（四）本国公司和外国公司

本国公司与外国公司是以公司的国籍为标准划分的。本国公司是指依据本国法律，在本国登记设立的公司。凡依据《公司法》规定的条件和程序在我国境内设立登记的公司，即为中国公司。外国公司是指依照外国法律在中国境外设立的公司。

三、公司法的概念和特征

（一）公司法的概念

公司法是规定公司的设立、组织、活动、解散及其内部、外部关系的法律规范的总称。公司法规范的对象是公司企业。公司法调整公司在设立、组织、运营或解散过程中所发生的社会关系，具体表现为：公司内部发起人之间或股东之间的关系；股东与公司之间的关系；公司内部的组织管理与协作关系；公司与国家经济行政机关之间所发生的外部组织管理关系。

（二）公司法的特征

1. 公司法是组织法和活动法相结合的法律

公司法是组织法，以组织体为核心，因此，首先应对公司的法律地位及资格，公司的设立、变更、终止，股东的权利义务，公司的组织机构及内部管理，公司与股东的关系等问题作出明确的规定。同时，公司法也是活动法，对与公司的组织特点直接相关的公司活动，如公司股份、债券的发行与转让，公司资本的增加和减少等，作出明确规定。

2. 公司法是强制性规范和任意性规范相结合的法律

公司法既有强制性规范，又有任意性规范，但以强制性规范为主。

公司法多为强制性规范。强制性规范是指法律规范的权利义务具有绝对肯定形式，不允许当事人双方协议或单方任意改变或否认。强制性规范当事人必须执行，而不能依个人意志予以改变。公司法强制性规范主要体现在公司的设立，不能任意创设公司的形态，必须符合设立条件，履行设立程序；股票、债券发行与转让，不能任意发行和转让，必须符合法定的程序和条件;利润分配,必须先弥补亏损,提取法定公积金等方面。若违反这些强制性规范,公司和相关当事人要承担相应的法律责任。

公司法中又有任意性的法律规范。任意性法律规范是法律规范留有相当的选择空间,在这一空间范围内可以由当事人通过自由协商来创设、确认相互权利义务关系,并可协商变更或解除这种关系。公司法具有私法性质,应该体现当事人意思自治的原则,对于不损害第三人和社会的行为和事项,应当允许当事人自愿协商,对法律规范进行选择和变通。公司法的任意性规范体现在公司治理结构方面,如对公司机关职权范围、决议方式的变通和补充规定,法定代表人的选择,经理的设置等。这些法律允许限度内的变更、补充规定,具有优先适用的效力。

3. 公司法是实体法和程序法相结合的法律

公司法以大量的实体法律规范规定公司的法律地位、组织活动准则、组织机构的职权职责、公司以及股东的权利义务等,同时,也以大量的程序法律规范对公司的设立程序、组织活动程序等有关组织和行为加以规范。

一、名词解释题

公司

二、问答题

1. 简述公司的种类。
2. 简述公司的特征。

第二节 公司法基本制度

一、公司债券

(一) 公司债券的概念和特征

公司债券是公司依照法定程序发行、约定在一定期限内还本付息的有价证券。公司债券有记名债券和无记名债券。它表明发行债券的公司和债券投资者之间的债权债务关系,公司债券的持有人是公司的债权人,而不是公司的所有者,是与股票持有者最大的不同点,债券持有人有按约定条件向公司取得利息和到期收回本金的权利,取得利息优先于股东分红,公司破产清算时,也优于股东而收回本金。但债券持有者不能参与公司的经营、管理等各项活动。

公司债券的特征有如下几个方面。

1. 公司债券是一种"有价证券"

(1) 公司债券作为一种"证券",它不是一般的物品或商品,而是能够证明权利的法律凭证。

(2) 公司债券是"有价证券",它反映和代表了一定的经济价值,并且自身带有广泛的社会接受性,一般能够转让,作为流通的金融性工具。

2. 公司债券是由公司发行的

公司债券的发行人、债务人是公司，而不是其他组织形式的企业。一般情况下，其他类型的企业，如个人独资企业、合伙制企业、合作制企业都不具备发行债券的产权基础，都不能发行公司债券。

3. 公司债券须通过发行得以实现

公司债券必须由其发行人面向其投资者通过发行才能实现。公司债券发行是发行人通过出售自身的信用凭证——公司债券获得资金，同时公司债券投资者通过支付资金购买发行人的信用凭证的一种信用交易过程。

4. 公司债券需要还本付息

还本付息，是公司债券与其他有价证券的根本区别。

(1) 公司债券反映的是其发行人和投资者之间的债权债务关系，因此，公司债券到期是要偿还的。

(2) 公司债券到期不但要偿还，而且还需在本金之外支付一定的利息，这是投资者将属于自己的资金在一段时间内让渡给发行人使用的报酬。

5. 公司债券具有一定期限

公司债券反映的是债权债务关系，是一种借贷行为，有借有还，这就要确定经过多长时间偿还。

6. 公司债券的发行要依照法定程序进行

发行公司债券不管对发行公司债券的公司而言，还是对政府监管部门而言，都是一件重大的事情。因此几乎所有国家的公司法都规定，发行公司债券必须报经政府有关监管机构批准或核准，或者到政府监管机构登记、注册，否则，就属于违法行为。因此，依照法定程序主要包含两层含义。

(1) 需经公司决策层，如董事会、股东大会等批准。

(2) 需经政府监管部门同意。政府监管部门在同意发行公司债券的审查过程中，还通过有关法律法规在信用评级、财务审计、法律认证、信息披露等方面进行严格要求。

(二) 公司债券的发行

1. 公司债券的发行主体

不论是股份有限公司还是有限责任公司，不论是国有出资公司还是非国有出资公司，只要符合法律(主要是证券法)规定的公司债券发行条件，就可以发行公司债券。但发行可转换公司债券的主体只能是股份有限公司，而且是上市公司。上市公司经股东大会决议可以发行可转换为股票的公司债券，并在公司债券募集办法中规定具体的转换办法。上市公司发行可转换为股票的公司债券，应当报国务院证券监督管理机构核准。发行可转换为股票的公司债券，应当在债券上标明可转换公司债券字样，并在公司债券存根簿上载明可转换公司债券的数额。发行可转换为股票的公司债券的，公司应当按照其转换办法向债券持有人换发股票，但债券持有人对转换股票或者不转换股票有选择权。

2. 公司债券的发行条件

公司发行公司债券应当符合《中华人民共和国证券法》(以下简称《证券法》)规定的发

行条件。根据《证券法》规定,公开发行公司债券,应当符合下列条件。

(1) 股份有限公司的净资产不低于人民币3 000万元,有限责任公司的净资产不低于人民币6 000万元。

(2) 累计债券余额不超过公司净资产的40%。

(3) 最近三年平均可分配利润足以支付公司债券一年的利息。

(4) 筹集的资金投向符合国家产业政策。

(5) 债券的利率不超过国务院限定的利率水平。

(6) 国务院规定的其他条件。

3. 公司债券的发行程序

发行公司债券不但具备法定条件,还要履行法定程序。发行公司债券要履行以下程序。

(1) 董事会制订方案,股东(大)会作出决议。

有限责任公司、股份有限公司发行公司债券,由董事会制订方案,由股东会作出决议;国有独资公司由董事会制订方案,由国有资产监督管理机构作出决定。

(2) 办理公司债券审核。

公司申请公开发行公司债券,应当向国务院授权的部门申请予以核准,上市公司发行可转换为股票的公司债券,应当报国务院证券监督管理机构核准。

(3) 公告公司债券募集方法。

《公司法》规定,发行公司债券的申请经国务院授权的部门核准后,应当公告公司债券募集办法。公司债券募集办法中应当载明下列主要事项:

① 公司名称;

② 债券募集资金的用途;

③ 债券总额和债券的票面金额;

④ 债券利率的确定方式;

⑤ 还本付息的期限和方式;

⑥ 债券担保情况;

⑦ 债券的发行价格、发行的起止日期;

⑧ 公司净资产额;

⑨ 已发行的尚未到期的公司债券总额;

⑩ 公司债券的承销机构。

(4) 签订承销协议,承销商销售公司债券。

公司向社会公开发行公司债券,应当由证券经营机构承销。债券承销可以采取代销和包销两种方式。

(三) 公司债券的转让

公司债券的转让是指公司债券持有人将自己的公司债券让予他人,使受让人成为公司债券的持有人、公司债的债权人。

公司债券可以转让,转让价格由转让人与受让人约定。公司债券在证券交易所上市交易的，按照证券交易所的交易规则转让。

记名公司债券，由债券持有人以背书方式或者法律、行政法规规定的其他方式转让，转让后由公司将受让人的姓名或者名称及住所记载于公司债券存根簿。

无记名公司债券的转让，由债券持有人将该债券交付给受让人后即发生转让的效力。

二、公司的财务会计制度

（一）公司财务会计制度的概念

公司财务会计制度是公司财务制度和会计制度的统称，有时简称"财会制度"，具体指法律、法规及公司章程中所确立的一系列公司财务会计规程。公司财务会计报告是反映公司生产经营成果和财务状况的总结性的书面文件。它不仅是公司经营者准确掌握公司经营情况的重要手段，也是股东、债权人了解公司财产和经营状况的主要途径。

《公司法》规定，公司应当依照法律、行政法规和国务院财政部门的规定建立本公司的财务、会计制度。

公司应当在每一会计年度终了时编制财务会计报告，并依法经会计师事务所审计。财务会计报告应当依照法律、行政法规和国务院财政部门的规定制作。有限责任公司应当依照公司章程规定的期限将财务会计报告送交各股东。股份有限公司的财务会计报告应当在召开股东大会年会的20日前置备于本公司，供股东查阅；公开发行股票的股份有限公司必须公告其财务会计报告。

（二）利润分配

根据《公司法》等有关法规的规定，公司当年实现的利润，一般应按照下列顺序分配：

(1) 弥补以前年度亏损，但不得超过税法规定的弥补期限。公司某一纳税年度的亏损可以用下一年度的所得弥补，下一年度的所得不足以弥补的，可以逐年延续弥补，但最长不得超过5年。

(2) 缴纳所得税。公司应当按照《中华人民共和国企业所得税法》(以下简称《企业所得税法》)的规定缴纳企业所得税

(3) 依法提取法定公积金。公司分配当年税后利润时，应当提取利润的10%列入公司法定公积金。公司法定公积金累积额为公司注册资本的50%以上的，可以不再提取。公司的法定公积金不足以弥补以前年度亏损的，在提取法定公积金之前，应当先用当年利润弥补亏损。公司的公积金用于弥补公司的亏损、扩大公司生产经营或者转为增加公司资本。但是，资本公积金不得用于弥补公司的亏损。法定公积金转为资本时，所留存的该项公积金不得少于转增前公司注册资本的25%。

(4) 依法提取任意公积金。公司从税后利润中提取法定公积金后，经股东会或者股东大会决议，还可以从税后利润中提取任意公积金。

(5) 向投资人分配利润。有限责任公司依照《公司法》第三十五条的规定分配；股份有限公司按照股东持有的股份比例分配，但股份有限公司章程规定不按持股比例分配的除外。股东会、股东大会或者董事会违反前款规定，在公司弥补亏损和提取法定公积金之

前向股东分配利润的，股东必须将违反规定分配的利润退还公司。

三、公司的合并、分立、增资、减资

(一) 公司的合并

1. 公司合并的概念

公司合并是指两个或两个以上的公司依照《公司法》规定的条件和程序，通过订立合并协议，共同组成一个公司的法律行为。公司的合并可分为吸收合并和新设合并两种形式。吸收合并又称存续合并，它是指通过将一个或一个以上的公司并入另一个公司的方式而进行公司合并的一种法律行为。并入的公司解散，其法人资格消失。接受合并的公司继续存在，并办理变更登记手续。新设合并是指两个或两个以上的公司以消灭各自的法人资格为前提而合并组成一个公司的法律行为。其合并结果，原有公司的法人资格均告消灭。新组建公司办理设立登记手续取得法人资格。

2. 公司合并的程序

(1) 董事会制订合并方案。

(2) 签订公司合并协议。公司合并协议是指由两个或者两个以上的公司就公司合并的有关事而订立的书面协议。协议的内容应当载明法律、法规规定的事项和双方当事人约定的事项，一般来说应当包括以下内容：公司的名称与住所；存续或者新设公司因合并而发行的股份总数、种类和数量，或者投资总额，每个出资人所占投资总额的比例等；合并各方现有的资本及对现有资本的处理方法；合并各方所有的债权、债务的处理方法；存续公司的公司章程是否变更，公司章程变更后的内容，新设公司的章程如何订立及其主要内容；公司合并各方认为应当载明的其他事项。

(3) 编制资产负债表和财产清单。资产负债表是反映公司资产及负债状况、股东权益的会计报表，会计合并中必须编制的报表。合并各方应当真实、全面地编制此表，以反映公司的财产情况，不得隐瞒公司的债权、债务。此外，公司还要编制财产清单，清晰地反映公司的财产状况。

(4) 合并决议的形成。公司合并应当由公司股东会或者股东大会作出合并决议，之后方进行其他工作。公司合并会影响到股东利益，如股权结构的变化。根据《公司法》的规定，就有限责任公司来讲，其合并应当由股东会作出特别决议，即经代表 2/3 以上表决权的股东通过才能进行；就股份有限公司来讲，其合并应当由公司的股东大会作出特别决议，即必须经出席会议的股东所持表决权 2/3 以上决议通过才能进行；就国有独资公司来讲，其合并必须由国有资产监督管理机构决定，其中，重要的国有独资公司合并应当由国有资产监督管理机构审核后，报本级人民政府批准，才能进行。

(5) 向债权人通知和公告。公司应当自作出合并决议之日起 10 日内通知债权人，并于 30 日内在报纸上公告。一般来说，对所有的已知债权人应当采用通知的方式告知，只有对那些未知的或者不能通过普通的通知方式告知的债权人才可以采取公告的方式。通知和公告的目的主要是告知公司债权人，以便让他们作出决定，对公司的合并是否提出异议。此外，公告也可以起到通知未参加股东会(股东大会)的股东的作用。

(6) 合并登记。公司合并以后，解散的公司应当到工商记机关办理注销登记手续；存续公司应当到登记机关办理变更登记手续；新成立的公司应当到登记机关办理设立登记手续。公司合并只有进行登记后，才能得到法律上的承认。

3. 公司合并的法律后果

吸收合并，被吸收的公司解散。新设合并，合并各方解散，成立新公司。公司合并，登记事项发生变更的，应当依法向公司登记机关办理变更登记；公司解散的，应当依法办理公司注销登记；设立新公司的，应当依法办理公司设立登记。

公司合并时，合并各方的债权、债务应由合并后存续的公司或者新设的公司承继。

(二) 公司的分立

公司分立指一个公司依照公司法有关规定，分成两个以上的公司的法律行为。

公司分立主要有两种方式：派生分立，是指一个公司分立成两个以上公司，本公司继续存在并设立一个以上新的公司；解散分立，是指一个公司分散为两个以上公司，本公司解散并设立两个以上新的公司。

公司分立程序如下。

1. 公司董事会拟订公司分立方案

此与公司合并类似。但在公司分立方案中，除应当对分立原因、目的、分立后各公司的地位、分立后公司章程及其他相关问题作出安排外，特别应妥善处理财产及债务分割问题。

2. 公司股东会关于分立方案的决议

公司分立属于《公司法》上所称重大事项，应当由股东会以特别会议决议方式决定。股东会决议通过方案时，特别要通过公司债务的分担协议，即由未来两家或多家公司分担原公司债务的协议。为了保证分立方案的顺利执行，应当同时授权董事会具体实施分立方案。该授权包括向国家主管机关提出分立申请、编制其他相关文件等事项。

3. 董事会编制公司财务及财产文件

根据《公司法》的规定，公司分立时应当进行财产分割。为妥善处理财产分割，应当编制资产负债表及财产清单。经股东会授权后，应当由董事会负责实施。

4. 政府主管机关的批准

此与公司合并须经政府主管机关批准的规则在本质上相同，即公司分立应以政府批准为前提。公司应当自作出分立决议之日起 10 日内通知债权人，并于 30 日内在报纸上公告。

5. 履行债权人保护程序

根据《公司法》的规定，债权人保护程序主要涉及分立通知及公告及程序：在分立决议作出后的 10 日内，将分立决议通知债权人，并于 30 日内在报纸上公告。

公司分立，其财产作相应的分割。公司分立前的财产所有权、经营权、知识产权、债权等由分立后的公司享有，公司分立前的债务由分立后的公司承担连带责任。但是，公司在分立前与债权人就债务清偿达成的书面协议另有约定的除外。

(三) 公司的减资、增资

1. 公司注册资本的减少

公司减少注册资本不仅关系到公司股东的利益，还关系到公司债权人的利益和市场交易秩序的稳定，因而必须依法进行。根据《公司法》的规定，公司需要减少注册资本时，必须编制资产负债表及财产清单。公司应当自作出减少注册资本决议之日起10日内通知债权人，并于30日内在报纸上公告。债权人自接到通知书之日起30日内，未接到通知书的自公告之日起45日内，有权要求公司清偿债务或者提供相应的担保。公司减资后的注册资本不得低于法定的最低限额。公司减少注册资本，应当依法向公司登记机关办理变更登记。

2. 公司注册资本的增加

有限责任公司增加注册资本时，股东认缴新增资本的出资，依照公司法设立有限责任公司缴纳出资的有关规定执行。

股份有限公司为增加注册资本发行新股时，股东认购新股，依照公司法设立股份有限公司缴纳股款的有关规定执行。

公司增加注册资本，应当依法向公司登记机关办理变更登记。

四、外国公司的分支机构

(一) 外国公司与外国公司分支机构的概念

外国公司是指依照外国法律在中国境外设立的公司。外国公司具有以下特征。

(1) 外国公司依据外国法律登记成立。

(2) 外国公司在中国境外登记成立。

(3) 外国公司具有外国国籍，适用外国法律。

(4) 外国公司是一国公司在本国之外从事经营活动时的公司称谓，作为在本国之外从事经营活动(包括通过其分支机构从事经营活动)的公司，要遵守经营活动所在地国家的法律。

(5) 外国公司必须有法人资格，并对其分支机构进行经营活动承担民事责任。

外国公司的分支机构是指外国公司依照我国法律，经过我国政府批准，在我国境内设立的从事生产经营活动的分支机构。外国公司的分支机构具有以下特征。

(1) 外国公司分支机构是外国公司设立的机构，以外国公司存在为前提。

(2) 外国公司分支机构是在我国设立并从事经营活动的机构，必须经我国政府批准，遵守我国法律。

(3) 外国公司分支机构不具有法人资格。

(二) 外国公司分支机构的设立

外国公司在中国境内设立分支机构，必须向中国主管机关提出申请，并提交其公司章程、所属国的公司登记证书等有关文件，经批准后，向公司登记机关依法办理登记，领取营业执照。外国公司分支机构的审批办法由国务院另行规定。

外国公司在中国境内设立分支机构，必须在中国境内指定负责该分支机构的代表人或者代理人，并向该分支机构拨付与其所从事的经营活动相适应的资金。对外国公司分支机构的经营资金需要规定最低限额的，由国务院另行规定。外国公司的分支机构应当在其名称中标明该外国公司的国籍及责任形式。外国公司的分支机构应当在本机构中置备该外国公司章程。

（三）外国公司分支机构的义务

外国公司在中国境内设立的分支机构不具有中国法人资格，因此外国公司对其分支机构在中国境内进行经营活动承担民事责任。经批准设立的外国公司分支机构，在中国境内从事业务活动，必须遵守中国的法律，不得损害中国的社会公共利益，其合法权益受中国法律保护。

外国公司撤销其在中国境内的分支机构时，必须依法清偿债务，依照《公司法》有关公司清算程序的规定进行清算。未清偿债务之前，不得将其分支机构的财产移至中国境外。

一、名词解释题

公司债券　外国公司分支机构　合并　分立

二、问答题

1. 简述公司债券的发行条件。
2. 简述外国公司分支机构的法律地位。
3. 简述公司财务会计制度的内容。
4. 简述公司合并的种类和法律后果。
5. 简述公司分立的种类和法律后果。

第三节　有限责任公司

甲有限责任公司由8名股东于2005年3月成立，其中张某出资占65%，王某等7人分别持有5%股权，张某任该公司法定代表人、董事长兼总经理，负责公司的日常经营管理。王某等股东均未在甲公司担任职务。从2015年6月起，甲公司未再召开股东会。2016年5月，王某等股东向甲公司提交行使股东知情权的函件，要求查阅、复制甲公司包括会计账簿及原始凭证在内的财务资料。对此，甲公司书面回复表示，王某等人要求查阅、复制会计账簿及原始凭证没有法律依据，且没有说明目的，不同意王某等人的要求。

一、有限责任公司的概念和法律特征

(一) 有限责任公司的概念

有限责任公司是指依照《公司法》在我国境内设立的,股东以其认缴的出资额为限对公司承担责任,公司以其全部财产对公司债务承担责任的企业法人。

(二) 有限责任公司的法律特征

有限责任公司具有以下法律特征。

(1) 有限责任公司的股东仅就其出资额为限对公司承担责任。股东以出资额为限对公司承担责任,这是有限责任公司区别于个人独资企业、合伙企业的重要特征。

(2) 有限责任公司的股东人数,一般都有最高人数的限制。《公司法》对有限责任公司的股东人数有最高数额的限制,要求50个以下股东出资设立。同时,也承认一人公司的合法地位。

(3) 有限责任公司不能公开募集股份,不能发行股票。有限责任公司的全部资本不分股份,每个股东只有一份出资,其数额可以不同,股东仅以该出资额为限对公司负责。这是有限责任公司与股份有限公司的一个重大区别。有限责任公司是封闭型公司,公司资本的募集具有封闭性,有限责任公司的资本仅在发起人之间募集,不能向社会公开发行股票;同时,公司的管理、财务和经营信息具有非公开性,有限责任公司的经营主要涉及公司股东的利益,其管理、财务会计账簿及重大经营信息可以不向社会公开。

(4) 有限责任公司的设立程序要比股份有限公司更简便,只有发起设立,而无募集设立,程序上也较为简化。

(5) 股东出资的转让限制。有限责任公司是具有人合色彩的公司,股东之间的信任构成公司的重要信用基础。因此有限责任公司的股权对外转让,一方面应当保证股权转让方相对自由的处分权;另一方面也应当尽可能维护公司股东之间的信任关系。为此,法律对有限责任公司的股东对外转让出资作出限制,要求股权转让符合公司法规定的条件和程序。

二、有限责任公司的设立

有限责任公司的设立是指发起人为使公司成立、取得公司法人资格而进行的一系列法律行为的总称。

(一) 有限责任公司的设立条件

根据《公司法》的规定,设立有限责任公司应当具备以下条件。

1. 股东符合法定人数

有限责任公司由50个以下股东出资设立。股东可以是自然人,也可以是法人。依据有限责任公司股东身份的不同,可分为三类:①法人股东。一般而言,公法人除非得到明确的授权,一般不得投资开办公司,典型的如党政机关法人。其余的法人,除非法律、行政法规明确禁止，都可以成为股东。②自然人股东。凡具有民事权利能力和民事行为能力的人均可以投资设立有限责任公司。但是一些特定人员被排除在外，如党政机关、军队等从事特定职业的人，以及承担竞业禁止义务的人。③国家股东。国家作为有限责任公司的股东须由其授权的投资机构或部门作为代表。

2. 有符合公司章程规定的全体股东认缴的出资额

有限责任公司的注册资本为在公司登记机关登记的全体股东认缴的出资额。法律、行政法规对有限责任公司注册资本另有规定的，从其规定。

3. 股东共同制定公司章程

公司章程是股东依法制定的、规定公司组织及行为的基本规则的重要法律文件，是设立公司必须具备的条件。有限责任公司的章程由全体股东共同制定并签名、盖章。公司成立后，公司章程对公司、股东、董事、监事、高级管理人员具有约束力。有限责任公司章程应当载明下列事项：①公司名称和住所；②公司经营范围；③公司注册资本；④股东的姓名或者名称；⑤股东的出资方式、出资额和出资时间；⑥公司的机构及其产生办法、职权、议事规则；⑦公司法定代表人；⑧股东会会议认为需要规定的其他事项。

4. 有公司名称，建立符合有限责任公司要求的组织机构

公司的名称是公司区别于其他公司的标志。公司只准使用一个名称，在登记主管机关辖区内不得与已登记的同行业企业名称相同或近似。公司名称应当依次由字号、行业或经营特点、组织形式组成，且不得违反法律、行政法规的禁止性规定。有限责任公司名称中必须标明“有限责任公司”或者“有限公司”字样。

5. 有公司住所

有限责任公司以其主要办事机构所在地为住所。有限责任公司只能有一个住所，且应当在其公司登记机关的辖区内。

（二）有限责任公司的设立程序

（1）确定公司股东数额并达成投资协议。

（2）订立公司章程。公司章程是公司股东依法订立的关于公司组织活动的具有法律效力的基本规则。有限责任公司的公司章程应经全体股东一致同意，全体股东在订立的公司章程上签字盖章。

（3）认缴公司资本。股东应当按期足额缴纳公司章程中规定的各自的出资额。

（4）申请设立登记。

股东的首次出资认足后由全体股东指定的代表或者共同委托的代理人向公司登记机关报送公司登记申请书、公司章程等文件，申请设立登记。

法律、行政法规规定设立公司必须报经批准的，应当在公司登记前依法办理批准手续。公众可以向公司登记机关申请查询公司登记事项，公司登记机关应当提供查询服务。依法设立的公司，由公司登记机关发给公司营业执照。公司营业执照签发日期为公司成立日期。公司营业执照应当载明公司的名称、住所、注册资本、经营范围、法定代表人姓名等事项。公司营业执照记载的事项发生变更的，公司应当依法办理变更登记，由公司登记机关换发营业执照。

有限责任公司成立后，应当向股东签发出资证明书。出资证明书应当载明下列事项：①公司名称；②公司成立日期；③公司注册资本；④股东的姓名或者名称、缴纳的出资额和出资日期；⑤出资证明书的编号和核发日期。出资证明书由公司盖章。有限责任公司应当置备股东名册，记载下列事项：①股东的姓名或者名称及住所；②股东的出资额；③出资证明书编号。记载于股东名册的股东，可以依股东名册主张行使股东权利。

公司应当将股东的姓名或者名称及其出资额向公司登记机关登记；登记事项发生变更的，应当办理变更登记。未经登记或者变更登记的，不得对抗第三人。

三、有限责任公司的股东出资及其股权转让

甲、乙、丙于2013年3月出资设立A有限责任公司。2014年4月，该公司又吸收丁入股。2016年10月，该公司因经营不善造成严重亏损，拖欠巨额债务，被依法宣告破产。人民法院在清算中查明：甲在公司设立时作为出资的机器设备，其实际价额为120万元，显著低于公司章程所定价额300万元；甲的个人财产仅为20万元。

(一) 有限责任公司的股东出资

1. 出资额

有限责任公司股东应按照公司章程认缴出资。公司是在股东出资形成的公司资本基础上成立的经济组织。全体股东出资形成的公司资本是公司成立的基本条件，是公司进行经营活动的基本物质条件，是公司承担财产责任的基本保障。

2. 出资形式

出资形式即出资财产的种类。公司的资本信用决定了股东出资不但必须达到一定的数额，而且必须达到一定的质量，具有适宜于公司经营与清偿债务的特性。因而，出资形式规定就成了公司设立制度、公司资本制度的重要内容。

股东可以用货币出资，也可以以实物、知识产权、土地使用权等用货币估价并可以依法转让的非货币财产作价出资；但是，法律、行政法规规定不得作为出资的财产除外。

3. 出资缴纳

股东应当按期足额缴纳公司章程中规定的各自所认缴的出资额。股东以货币出资的，应当将货币出资足额存入有限责任公司在银行开设的账户；以非货币财产出资的，应当依法办理其财产权的转移手续。

股东不按照前款规定缴纳出资的，除应当向公司足额缴纳外，还应当向已按期足额缴纳出资的股东承担违约责任。有限责任公司成立后，发现作为设立公司出资的非货币财产的实际价额显著低于公司章程所定价格的，应当由缴付该出资的股东补足其差额，公司设立时的其他股东承担连带责任。

公司成立后，股东不得抽逃出资。

(二) 有限责任公司股东的股权转让

公司股权是公司股东基于股东资格而享有的权利，包括依法享有的资产收益、参与重大决策和选择管理者等权利。公司股权作为财产权，可以根据股东的意愿依法转让。公司股权也可因人民法院的强制执行而转让，或因其他法定事由的出现而转让。有限责任公司股东的股权转让有以下几种情形。

1. 股权的内部转让

有限责任公司的股东之间可以相互转让其全部或者部分股权。

有限责任公司的股东向该公司的其他股东转让其全部股权，其后果是股东人数减少，并且股东间的出资比例发生变化；向公司的其他股东转让其部分股权，其后果是股东间的出资比例发生变化。因此，公司的股东之间无论是转让全部股权，还是转让部分股权，都不会有新股东的产生，其他股东已有的伙伴关系不会受到影响，也就没有必要对这种转让进行限制，因此股东内部可以自由转让股权。

2. 股权的对外转让

股东向股东以外的人转让股权，应当经其他股东过半数同意。股东应就其股权转让事项书面通知其他股东征求同意，其他股东自接到书面通知之日起满 30 日未答复的，视为同意转让。其他股东半数以上不同意转让的，不同意的股东应当购买该转让的股权；不购买的，视为同意转让。

经股东同意转让的股权，在同等条件下，其他股东有优先购买权。两个以上股东主张行使优先购买权的，协商确定各自的购买比例；协商不成的，按照转让时各自的出资比例行使优先购买权。

公司章程对股权转让另有规定的，从其规定。

3. 人民法院强制执行时的股权转让

人民法院依照法律规定的强制执行程序转让股东的股权，是指人民法院依照民事诉讼法等法律规定的执行程序，强制执行生效的法律文书时，以拍卖、变卖或其他方式转让有限责任公司股东的股权。人民法院依照法律规定的强制执行程序转让股东的股权时，应当通知公司及全体股东，其他股东在同等条件下有优先购买权。其他股东自人民法院通知之日起满 20 日不行使优先购买权的，视为放弃优先购买权。

4. 异议股东申请回购

有限责任公司的股东对股东会重大决议投反对票的，可以请求公司按照合理的价格收购其股权，从而退出公司。根据《公司法》的规定，有下列情形之一的，对股东会该项决议投反对票的股东可以请求公司按照合理的价格收购其股权。

(1) 公司连续五年不向股东分配利润，而公司该五年连续盈利，并且符合本法规定的分配利润条件的。

(2) 公司合并、分立、转让主要财产的。

(3) 公司章程规定的营业期限届满或者章程规定的其他解散事由出现，股东会会议通过决议修改章程使公司存续的。

自股东会会议决议通过之日起 60 日内，股东与公司不能达成股权收购协议的，股东可以自股东会会议决议通过之日起90日内向人民法院提起诉讼。

依照法律转让股权后,公司应当注销原股东的出资证明书,向新股东签发出资证明书,并相应修改公司章程和股东名册中有关股东及其出资额的记载。对公司章程的该项修改不需再由股东会表决。

四、有限责任公司的组织机构

2017年1月,5家企业依据《公司法》共同投资设立了一家食品加工有限责任公司(以下简称"食品公司"),注册资本为1 000万元。为了进一步扩大食品公司的生产规模,食品公司董事会制订了增资方案,即由现有股东按照目前出资比例继续出资,把公司注册资本增加到1 600万元。股东会对该方案表决时,3个股东赞成,2个股东反对,股东会作出增资决议。赞成增资的股东原出资总额为640万元,占食品公司注册资本的64%;反对增资的股东原出资总额为360万元,占食品公司注册资本的36%。股东会结束后,董事会通知所有股东按照股东会决议缴纳增资方案中确定的出资数额。两个反对增资的股东拒不缴纳出资。董事会决定暂停这两个股东1998年度的股利分配,用以抵作出资。这两个股东不服董事会决定,以食品公司为被告,向人民法院提起诉讼,要求确认股东会的增资决议无效。

(一) 有限责任公司的股东会

1. 股东会的性质地位

股东会是指依照《公司法》和公司章程的规定设立的,由全体股东共同组成的,对公司经营管理和各种涉及公司及股东利益的事项拥有最高决策权的机构。股东会是公司的权力机构。

(1) 股东会享有对公司重要事项的最终决定权。

(2) 股东大会的决议具有最高效力。

(3) 股东会同其他机构的关系上,股东会居于最高层,董事会、经理、监事会虽也执掌着公司的管理权、监督权,但它们都隶属或服从于股东会。董事会是股东会的执行机构,是由股东会推选出代表进行公司管理、执行股东会决议的;监事会主要是由股东会选举产生,主要代表股东对公司经营活动进行监督的。它们都对股东会负责,向股东会报告工作,接受股东会的监督。

2. 股东会的职权

股东会作为公司的权力机关,集中体现在其享有的决定公司重大事项的权力上。总体概括包括投资经营决定权、人事决定权、重大事项审批权、重大事项决议权、公司章程修改权等职权。股东会主要行使下列职权。

(1) 决定公司的经营方针和投资计划。

(2) 选举和更换非由职工代表担任的董事、监事,决定有关董事、监事的报酬事项。

(3) 审议批准董事会的报告。

(4) 审议批准监事会或者监事的报告。

(5) 审议批准公司的年度财务预算方案、决算方案。

(6) 审议批准公司的利润分配方案和弥补亏损方案。

(7) 对公司增加或者减少注册资本作出决议。

(8) 对发行公司债券作出决议。

(9) 对公司合并、分立、解散、清算或者变更公司形式作出决议。

(10) 修改公司章程。

(11) 公司章程规定的其他职权。

对前款所列事项股东以书面形式一致表示同意的，可以不召开股东会会议，直接作出决定，并由全体股东在决定文件上签名、盖章。

3. 股东会会议的种类

股东会是公司的非常设机构，通过召开股东会会议形成决议的方式行使职权，实现对公司的控制。股东会会议是一种定期或临时举行的全体股东出席的会议，分为股东年会和临时股东会两类。

定期会议又称股东年会，是公司依照法律规定或公司章程的规定而定期召开的会议。定期会议主要决定股东会职权范围内的例行重大事项，如对公司的财务预算和决算方案、年度利润分配或亏损弥补方案、董事会和监事会所做的公司年度报告以及公司重要的人事任免等作出决定。定期会议一般每年召开一次。《公司法》规定，有限责任公司股东会应当按照公司章程的规定按时召开。

临时股东会是公司根据需要，在定期会议以外的时间内临时召开的会议，其目的是讨论决定两次定期会议之间公司遇到的需要股东会决策的问题。临时股东会一般由一定数量的股东、董事会或监事会提出。法律也可以对召开临时股东会的事由作出强制性的规定。代表1/10以上表决权的股东，1/3以上的董事，监事会或者不设监事会的公司的监事提议召开临时会议的，应当召开临时会议。

4. 股东会的召开

《公司法》规定，首次股东会会议由出资最多的股东召集和主持，依照法律规定行使职权。有限责任公司设立董事会的，股东会会议由董事会召集，董事长主持；董事长不能履行职务或者不履行职务的，由副董事长主持；副董事长不能履行职务或者不履行职务的，由半数以上董事共同推举一名董事主持。

有限责任公司不设董事会的，股东会会议由执行董事召集和主持。

董事会或者执行董事不能履行或者不履行召集股东会会议职责的，由监事会或者不设监事会的公司的监事召集和主持；监事会或者监事不召集和主持的，代表1/10以上表决权的股东可以自行召集和主持。

召开股东会会议，应当于会议召开15日前通知全体股东；但是，公司章程另有规定或者全体股东另有约定的除外。

股东会应当对所议事项的决定做成会议记录，出席会议的股东应当在会议记录上签名。

5. 股东会的决议

股东会决定公司重要事项是通过股东在股东会会议上行使表决权,股东会根据多数表决权的股东同意作出会议决议来实现的。股东会决议的过程就是股东表决权行使的过程。

股东会决议分为普通决议和特别决议。《公司法》规定,股东会会议由股东按照出资比例行使表决权;但是,公司章程另有规定的除外。股东会的议事方式和表决程序,除本法有规定的外,由公司章程规定。

股东会会议对一般事项所作的决议,需代表半数以上表决权的股东通过,但股东会会议作出修改公司章程、增加或者减少注册资本的决议,以及公司合并、分立、解散或者变更公司形式的决议,必须经代表2/3以上表决权的股东通过。

(二) 有限责任公司的董事会

1. 董事会的性质和地位

董事会是由股东推选出的董事组成,代表全体股东利益对公司活动进行管理和指挥的机构。作为常设机构,它既是负责组织实施股东会决议与决策的公司执行机构,又是制定公司某些方面政策的决策机构。董事会不但要负责公司的内部管理,还要对外全权代表公司进行业务活动。董事会作为公司的日常经营决策机构和业务执行机构,体现在以下几方面。

(1) 董事会是代表股东对公司进行管理的机构。

(2) 董事会是公司的执行机关。

(3) 董事会是公司日常事务的经营决策机关。

(4) 董事会是公司法人的对外代表机构。

(5) 董事会是公司的法定常设机构。

2. 董事会的职权

董事会作为公司的执行机构和经营决策机构,享有经营管理公司业务活动、对公司重大问题(股东会决策外的事项)进行决策的广泛权力。《公司法》规定,董事会对股东会负责,行使下列职权。

(1) 召集股东会会议,并向股东会报告工作。

(2) 执行股东会的决议。

(3) 决定公司的经营计划和投资方案。

(4) 制订公司的年度财务预算方案、决算方案。

(5) 制订公司的利润分配方案和弥补亏损方案。

(6) 制订公司增加或者减少注册资本以及发行公司债券的方案。

(7) 制订公司合并、分立、解散或者变更公司形式的方案。

(8) 决定公司内部管理机构的设置。

(9) 决定聘任或者解聘公司经理及其报酬事项,并根据经理的提名决定聘任或者解聘公司副经理、财务负责人及其报酬事项。

(10) 制定公司的基本管理制度。

(11) 公司章程规定的其他职权。

3. 董事会的构成

有限责任公司设董事会,其成员为3～13人;但是,股东人数较少或者规模较小的有限责任公司,可以设一名执行董事,不设董事会。执行董事可以兼任公司经理。执行董事的职权由公司章程规定。

两个以上的国有企业或者两个以上的其他国有投资主体投资设立的有限责任公司,其董事会成员中应当有公司职工代表;其他有限责任公司董事会成员中可以有公司职工代表。董事会中的职工代表由公司职工通过职工代表大会、职工大会或者其他形式民主选举产生。

董事会设董事长一人,可以设副董事长。董事长、副董事长的产生办法由公司章程规定。

董事任期由公司章程规定,但每届任期不得超过三年。董事任期届满,连选可以连任。

董事任期届满未及时改选,或者董事在任期内辞职导致董事会成员低于法定人数的,在改选出的董事就任前,原董事仍应当依照法律、行政法规和公司章程的规定履行董事职务。

4. 董事会会议的召开

董事会会议有定期会议与临时会议两种形式。

董事会会议由董事长召集和主持;董事长不能履行职务或者不履行职务的,由副董事长召集和主持;副董事长不能履行职务或者不履行职务的,由半数以上董事共同推举一名董事召集和主持。

5. 董事会的决议

董事会的议事方式和表决程序,除《公司法》有规定的外,由公司章程规定。

董事会应当对所议事项的决定做成会议记录,出席会议的董事应当在会议记录上签名。

董事会决议的表决,实行一人一票。

(三) 有限责任公司的经理

经理是董事会聘任负责公司日常经营活动的最重要的高级管理人员,是公司常设辅助业务执行机关的首脑。股东人数较少或规模较小的有限责任公司,执行董事可以兼任公司经理。

《公司法》规定,有限责任公司可以设经理,由董事会决定聘任或者解聘。经理对董事会负责,行使下列职权。

(1) 主持公司的生产经营管理工作,组织实施董事会决议。

(2) 组织实施公司年度经营计划和投资方案。

(3) 拟订公司内部管理机构设置方案。

(4) 拟订公司的基本管理制度。

(5) 制定公司的具体规章。

(6) 提请聘任或者解聘公司副经理、财务负责人。

(7) 决定聘任或者解聘除应由董事会决定聘任或者解聘以外的负责管理人员。

(8) 董事会授予的其他职权。

公司章程对经理职权另有规定的,从其规定。经理列席董事会会议。

(四) 有限责任公司的监事会

1. 监事会的性质地位

监事会制度是根据权力制衡原理由股东选举监事组成公司专门监督机关对公司经营进行监督的制度。监事会是公司的监督机关,是由股东会(和职工)选举产生并向股东会负责,代表股东对公司经营(公司财务、董事、经理人员履行职责行为)进行监督的机关。主要体现在以下几方面。

(1) 监事会是代表股东对公司经营进行监督的机关。

(2) 监事会是公司的监督机关。

(3) 监事会是公司的法定常设机关。

2. 监事会的职权

监事会作为公司的监督机构,享有对公司经营活动进行监督的广泛权力。

《公司法》规定,监事会、不设监事会的公司的监事行使下列职权。

(1) 检查公司财务。

(2) 对董事、高级管理人员执行公司职务的行为进行监督,对违反法律、行政法规、公司章程或者股东会决议的董事、高级管理人员提出罢免的建议。

(3) 当董事、高级管理人员的行为损害公司的利益时,要求董事、高级管理人员予以纠正。

(4) 提议召开临时股东会会议,在董事会不履行本法规定的召集和主持股东会会议职责时召集与主持股东会会议。

(5) 向股东会会议提出提案。

(6) 依照本法第一百五十二条的规定,对董事、高级管理人员提起诉讼。

(7) 公司章程规定的其他职权。

监事可以列席董事会会议,并对董事会决议事项提出质询或者建议。

监事会、不设监事会的公司的监事发现公司经营情况异常,可以进行调查;必要时,可以聘请会计师事务所等协助其工作,费用由公司承担。

3. 监事会的构成

有限责任公司设监事会,其成员不得少于3人。股东人数较少或者规模较小的有限责任公司,可以设1~2名监事,不设监事会。

监事会应当包括股东代表和适当比例的公司职工代表,其中职工代表的比例不得低于1/3,具体比例由公司章程规定。监事会中的职工代表由公司职工通过职工代表大会、职工大会或者其他形式民主选举产生。

董事、高级管理人员不得兼任监事。

监事的任期每届为三年。监事任期届满,连选可以连任。

监事任期届满未及时改选，或者监事在任期内辞职导致监事会成员低于法定人数的，在改选出的监事就任前，原监事仍应当依照法律、行政法规和公司章程的规定履行监事职务。

4. 监事会会议的召开

监事会会议有定期会议和临时会议两种形式。监事会设主席一人，由全体监事过半数选举产生。监事会主席召集和主持监事会会议；监事会主席不能履行职务或者不履行职务的，由半数以上监事共同推举一名监事召集和主持监事会会议。

监事会每年度至少召开一次会议，监事可以提议召开临时监事会会议。

5. 监事会的决议

监事会的议事方式和表决程序，除公司法有规定的外，由公司章程规定。

监事会决议应当经半数以上监事通过。

监事会应当对所议事项的决定做成会议记录，出席会议的监事应当在会议记录上签名。

监事会、不设监事会的公司的监事行使职权所必需的费用，由公司承担。

五、公司董事、监事、高级管理人员的任职资格及义务

（一）公司董事、监事、高级管理人员的任职资格

公司董事、监事及高级管理人员（包括经理、副经理、财务负责人以及公司董事会秘书和公司章程规定的其他人员）在公司中处于特殊地位，并具有法定职权。为保证其具有正确履行职责的能力，防止其违法行为，通常对任职资格加以限制。根据《公司法》的规定，有下列情形之一的，不得担任公司的董事、监事、高级管理人员。

（1）无民事行为能力或者限制民事行为能力。

（2）因贪污、贿赂、侵占财产、挪用财产或者破坏社会主义市场经济秩序，被判处刑罚，执行期满未逾五年，或者因犯罪被剥夺政治权利，执行期满未逾五年。

（3）担任破产清算的公司、企业的董事或者厂长、经理，对该公司、企业的破产负有个人责任的，自该公司、企业破产清算完结之日起未逾三年。

（4）担任因违法被吊销营业执照、责令关闭的公司、企业的法定代表人，并负有个人责任的，自该公司、企业被吊销营业执照之日起未逾三年。

（5）个人所负数额较大的债务到期未清偿。

公司违反前款规定选举、委派董事、监事或者聘任高级管理人员的，该选举、委派或者聘任无效。董事、监事、高级管理人员在任职期间出现（1）所列情形的，公司应当解除其职务。

此外，根据《中华人民共和国公务员法》（以下简称《公务员法》）的有关规定，国家公务员不得兼任公司的董事、监事、高级管理人员。

（二）公司董事、监事、高级管理人员的义务

董事、监事、高级管理人员应当遵守法律、行政法规和公司章程，对公司有忠实义务和

勤勉义务。董事、监事、高级管理人员不得利用职权收受贿赂或者其他非法收入,不得侵占公司的财产。

董事、高级管理人员不得有下列行为。

(1) 挪用公司资金。

(2) 将公司资金以其个人名义或者以其他个人名义开立账户存储。

(3) 违反公司章程的规定,未经股东会、股东大会或者董事会同意,将公司资金借贷给他人或者以公司财产为他人提供担保。

(4) 违反公司章程的规定或者未经股东会、股东大会同意,与本公司订立合同或者进行交易。

(5) 未经股东会或者股东大会同意,利用职务便利为自己或者他人谋取属于公司的商业机会,自营或者为他人经营与所任职公司同类的业务。

(6) 接受他人与公司交易的佣金归为己有。

(7) 擅自披露公司秘密。

(8) 违反对公司忠实义务的其他行为。

董事、高级管理人员违反前款规定所得的收入应当归公司所有。

董事、监事、高级管理人员执行公司职务时违反法律、行政法规或者公司章程的规定,给公司造成损失的,应当承担赔偿责任。

六、一人有限责任公司的特别规定

(一) 一人有限责任公司的概念

一人有限责任公司是指只有一个自然人股东或者一个法人股东的有限责任公司。一人有限责任公司是有限责任公司的特殊形式,是独立的企业法人。一人有限责任公司的设立和组织机构,除法律另有规定外,适用有限责任公司的规定。

一人有限责任公司和个人独资企业的主要区别如下。

1. 法律性质不同

一人有限责任公司需要满足《公司法》为股权多元化的公司设置的公司资本制度、公司财务会计审计制度以及公司治理制度,而个人独资企业只适用《个人独资企业法》,受该法的调整与约束。

2. 承担的民事责任能力不同

一人有限责任公司是独立的企业法人,具有完全的民事权利能力、民事行为能力和民事责任能力,是有限责任公司的特殊类型,而个人独资企业不是独立的法人,不能以其财产独立承担民事责任,而是投资者以个人财产对企业债务承担无限责任。

3. 承担的税收义务有所不同

一人有限责任公司及其股东须分别就其公司所得和股东股利分别缴纳企业所得税和个人所得税。而个人独资企业自身不缴纳企业所得税,只待投资者取得投资回报时缴纳个人所得税。

（二）一人有限责任公司的特别规定

1. 一人有限责任公司数量的特别规定

一个自然人只能投资设立一个一人有限责任公司。该一人有限责任公司不能投资设立新的一人有限责任公司。一人有限责任公司应当在公司登记中注明自然人独资或者法人独资，并在公司营业执照中载明。

2. 一人有限责任公司组织机构的特别规定

一人有限责任公司章程由股东制定。一人有限责任公司不设股东会。股东作出重大决定时，应当采用书面形式，并由股东签名后置备于公司。

3. 一人有限责任公司财务会计信息的特别规定

一人有限责任公司应当在每一会计年度终了时编制财务会计报告，并经会计师事务所审计。

4. 一人有限责任公司股东民事责任的特别规定

一人有限责任公司也是公司制，因此法律要求股东的财产应当与公司的财产相分离，这样双方权责明确，既有利于市场经济的发展，也有利于相对债权人利益的保障。如果股东与一人公司的财产无法分清，为了保障公司债权人的利益，防止以此逃避债务，法律规定如果股东不能证明公司财产独立于股东自己的财产，应当对公司债务承担连带责任。

七、国有独资公司的特别规定

（一）国有独资公司的概念

国有独资公司是指国家单独出资、由国务院或者地方人民政府授权本级人民政府国有资产监督管理机构履行出资人职责的有限责任公司。国有独资公司是一种特殊形态的有限责任公司形式，其设立条件和程序除特别规定外，与一般的有限责任公司大体相同，所不同的主要是股东的人数以及公司章程的制定。与一般的有限责任公司相比较，国有独资公司具有以下特征。

(1) 公司股东的单一性。国有独资公司的股东仅有一人，是国家单独出资设立。

(2) 单一股东的特定性。国有独资公司的股东只能是国家，并由国有资产监督管理机构履行出资人职责。

(3) 资本归属的国有性。国有独资公司的全部资本由国家投入。公司的财产权源于国家对投资财产的所有权。

（二）国有独资公司的特别规定

1. 公司章程制定的特别规定

国有独资公司章程由国有资产监督管理机构制定，或者由董事会制定报国有资产监督管理机构批准。国有独资公司虽然公司章程的内容与其他有限责任公司大致相同，但最关键的区别在于章程的订立程序有所不同。其订立的程序有两种方式：一是由国有资产监督管理机构亲自制定，包括组织自己的技术力量制定、委托其他单位制定；二是由董事会制定并报国有资产监督管理机构批准，即首先由董事会自行制定，然后报经国有资产监督管理机构审查批准。

2. 国有独资公司组织机构的特别规定

(1) 国有独资公司不设股东会。国有独资公司不设股东会，由国有资产监督管理机构行使股东会职权。国有资产监督管理机构可以授权公司董事会行使股东会的部分职权，决定公司的重大事项，但公司的合并、分立、解散、增加或者减少注册资本和发行公司债券，必须由国有资产监督管理机构决定；其中，重要的国有独资公司合并、分立、解散、申请破产的，应当由国有资产监督管理机构审核后，报本级人民政府批准。

在国有独资公司中，一般有限责任公司的股东会的职权被分解为两部分：一部分由国有资产监督管理机构行使，另一部分由国有资产监督管理机构授权公司的常设执行机构董事会行使。在国有资产监督管理机构与国有独资公司的职权划分中，公司的一般性问题由董事会行使，重大问题由国有资产监督管理机构行使。

(2) 国有独资公司设立董事会。国有独资公司设董事会，依照法律行使职权。董事每届任期不得超过三年。董事会成员中应当有公司职工代表。

董事会成员由国有资产监督管理机构委派；但是，董事会成员中的职工代表由公司职工代表大会选举产生。

董事会设董事长一人，可以设副董事长。董事长、副董事长由国有资产监督管理机构从董事会成员中指定。

(3) 国有独资公司设经理。国有独资公司设经理，由董事会聘任或者解聘。经理依照法律行使职权。

经国有资产监督管理机构同意，董事会成员可以兼任经理。

(4) 国有独资公司设立监事会。国有独资公司监事会成员不得少于5人，其中职工代表的比例不得低于1/3，具体比例由公司章程规定。

监事会成员由国有资产监督管理机构委派；但是，监事会成员中的职工代表由公司职工代表大会选举产生。监事会主席由国有资产监督管理机构从监事会成员中指定。

监事会行使法律规定的职权和国务院规定的其他职权。

(5) 国有独资公司的董事长、副董事长、董事、高级管理人员，未经国有资产监督管理机构同意，不得在其他有限责任公司、股份有限公司或者其他经济组织兼职。

一、名词解释题

有限责任公司　一人有限责任公司　国有独资公司

二、问答题

1. 简述有限责任公司的成立条件。

2. 简述有限责任公司的特征。

3. 简述有限责任公司组织机构的构成和议事规则。

第四节　股份有限公司

原告某商贸有限责任公司(以下简称“原告”)为被告某酒业股份有限公司的股东(以下简称“被告”)。原告授权董事冯某在2015年11月5日代表原告参加被告2015年第一次临时股东大会。冯某到达会议现场后发现被告的董事会秘书未参加本次临时股东大会,根据《上市公司股东大会规则》:“公司召开股东大会,全体董事、监事和董事会秘书应当出席会议,经理和其他高级管理人员应当列席会议。”冯某在会议形成的会议记录上签字时发现,由于董事会秘书未参加会议所以会议记录不是董事会秘书所书写,也没有董事会秘书的签字,违反《上市公司股东大会规则》和被告的公司章程。根据《上市公司股东大会规则》:“股东大会会议记录由董事会秘书负责。出席会议的董事、董事会秘书、召集人或其代表、会议主持人应该在会议记录上签名,并保证会议记录内容真实、准确和完整。会议记录应当与现场出席股东的签名册及代表出席的委托书、网络及其他方式表决情况的有效资料一并保存,保存期限不少于10年。”为维护自己的合法权益原告起诉请求依法撤销被告2015年第一次临时股东大会作出的决议。

一、股份有限公司的概念和法律特征

(一) 股份有限公司的概念

股份有限公司是指公司全部资本分为等额股份,股东以其认购的股份为限对公司承担责任,公司则以其全部财产对公司债务承担责任的公司。

(二) 股份有限公司的法律特征

股份有限公司具有如下特征。

1. 公司组织的资合性

股份有限公司的资合性特征,首先表现在公司对外信用的基础是公司资本,即公司所募集的股份总额。它既是公司成立的要件,也是公司能够得以自下而上发展的源泉,更是对公司债权人的总担保。

其次,股份有限公司的资合性还表现在公司股份可依法自由转让。股份有限公司的股票除了可以在一般交易场所转让交易外,还可以通过申请成为上市公司在证券交易所持牌交易;这也是股份有限公司区别于有限责任公司的一大特征。在有限责任公司股东转让其出资受到程度不同的限制,因而公司股东通常处于较为稳定的状态,股东之间的人身依赖性和信任性较强。而股份有限公司则鼓励股份的自由转让,而非股东个人的因素,通过股份的自由转让达到股票证券化、证券大众化的目的,以方便投资者投资。

2. 资本募集的公开性

设立股份有限公司不仅可以采取发起设立方式,还可以采取募集设立方式。其中以募集方式设立股份有限公司的，除由发起人认购公司应发行股份的一部分外，其余股份向社会公开募集或向特定对象募集，社会公众均可通过购买股票而成为公司的股东。这使得股份有限公司可以面向社会广泛集资。

3. 公司资本的股份性

股份为股份有限公司资本的最小计算单位。股份有限公司的全部资本分为数额相等的股份，每一股份的金额与股份总数的乘积即为公司的资本总额。每个股东所持的股份数可以是不同的，但每股的金额必须相等；只有每一股份所代表的金额是相等的，才便于股票的发行和资本的筹集，才便于股东权的计算、行使或转让，也才能真正做到同股同权、同股同利，充分发挥资合公司的优势和特点。而在有限责任公司中，由于股东所认购的每份出资额并不相等，所以，在出资转让及股东权益计算方面则较为烦琐和复杂。

4. 股东责任的有限性

股份有限公司的股东仅以其认购的股份为限对公司负责，对公司债权人不负任何直接的法律责任。公司的债权人既不能向股东主张权利，也不能要求股东以其个人财产清偿公司的债务。股份有限公司股东责任的有限性对于鼓励投资、促进交易的发展和经济繁荣，无疑具有重要意义。

5. 充分的法人性

股份有限公司是一种最为典型的法人企业。由于股东的广泛性使公司的所有与控制的分离表现得最为充分。公司具有完备的组织机构和独立的财产，这一切充分体现了法人组织的基本特征。法人制度的完善与股份有限公司的出现和发展密不可分。

二、股份有限公司的设立

(一) 股份有限公司的设立方式

股份有限责任公司是典型的资合性公司，其资本来源有两个方面，一是全部资本由发起人缴纳，二是由发起人缴纳一部分，其余部分由募集而来。相应地就产生了发起设立和募集设立两种股份有限责任公司的设立方式。

发起设立是指由发起人认购公司应发行的全部股份而设立公司。以这种方式设立公司的特点是：不向社会公开募集股份，设立公司简便，只要发起认足了股份就可以向公司登记机关申请设立登记，但它要求各个发起人有比较雄厚的资金。

募集设立是指由发起人认购公司应发行股份的一部分，其余股份向社会公开募集或者向特定对象募集而设立公司。以募集方式设立股份有限公司只需投入较少的资金，就能够从社会上聚集到较多的资金，从而使公司能够迅速聚集到较大的资本额。但是，由于募集设立涉及发起人以外的人，所以，法律对募集设立规定了较为严格的程序，以保护广大投资者的利益。

(二) 股份有限公司的设立条件

设立股份有限公司，应当具备下列条件。

(1) 发起人符合法定人数。设立股份有限公司，应当有 2 人以上 200 人以下为发起人，其中须有半数以上的发起人在中国境内有住所。股份有限公司发起人承担公司筹办事务。发起人应当签订发起人协议，明确各自在公司设立过程中的权利和义务。股份有限公司的发起人应当承担下列责任：①公司不能成立时，对设立行为所产生的债务和费用负连带责任；②公司不能成立时，对认股人已缴纳的股款，负返还股款并加算银行同期存款利息的连带责任；③在公司设立过程中，由于发起人的过失致使公司利益受到损害的，应当对公司承担赔偿责任。

(2) 有符合公司章程规定的全体发起人认购的股本总额或募集的实收股本总额。法律、行政法规对股份有限公司注册资本的限额有规定的，从其规定。股份有限公司采取发起设立方式设立的，注册资本为在公司登记机关登记的全体发起人认购的股本总额。在缴足前，不得向他人募集股份。

股份有限公司采取募集方式设立的，注册资本为在公司登记机关登记的实收股本总额。

(3) 股份发行、筹办事项符合法律规定。

(4) 发起人制定公司章程，采用募集方式设立的经创立大会通过。股份有限公司的章程是规范公司组织与行为的基本法律文件。股份有限公司的章程由发起人制定，经全体发起人同意，采取募集方式设立的还需经创立大会通过。公司成立后，公司章程对公司、股东、董事、监事、高级管理人员具有约束力。股份有限公司章程应当载明下列事项：

① 公司名称和住所；

② 公司经营范围；

③ 公司设立方式；

④ 公司股份总数、每股金额和注册资本；

⑤ 发起人的姓名或者名称、认购的股份数、出资方式和出资时间；

⑥ 董事会的组成、职权和议事规则；

⑦ 公司法定代表人；

⑧ 监事会的组成、职权和议事规则；

⑨ 公司利润分配办法；

⑩ 公司的解散事由与清算办法；

⑪ 公司的通知和公告办法；

⑫ 股东大会会议认为需要规定的其他事项。

(5) 有公司名称，建立符合股份有限公司要求的组织机构。股份有限公司名称应当符合国家有关规定。股份有限公司名称中必须标明“股份有限公司”字样，且只能使用一个名称。

(6) 有公司住所。股份有限公司以其主要办事机构所在地为住所。经公司登记机关登记的公司住所只能有一个，且应当在其公司登记机关的辖区内。

(三) 股份有限公司的设立程序

股份有限公司的设立指的是为正式成立股份有限公司、取得法人资格而依法进行的一系列筹建准备行为。股份有限公司的设立程序因发起设立和募集设立的不同而有所区别。

1. 发起设立方式设立股份有限公司的程序

(1) 发起人之间以书面形式订立发起人协议。发起人协议通常包括以下主要内容:发起人的姓名以及住所;公司拟发行的股份类别,每股的面值、发行价;每个发起人的认购数额、出资类别;发起人缴纳股款、交付现物、转让财产权利的时间和方式以及发起费用的预算、开支和每一个发起人的发起费用的负担等。

(2) 发起人订立书面协议后就应该按照协议的规定缴纳出资认购股份。发起人缴纳出资的方式主要有以现金缴纳或者用实物、工业产权、非专利技术、土地使用权来抵充股款。以现金之外的其他财产或财产权利出资的需要由有关的中介机构进行评估,并且要依法办理有关的财产权利的转移手续。

(3) 发起人交付全部出资以后,应当选举董事会和监事会,并由董事会向公司登记机关报送公司章程以及法律、行政法规规定的其他文件,申请设立登记。

2. 募集设立方式设立股份有限公司的程序

(1) 发起人首先要做的是与前述的发起设立的程序中前两步相同的步骤,有所区别的是:在发起设立中,发起人要认购全部的股份;而在募集设立中,发起人只认购全部拟股份中的一部分,《公司法》规定认购数额应不少于首期发行股份数的35%。

(2) 制定招股说明书。招股说明书是向非特定的社会公众发出的认购股份的书面说明。该说明书在发出以前应当经过国务院证券管理部门的批准。

(3) 向国务院递交募股申请。申请时,还必须同时报送《公司法》规定的一些文件,比如公司章程、经营估算书、发起人的姓名、认购的股份数等。

(4) 募股申请经国务院主管部门批准以后,发起人应公告招股说明书,并制作认股书。公告招股说明书时应该根据所要募集的范围在相应的报纸杂志上予以公告。同时,发起人必须制作认股书,认股书应载明《公司法》所要求的内容,由认股人填写有关事项,比如认购的股数、金额、认股人的住所等。

(5) 发起人应该同依法设立的证券经营机构签订承销协议,并与银行签订代收股款的协议。发起人要募集股份,必须通过证券经营机构进行,而且必须与银行签订代收股款的协议,由银行代为收取和保存认股人缴纳的股款。

(6) 取得验资证明。发起人在股款募足以后,必须请中立的机构或专家出具证明全部股份已经如数缴纳的文件,这一文件是申请公司注册的必备文件。发行的股份超过招股说明书规定的截止期限尚未募足的,或者发行股份的股款缴足后,发起人在30日内未召开创立大会的,认股人可以按照所缴股款并加算银行同期存款利息,要求发起人返还。

(7) 召集由认股人组成的创立大会。发起人应当在创立大会召开15日前将会议日期通知各认股人或者予以公告。创立大会应有代表股份总数过半数的发起人、认股人出席,方可举行。创立大会行使下列职权:审议发起人关于公司筹办情况的报告;通过公司章程;选举董事会成员;选举监事会成员;对公司的设立费用进行审核;对发起人用于抵作股款的财产的作价进行审核;发生不可抗力或者经营条件发生重大变化直接影响公司设立的,可以作出不设立公司的决议。

创立大会对前款所列事项作出决议,必须经出席会议的认股人所持表决权过半数通过。发起人、认股人缴纳股款或者交付抵作股款的出资后,除未按期募足股份、发起人未按期召开创立大会或者创立大会决议不设立公司的情形外，不得抽回其股本。

(8) 由创立大会选举的董事会向公司登记机关报送有关文件，申请设立登记。董事会应该在创立大会结束后的30日内向公司的登记机关报送《公司法》要求的相关文件，申请设立公司。向公司登记机关报送下列文件，申请设立登记：公司登记申请书，创立大会的会议记录，公司章程，验资证明，法定代表人、董事、监事的任职文件及其身份证明，发起人的法人资格证明或者自然人身份证明，公司住所证明。

以募集方式设立股份有限公司公开发行股票的，还应当向公司登记机关报送国务院证券监督管理机构的核准文件。

股份有限公司成立后，发起人未按照公司章程的规定缴足出资的，应当补缴；其他发起人承担连带责任。

股份有限公司成立后，发现作为设立公司出资的非货币财产的实际价额显著低于公司章程所定价额的，应当由交付该出资的发起人补足其差额，其他发起人承担连带责任。

公司登记机关依法核准登记后，发给公司营业执照，公司即告成立。公司营业执照的签发日期，即为股份有限公司的成立日期。

股份有限公司应当将公司章程、股东名册、公司债券存根、股东大会会议记录、董事会会议记录、监事会会议记录、财务会计报告置备于本公司。

股东有权查阅公司章程、股东名册、公司债券存根、股东大会会议记录、董事会会议决议、监事会会议决议、财务会计报告，对公司的经营提出建议或者质询。

三、股份有限公司的组织机构

(一) 股份有限公司的股东大会

1. 股东大会的组成

股份有限公司股东大会由全体股东组成。股东大会是公司的权力机构，依照《公司法》的规定行使职权。

2. 股东大会的职权

有限责任公司股东会职权的规定，适用于股份有限公司股东大会。

3. 股东大会会议的召开

股份有限公司的股东大会分为年会和临时会议。

股东大会应当每年召开一次年会。有下列情形之一的，应当在两个月内召开临时股东大会。

(1) 董事人数不足《公司法》规定人数或者公司章程所定人数的2/3时。

(2) 公司未弥补的亏损达实收股本总额1/3时。

(3) 单独或者合计持有公司10%以上股份的股东请求时。

(4) 董事会认为必要时。

(5) 监事会提议召开时。

(6) 公司章程规定的其他情形。

股东大会会议由董事会召集，董事长主持；董事长不能履行职务或者不履行职务的，由副董事长主持;副董事长不能履行职务或者不履行职务的,由半数以上董事共同推举一名董事主持。

董事会不能履行或者不履行召集股东大会会议职责的,监事会应当及时召集和主持;监事会不召集和主持的,连续90日以上单独或者合计持有公司10%以上股份的股东可以自行召集和主持。

召开股东大会会议,应当将会议召开的时间、地点和审议的事项于会议召开20日前通知各股东;临时股东大会应当于会议召开15日前通知各股东;发行无记名股票的,应当于会议召开30日前公告会议召开的时间、地点和审议事项。

单独或者合计持有公司3%以上股份的股东,可以在股东大会召开10日前提出临时提案并书面提交董事会;董事会应当在收到提案后2日内通知其他股东,并将该临时提案提交股东大会审议。临时提案的内容应当属于股东大会职权范围,并有明确议题和具体决议事项。

股东大会不得对前两款通知中未列明的事项作出决议。

无记名股票持有人出席股东大会会议的,应当于会议召开5日前至股东大会闭会时将股票交存于公司。

4. 股东大会的决议

股东出席股东大会会议,所持每一股份有一表决权。但是,公司持有的本公司股份没有表决权。

股东大会作出决议,必须经出席会议的股东所持表决权过半数通过。但是,股东大会作出修改公司章程、增加或者减少注册资本的决议,以及公司合并、分立、解散或者变更公司形式的决议,必须经出席会议的股东所持表决权的2/3以上通过。

《公司法》和公司章程规定公司转让、受让重大资产或者对外提供担保等事项必须经股东大会作出决议的,董事会应当及时召集股东大会会议,由股东大会就上述事项进行表决。

股东大会选举董事、监事,可以依照公司章程的规定或者股东大会的决议,实行累积投票制。累积投票制是指股东大会选举董事或者监事时,每一股份拥有与应选董事或者监事人数相同的表决权,股东拥有的表决权可以集中使用。

股东可以委托代理人出席股东大会会议,代理人应当向公司提交股东授权委托书,并在授权范围内行使表决权。

股东大会应当对所议事项的决定做成会议记录,主持人、出席会议的董事应当在会议记录上签名。会议记录应当与出席股东的签名册及代理出席的委托书一并保存。

(二) 股份有限公司的董事会、经理

董事会是股份有限公司的经营决策和执行机构,是股份有限公司的必设和常设机构。董事会依法对公司进行经营管理,对股东大会负责。

1. 董事会的组成

股份有限公司设董事会,其成员为5~19人。

董事会成员中可以有公司职工代表。董事会中的职工代表由公司职工通过职工代表

大会、职工大会或者其他形式民主选举产生。董事会设董事长一人，可以设副董事长。董事长和副董事长由董事会以全体董事的过半数选举产生。

2. 董事会的职权

《公司法》关于有限责任公司董事会职权的规定，适用于股份有限公司的董事会。

3. 董事会会议的召开

董事长召集和主持董事会会议，检查董事会决议的实施情况。副董事长协助董事长工作，董事长不能履行职务或者不履行职务的，由副董事长履行职务；副董事长不能履行职务或者不履行职务的，由半数以上董事共同推举一名董事履行职务。

董事会每年度至少召开两次会议，每次会议应当于会议召开 10 日前通知全体董事和监事。

代表 1/10 以上表决权的股东、1/3 以上董事或者监事会，可以提议召开董事会临时会议。董事长应当自接到提议后 10 日内，召集和主持董事会会议。

董事会召开临时会议，可以另定召集董事会的通知方式和通知时限。

4. 董事会的决议

董事会会议应有过半数的董事出席方可举行。董事会作出决议，必须经全体董事的过半数通过。

董事会决议的表决，实行一人一票。

董事会会议，应由董事本人出席；董事因故不能出席，可以书面委托其他董事代为出席，委托书中应载明授权范围。

董事会应当对会议所议事项的决定做成会议记录，出席会议的董事应当在会议记录上签名。

董事应当对董事会的决议承担责任。董事会的决议违反法律、行政法规或者公司章程、股东大会决议，致使公司遭受严重损失的，参与决议的董事对公司负赔偿责任。但经证明在表决时曾表明异议并记载于会议记录的，该董事可以免除责任。

5. 经理

股份有限公司设经理，由董事会决定聘任或者解聘。

关于有限责任公司经理职权的规定，适用于股份有限公司经理。

公司董事会可以决定由董事会成员兼任经理。

（三）股份有限公司的监事会

股份有限公司设监事会。监事会是股份有限公司的监督机构，对股东大会负责。监事会是股份有限公司的必设机构。

1. 监事会的组成

股份有限公司设监事会，其成员不得少于 3 人。监事会应当包括股东代表和适当比例的公司职工代表，其中职工代表的比例不得低于 1/3，具体比例由公司章程规定。监事会中的职工代表由公司职工通过职工代表大会、职工大会或者其他形式民主选举产生。董事、高级管理人员不得兼任监事。

2. 监事会的职权

关于有限责任公司监事会职权的规定,适用于股份有限公司监事会。监事会行使职权所必需的费用,由公司承担。

3. 监事会会议的召开

监事会设主席一人,可以设副主席。监事会主席和副主席由全体监事过半数选举产生。监事会主席召集和主持监事会会议;监事会主席不能履行职务或者不履行职务的,由监事会副主席召集和主持监事会会议;监事会副主席不能履行职务或者不履行职务的,由半数以上监事共同推举一名监事召集和主持监事会会议。

监事会每6个月至少召开一次会议。监事可以提议召开临时监事会会议。

4. 监事会的决议

监事会的议事方式和表决程序,除《公司法》有规定的外,由公司章程规定。监事会决议应当经半数以上监事通过。监事会应当对所议事项的决定做成会议记录,出席会议的监事应当在会议记录上签名。

四、股份有限公司的董事、监事和高级管理人员的任职资格及义务

股份有限公司的董事、监事和高级管理人员的任职资格及义务的法律规定与有限责任公司相同。

董事、高级管理人员违反法律规定给公司造成损失的,有限责任公司的股东、股份有限公司连续180日以上单独或者合计持有公司1%以上股份的股东,可以书面请求监事会或者不设监事会的有限责任公司的监事向人民法院提起诉讼;监事有违反法律规定给公司造成损失的,前述股东可以书面请求董事会或者不设董事会的有限责任公司的执行董事向人民法院提起诉讼。

监事会、不设监事会的有限责任公司的监事,或者董事会、执行董事收到股东书面请求后拒绝提起诉讼,或者自收到请求之日起30日内未提起诉讼,或者情况紧急、不立即提起诉讼将会使公司利益受到难以弥补的损害的,前款规定的股东有权为了公司的利益以自己的名义直接向人民法院提起诉讼。

董事、高级管理人员违反法律、行政法规或者公司章程的规定,损害股东利益的,股东可以向人民法院提起诉讼。

五、上市公司组织机构的特别规定

(一) 上市公司的概念

上市公司是指其股票在证券交易所上市交易的股份有限公司。

(二) 上市公司组织机构的特别规定

上市公司在一年内购买、出售重大资产或者担保金额超过公司资产总额30%的,应当由股东大会作出决议,并经出席会议的股东所持表决权的2/3以上通过。

上市公司设立独立董事,具体办法由国务院规定。

上市公司设董事会秘书，负责公司股东大会和董事会会议的筹备、文件保管以及公司股东资料的管理，办理信息披露事务等事宜。

上市公司董事与董事会会议决议事项所涉及的企业有关联关系的，不得对该项决议行使表决权，也不得代理其他董事行使表决权。该董事会会议由过半数的无关联关系董事出席即可举行，董事会会议所作决议须经无关联关系董事过半数通过。出席董事会的无关联关系董事人数不足3人的，应将该事项提交上市公司股东大会审议。

六、股份有限公司的股份发行和转让

(一) 股份的发行

1. 股份和股票的概念

股份是指由股份有限公司发行的股东所持有的通过股票形式来表现的可以转让的资本的一部分。股份作为代表公司资本的一部分，是公司资本的最小划分单位，不能再分，所有股东持有的股份加起来代表的资本数额即为公司的资本总额。

股票是指公司签发的证明股东所持股份的凭证。

股票具有以下基本特征。

(1) 不可偿还性。股票是一种无偿还期限的有价证券，投资者认购了股票后，在公司存续期间，一般不能再要求退股，只能到二级市场卖给第三者。股票的转让只意味着公司股东的改变，并不减少公司资本。从期限上看，只要公司存在，它所发行的股票就存在，股票的期限等于公司存续的期限。

(2) 参与性。股东有权出席股东大会，选举公司董事会，参与公司重大决策。股票持有者的投资意志和享有的经济利益，通常是通过行使股东参与权来实现的。股东参与公司决策的权利大小，取决于其所持有的股份的多少。从实践中看，只要股东持有的股票数量达到左右决策结果所需的实际多数时，就能掌握公司的决策控制权。

(3) 收益性。股东凭其持有的股票，有权从公司领取股息或红利，获取投资的收益。股息或红利的大小，主要取决于公司的盈利水平和公司的盈利分配政策。股票的收益性，还表现在股票投资者可以获得价差收入或实现资产保值增值。通过低价买入和高价卖出股票，投资者可以赚取价差利润。

(4) 流通性。股票的流通性是指股票在不同投资者之间的可交易性。股票的流通，使投资者可以在市场上卖出所持有的股票，取得现金。通过股票的流通和股价的变动，可以看出人们对于相关行业和上市公司的发展前景与盈利潜力的判断。那些在流通市场上吸引大量投资者、股价不断上涨的行业和公司，可以通过增发股票，不断吸收大量资本进入生产经营活动，收到了优化资源配置的效果。

(5) 价格波动性和风险性。股票在交易市场上作为交易对象，同商品一样，有自己的市场行情和市场价格。由于股票价格要受到诸如公司经营状况、供求关系、银行利率、大众心理等多种因素的影响，其波动有很大的不确定性。正是这种不确定性，有可能使股票投资者遭受损失。价格波动的不确定性越大，投资风险也越大。因此，股票是一种高风险的金融产品。

股票的分类有四种:第一种是普通股和优先股,第二种是国有股、发起人股和社会公众股,第三种是内资股和外资股,第四种是记名股票和无记名股票。

股票采用纸面形式或者国务院证券监督管理机构规定的其他形式。

股票应当载明下列主要事项:公司名称,公司成立日期,股票种类、票面金额及代表的股份数,股票的编号。股票由法定代表人签名,公司盖章。发起人的股票,应当标明发起人股票字样。

公司发行的股票,可以为记名股票,也可以为无记名股票。公司向发起人、法人发行的股票,应当为记名股票,并应当记载该发起人、法人的名称或者姓名,不得另立户名或者以代表人姓名记名。公司发行记名股票的,应当置备股东名册,记载下列事项:股东的姓名或者名称及住所,各股东所持股份数,各股东所持股票的编号,各股东取得股份的日期。发行无记名股票的,公司应当记载其股票数量、编号及发行日期。

2. 股份发行的原则

股份的发行,实行公平、公正的原则,同种类的每一股份应当具有同等权利。

同次发行的同种类股票,每股的发行条件和价格应当相同;任何单位或者个人所认购的股份,每股应当支付相同价额。

3. 股份发行的价格

股票发行价格可以按票面金额,也可以超过票面金额,但不得低于票面金额。

4. 股份发行的种类

股份有限公司的股份发行根据所处的不同发行阶段可以分为设立发行和新股发行两种。设立发行是股份有限公司在设立阶段为筹集资本而进行的股份发行。新股发行是股份有限公司在成立后为增加注册资本而进行的股份发行。

公司发行新股,股东大会应当对下列事项作出决议:新股种类及数额,新股发行价格,新股发行的起止日期,向原有股东发行新股的种类及数额。

公司经国务院证券监督管理机构核准公开发行新股时,必须公告新股招股说明书和财务会计报告,并制作认股书。

公司发行新股,可以根据公司经营情况和财务状况确定其作价方案。

公司发行新股募足股款后,必须向公司登记机关办理变更登记并公告。

(二)股份有限公司的股份转让

1. 股份转让的概念和种类

股份的转让是指股份有限公司的股东依照一定的程序将自己的股份让予受让人、由受让人取得股份成为公司的股东。《公司法》规定,股东持有的股份可以依法转让。但同时《公司法》又规定,股东转让其股份,应当在依法设立的证券交易场所进行或者按照国务院规定的其他方式进行。

股票转让可分为记名股票的转让和无记名股票的转让。

无记名股票的转让,由股东将该股票交付给受让人后即发生转让的效力。无记名股票因股票票面不记载股东姓名或名称,只要将股票交付给受让人,对方就成为持股人,转让行为即告成立,因此无记名股票的转让较为自由和方便。

记名股票，由股东以背书方式或者法律、行政法规规定的其他方式转让；转让后由公司将受让人的姓名或者名称及住所记载于股东名册。股东大会召开前20日内或者公司决定分配股利的基准日前5日内，不得进行前款规定的股东名册的变更登记。但是，法律对上市公司股东名册变更登记另有规定的，从其规定。记名股票由于将股东的姓名或名称记入股票和股东名册，所以不能随意转让，必须由原股票持有人盖章以背书的形式出让。背书是股票出让人在股票背面签字盖章的行为，为记名股票转让所必须。受让人随之在股票背面的受让人栏盖章，再由发行证券公司加盖公司印章，股票交付给受让人，则记名股票的转让就实现了。

2. 股份转让的限制

（1）对发起人所持股份的转让限制。根据《公司法》规定，发起人持有的本公司股份，自公司成立之日起一年内不得转让。公司公开发行股份前已发行的股份，自公司股票在证券交易所上市交易之日起一年内不得转让。可见新公司法放宽了对发起人转让股份的限制，将禁止发起人转让其所持股份的期间从三年减为一年，大大提高了发起人股份的流动性，能够起到鼓励创业的作用，有利于风险投资和创业投资行业的发展。并且该条还新增了私募发行股份的上市时限，这是吸收了目前上市规则的规定并进一步严格化的结果，这一规定对于维护公司和社会公众的权益十分有利。

（2）对公司董事、监事、高级管理人员所持股份的转让限制。《公司法》规定，公司董事、监事、高级管理人员应当向公司申报所持有的本公司的股份及其变动情况，在任职期间每年转让的股份不得超过其所持有本公司股份总数的25%；所持本公司股份自公司股票上市交易之日起一年内不得转让。上述人员离职后半年内，不得转让其所持有的本公司股份。公司章程可以对公司董事、监事、高级管理人员转让其所持有的本公司股份作出其他限制性规定。

（3）对公司收购自身股份的限制。《公司法》规定，公司不得收购本公司股份。但是，有下列情形之一的除外：①减少公司注册资本；②与持有本公司股份的其他公司合并；③将股份奖励给本公司职工；④股东因对股东大会作出的公司合并、分立决议持异议，要求公司收购其股份的。公司因前款第①项至第③项的原因收购本公司股份的，应当经股东大会决议。公司依照前款规定收购本公司股份后，属于第①项情形的，应当自收购之日起10日内注销；属于第②、④项情形的，应当在6个月内转让或者注销。公司依照第一款第③项规定收购的本公司股份，不得超过本公司已发行股份总额的5%；用于收购的资金应当从公司的税后利润中支出；所收购的股份应当在一年内转让给职工。

（4）对股票质押的限制。《公司法》规定，公司不得接受本公司的股票作为质押权的标的。股票作为有价证券的一种，是可以用来设定质押的，但公司不得接受本公司的股票作为质押的标的，因为当公司的债务人无力清偿到期债务而公司拍卖质押物又无人应买时，则公司自然就成为质押股票的所有人，这违背了公司不得拥有自身股份的一般法律原则。

（5）对记名股票丢失后公示催告期间该股票转让的限制。记名股票被盗、遗失或者灭失，股东可以依照《中华人民共和国民事诉讼法》（以下简称《民事诉讼法》）规定的公示催告程序,请求人民法院宣告该股票失效。人民法院宣告该股票失效后,股东可以向公司申请补发股票。公示催告期间,该股票不得转让。

一、名词解释题

公司　有限责任公司　股份有限公司　发起设立　募集设立　股票　债券

二、问答题

1. 简述有限责任公司的设立条件。
2. 简述有限责任公司的法律特征。
3. 简述有限责任公司股东的权利和义务。
4. 简述有限责任公司组织机构的议事规则。
5. 简述股份有限公司的设立条件。
6. 简述股份有限公司的法律特征。
7. 简述股份有限公司股东的权利和义务。
8. 简述股份有限公司组织机构的议事规则。

三、案例分析题

1. 甲有限责任公司与乙有限责任公司签订投资协议,甲公司自2013年5月1日至2015年12月3日向乙公司出资总价15万元的现金及货物,并约定由乙公司办理相关工商登记手续,以完成股权变更。甲公司的出资到位后,乙公司一直未办理相关的工商登记手续,仅在乙公司内部名册上记载了甲公司的出资。因此,甲公司要求乙公司归还投资款物,并赔偿由此给甲公司造成的损失。乙公司称,已将甲公司上述出资用于自身的经营之中;甲公司作为股东,参加了乙公司的股东会议,并在相关会议纪要上签字,甲公司已经享有了公司股东地位,行使了股东权利,不能要求退还出资。

问题:甲公司要求返还出资是否合法及理由。

2. 甲股份有限公司(以下简称"甲公司")于2016年2月1日召开董事会会议,该次会议召开情况及讨论决议事项如下:

(1) 甲公司董事会的7名董事中有6名出席该次会议。其中,董事谢某因病不能出席会议,电话委托董事李某代为出席会议并行使表决权。

(2) 甲公司与乙公司有业务竞争关系,但甲公司总经理胡某于2016年下半年擅自为乙公司从事经营活动,损害甲公司的利益,故董事会作出如下决定:解聘公司总经理胡某;将胡某为乙公司从事经营活动所得的收益收归甲公司所有。

(3) 为完善公司经营管理制度,董事会会议通过了修改公司章程的决议,并决定从通过之日起执行。

问题:根据上述情况和《公司法》的有关规定,回答下列问题。

(1) 董事谢某电话委托董事李某代为出席董事会会议并行使表决权的做法是否符合法律规定?简要说明理由。

(2) 董事会作出解聘甲公司总经理的决定是否符合法律规定?简要说明理由。

(3) 董事会作出将胡某为乙公司从事经营活动所得的收益收归甲公司所有的决定是

否符合法律规定？简要说明理由。

(4) 董事会作出修改公司章程的决议是否符合法律规定？简要说明理由。

3. 某食品公司与某农业技术研究院共同设立从事食品生产的有限责任公司甲。协议内容为：

(1) 公司注册资本为1 000万元，食品公司以货币出资，金额200万元，另外以某食品商标作价300万元；研究所以新型食品加工专利技术出资，该技术作价500万元(有评估机构出具的评估证明)。

(2) 公司董事会由5名董事组成，分别由双方按出资比例选派。董事长由食品公司推荐，公司的经理、财务负责人由董事长直接任命。

(3) 双方按5∶5的出资比例分享利润、支付设立费用、分担风险。甲公司于2016年4月登记成立，并指派丁某为公司董事长。丁某聘任汪某为公司经理。食品公司方面的某一董事A称，有证据证明丁某原是研究所下属公司的承包人，承包期因贪污行为曾受到刑事处罚，2004年3月刑满释放，且于1年前向朋友借钱5万元炒股，被套牢，借款仍未还清。另外汪某原先担任某公司的经理，由于管理水平低下，致使该公司经营困难，该公司于2015年3月宣告破产。据上述两个理由，董事A认为丁某无权做董事长，汪某无权担任公司经理。

(4) 食品公司方面另一些董事怀疑公司账目有假，有3人退出董事会，其中一名董事B提出，现董事会成员已不足公司章程所定人数的2/3，应依法召开临时股东会，更换公司领导。

问题：根据上述事实及有关规定，分别回答下列问题。

(1) 食品公司与研究所的协议中，有关出资方式、比例及董事长的产生方式是否合法？试说明理由。

(2) 丁某是否有资格做董事长？为什么？

(3) 汪某是否有资格做公司经理？为什么？

(4) 董事B的提议是否符合法律规定？

第六章

企业的终止与清算

甲有限责任公司于2017年2月2日因违法被当地工商行政管理局依法吊销营业执照。张某为甲公司的股东，占全部出资的40%股权。张某称甲公司解散后未依法清算，故向人民法院申请对甲公司进行强制清算。甲公司称其自2017年2月20日开始组织公司股东进行清算，并于2017年3月15日以会议纪要的形式对相关债权、债务的清理进行了协商。只是由于张某未将代甲公司收取的货款交还导致清算未结束。因此甲公司请求法院驳回张某申请，由甲公司继续自行清算。

第一节 企业的终止

一、企业终止的概念和特征

企业终止是指企业根据法定程序彻底结束经营活动并使企业市场经营主体资格归于消灭的事实状态和法律结果。

企业终止有以下特征。

(1) 企业终止的法律意义是使企业的市场经营主体资格消灭。

(2) 企业终止必须依据法定程序进行。

(3) 企业终止必须经过清算程序，只有对债务进行清偿并对剩余财产分配完毕之后，企业方可消灭。

二、企业终止的原因

一般情况下，企业终止的原因有以下两个。

1. 破产

企业因不能清偿到期债务，被依法宣告破产并对其全部财产强制进行清算和分配，最后终止企业。根据申请破产人的不同，破产包括由债权人申请破产和由企业自己申请破产两种。根据《中华人民共和国企业破产法》(以下简称《破产法》)的规定，其主体适用范围是所有的企业法人。其他法律规定企业法人以外的组织的清算，属于破产清算的，参照适用本法规定的程序。

2. 解散

解散是指业已成立的企业，因发生法律或章程、协议规定的事由致使其丧失经营能力及产生其他法律后果的行为。

企业可以设立，也可以解散，只不过解散可以分为自愿和不自愿两种情况。

自愿解散又称为任意解散，是基于投资人的意志，按照章程、协议的规定或经股东会决议、合伙人一致同意、投资人自愿而解散。

不自愿解散是指企业依法被强制解散，包括行政强制解散，出现企业无以为继的理由应当解散和人民法院强制解散（司法解散）。行政解散是当企业违反法律、行政法规被吊销营业执照、责令关闭或被撤销的，应当解散。这种情况是企业在经营活动中严重违反了工商、税收、劳动、市场、环境保护等对企业行为进行规制的法律法规和规章时，如企业设立时隐瞒真实情况，弄虚作假；从事违法活动；伪造、涂改、出租、出借、转让、出卖企业营业执照；抽逃、转移资金，隐匿财产逃避债务；企业逾期未完成污染治理任务的，等等。为了维护社会秩序，有关违法事项的主管机关可以作出决定以终止该企业的主体资格，使其永久不能进入市场进行经营。出现企业无以为继的理由应当解散是指合伙企业的合伙人不足法定人数，个人独资企业投资人死亡或者被宣告死亡，无继承人或者继承人决定放弃继承的情形。司法解散是当公司经营管理发生严重困难，继续存续会使股东利益受到重大损失，通过其他途径不能解决的，人民法院可以根据持有公司全部股东表决权10%以上的股东的请求解散公司。只有公司存在人民法院强制解散的情形，个人独资企业和合伙企业没有司法解散的制度。

总的来讲，公司可能因下列原因解散。

(1) 公司章程规定的营业期限届满或者公司章程规定的其他解散事由出现。

(2) 股东会或者股东大会决议解散。

(3) 因公司合并或者分立需要解散。

(4) 依法被吊销营业执照、责令关闭或者被撤销。

(5) 公司经营管理发生严重困难，继续存续会使股东利益受到重大损失，通过其他途径不能解决的，持有公司全部股东表决权10%以上的股东，可以请求人民法院解散公司。

合伙企业有下列情形之一的，应当解散。

(1) 合伙期限届满，合伙人决定不再经营。

(2) 合伙协议约定的解散事由出现。

(3) 全体合伙人决定解散。

(4) 合伙人已不具备法定人数满30日。

(5) 合伙协议约定的合伙目的已经实现或者无法实现。

(6) 依法被吊销营业执照、责令关闭或者被撤销。

(7) 法律、行政法规规定的其他原因。

个人独资企业有下列情形之一时，应当解散。

(1) 投资人决定解散。

(2) 投资人死亡或者被宣告死亡，无继承人或者继承人决定放弃继承。

(3) 被依法吊销营业执照。

(4) 法律、行政法规规定的其他情形。

企业解散，除公司合并或分立存续以外，因其他事由而发生的解散均为需要清算的解散。其法律后果为:企业的营业活动终止;清算组或管理人对内将接管企业财产和企业管理事务,对外将代表企业的行为;企业进入清算程序。

第二节 清 算

一、清算的种类

企业的清算,是指在企业注销前,为了了结企业作为当事人的各种法律关系,使企业的主体资格归于消灭,而对企业未了结的业务、财产及债权债务关系等进行清理、处分的行为和程序。

根据我国法律的相关规定,清算可分为自行清算、指定清算和破产清算三类。

所谓自行清算是指企业自己组织的清算。自行清算既适用于自愿解散,又适用于强制解散。指定清算是指经利害关系人申请由法院指定清算人进行清算的情形。指定清算的适用范围为只要企业没有在法定期限内自行组织清算,债权人均可以向法院提出申请请求指定清算人进行清算。破产清算是指公司符合破产法规定的破产条件的,依破产法实施破产清算。

自行清算、指定清算和破产清算相比,有以下的区别:①发生清算的原因不同。适用自行清算和指定清算的原因是自愿解散和强制解散;破产清算的原因是破产。②决定清算组成员的机关不同。企业清算组成员,如果是自愿解散的有限责任公司,是由全体股东组成,股份公司由股东大会选举产生。合伙企业,清算人由全体合伙人担任;经全体合伙人过半数同意,可以自合伙企业解散事由出现后15日内指定一个或者数个合伙人,或者委托第三人,担任清算人。自合伙企业解散事由出现之日起15日内未确定清算人的,合伙人或者其他利害关系人可以申请人民法院指定清算人。个人独资企业解散,由投资人自行清算或者由债权人申请人民法院指定清算人进行清算。强制解散的,由作出强制解散的主管机关决定清算组人选;破产清算组的组成人员必须由人民法院决定。③适用清算的程序不同。自行清算和指定清算适用一般的清算程序,破产清算适用破产清算程序。④适用的法律不同。自行清算和指定清算适用公司法、个人独资企业法和合伙企业法,破产清算适用破产法。

二、清算的过程

(一)自行清算、指定清算的程序

1. 确定清算人或清算组

个人独资企业解散,由投资人自行清算或者由债权人申请人民法院指定清算人进行清算。合伙企业解散,清算人由全体合伙人担任;经全体合伙人过半数同意,可以自合伙企业解散事由出现后15日内指定一个或者数个合伙人,或者委托第三人担任清算人。自合伙企业解散事由出现之日起15日内未确定清算人的,合伙人或者其他利害关系人可以申请人民法院指定清算人。有限责任公司的清算组由股东组成,股份有限公司的清算组由董事或者股东大会确定的人员组成。逾期不成立清算组进行清算的,债权人可以申请

人民法院指定有关人员组成清算组进行清算。人民法院应当受理该申请，并及时组织清算组进行清算。

公司进入清算程序以后，第一步就是组成清算组，其将对内接管公司财产和公司管理事务，对外代表公司的行为。清算组将成为开展清算事宜的主导人。清算组的法律地位与公司董事会相当，清算组在执行清算事务范围内，它所承担的义务和享有的权利都与公司董事会相同。

2. 债权申报及审查

清算要进行债权申报、审查和登记。

个人独资企业中，投资人自行清算的，应当在清算前 15 日内书面通知债权人，无法通知的，应当予以公告。债权人应当在接到通知之日起 30 日内，未接到通知的应当在公告之日起 60 日内，向投资人申报其债权。

合伙企业中，清算人自被确定之日起 10 日内将合伙企业解散事项通知债权人，并于 60 日内在报纸上公告。债权人应当自接到通知书之日起 30 日内，未接到通知书的自公告之日起 45 日内，向清算人申报债权。

债权人申报债权，应当说明债权的有关事项，并提供证明材料。清算人应当对债权进行登记。清算期间，合伙企业存续，但不得开展与清算无关的经营活动。

公司中，清算组应当自成立之日起 10 日内通知债权人，并于 60 日内在报纸上公告。债权人应当自接到通知书之日起 30 日内，未接到通知书的自公告之日起 45 日内，向清算组申报其债权。债权人申报债权，应当说明债权的有关事项并提供证明材料。清算组应当对债权进行登记。在申报债权期间，清算组不得对债权人进行清偿。

(1) 清算组通知、公告债权人。公司在解散清算时，对公司所负的债务有清偿的义务，因此，清算组应当通知各债权人尽快申报债权，以便顺利清偿债务。为了顺利完成债权登记和债务的清偿，避免和减少偿债纠纷，清算组催告债权人申报债权有两种方式：通告书和公告。两者不是选择用，而是并用。对于住所明确的债权人，清算组应当自成立之日起 10 日内用通知书书面通知其申报债权，对于住所不明确的债权人，由于难以用通知书通知其申报债权，因此清算组应自成立之日起 60 日内在报纸上公告，催促债权人申报债权。

(2) 债权人申报债权。债权人应在规定的期间内向清算组申报债权。具体来说，收到通知书的债权人应自收到通知书之日起 30 日内，向清算组申报债权；未收到通知书的债权人应自公告之日起 45 日内，向清算组申报债权。债权人申报债权时，应在债权申报书中对其债权内容、数额、债权成立的时间、地点、有无担保等事项作出说明，并提供相关证明材料。清算组对债权人提出的债权申报应当逐一查实，并作出准确翔实的登记。债权人逾期不申报债权的，可以视为放弃债权。债权申报期满后，在清算结束前，如果债权人申报债权，并提出其延期申报的理由，则清算组可根据其理由是否充分决定是否接受其债权申报。

(3) 禁止个别清偿。在债权申报期间内，清算组不能对个别的债权人进行清偿，如果允许清算组在申报债权期间清偿债权，则是对其他后来申报的债权人的权利的严重侵害，这是法律不允许的。如果已经提前清偿的款项无法追回，那么这个责任由谁来承担呢?

清算组成员因故意或者重大过失给公司或债权人造成损失的,应当承担赔偿责任。也就是说,清算组成员因提前清偿个别债权,造成其他债权人的利益受损的,应当承担赔偿责任。

3. 清理财产、制订清算方案

根据相关法律规定,清算组或清算人在清算期间行使下列职权。

(1) 清理企业财产,分别编制资产负债表和财产清单。

(2) 通知、公告债权人。

(3) 处理与清算有关的企业未了结的业务。

(4) 清缴所欠税款以及清算过程中产生的税款。

(5) 清理债权、债务。

(6) 处理企业清偿债务后的剩余财产。

(7) 代表企业参与民事诉讼活动。

公司中,清算组在清理公司财产、编制资产负债表和财产清单后,应当制订清算方案,并报股东会、股东大会或者人民法院确认。清算组在清理公司财产、编制资产负债表和财产清单后,发现公司财产不足清偿债务的,应当依法向人民法院申请宣告破产。公司经人民法院裁定宣告破产后,清算组应当将清算事务移交给人民法院。

具体来讲分为以下几个方面。

1) 清理公司资产

清算组接管公司之后,应对公司财产进行全面清查。这为清算组全面了解公司的财产状况提供了基本的认知,为之后清算组进行财产估价和提出清算方案提供了基础。在清查公司财产的基础上,清算组应制作资产负债表和财产清单等表册。

这一环节的主要工作如下。

(1) 确定公司财产的范围。清算组接管公司,对被解散公司范围内的一切财产行使管理权。公司财产包括:①公司经营管理的全部财产。包括公司在解散时实际占有的机器、厂房、设备等固定资产、流动资产、无形财产、专项资产。公司提取的法定公积金、法定公益金等也包括在内。②公司享有的债权。③公司解散时享有的股权。即对其他有限责任公司或股份有限公司投资,从而对其他被投资公司享有的股权。④公司享有的其他财产权利。如专利权、商标权、著作权、土地使用权等。

(2) 公司财产的清查、登记。①实物的清查、登记。包括库存现金、银行存款、固定资产、库存材料和半成品。②债权的核实与登记。清算组应当通过查账对企业债权进行确认。有疑问的应进行调查核实,查证属实的债权进行重新分类登记。③公司对外投资情况调查。对外投资主要包括股权投资和项目投资。清查投资要查对投资额、公司现存的面票和出资证明书数额,核对无误后进行登记,发现问题及时查清。④对公司享有的其他权利进行登记。公司享有的其他权利,要查明权利证明文件、享有权利的期限、与账上记载进行核实。如有不符,应查明原因,并进行处理。⑤财产估价。对于非金钱的财产,要根据财产的性质进行估价。

2) 清理公司债权债务

公司债权是公司对其债务人的债权,债务是对其债权人的债务。清算组聘请了审计师进行财务审计的，由审计师核实并造册登记。没有聘请审计师的，由清算组自行清理债权、债务并造册登记，包括根据债权人申报债权的情况，核对和确认公司债务。

公司的债务一般包括以下几种类型：①银行借款，包括基本建设借款、流动资金借款和专项借款。②应付购货，公司因采购材料、物资和接受劳务供应而应付给单位的款项，包括预收货款。③应付工资。④未缴纳的税金。⑤专项应付款。⑥其他应付款。⑦未履行的货款以外的合同义务。

公司债务的确认和登记一般从以下几个方面进行：①对银行借款的确认，可以考察公司与银行之间有无签订借款合同，该笔借款是否按合同规定期限记账，是否已经归还，归还数额，银行有无单方面强行提前抽回借款现象。如果银行提前收回借款，那么应将借款追回，并追究银行的违约责任。借款利息计算是否正确。②应付工资和其他应交款。应注意审查应付工资中有无虚报用工、计划外用工工资、多报工资额的情况，必要时可以找有关当事人进行调查。③应付购货款、其他业务欠款。应审查债权人有无合同及合同的效力，该笔业务是否属于公司的正常业务范围，该项业务在公司账面上有无记载，该笔款项是否已经结清，有无已付款项被他人贪污冒领的情况。对双务合同，如果尚未履行，清算组可以根据具体情况决定是否履行。如果决定解除合同，则应承担违约责任，对方要求赔偿损失，支付违约金的权利登记为债务。对于有纠纷的应付款，应认真核对有关单据，仍无法确定的，可与对方协商解决，如协商不能达成一致意见，可以通过诉讼解决。④对给付货款以外的合同义务的审查。双方是否签订有书面合同，合同是否已经生效。对方当事人有无现行给付义务，如果有，该项给付义务是否已经履行。

通过以上方法对债务进行核实，对确定无误的债务登记造册。有争议的或者无法确定的另行登记造册，待最终确定后再进行登记。

3）处理公司财产

在收取公司债权、登记公司债务的同时，清算组应对公司金钱以外的资产进行变价处理，除可以依照合同交付其他债权人的以外，都应进行变卖。公司解散以后，公司的清偿除以公司存货清偿以外，都转为金钱清偿，因此必须将公司财产转换为货币形式。可以采取拍卖、委托销售、变卖、自行处理等方法。

4）编制资产负债表、财产清单，制订清算方案

在公司的债权清理完毕、债务登记清楚和财产变价处理完以后，清算组应当编制资产负债表和财产清单。当清算组编制完资产负债表和财产清单后，应作如下处理。

第一，公司财产能够清偿公司债务的，则按法定顺序清偿公司债务。

第二，公司财产可能不足清偿公司债务的，则清算组应当及时通知债权人，就清偿债务进行协商。协商达成协议的，由清算组按法定顺序并根据清偿协议清偿公司债务。协商未达成协议的，则债权人可以到法院起诉，由人民法院就债务清偿作出处理。

第三，公司财产不足以清偿债务的，应停止清算活动并立即向人民法院申请宣告破产。在人民法院作出宣告破产裁定前，清算组应坚守岗位，保护好公司财产。

清算组在清理公司财产、债权债务，编制资产负债表和财产清单后，应尽快制订清算方案。清算方案是由清算组制订的，如何清偿债务、如何分配公司剩余财产的一整套计划。清算组制订出清算方案后，应报股东会、股东大会或者人民法院确认，否则该清算方

案是不具有法律效力的。股东(大)会对清算方案进行表决,必须经出席会议的股东所持表决权的半数以上通过,或者人民法院审查批准。如果股东(大)会或人民法院认为清算方案有瑕疵不予确认的,则清算组需要修改清算方案,直到股东(大)会或人民法院确定为止。

4. 分配企业财产

(1) 个人独资企业解散的,财产应当按照下列顺序清偿:所欠职工工资和社会保险费用,所欠税款,其他债务。

(2) 合伙企业财产在支付清算费用和职工工资、社会保险费用、法定补偿金以及缴纳所欠税款、清偿债务后的剩余财产,依照合伙企业法的相关规定进行分配。

(3) 公司财产在分别支付清算费用、职工的工资、社会保险费用和法定补偿金,缴纳所欠税款,清偿公司债务后的剩余财产,有限责任公司按照股东的出资比例分配,股份有限公司按照股东持有的股份比例分配。清算期间,公司存续,但不得开展与清算无关的经营活动。公司财产在未依照前款规定清偿前,不得分配给股东。

其中清算费用是指企业自宣布清算以来的各项费用,包括财产维持费用、员工工资或生活补助、通信费、交通费、诉讼费及清算组的各项花销。职工工资是指企业在宣布清算前拖欠员工的工资和奖金。社会保险费用是指企业在宣布清算前拖欠员工的依法应当缴纳的各项社会保险费用。法定补偿金是指企业应解散而终止与员工的劳动合同,依照法律、行政法规的规定应当给予员工的经济补偿。缴纳所欠税款应当包括企业在宣布清算前应缴未缴的各项税金以及企业在清算过程中发生的应缴税金。

上述清偿顺序是法定顺序,清算组不得颠倒,也不得混淆,特别是在清偿企业债务前不得在股东之间或合伙人之间分配剩余财产。如果清算组违反支付顺序,对后一顺序的债权提前支付,那么利害关系人有权要求清算组将清偿款项追回,并可请求赔偿所受损害。

5. 清算结束,办理注销登记

(1) 个人独资企业清算结束后,投资人或者人民法院指定的清算人应当编制清算报告,并于15日内到登记机关办理注销登记。个人独资企业解散后,原投资人对个人独资企业存续期间的债务仍应承担偿还责任,个人独资企业财产不足以清偿债务的,投资人应当以其个人的其他财产予以清偿。但债权人在五年内未向债务人提出偿债请求的,该责任消灭。

(2) 合伙企业清算结束,清算人应当编制清算报告,经全体合伙人签名、盖章后,在15日内向企业登记机关报送清算报告,申请办理合伙企业注销登记。合伙企业注销后,原普通合伙人对合伙企业存续期间的债务仍应承担无限连带责任。合伙企业不能清偿到期债务的,债权人可以依法向人民法院提出破产清算申请,也可以要求普通合伙人清偿。合伙企业依法被宣告破产的,普通合伙人对合伙企业债务仍应承担无限连带责任。

(3) 公司清算结束后,清算组应当制作清算报告,报股东会、股东大会或者人民法院确认,并报送公司登记机关,申请注销公司登记,公告公司终止。公司的债权债务关系消灭。

(二) 破产清算的过程

1. 进入破产清算程序

破产清算程序的进入取决于破产程序的开始,公司进入破产程序按以下步骤进行:首先,严重亏损,无力清偿到期债务的公司,由其债权人或债务人向公司所在地法院提交破产申请;其次,人民法院依法裁定并宣告企业破产,企业由此正式进入破产程序。

2. 成立清算组

企业进入破产程序后,由人民法院自宣告之日起 15 日内成立清算组,清算组由人民法院与同级人民政府协商指定,由相关人员包括律师、会计师等专业人员组成。刻制清算组图章;在银行开立账号;明确清算组的主要职责,并进行内部分工;对破产企业于法院受理案件前 6 个月至破产程序终结的期间,其进行:①隐匿、私分或无偿转让财产;②非正常压价出售财产;③对于原来没有财产担保的债务提供财产担保;④对未到期的债务提前清偿;⑤放弃自己的债权等行为,清算组有权向法院申请追回财产。

3. 破产企业的全面接管

清算组正式成立,并进驻破产企业后,清算组便正式替代破产企业以其自身名义进行运作,对破产企业的全面接管,包括破产企业印章的接收;破产企业法人营业执照的接收;破产企业重要文件、合同的接收;破产企业财务的接收;破产企业财产的接收。清算组作为替代破产企业运作的实体,还需对破产企业进行必要的管理,包括:对破产企业的人事管理,如留守人员的确定,员工的安置及人事档案的管理;对破产企业生产经营的管理;对破产企业的资产管理,如固定资产的管理、流动资产的管理、无形资产的管理、投资资产的管理,在建工程的管理;对破产企业的财务管理,如财务账册、财务凭证的管理,银行账号的管理,日常开销的管理和控制。

4. 破产企业的财务审计

对破产企业的财务进行审计,了解破产企业的基本情况,如公司注册登记情况、股东情况及股权比例情况,破产企业注册资本情况及到位情况;破产企业财务管理情况,如破产企业财务人员情况和变动情况,财务凭证及账册保存情况,账目记录情况,财务审批情况,如负责人、支出程序等,财务账册及原始凭证的真实和完整情况;破产企业负债情况;破产企业涉诉案件情况,包括破产企业作为原、被告正处于诉讼中的情况,败诉案件的执行情况及破产企业不作为原、被告,但为其他公司提供财产抵押或经营担保而涉诉的案件。破产企业的主要资产流向,作为债权人非常关注的问题,一般应对其作专项说明;

破产企业历任法定代表人、主要负责人及财务人员责任的审计情况;

破产企业现有职工情况、集资情况、保险情况、缴纳税款情况;破产企业有无在破产案件受理前六个月的无效行为的情况。

5. 破产财产的清理、清算

破产企业财产的清理,主要是指清算组对破产企业的财产进行权属界定、范围界定、分类界定和登记造册的活动。

破产财产产权归属的确定。破产企业财产范围的确认;破产企业财产自然状况的核实;破产企业财产的评估,为破产财产的处理作准备,提供参考价格和底价,由专业的评估师进行。

破产企业财产的处理。一般指清算组对破产财产中非货币财产变现为货币财产的过程,一般由清算组按照公平、公正、公开的原则,遵循先估价再公开最后经债权人会议讨论通过的程序,在债权调查完结后,以不公开变卖或公开拍卖的方式进行。

对外投资的清算:企业的对外投资包括项目投资、证券投资和股权投资三种形式,因此对破产企业的对外投资的清算也相应地分为对破产企业项目投资的清算、对破产企业证券投资的清算和对破产企业股权投资的清算。

对外债权的清算:将真正的对外债权清理出来,将所谓的对外债权清理出去;对已确认的对外债权进行实际追讨。

破产债权的清理:破产企业合同的清理;破产企业涉诉案件的清理。

6. 制订破产财产分配方案

破产财产分配方案包括的内容:破产财产总额及构成,应优先拨付的破产费用总额及构成,破产企业所欠员工工资和社会保险费用总额及构成,破产企业所欠税款总额及构成,提留款(暂不分配的款项)总额及构成,用于破产债权分配的财产总额及构成。

破产财产分配的步骤:由清算组提出破产财产分配方案;破产财产分配方案经债权人会议讨论通过后,报请法院裁定后执行;清算组在破产财产分配方案经法院确认后3日内制作分配表;清算组执行分配方案,并通知债权人限期领取财产,逾期未领取的,可以提存,追加分配。

7. 制定破产清算报告

制定一份破产清算报告,提交债权人会议和法院。破产清算报告的内容包括:破产清算组的成立情况,清算组完成的主要清算工作,破产企业大宗资金的走向及回收情况,破产企业法定代表人及经营管理人员的离职在职审计情况,企业破产原因分析,破产清算案待研究和待完善、待解决的问题。

注销原破产企业登记,提请法院终结破产程序,清算组正式撤销。破产企业的破产清算程序正式终止。

个人独资企业与合伙企业的破产清算程序参照公司破产清算程序。

三、清算组(人)的责任

清算组在执行职务时,应当遵守法律、法规、公司章程和股东会议的决议,维护债权人和公司股东的利益。清算组如果违反法律,损害了债权人和股东的利益,应当依法承担民事赔偿责任。清算组应当忠于职守,依照诚实信用原则执行清算事务,不得利用职权收受贿赂或者其他非法收入,不得侵占公司财产。在公司解散以后,清算结束之前这段时间里,公司不得从事与清算无关的新的经营活动。《公司法》规定了清算组的责任:在责任主体上,有清算组的责任、公司的责任,还有其他人的责任;在归责原则上,清算组仅对其故意或重大过失造成公司或债权人的损失负赔偿责任。

《个人独资企业法》规定,个人独资企业不得开展与清算目的无关的经营活动。在清偿债务前,清算期间,投资人不得转移、隐匿财产。

《合伙企业法》规定,清算人未依照规定向企业登记机关报送清算报告,或者报送清算报告隐瞒重要事实，或者有重大遗漏的，责令改正。合伙人担任清算人在执行清算事务时，谋取非法收入或者侵占合伙企业财产的，责令将该收入和侵占的财产退还合伙企业；构成犯罪的，依法追究刑事责任。合伙人委托的清算人有前款行为的，责令将该收入和侵占的财产退还合伙企业，并依法承担赔偿责任；构成犯罪的，依法追究刑事责任。清算人违反本法规定，隐匿、转移合伙企业财产，对资产负债表或者财产清单做虚伪记载，或者在未清偿债务前分配企业财产的，责令改正；损害债权人利益的，依法承担赔偿责任；构成犯罪的，依法追究刑事责任。

四、清算的法律意义

企业清算的法律意义是在合法维护利益相关者的前提下使企业终止、企业市场主体资格消失。法律将清算作为企业终止的必经程序，其直接目的和结果是消灭企业的市场主体资格，而这种消灭是在合法维护利益相关者、有关权利人的基础上消灭企业的市场主体资格。

案例分析题

1. 华星机械贸易有限责任公司（以下简称“华星公司”）成立于2013年3月，注册资本为100万元。黄某、彭某、梁某为公司股东，其中黄某占公司股份的40%，彭某、梁某各占公司股份的30%。2014年10月，华星公司租赁徐某的小型挖机，为其工程施工，约定每月租赁费为27 000元，施工过程中的修理费由徐某自己承担，工程完工后，经双方结算，公司应付徐某挖机租赁费20 400元。2015年10月，华星公司陷入难以维系状态，股东黄某、彭某、梁某决定解散公司，此后即下落不明，未对公司的财产债权、债务进行清理，所欠徐某20 400元挖机租赁费分文未付。2016年4月，徐某在久索租赁费不着的情况下，向法院提起诉讼，要求追回拖欠的租赁费。

问题：应如何确定公司债务的承担主体？

2. 陈甲、陈乙系A公司股东。A公司为B公司向C银行借款900万元提供连带保证。后B公司、A公司均未按期还款，C银行向法院申请强制执行，因B公司、A公司无财产可供执行，法院裁定中止执行。后D公司经多次转让取得C银行的上述债权。陈甲、陈乙在涉案债权进入强制执行程序之后，对A公司进行了清算，该清算并未通知当时已知的债权人，陈甲、陈乙按出资比例对A公司剩余净资产100万元进行了分配，并注销了A公司。D公司得知A被注销后，向法院起诉，要求陈甲、陈乙向其赔偿因未依法清算导致的债权损失900余万元。

问题：D公司的诉讼请求是否合法及理由。

第三篇

合同和担保法律制度

第七章

合同法

第一节　合同法概述

2016年1月3日，甲有限责任公司为激励工作，与其分公司签订合同，其主要内容是："分公司当年应完成的销售利润目标为50万元。分公司超额完成的销售利润部分按照当年销售利润的四成由分公司提成。"2017年1月，甲公司对2016年进行年度考核时，该分公司完成销售利润共计55万元。甲公司以公司急需资金为由，表示暂缓执行上述合同规定的提成。分公司以甲公司合同违约为由将其诉至法院。受诉法院经审查认为，双方争议的合同属于甲公司内部管理手段，不是《合同法》规定的合同，不属于《合同法》调整，裁定驳回分公司起诉。

一、合同的概念和分类

(一) 合同的概念

合同又称契约、协议。狭义的合同是指民事合同，即平等当事人之间设立、变更、终止民事权利义务关系的协议。广义的合同是指确立权利和义务的协议。

自1999年10月1日起施行的《合同法》规定："本法所称合同是平等主体的自然人、法人、其他组织之间设立、变更、终止民事权利义务关系的协议。""婚姻、收养、监护等有关身份关系的协议，适用其他法律的规定。"由此可见，《合同法》中的合同是指民事合同中关于财产关系的合同。

合同是平等主体之间的法律行为，这也体现了民事关系的基本特征。合同当事人应是双方或多方，因此，合同是双方或多方意思表示一致的产物，任何单方行为不能成立合同。

(二) 合同的种类

根据不同的标准，可以将合同分为不同的类型。这里主要介绍较为重要的几个合同种类。

1. 有名合同和无名合同

根据《合同法》等法律中是否规定了合同名称，可将合同分为有名合同和无名合同。

1）有名合同

有名合同是指在法律中规定了确定名称的合同。例如《合同法》分则中规定的 15 种合同均为有名合同：买卖合同，供用电、水、气、热力合同，赠与合同，借款合同，租赁合同，融资租赁合同，承揽合同，建设工程合同，运输合同，技术合同，保管合同，仓储合同，委托合同，行纪合同，居间合同。有名合同又称为典型合同。

2）无名合同

无名合同是指法律上没有规定确定名称的合同，即非典型合同。

2. 有偿合同和无偿合同

按照合同当事人是否支付给对方合同代价，可将合同分为有偿合同和无偿合同。

1）有偿合同

有偿合同是指一方当事人或双方当事人须给予对方一定的代价才能得到合同中相应利益的合同。

2）无偿合同

无偿合同是指合同一方给予对方利益，而自己并不取得相应利益的合同。

例如，租赁合同是有偿合同，不需支付保管费的保管合同是无偿合同。

3. 单务合同和双务合同

按照双方当事人是否在合同中承担义务，可将合同分为单务合同和双务合同。

1）单务合同

单务合同是指合同的当事人中一方享受权利而不承担义务，另一方承担义务而不享受权利。

2）双务合同

双务合同是指合同的当事人双方均享有权利和承担义务，且双方权利和义务是对应的。

例如，赠与合同是典型的单务合同，买卖合同则是典型的双务合同。

4. 诺成合同和实践合同

按照合同的成立是否需要交付标的物，可将合同分为诺成合同和实践合同。

1）诺成合同

诺成合同是指当事人意思表示一致即成立的合同。

2）实践合同

实践合同是指在当事人意思表示一致的基础上，还需交付标的物才能成立的合同。

合同通常都是诺成合同，实践合同通常由法律特别规定。例如，自然人之间的借款合同是实践合同。

5. 要式合同和不要式合同

按照合同成立是否有特定的形式要求，可将合同分为要式合同和不要式合同（非要式合同）。

1）要式合同

要式合同是指合同需要采用特殊形式才能成立的合同。

例如，合伙企业的合伙协议，根据法律规定应采用书面形式，则为要式合同。

2）不要式合同

不要式合同也称非要式合同，是指合同无须采用特定形式即成立的合同。

根据《合同法》规定，合同以不要式为原则，要式为例外。

6. 议商合同和附和合同

根据合同订立的过程，可将合同分为议商合同和附和合同。

1）议商合同

议商合同是合同当事人经过协商订立的合同。议商合同充分体现了契约自由和意思自治的原则。

2）附和合同

附和合同也称格式合同、标准合同或定式合同，是指由一方预先拟定合同的条款，对方只能表示接受或不接受，即订立或不订立合同，而不能就合同的条款内容与拟订方进行协商的合同。

例如，保险合同就是典型的附和合同。保险合同的条款是由保险人单方面预先制定的，投保人不能参与制定，只能选择接受或不接受。

7. 主合同和从合同

按照不同合同之间的关系，可将合同分为主合同和从合同。

1）主合同

主合同是指可以独立存在，不需要依赖其他合同的合同。

2）从合同

从合同是指以其他合同为存在前提的合同，或为其他合同服务的合同。

例如，买卖合同和为之服务的运输合同，买卖合同为主合同，运输合同为从合同。

8. 束己合同和涉他合同

根据合同是否只为签订合同的当事人设定权利和义务，而不涉及当事人之外的其他人的权利和义务，可将合同分为束己合同和涉他合同。

1）束己合同

束己合同是指严格遵循合同相对性原则，当事人为自己设定并承受权利义务，第三人不能向合同当事人主张权利，当事人也不得向第三人主张权利的合同。此为合同的常态。

2）涉他合同

涉他合同是指突破了合同的相对性原则，合同当事人在合同中为第三人设定了权利或义务的合同。涉他合同包括为第三人利益的合同和由第三人履行的合同。

例如，规定投保人之外的第三人为受益人的人身保险合同是涉他合同。

9. 射幸合同与非射幸合同

根据合同效果是否带有不确定性，可将合同分为射幸合同和非射幸合同。

1）射幸合同

射幸合同是指当事人一方是否履行义务有赖于偶然事件的出现的一种合同。这种合同的效果在于订约时带有不确定性。

2）非射幸合同

非射幸合同则是合同当事人的义务均为确定的。

例如，财产保险合同是射幸合同。在合同的有效期间，如发生保险标的的损失，则保险人需负担的赔偿金额可能远远超出其所得的保险费；反之，如果无损失发生，则投保人只能付出保费而无任何保险金赔付。

二、《合同法》的适用范围和基本原则

（一）《合同法》的适用范围

根据前述合同的概念，《合同法》适用于民事合同中关于财产关系的合同，不适用于关于身份关系的民事合同和行政合同。

（二）《合同法》的基本原则

《合同法》主要有以下基本原则。

1. 平等原则

合同是平等主体之间的协议。《合同法》规定，合同当事人的法律地位平等，一方不得将自己的意志强加给另一方。

2. 自愿原则

《合同法》规定："合同当事人依法享有自愿订立合同的权利，任何单位和个人都不得非法干预。" 合同的协商过程、合同的签订内容等方面均体现了自愿原则。

3. 公平原则

《合同法》规定："当事人应当遵循公平原则确定各方的权利和义务。"

公平原则要求当事人在合同中的权利和义务大致相当。因此法律对显失公平的合同的效力作出了限制性的规定。

4. 诚实信用原则

诚实信用原则是民事法律的基本原则。《合同法》规定："当事人行使权利、履行义务应当遵循诚实信用原则。"该原则要求当事人本着善良的态度和善意的方式来签订合同和履行合同。

5. 合法原则

《合同法》规定："当事人订立、履行合同，应当遵守法律、行政法规，遵守社会公德，不得扰乱社会公共秩序，损害社会公共利益。"

一、名词解释题

合同　实践合同　诺成合同　涉他合同　束己合同　双务合同　单务合同　有偿合同　无偿合同　射幸合同

二、问答题

1. 简述《合同法》的适用范围。

2. 简述合同的主要分类。

3. 简述《合同法》的基本原则。

第二节 合同的订立

房地产公司甲发布的某楼盘销售广告称:“对前20名购房买家给予总房价的八折优惠。”在该楼盘商品房预售预购登记的全部80套购房合同中,李某的编号排名第20位。双方在签订房屋预售合同时,甲告知李某不属于优惠购房的前20名买家,要求李某支付全部房款。

一、合同订立的概念

合同的订立是指合同当事人就合同的内容达成一致的过程。

合同的订立不同于合同的成立。合同成立是合同订立的后果之一。

二、合同的订立程序

《合同法》规定:“当事人订立合同,采用要约、承诺方式。”即将当事人就合同内容磋商谈判订立合同的过程概括为要约和承诺两个阶段,因此合同订立的程序包括要约和承诺两个步骤。

(一) 要约

1. 要约的概念

《合同法》规定:“要约是希望和他人订立合同的意思表示。”要约在贸易中又称为发盘、发价。

要约是特定的人作出的意思表示,特定人包括自然人、法人等民事主体及其代理人。发出要约的人是要约人,接收要约的人是受要约人。

2. 要约的成立要件

根据《合同法》的规定,一份有效要约包括以下成立要件。

(1) 内容明确具体。内容明确具体是指要约的内容应包括将来可能订立的合同的主要内容,不能含糊不清。

(2) 表明一经受要约人承诺,要约人即受要约约束。要约要表明要约人的态度,是以订立合同为目的,一旦对方承诺,合同即成立。

(3) 原则上向特定人发出。一般认为,要约应当向特定人发出,这个特定人就是要约人希望和他订立合同的受要约人。特定人不限于一个,也可以是几个,但必须都是确定的。

3. 要约的生效时间

要约的生效时间关系到要约从什么时间对要约人产生约束力和承诺期限的问题。

关于要约生效的时间,我国的《合同法》采用到达主义:“要约到达受要约人时生效。”

所谓到达，并不指要约人亲自收到电报、信函，而仅以到达要约人支配范围以内为必要。根据要约的不同形式，依照《合同法》和《民法总则》的相关规定，要约生效的具体时间也有所不同。

(1) 口头形式的要约。要约采用口头形式的，要约发出的当时即为到达。

(2) 书面形式的要约。要约采用书面形式的即对话方式，该要约到达受要约人所能控制的地方就生效。

(3) 数据电文形式的要约。要约采用数据电文形式的，收件人指定特定系统接收数据电文的，该数据电文进入该特定系统的时间，视为到达时间；未指定特定系统的，该数据电文进入收件人的任何系统的首次时间，视为到达时间。当事人对该意思表示的生效时间另有约定的，按照其约定。

4. 要约的撤回和撤销

要约人发出要约后，是否可以收回要约或者对要约进行修改，这属于要约的撤回或撤销。

1) 要约的撤回

要约的撤回是指要约人在要约生效前收回要约，使要约不发生法律效力。

《合同法》规定，要约可以撤回。撤回要约的通知应当在要约到达受要约人之前或与要约同时到达受要约人。在要约人发出要约但未到达受要约人之前，要约人可以撤回或修改要约的内容。

2) 要约的撤销

要约的撤销是指在要约生效后，要约人使其丧失法律效力的意思表示。撤销包括全部内容的撤销，也包括部分内容的变更。

《合同法》规定，要约可以撤销。撤销要约的通知应当在受要约人发出承诺通知之前到达受要约人。

由于撤销要约是收回了一个已经生效的要约，因此法律对撤销要约有所限制。根据合同法的规定，以下情况下，要约不得撤销：

第一，要约人确定了承诺期限。例如，要约中规定“9 月 30 日后本要约失效”“3 日内答复有效”等。

第二，要约中明示要约不可撤销。例如，要约中写明“我将保持要约中的各项条件不变”“本要约不得撤销”等。

第三，受要约人有理由相信要约是不可撤销的，并已经为履行合同做了准备工作。一般来说，要约中要求受要约人以行为作出承诺的，就可认定为有理由认为要约为不可撤销，如“款到即发货”等。或者受要约人已经做了必要的准备，如“购买原材料”“办理借贷筹备借款”等。

5. 要约的失效

要约的失效是指要约失去法律效力。要约失效主要包括以下几种情况。

(1) 要约被依法撤回或撤销。

(2) 要约规定的承诺期限届满，受要约人未作出承诺，则要约效力消灭。

(3) 受要约人拒绝要约,原要约因受要约人的拒绝而失效。

(4) 受要约人对要约的内容作出实质性变更使要约失效。该变更的性质是受要约人对要约人发出的新要约。

6. 要约邀请

要约邀请也称要约引诱,是希望他人向自己发出要约的意思表示,即邀请他人向自己发出要约的意思表示。

要约邀请不具备要约的构成要件。其目的在于诱使他人向自己发出要约,而非与他人订立合同,故只是订立合同的预备行为,而非订约行为。因此,要约邀请发出后,既不能因相对人的承诺而成立合同,也不能因自己作出某种承诺而约束要约人,行为人撤回其要约邀请,只要没有给善意相对人造成信赖利益的损失,一般不承担法律责任。

在现实经济生活中,分清楚要约和要约邀请是至关重要的,它直接影响到合同是否成立。

根据《合同法》规定,寄送的价目表、拍卖公告、招标公告、招股说明书、商业广告等为要约邀请。商业广告的内容符合要约规定的,视为要约。

如寄送的价目表中包含了商品名称及价格条款,但只是向对方提供商品信息,从中并不能确定寄送人具有一经对方承诺即接受承诺后果的意图,而是希望对方向自己提出订约条件。

(二) 承诺

1. 承诺的概念

承诺是指受要约人同意接受要约的全部条件以缔结合同的意思表示,即承诺是接受一份有效要约。

2. 承诺的构成要件

一份有效的承诺应当具备以下条件。

(1) 承诺必须由受要约人作出。

要约是要约人向特定的受要约人发出的,受要约人是要约人选定的交易相对方,受要约人进行承诺的权利是要约人赋予的,只有受要约人才能取得承诺的资格,受要约人以外的第三人不享有承诺的权利。

(2) 承诺须向要约人作出。

承诺是对要约的同意,是受要约人与要约人订立合同,当然要向要约人作出。如果承诺不是向要约人作出,则作出的承诺不视为承诺,达不到与要约人订立合同的目的。

(3) 承诺的内容须与要约保持一致。

这是承诺最核心的要件,承诺是同意要约的意思表示,不能对要约作出实质性变更。如果受要约人在承诺中对要约的内容作出实质性变更,便不能构成承诺,而应当视为对要约的拒绝及同时提出了一项新的要约,即反要约。在这种情况下,受要约人变成了要约人,原来的要约人变成了受要约人。在实际的商事活动中,一项交易可能要经过要约、反要约的反复多次才能成功。

(4) 承诺应符合要约规定的有效期限。

如果要约规定了承诺期限，则承诺应在规定的承诺期限内到达受要约人。承诺期限的起点，根据要约作出的方式有所不同。

要约如果采用信件或电报方式作出，承诺期限从信件载明的日期或者电报交发之日起开始计算；信件未载明日期的，从投寄该信件的日期开始计算。

要约如果采用电话、传真等相对快速、即时到达的方式作出，承诺期限从要约到达时开始计算。

如果要约没有规定承诺期限，是以对话方式作出的，则受要约人应当即时承诺。当事人另有约定的除外。如果要约是以非对话方式作出的，承诺应当在合理的期限内到达。

超过承诺期限的承诺的性质是受要约人对要约人发出的一项要约。

3. 承诺的方式

承诺的方式是指受要约人通过何种形式将承诺的意思送达给要约人。根据《合同法》和《民法总则》的相关规定，承诺应当以通知的方式作出，但根据交易习惯或者要约表明可以通过行为作出承诺的除外。因此如果要约中明确规定承诺必须以一定方式作出，否则承诺无效，那么承诺人作出承诺时，必须符合要约人规定的承诺方式，在此情况下，承诺的方式为承诺的特殊要件。

4. 承诺的生效时间

承诺生效的时间与要约生效时间相同，采用到达主义。

由于承诺是对一份有效要约的接受，承诺生效，意味着双方完成了合同订立程序，合同成立。因此，承诺到达要约人时生效，合同就此成立。

5. 承诺的撤回

承诺的撤回是指受要约人在承诺生效前收回承诺。

根据《合同法》规定，承诺可以撤回。撤回承诺的通知应当在承诺通知到达要约人之前或者与承诺通知同时到达要约人。

承诺不能撤销。如前所述，承诺到达即生效，此时双方合同已经成立，受要约人不能再收回承诺。

6. 逾期承诺

逾期承诺又称承诺迟到，是指承诺在承诺期限届满之后才到达要约人。对于迟到承诺的效力，主要有以下两种情况。

第一，受要约人超过承诺期限发出的承诺。《合同法》第二十八条规定："受要约人超过承诺期限发出承诺的，除要约人及时通知受要约人该承诺有效的以外，为新要约。"也就是说，一般情况下，如果受要约人超过承诺期限才发出承诺，则该承诺无效，只能被视为新要约。所谓视为新要约，是指逾期承诺不具有法律效力，对要约人不具有法律上的约束力，也就不能导致合同的成立。只能将其视为一种希望与他人订立合同的意思表示，一种新要约。当然对逾期承诺也不是一概否定的，如果对于受要约人超过承诺期限发出的承诺，要约人仍愿意与之订立合同的，只要及时通知受要约人自己将接受该逾期的承诺，则该项承诺仍会具有承诺效力，合同仍然能够成立。

第二，因其他原因超过承诺期限发出的承诺。《合同法》第二十九条规定："受要约人在承诺期限内发出承诺，按照通常情形能够及时到达要约人，但因其他原因承诺到达要约人时超过承诺期限的,除要约人及时通知受要约人因承诺超过期限不接受该承诺的以外,该承诺有效。"在这种情况下,由于受要约人的承诺是在承诺期限内发出的,并且按照通常情况能够及时到达要约人。承诺未能及时到达要约人完全是出于意外,也就是说受要约人没有过错。根据《合同法》的诚实信用原则,要约人应当及时将承诺逾期的情形通知受要约人,并且表明不接受该承诺。否则,视为该承诺已经被接受,承诺生效。

(三) 合同的内容和形式

1. 合同的内容

合同内容是合同当事人协商一致的合同主要条款,规定了当事人各方的权利和义务。

《合同法》对合同内容规定,合同一般包括以下条款。

(1) 当事人的姓名或名称和住所。当事人是享受合同权利和承担合同义务的主体,因此,当事人是合同必需的条款。

当事人是自然人的情况下,本条款为当事人的姓名和住所,自然人的住所地是其户籍地或经常居住地。

当事人是法人和其他组织的情况下,本条款为当事人的名称和住所,法人和其他组织的住所地是其登记注册地。

(2) 标的。合同标的是合同当事人权利和义务指向的对象。如果合同没有标的或者标的不明确具体,权利义务就没有基础。

(3) 标的数量。

(4) 标的质量。

(5) 价款或酬金。

(6) 履行期限、地点和方式。

(7) 违约责任。

2. 合同的形式

合同形式是指合同的外在表现形式,即合同内容的载体。

根据《合同法》规定,当事人订立合同,有书面形式、口头形式和其他形式。法律、行政法规规定采用书面形式的,应当采用书面形式。当事人约定采用书面形式的,应当采用书面形式。

可见,合同以不要式为原则,以要式为例外。此规定体现了《合同法》对交易的鼓励。

1) 书面形式

根据《合同法》规定,书面形式是指合同书、信件和数据电文(包括电报、电传、传真、电子数据交换和电子邮件)等可以有形地表现所载内容的形式。

因此,书面形式又可分为纸面形式和数据电文的形式。

2) 口头形式

口头形式的合同是指双方当事人通过对话等方式达成的合同。口头形式因其迅速简便的优点,一般用于即时清结的合同。

3) 其他形式

其他形式的合同是指当事人采用书面形式和口头形式之外的其他方式来体现合同

内容。

其他形式一般包括行为和默示的形式。

（四）合同成立的时间和地点

1. 合同成立的时间

1）一般规定

《合同法》规定，承诺生效时合同成立。因此，合同生效时间即是有效承诺到达要约人的时间。

2）合同书形式的合同的成立时间

第一，当事人采用合同书形式订立合同的，自双方当事人签字或者盖章时合同成立。双方签字或盖章表明双方对相关权利和义务意思表示一致。因此，最后一方当事人签字或盖章的时间，就是该合同成立的时间。

第二，当事人采用信件、数据电文形式订立合同的，可以在合同成立前要求签订确认书。签订确认书时合同成立。

确认书是确认合同内容完整、充分，受要约方同意要约内容的证明文书，一般由受要约人出具。采用信件、传真等形式进行磋商比较方便、安全、省时，但信件、传真所载内容常是双方争议较大的部分，长期的协商可能会使合同内容分散，形式、数量繁多，为保证将协议中各个时段双方达成一致意见的内容统一起来，使合同内容更加明朗化，一方可要求对方签订确认书。确认书是一种概括性的合同文书。

3）合同通过履行而成立

《合同法》规定，法律、行政法规规定或者当事人约定采用书面形式订立合同，当事人未采用书面形式，但一方已经履行主要义务，对方接受的，该合同成立。

在这种情况下，合同为要式合同，书面形式不具备，合同并未成立，但根据双方当事人的行为，从鼓励交易、节约社会成本出发，《合同法》规定此时合同成立，当事人不得以未采用书面形式为由，否定该合同成立。

4）合同成立的时间的法律意义

原则上，合同依法成立即产生法律效力。因此，合同成立的时间通常也是合同生效的时间。

2. 合同成立的地点

1）一般规定

《合同法》规定："承诺生效的地点为合同成立的地点。采用数据电文形式订立合同的，收件人的主营业地为合同成立的地点；没有主营业地的，其经常居住地为合同成立的地点。当事人另有约定的，按照其约定。"

2）合同书形式的合同的成立地点

《合同法》规定："当事人采用合同书形式订立合同的，双方当事人签字或者盖章的地点为合同成立的地点。"

3）合同成立的地点的法律意义

合同的成立地在双方发生纠纷时，是确定法院管辖权及选择法律的适用等问题的重要依据。

一、名词解释题

要约　承诺　要约邀请

二、问答题

1. 简述要约的有效条件。
2. 简述承诺的有效条件。
3. 简述要约邀请的种类。
4. 要约是否可以撤回和撤销?
5. 合同的一般条款有哪些?
6. 说明合同订立和成立的关系。

三、案例分析题

1. 甲(卖方)通过电子邮件向乙(买方)发出了出售100件某种货物的要约,甲在该邮件中还提出,为了稳妥起见,以双方最后签订确认书为准。

乙在要约规定的期限内以电子邮件对该要约进行了承诺,同意甲方提出的价格、质量、履行期限等条件。

甲按照上述条件拟定好确认书并签章后寄给乙。但乙拒绝签章。此后,甲径自按照要约内容将100件货物发运给乙。乙收货并将相应款项支付给甲。不久,该种货物涨价,甲以双方合同未成立为由,向乙要求退款退货。

问题:双方合同是否成立,甲方要求是否应支持?

2. 2017年7月5日,彭某给周某发送电子邮件称:"经慎重考虑,我决定将位于某市某路的一套90平方米的私房以105万元的售价卖给你,如果你同意买房,请回复电子邮件,就算成交。"

周某收到上述邮件后在次日给彭某回复电子邮件表示,同意以105万元购买这套房屋。

问题:双方之间是否成立了书面合同?

第三节　合同的效力

合同的效力是指已经成立的合同具有法律效力,对合同当事人具有法律约束力。合同生效是指已依法成立的合同发生法律效力。

一、合同的生效

(一) 合同生效的时间

《合同法》规定:"依法成立的合同,自成立时生效。法律、行政法规规定应当办理批准、登记等手续生效的,依照其规定。"

当事人可以对合同的生效附条件和附期限。

附生效条件的合同，自条件成就时生效；附解除条件的合同，自条件成就时失效。当事人为自己的利益不正当地阻止条件成就的，视为条件已成就；不正当地促成条件成就的，视为条件不成就。

附生效期限的合同，自期限届满时生效；附解除期限的合同，自期限届满时失效。

(二) 合同生效的条件

在合同成立的基础上，合同生效一般有以下四个条件。

1. 当事人主体资格合法

当事人主体资格合法是指当事人必须具备订立合同的权利能力和行为能力，否则其签订合同不发生相应的法律效力。

2. 当事人意思表示真实

合同是当事人意思表示一致的产物。在此基础上，合同生效还要求当事人意思表示真实，即该意思表示能真实反映当事人的内心意愿，内心意愿和外在行为是一致的。

3. 合同内容合法

根据《合同法》规定，当事人订立合同，应当遵守法律、行政法规，尊重社会公德，不得扰乱社会经济秩序，损害社会公共利益。

4. 合同形式合法

如果法律和行政法规规定某种合同必须采用特定的形式才能生效，则合同形式合法是合同生效的要件之一。

(三) 合同生效的意义

在合同有效的情况下，合同当事人应按照合同约定，依法履行合同义务，实现合同权利。违反合同约定的，则应依法承担相应的法律责任。

二、合同效力的类型

根据上述合同的生效条件，如果已经成立的合同欠缺某一条件，则该合同不是有效的合同。根据不同情况，除了有效的合同或因期限条件等未满足而尚未生效的合同之外，合同效力还包括以下类型。

(一) 效力待定的合同

1. 效力待定合同的概念

效力待定的合同是指合同成立时，因欠缺合同生效条件，合同效力处于不确定的状态。该合同效力的确定取决于有关人的行为，如权利人的追认。

2. 效力待定合同的种类

效力待定的合同主要包括以下类型。

1）限制民事行为能力人订立的需经追认的合同

根据《合同法》规定，限制行为能力人订立的合同可分为以下两类。

第一类是纯获利益的合同或者与其年龄、智力、精神健康状况相适应的合同。限制行为能力人有资格签订此类合同,因此不需要经法定代理人追认。

第二类是与限制民事行为能力人的年龄、智力、精神健康状况不相适应的合同。限制民事行为能力人订立此类合同须经其法定代理人追认才产生法律效力。

合同相对人可以催告法定代理人在一个月内追认。法定代理人未作表示的,视为拒绝追认。合同被追认前,善意相对人有权撤销该合同。

2) 无代理权人以他人名义订立的合同

无代理权的情况主要包括:行为人没有代理权,行为人超越代理权或者行为人的代理权终止后以被代理人的名义进行活动。

无代理权人以他人名义订立的合同,未经被代理人追认,对被代理人不发生法律效力,由无代理权人承担该行为的法律后果。

相对人可以催告被代理人在一个月内追认,被代理人未作出表示的,视为拒绝追认。合同被追认前,善意当事人有权撤销该合同。

表见代理的情况例外。表见代理是指相对人有理由相信无权代理的行为人有代理权的,由被代理人承担无权代理的法律后果。

3) 无处分权人处分他人财产的合同

无处分权人订立的处分他人财产的合同,经他人追认或者无处分权人取得处分权的,合同有效。

(二) 可变更、可撤销的合同

1. 可变更、可撤销的合同的概念

可变更、可撤销的合同是指合同欠缺意思表示真实的生效条件,因此,受影响的当事人(撤销权人)有权要求法院变更或撤销该合同。

2. 可变更、可撤销合同的种类

根据《合同法》规定,可变更、可撤销的合同主要包括以下种类。

1) 重大误解订立的合同

当事人在订立合同时对当事人、合同标的物的性质、数量、质量等重要内容产生错误认识。

2) 显失公平的合同

显失公平的合同是指一方在紧迫或缺乏经验的情况下而订立的权利和义务的内容明显对自己有重大不利的合同。因此,当事人双方的权利和义务极不对等,经济利益上不平衡,违反了公平合理原则。法律规定显失公平的合同应予撤销,是公平原则的具体体现。

3) 欺诈、胁迫订立的损害他人利益的合同

所谓欺诈,就是故意隐瞒真实情况或者故意告知对方虚假的情况,欺骗对方,诱使对方作出错误的意思表示而与之订立合同。所谓胁迫,是指行为人以将要发生的损害或者以直接实施损害相威胁,使对方当事人产生恐惧而与之订立合同。

欺诈、胁迫订立的合同,被影响一方意思表示不真实,如此类合同没有损害国家利益,

则属于可变更、可撤销的合同。

4）乘人之危订立的合同

乘人之危订立的合同是指一方当事人趁对方当事人处于危难之际，为谋取不正当利益，迫使对方违背自己的真实意愿而订立合同，严重损害对方利益的。

在合同被变更或撤销之前，该合同有效。在撤销权人行使撤销权后，合同自始不发生法律效力。撤销权人应在知道或应当知道撤销事由之日起一年之内行使撤销权，否则，撤销权消灭。

（三）无效合同

1. 无效合同的概念

无效合同是指合同虽然成立，但因其违反法律、行政法规、社会公共利益，不发生法律效力。当事人在订立无效合同后，不得依据合同实际履行，也不承担不履行合同的违约责任。无效合同违反了法律的规定，国家不予承认和保护。一旦确认无效，将具有溯及力，使合同从订立之日起就不具有法律约束力，以后也不能转化为有效合同。

2. 无效合同的种类

无效合同主要包括以下种类。

1）欺诈、胁迫订立的，损害国家利益的合同

如果欺诈、胁迫订立，未损害国家利益的合同，则属于可变更、可撤销的合同。

2）恶意串通，损害国家、集体或者第三人利益的合同

此类无效合同的认定，包括主观和客观两种因素。主观因素是指当事人双方对订立该合同将损害国家、集体或者第三人的利益具有共同的恶意。客观因素表现为合同损害国家、集体或者第三人的利益。

3）以合法形式掩盖非法目的的合同

以合法形式掩盖非法目的是指该合同形式上是合法的，但通过合同实现的目的非法。

例如通过合法的买卖行为达到隐匿财产、逃避债务的目的；以合作的形式变相移转、划拨土地使用权，等等。

4）损害社会公共利益的合同

违反社会公序良俗，损害社会公共利益的合同是无效合同。

5）违反法律、行政法规强制性规定的合同

根据《最高人民法院关于适用〈中华人民共和国合同法〉若干问题的解释》，“强制性规定”是指效力性强制性规定。由此可见，违反法律、行政法规的效力性强制性规定的合同才无效。

例如，《合同法》关于租赁合同规定：“租赁期限不得超过二十年。超过二十年的，超过部分无效。”该规定即属于效力性强制性规定。

6）无效的免责条款

《合同法》第五十三条规定，“合同中的下列免责条款无效：（一）造成对方人身伤害的；（二）因故意或者重大过失造成对方财产损失的。”

一、名词解释题

效力待定的合同 可变更、可撤销合同 无效合同

二、问答题

1. 简述合同生效的要件。

2. 简述合同成立和合同生效的关系。

3. 效力待定合同包括哪些种类?

4. 可变更、可撤销合同有哪些种类?

5. 无效合同有哪些种类?

三、案例分析题

1. 2016年10月,谢某与刘某签订一份代办协议,约定由谢某为刘某代办相关登记手续。刘某付给谢某25万元代办费。后刘某自己办好了相关手续,但谢某一直未退还已收的25万元。

2017年8月29日刘某带领20余人威胁谢某签订了《债务抵偿协议书》:"谢某欠刘某现金25万元,谢某同意以其所有的某门面抵偿该债务。"

问题:该《债务抵偿协议书》有效力吗?

2. 陈某因病重入院急需大笔医疗费。无奈之下,陈某决定卖掉一套住房。李某出价30万元欲买该房,而同一小区相似位置的同类房屋市场售价为40万元。因急需医疗费,陈某只好答应将该房屋卖给李某。双方签订房屋买卖合同约定:"李某一次性支付房款30万元,陈某将房屋交付给李某并办理房屋过户手续。"

问题:该房屋买卖合同的效力如何?

3. 王某委托李某帮其保管一台打印机。李某擅自做主,将打印机以500元卖给陈某。陈某当时不知道打印机是王某的。

问题:在以下三种情况下,打印机买卖合同的效力如何?

(1) 若王某得知后表示同意。

(2) 若王某得知后表示,打印机就算送给李某了。

(3) 若王某得知后反对该交易。

第四节 合同的履行

合同的履行是指当事人在合同生效后履行合同及《合同法》相关义务,实现合同权利的过程。合同履行是签订合同的根本目的。

一、合同履行的原则

合同履行的原则是指双方当事人在履行合同过程中必须遵守的原则。合同的履行主要有以下原则。

（一）全面履行原则

全面履行原则又称“正确履行原则”或“适当履行原则”，是指当事人按照合同规定完成合同义务的履行原则。

合同是双方当事人根据自己的实际需要而定的，合同中的各项条款都反映了当事人所追求的目的和实际承受能力，如果不严格按照合同条款全面履行，权利人的合同目的就可能落空，从而造成很大的经济损失。所以，当事人应全面履行自己的义务。

全面履行原则的具体内容表现为：按照合同约定的主体履行，按照合同约定的标的履行，按照合同约定的质量履行，按照合同约定的价款或者报酬履行，按照合同约定的履行地点履行，按照合同约定的履行期限履行，按照合同约定的履行方式履行。

（二）协作履行原则

协作履行原则是指当事人不仅适当履行自己的合同债务，而且应协助对方当事人履行债务的履行原则。合同的履行，只有债务人的给付行为，没有债权人的受领给付，合同的内容仍难实现。不仅如此，在建设工程合同、技术开发合同、技术转让合同、提供服务合同等场合，债务人实施给付行为也需要债权人的积极配合，否则，合同的内容也难以实现。因此履行合同不仅是债务人的事，也是债权人的事，而协助履行往往是债权人的义务。只有双方当事人在合同履行过程中相互配合、相互协作，合同才会得到适当履行。

（三）经济合理原则

经济合理原则是指在履行合同时，讲求经济效益，付出最小的成本，取得最佳的合同利益。

履行合同中经济合理原则表现在许多方面：债务人选择最经济合理的运输方式，履行期限内履行合同义务，选择设备体现经济合理原则，变更合同，对违约进行补救也体现经济合理原则。

二、合同履行的规则

合同履行的规则是指在特殊情况下如何履行合同义务。

（一）合同约定不明的履行原则

订立一个具体、明确、当事人都无疑义的合同是合同履行的关键和前提，也是人民法院审理合同纠纷的直接证据。《合同法》列出了合同一般包括的条款，当事人也可参照各类合同的示范文本订立合同。但在实践中，由于各种原因，当事人应当约定的条款而未作约定或者约定不明确的情况并不少见。有以下几种情况：一是当事人对某些合同条款未作意思表示而疏漏，二是当事人虽有约定但不明确，三是当事人约定某些条款在合同订立后另行约定，四是合同的某些条款因违法而被确认无效或为撤销。此时，则需依法对合同内容进行补充完善。

1. 协议补充原则

协议补充原则是指当事人对没有约定或者约定不明确的合同内容通过协商的办法订立补充协议,使合同具体化和明确化,并与原合同共同构成一份完整的合同。《合同法》规定:“合同生效后,当事人就质量、价款或者报酬、履行地点等内容没有约定或者约定不明确的,可以协议补充。”

2. 按照合同有关条款或交易习惯确定原则

约定不明合同在履行中形成纷争时,首先应当适用当事人协议补充原则。其次,当不能达成补充协议时,应按《合同法》第六十一条后段“按照合同有关条款或者交易习惯确定”的原则进行。

按照合同有关条款确定原则是指在合同当事人就没有约定或者约定不明确的合同内容不能达成补充协议时,结合合同其他方面的内容加以确定,使合同具体化和明确化。因为合同是一个整体,当事人就某一具体条款明确规定,但在其他条款中涉及这一问题时,就可以按照该条款加以确定。

按照交易习惯确定原则是指在合同当事人就没有约定或约定不明确的合同内容不能达成补充协议时,按照人们在同样的交易中通常采用的合同内容加以确定,使合同具体化和明确化。无论在国内交易中还是在国际交易中,都已形成了许多交易习惯,这些交易习惯可以用来补充当事人合同的内容。

3. 法定补充原则

当事人就有关合同内容约定不明确,在适用当事人协商补充原则、按照合同有关条款确定原则、按照交易习惯确定原则仍不能确定时,就应当适用法定补充原则。所谓法定补充原则,又称合同的补缺规则,是指法律规定的,适用主要条款欠缺或合同条款约定不明确,但并不影响其效力的合同,以弥补当事人所欠缺或未明确表示的意思,使合同内容合理、确定,便于履行的法律条款。

(1) 产品数量。产品数量由双方在合同中确定。数量的计量方法,应按国家规定执行;没有国家规定的,按双方商定的方法执行。

(2) 产品的质量。双方应对产品质量作出明确规定。如规定不明确,按照国家质量标准执行;没有国家质量标准的,按照通常标准执行。

(3) 履行地点。如双方约定不明确,给付货币的,在接受给付一方的所在地履行;其他标的在履行义务一方的所在地履行。

(4) 价款。如双方约定不明确,按照国家规定的价格履行;没有国家规定价格的,参照市场价格或者同类物品的价格或者同类劳务的报酬标准履行。

(5) 期限。履行期限不明确的,债务人可以随时向债权人履行义务,债权人也可以随时要求债务人履行义务,但应当给对方必要的准备时间。

(二) 执行政府定价或政府指导价规则

执行政府定价或者政府指导价的,如果在合同约定的交付期限内该价格调整的,按照交付时的价格计算。

逾期交付标的物的,遇价格上涨时,按原价格执行;价格下降的,按新价格执行。

逾期提取标的物的，遇价格上涨时，按新价格执行；价格下降的，按原价格执行。

这一规定的实质是采用政府定价或政府指导价时对违约的价格制裁。

（三）涉他合同履行规则

如果合同当事人在合同中为第三人设定了权利或义务，则该合同的履行规则如下。

1. 向第三人履行的合同

向第三人履行的合同是指合同当事人在合同中约定，债务人向第三人履行债务，第三人因此享有合同权利。

根据《合同法》第六十四条规定："当事人约定由债务人向第三人履行债务的，债务人未向第三人履行债务或者履行债务不符合约定，应当向债权人承担违约责任。"

2. 由第三人履行的合同

由第三人履行的合同是指合同当事人在合同中约定，由第三人向债权人履行债务。

因为第三人并非合同当事人，因此，第三人并不因此约定而成为合同债务人。

根据《合同法》第六十五条规定："当事人约定由第三人向债权人履行债务的，第三人不履行债务或者履行债务不符合约定，债务人应当向债权人承担违约责任。"

三、合同履行中的抗辩权

法律意义上的抗辩，是指义务人对抗权利人的履行请求并说明理由。

抗辩权是指债权人行使债权时，债务人根据法定事由对抗债权人行使请求权的权利。抗辩权以法律规定的抗辩事由为依据，以对方当事人请求权的存在和有效为前提，这一权利的行使可以造成对方请求权的消灭或者使其效力延期发生。

合同履行中的抗辩权是指在符合法定条件时，一方当事人对抗对方当事人要求履行合同的请求权，暂时拒绝履行其合同债务的权利。根据产生的条件和后果，合同履行中的抗辩权包括以下三种类型。

（一）同时履行抗辩权

1. 同时履行抗辩权的概念和效力

同时履行抗辩权是指在双务合同中没有规定先后履行顺序，合同一方当事人在对方未履行或者未适当履行合同义务之前，有权拒绝履行自己的合同义务。

根据《合同法》第六十六条规定："当事人互负债务，没有先后履行顺序的，应当同时履行。一方在对方履行之前有权拒绝其履行要求。一方在对方履行债务不符合约定时，有权拒绝其相应的履行要求。"

2. 同时履行抗辩权的构成要件

（1）双务合同。

（2）未约定履行顺序。

（3）义务已到履行期限。

(4) 对方未履行或未适当履行。

(二) 先履行抗辩权

1. 先履行抗辩权的概念和效力

根据《合同法》第六十七条规定:“当事人互负债务,有先后履行顺序,先履行一方未履行的,后履行一方有权拒绝其履行要求。先履行一方履行债务不符合约定的,后履行一方有权拒绝其相应的履行要求。”

2. 先履行抗辩权的构成要件

(1) 基于双务合同。

(2) 合同约定了履行先后顺序。

(3) 先履行一方未履行或者未适当履行。

(三) 不安抗辩权

1. 不安抗辩权的概念和效力

不安抗辩权是指在双务合同中,合同约定了先后履行顺序。先履行一方当事人,有确切证据证明对方当事人丧失履行债务能力时,有中止履行合同义务的权利。

根据《合同法》第六十八条的规定:“应当先履行债务的当事人,有确切证据证明对方有下列情形之一的,可以中止履行:(一)经营状况严重恶化;(二)转移财产、抽逃资金,以逃避债务;(三)丧失商业信誉;(四)有丧失或者可能丧失履行债务能力的其他情形。当事人没有确切证据中止履行的,应当承担违约责任。”

可见,先履行一方负有举证义务。

2. 不安抗辩权的构成要件

(1) 合同为双务合同。

(2) 有先后的履行顺序,享有不安抗辩权之人为先履行义务的当事人。

(3) 后履行一方的履行能力明显降低,有不能为对待给付的现实危险。

(4) 先履行一方的债务已到清偿期先履行。

(5) 先履行一方有确切证据证明相对人无能力履行债务。

3. 不安抗辩权的行使

《合同法》第六十九条规定:“当事人依照本法第六十八条的规定中止履行的,应当及时通知对方。对方提供适当担保时,应当恢复履行。中止履行后,对方在合理期限内未恢复履行能力并且未提供适当担保的,中止履行的一方可以解除合同。”

可见,不安抗辩权的行使包括如下方面。

(1) 通知对方。

(2) 恢复履行的情形。对方提供适当担保,则先履行一方当事人履行合同义务的风险降低,因此应当恢复履行合同。

(3) 解除合同的情形。对方在合理期限内未恢复履行能力或者并未提供适当担保的,可以解除合同。

四、合同的保全

江某为与他人合伙经营地板生意，向廖某借款 2.1 万元，约定借期 6 个月，月息为银行利息的 1.5 倍，到期本息一起付清。江某为廖某出具了欠条。江某用此款与他人合伙倒卖劣质地板，被相关部门查获，将劣质地板全部没收，并每人罚款 1 万元。江某为翻本，竭尽所有财产再次经营地板生意，又亏损，至还款期届满，已无支付能力。廖某多次催要，江某无法清偿欠款。某日，廖某又向江某催债，恰有方某找江某还款，江某将话题扯开，进行掩饰。经廖某了解，原来江某数年前曾借给方某 1.5 万元做经营资金，现本息已达 2 万余元。江某认为收回这 2 万余元也还不清债，故欲放弃这一债权，给方某做经营资金，日后自己入股共同经营。随后，廖某向法院起诉，请求江某以此款清偿债务。江某辩称该债权已经放弃，无法清偿债务，但没有证据。

合同债务人在承担财产责任时，用于给付的债务人所有的物权、知识产权或者债权，被称为债务人的责任财产。因此，该责任财产也是债权人权利实现的保障。

合同的保全是指法律为防止因债务人财产的不正当减少给债权人的债权带来危害而设置的保全债务人责任财产的法律制度。合同的保全制度具体包括债权人代位权制度和债权人撤销权制度。

（一）代位权

1. 代位权的概念和特点

1）代位权的概念

代位权是指当债务人怠于行使其对第三人的债权而危害到债权人的债权时，债权人以自己名义行使债务人对第三人的债权。这时，债权人为主债权人，债务人为主债务人，债务人的债务人为次债务人。

2）代位权的特点

首先，债权人的代位权针对债务人的消极行为。

其次，代位权是债的相对性的例外。债权人是代替债务人向次债务人主张权利。

最后，债权人是以自己的名义，而不是以债务人的代理人的身份主张权利，代位权不是代理权。

2. 代位权的行使

根据《合同法》第七十三条的规定："因债务人怠于行使其到期债权，对债权人造成损害的，债权人可以向人民法院请求以自己的名义代位行使债务人的债权，但该债权专属于债务人自身的除外。代位权的行使范围以债权人的债权为限。债权人行使代位权的必要费用，由债务人负担。"

由此，代位权的行使条件如下。

首先，主债权和次债权合法有效，且均已届履行期，而且次债权不是专属于主债务人的债权。

其次，主债务人怠于行使债权的消极行为已经损害到主债权人的利益。

最后，主债权人行使代位权应通过人民法院。

(二) 撤销权

1. 撤销权的概念

撤销权是指当债务人滥用其财产处分权而危害债权人的债权时，债权人可以依法请求人民法院撤销债务人实施的处分行为。

2. 撤销权的行使

根据《合同法》第七十四条和相关司法解释的规定，债权人行使撤销权的条件如下。

1) 可以请求撤销的行为

债权人可以请求人民法院撤销的行为包括以下情况：债务人放弃其到期债权，对债权人造成损害的；债务人无偿转让财产，对债权人造成损害的；债务人以明显不合理的地价转让财产，对债权人造成损害，并且受让人知道该情形的。

2) 撤销权的主体

撤销权的行使主体是债权人。即因债务人处分财产的行为而受到损害的债权人。债权人应以债务人为被告，并可以将受益人或受让人列为第三人。应该向被告人住所地的人民法院起诉。

3) 撤销权的行使范围

撤销权的行使范围以债权人的债权为限。因为撤销权的立法宗旨是保全合同债权，所以撤销权行使以债权人的债权为限。即行使债权人撤销权的请求额不得超过债权人的债权。

4) 撤销权的行使费用

债权人行使撤销权是由于债务人的行为造成，所以，撤销权行使的必要费用由债务人承担。有过错的受益人或受让人应当分担。

5) 撤销权的行使期限

《合同法》第七十五条规定，“撤销权自债权人知道或者应当知道撤销事由之日起一年内行使。自债务人的行为发生之日起五年内没有行使撤销权的，该撤销权消灭。”

一、名词解释题

同时履行抗辩权　先履行抗辩权　不安抗辩权　代位权　撤销权

二、问答题

1. 合同履行的原则有哪些？
2. 合同履行的主要规则是什么？
3. 简述三种抗辩权的成立条件。
4. 简述代位权的行使条件。
5. 简述撤销权的行使条件。

三、案例分析题

1. 甲与乙房地产公司于2010年3月18日签订了购房合同约定:"房款总价为58万元,合同签订之日,甲付购房款38万元,余款应在2010年6月20日前付清。未按期付清余款,每天按余款的0.1%向房地产公司支付违约金;乙公司应于2010年7月1日将房屋交付给甲使用,如因乙公司的原因延期交付,每天按房价的0.1%向甲支付违约金。"合同签订后,甲按合同约定向乙公司支付了38万元现金。

2010年6月11日,甲到乙公司施工现场看到房屋刚完成主体框架,估计不能按时交房,为了避免损失,故未向乙公司支付余款。2010年11月10日,乙公司通知甲办理交房手续和交付余款,甲要求在余款中扣除乙公司的违约金,乙公司不同意,于是甲以乙公司逾期交房为由诉至法院,要求乙公司承担违约责任,支付违约金。乙公司认为甲没有按时交付余款系违约,故反诉要求甲支付延期付款违约金。

问题:双方是否依法履行了合同?甲是否享有抗辩权?并说明理由。

2. 甲公司和乙公司签订了一份原材料买卖合同,双方约定由甲公司向乙公司提供用于生产高精密仪器的原材料500箱,货款25万元。原材料的质量标准以封存样品为准,乙分两次付款给甲。在履行期间,甲收到乙的第一笔10万元货款后即将第一批250箱原材料运送到乙处。乙在收到货物后,认为不合格,但未及时向甲提出,所生产出的仪器一部分无法使用。在甲交付第二批货物时,由于供货市场出现问题,该批原材料紧俏,甲于是与乙协商,以不能提供全部货物为由,希望将合同标的换为品质稍差一些的另外一种原材料。乙考虑到自己的生产计划,于是同意了甲的要求。最终,甲提供了全部的货物,但已经超过了合同约定的时间。乙接受了履行,但是以甲没有按照约定时间履行合同为由行使抗辩权,拒绝履行付款义务。

问题:

(1) 本案中合同规定原材料的质量应该如何确定?

(2) 本案中乙收到第一批货物后,合同能否解除?

(3) 甲、乙双方达成的改变标的物的协议是否有效?其后果是什么?

第五节 合同的变更、转让与终止

一、合同的变更

A贸易公司于2008年9月向B服装公司订购了一批服装,总价值20万元,双方约定:A公司预付货款的20%即4万元,当年年底交货。当年11月A公司打电话给B公司的厂长要求变动服装的花色,当时经办人员不在,接电话的人未转告。当年12月底B公司交货时A以服装花色未改动为由拒收。双方对服装花色是否已经变动产生争议。

(一) 合同变更的概念

合同的变更有广义和狭义之分。广义的合同变更,包括合同内容的变更与合同主体的变更。

合同内容的变更是指在合同成立后尚未履行或者尚未履行完毕之前,当事人在原合同基础上达成协议修改原合同的内容,也即当事人不变,合同的内容予以改变的情况。

合同主体的变更是指改变债权人或债务人,即合同权利义务的移转,因此合同主体的变更实际上是合同权利义务的转让。

狭义的合同变更仅指合同内容的变更。我国《合同法》上规定的即是狭义的合同变更。

(二) 合同变更的要件

合同变更的要件包括:

(1) 当事人之间存在有效合同。

(2) 当事人协商变更。

当事人协商一致,可以变更合同,也即对合同内容的修改。根据《合同法》第七十八条的规定,当事人对合同变更的内容约定不明确的,推定为未变更。

(3) 变更符合形式要求。

《合同法》第七十七条规定:"当事人协商一致,可以变更合同。法律、行政法规规定变更合同应当办理批准、登记手续的,依照其规定。"

如果当事人在合同中约定了合同的变更须采取特定的方式如书面形式,当事人必须遵守这种约定。

(三) 合同变更的效力

变更后的合同取代了原合同,因此,当事人应按照变更后的合同内容履行。

合同中未变更的内容和权利义务继续有效,已经履行的债务仍然有效。

二、合同的转让

甲公司与乙公司订立买卖合同,甲公司作为卖方应按合同约定向乙公司供应2万支显像管,期限是2016年8月30日。合同签订后,甲公司因条件发生变化预计在当年8月30日前无法生产出该批产品,于是与乙公司协商将2万支显像管减少到1.5万支,乙公司表示不同意。甲公司在征得乙公司同意后,与同样生产该产品的丙公司达成协议,由丙公司向乙公司供应其余的5 000支显像管。

(一) 合同转让的概念和特点

1. 合同转让的概念

合同转让是指在合同依法成立后,不改变合同的内容,仅改变合同主体,即合同当事人依法将其合同债权和债务全部或部分转让给第三方的行为。

2. 合同转让的特点

(1) 转让前后的合同内容的一致性。

合同转让只是改变履行合同权利和义务的主体，并不改变原合同权利和义务，转让后的权利人或义务人所享有的权利或义务仍是原合同约定的，因此，转让合同并不引起合同内容的变更，其内容应与原合同内容一致。

(2) 合同转让后产生新的合同当事人。

合同转让改变了原合同权利义务主体，自转让成立起，第三人代替原合同关系的一方或加入原合同成为原合同的权利义务主体，成为合同当事人。

(二) 合同转让的种类和条件

根据合同转让的内容不同，可以将合同的转让分为以下三种类型。

1. 合同权利的转让

所谓合同权利的转让，又称合同债权让与，是指当事人一方将其合同权利全部或者部分转让给第三人。

根据《合同法》的规定，合同债权人转让合同债权的，应当通知债务人。未经通知，该转让对债务人不发生效力。债权人转让权利的通知不得撤销，但经受让人同意的除外。债权人转让权利的，受让人取得与债权有关的从权利，但该从权利专属于债权人自身的除外。债务人接到债权转让通知后，债务人对让与人的抗辩，可以向受让人主张。债务人接到债权转让通知时，债务人对让与人享有债权，并且债务人的债权先于转让的债权到期或者同时到期的，债务人可以向受让人主张抵销。

2. 合同义务的移转

合同义务的转让又称合同债务承担，是指当事人一方将其合同义务全部或者部分转移给第三人。

合同义务必然涉及原合同当事人的利益，所以合同义务的转让应征得债权人的同意。不经债权人同意，转让合同无效。债务人转移义务的，新债务人可以主张原债务人对债权人的抗辩。债务人转移义务的，新债务人应当承担与主债务有关的从债务，但该从债务专属于原债务人自身的除外。

3. 合同权利义务的概括转让

合同权利义务的概括转让又称合同权利义务的一并转让，是指当事人一方将其合同权利义务一并全部转让给第三人。

当事人一方转让合同权利和义务的，应经对方当事人同意。

此外，法律、行政法规规定合同转让应当办理批准、登记手续的，当事人还必须依法办理相应的手续。

根据《合同法》的有关规定，如果合同中的权利义务属于根据合同性质或者按照当事人约定或者依照法律规定不得转让的，则当事人不得将其转让给其他人。此外，合同转让还应当不违背社会公共利益。

(三) 合同转让的后果

1. 第三人取得合同当事人的法律地位

债务转让有效成立后，第三人取代原债务人，成为新债务人。原债务人脱离债的关系,由第三人直接向债权人承担债务。第三人不履行债的义务,债权人不得再请求原债务人承担债务,只能请求第三人承担债务不履行之损害赔偿责任或者诉请人民法院强制执行,原债务人对第三人的偿还能力并不负担保责任。同理,债权转让有效成立后,第三人取代原债权人,成为新债权人。债务人应向新债权人履行合同义务。

2. 抗辩权的移转

根据《合同法》第八十五条的规定,债务人转移义务的,新债务人可以主张原债务人对债权人的抗辩。债务存在无效原因的,第三人作为新债务人,可以向债权人主张无效;履行期尚未届满的,新债务人对债权人的履行请求也可以抗辩。此外,在双务合同中,也可以主张同时履行抗辩权。但应注意的是,由于债务承担的无因性,没有特别约定,第三人不能基于原因行为的事由对债权人进行抗辩,只能基于所承担的债务本身所具有的抗辩事由向债权人行使抗辩权。

3. 从债务一并随之移转

依《合同法》第八十六条的规定,债务人转移义务的,新债务人应当承担与债务有关的从债务。例如附随于主债务的利息债务,随着主债务的移转而移转于第三人。但从债务专属于原债务人自身的除外。如保证债务不当然随主债务移转于第三人,除非保证人同意。

甲公司和乙公司签订买卖合同,约定:甲公司向乙公司提供某种材料500箱,货款25万元。标的物质量标准以封存样品为准。乙依约支付第一笔货款10万元,甲收到货款后即将第一批250箱原材料运送到乙处。在甲应交付第二批货物时,甲找到乙协商,提出不能按时提供全部货物,希望将合同标的换为另外一种材料。乙同意了甲的要求。后来,甲发现仍不能及时供货,于是背着乙与丁达成协议,由丁直接向乙提供不足的部分。

(1) 甲、乙双方达成的改变标的物的协议是否有效?其后果是什么?

(2) 甲、丁公司达成的协议是否有效?

三、合同的终止

合同的终止是指合同当事人之间的权利和义务的消灭。

合同终止的原因很多。根据《合同法》规定,合同终止主要有以下原因。

(一) 合同的履行

当事人按照合同履行合同义务后,合同终止。

(二) 合同的解除

1. 合同解除的概念

合同解除是指在合同有效成立后,当事人双方通过约定或按照法律规定解除合同,终止当事人之间的权利义务关系的行为。

2. 合同解除的种类和条件

1）约定解除

合同的约定解除包括两种情况：第一种是双方当事人在合同中约定在某种条件下某方有权解除合同，即约定解除权，当条件成就时，某方当事人可行使约定解除权解除合同。第二种是当事人经过协商一致，同意解除合同。即当事人双方订立一份协议解除合同，即合意解除。

2）法定解除

合同的法定解除又称单方解除，是指根据法律规定的条件解除，不需要当事人双方约定。

《合同法》规定，当事人可以解除合同的情形包括：因不可抗力致使不能实现合同目的的；在履行期限届满前，当事人一方明确表示或者以自己的行为表明将不履行主要债务；当事人一方迟延履行主要债务，经催告后在合理的期限内仍未履行；当事人一方迟延履行或者有其他违约行为致使不能实现合同目的；法律规定的其他情形。

3. 合同解除的法律后果

合同解除的法律后果包括：终止当事人的合同权利和义务，尚未履行的，不再履行；已经履行的，根据合同履行的情况和合同性质，当事人可以要求恢复原状；合同解除不影响当事人追究违约责任。

（三）抵销

1. 抵销的概念

抵销是指合同当事人互负债务时，双方的债务在相同数额内消灭的行为。抵销具有简化交易程序、降低交易成本、提高交易安全性的作用。

抵销根据条件可分为法定抵销和约定抵销。

2. 法定抵销

法定抵销是指当事人互负到期债务，该债务的标的物种类、品质相同的，任何一方可以将自己的债务与对方的债务抵销。由此可见，符合法定抵销条件时，任何一方当事人享有法定抵销权。

根据《合同法》规定，法定抵销主要有以下要求。

(1) 双方当事人互负债务。双方互负债务是法定抵销的前提条件，且债权债务关系均合法有效。

(2) 双方债务均已届清偿期。

(3) 债务标的物的种类、品质相同。用以抵销的通常是同种类的货币或者实物。如果双方互负债务的标的物种类或品质不同，如允许抵销，则将使一方或双方当事人的目的难以实现。

(4) 法定抵销权的行使。当事人主张抵销的，应当通知对方。通知自到达对方时生效。抵销不得附条件或者附期限。

(5) 不得抵销的情形。依照法律规定或者按照合同性质不得抵销的除外。例如《破产法》中规定了对抵销的限制。当事人也可以约定不得抵销。

3. 约定抵销

约定抵销是指双方当事人协商一致将互负的债务抵销。根据《合同法》第一百条的规定:“当事人互负债务,标的物种类、品质不相同的,经双方协商一致,也可以抵销。”

(四) 提存

1. 提存的概念

提存是指债务人于债务已届履行期时,将无法给付的标的物交提存机关,以消灭债务的行为。交付合同标的物的债务人为提存人;债权人为提存领受人;交付的标的物为提存物;依法设立的保管提存物的机关为提存机关。我国目前的提存机关是公证机关。

提存制度的设立主要目的是保护积极履行合同的债务人,同时也兼顾了债权人的利益。债务人履行债务有时需要债权人协助,如债权人不协助债务人的履行,对债务人的履行拒不接受,或者债务人无法向债权人履行,债务人就不能清偿债务。此时继续承担着债务对于债务人是不公平的。因此法律设提存制度使债务人得将其无法给付给债权人的标的物交给提存机关保存,以代替向债权人给付,从而免除自己的清偿责任。

2. 提存的原因

提存的前提是债务人无法向债权人清偿,债务人只能用提存的方法消灭债务。因此,凡因债权人一方的原因致使债务人无法清偿的事实,均为提存的合法原因。依《合同法》第一百零一条的规定,有下列情形之一,难以履行债务的,债务人可以将标的物提存。

(1) 债权人无正当理由拒绝受领。

(2) 债权人下落不明。

(3) 债权人死亡未确定继承人或者丧失民事行为能力未确定监护人。

(4) 法律规定的其他情形。

3. 提存的程序

提存应经以下程序。

1) 提存人申请

申请书中应载明提存的原因、提存的标的物、标的物的受领人(不知受领人的,应说明不知受领人的理由)。

2) 经提存机关同意

提存机关受理提存申请后应予以审查,以决定是否同意提存。提存机关同意提存的,指定提存人将提存物交有关的保管人保管。

提存物原则上是债务人应给付的标的物。提存物应为适于提存的物。标的物不适于提存或者提存费用过高的,债务人依法可以拍卖或者变卖标的物,提存所得的价款。

3) 做成提存证书并交给提存人

提存机关做成提存证书并交给提存人。提存证书具有受领证书同等的法律效力。实践中,拾得遗失物的,可向公安机关提存;定作人变卖留置物受偿后,可将余款向债权人所在地的银行办理提存。

4) 通知、公告债权人

标的物提存后,除债权人下落不明的以外,债务人应当及时通知债权人前来受领提存物。

4. 提存的效力

提存涉及债权人、债务人和提存机关三方。因此，提存的效力如下。

1）债权人和债务人之间的效力

提存后债权人与债务人之间的合同关系消灭。债务人不再负清偿责任。提存物的所有权移转于债权人，标的物毁损、灭失的风险也一并移转于债权人，标的物的孳息归债权人所有，提存费用由债权人负担。

2）在提存人与提存机关间的效力

提存人在发现提存错误或提存原因消灭时，可以撤销提存行为，并取回提存物。此时提存人应负担提存物的保管费用。

提存有效成立期间，即使债权人放弃或丧失请求权，提存人不得取回提存物。

3）在提存机关与债权人间的效力

《合同法》第一百零四条规定，债权人可以随时领取提存物，但债权人对债务人负有到期债务的，在债权人未履行债务或者提供担保之前，提存部门根据债务人的要求应当拒绝其领取提存物。

债权人领取提存物的权利应于法律规定的期限内行使。债权人超过法律规定或者提存机关公告的领取时间而不领取提存物的，其权利即行丧失。依《合同法》第一百零四条的规定，债权人领取提存物的权利，自提存之日起5年内不行使而消灭，提存物扣除提存费用后归国家所有。

（五）混同

1. 混同的概念

混同是指合同的债权人和债务人合二为一，即债权和债务归于一人，合同权利义务终止。因为合同应有两个主体，当债权、债务归于一人时，则此人既为债权人又为债务人，有悖于债的概念。

2. 混同的例外

债权和债务同归于一人的，合同的权利义务终止，但涉及第三人利益的除外。例如，债权人为第三人所享有的质权的标的，为保护质权人的利益，不得使债权因混同而消灭。

（六）免除

1. 免除的概念

合同的免除是指合同债权人放弃自己的债权，免除债务人部分或者全部债务，从而消灭合同债权债务关系。

免除可以附条件或者附期限。附条件的免除如借款合同中的债权人表示只要债务人按照合同约定的期限归还借款本金，就免除借款利息。附期限的免除如卖方通知买方商品的优惠在当年年底结束。

2. 免除的效力

免除是债权人的单方行为，由债权人向债务人作出免除的意思表示而产生效力。该意思表示到达债务人即发生法律效力,因此免除不得撤销。

3. 对免除的限制

免除债务是债权人的权利,但债务的免除不得损害第三人的权利。

一、名词解释题

合同变更　合同转让　抵销　提存　免除　混同

二、问答题

1. 简述合同变更的条件。
2. 简述合同转让的种类和条件。
3. 合同终止的原因有哪些?

三、案例分析题

1. 2016年6月,上海A公司与某服装厂签订合同一份,约定由服装厂在12月底供上海A公司棉衣5 000件,每件价格200元。合同签订后,上海A公司即把货款全部支付给服装厂。9月底,上海A公司为了赶在圣诞节旺季销售,遂与服装厂协商提前交货事宜,服装厂无提前交货能力,上海A公司只好另从其他渠道购得棉衣5 000件。原订的棉衣恰好满足另一外贸公司的要求,上海A公司遂将合同全部转让给该外贸公司。合同转让时市场棉衣价格上涨,因此,该外贸公司按每件250元支付上海A公司125万元。12月底,该外贸公司前往服装厂提货遭拒绝,服装厂提出原合同是和上海A公司签订的,没有得到任何合同转让通知,如果要交货,上海A公司就要补偿其差价25万元。该外贸公司不同意服装厂的要求,遂以上海A公司和服装厂为被告诉至法院。

问题:A公司将其债权转让给外贸公司的行为是否具有法律效力?

2. 甲公司于2016年8月与乙公司签订大米购销合同,约定:由乙公司供给甲公司某种等级大米1.5万千克,交货时间为当年10月底。合同签订后,甲公司支付给乙公司预付款1万元。当年10月初,乙公司采用电话和信函等方式,均未能与甲公司取得联系。为了切实履行合同,乙公司于10月底租车将货运往甲公司所在地送货。货到该地后,方得知甲公司已经被某公司兼并,但仍无法和该公司取得联系。乙公司在向该市公证机关申请后,将大米就地低价出售。

问题:本题中双方权利义务是否终止?如果终止,理由是什么?

3. 2015年12月,李某与银行达成买卖约定:"李某以200万元向银行购买已折抵归银行所有的某房产,李某先支付20万元预付款给银行。"协议签订后,李某支付了20万元给银行。同日,李某与银行签订了借款合同,约定由银行借款20万元给李某,并约定了归还期限。后由于其他原因,银行与李某双方同意终止资产转让协议的继续履行,并约定将20万元预付款返还李某。此时李某尚欠银行贷款20万元到期未还。

问题:李某与银行之间存在哪些法律关系?应如何消灭相关法律关系?

第六节 合同责任

王某与周某于2016年3月1日签订了一份房屋买卖合同。合同主要内容为：王某将其自有的一处房产以100万元卖给周某；自合同签订之日起1周内，周某向王某预付房款12万元，余款在办理完房屋过户手续时一次付清；办理房屋过户手续的时间为2016年12月5日。合同签订后，周某依约向王某支付了12万元房款。同年8月5日，王某以120万元将上述房屋卖给了李某，并于同年10月5日将该房屋过户给李某。周某知道此事后，于同年11月5日要求王某承担违约责任。王某认为其和周某约定的过户时间还没到，自己没有违约，周某不能追究其违约责任。

一、合同义务

根据合同义务来源于当事人约定还是法律规定，可以将合同义务分为以下四类。

(一) 先合同义务

先合同义务又称“前合同义务”或“先契约义务”，是指在缔结合同的过程中，缔约双方为订立合同进行接触磋商，由一种普通人之间的陌生关系转变为特殊密切联系的信赖关系，基于诚信原则双方应负有的告知、协力、保护、保密等义务。如果违反该义务而给对方造成损失，即使合同未成立或已经订立的合同被撤销或宣布无效，则行为人也需要承担相应的法律责任。先合同义务是法律强制缔约双方承担的义务，不是由当事人合意产生的义务，也不允许双方排除。

(二) 合同约定义务

合同约定义务是指当事人双方在合同中约定的义务。

(三) 合同履行中的附随义务

附随义务有广义和狭义之分，广义的附随义务包括先合同义务、合同履行中的附随义务、后合同义务。狭义的附随义务是指合同履行过程中，当事人之间亦无明确约定的情况下，为了确保合同目的的实现并维护对方当事人的利益——主要是人身和财产利益，为协助实现主给付义务，遵循诚实信用原则，依据合同的性质、目的和交易习惯所承担的作为或不作为的义务。

附随义务以当事人之间的合同关系为前提，以诚实信用原则为依据。《合同法》第六十条第二款规定：“当事人应当遵循诚实信用原则，根据合同的性质、目的和交易习惯履行通知、协助、保密等义务。”

确立附随义务有利于平衡各方利益关系、强化对债权人的保护、维护社会秩序稳定及完善合同法立法与理论。

(四) 后合同义务

《合同法》第九十二条规定:“合同的权利义务终止后,当事人应当遵循诚实信用原则,根据交易习惯履行通知、协助、保密等义务。”因此,合同的权利义务终止后,当事人之间并不因此就毫无关系,当事人仍应依照诚实信用原则负有义务。该义务被称为后合同义务。后合同义务是法律对当事人之间的信任关系保护的继续和延伸。后合同义务不是合同直接规定的义务,而是基于诚实信用原则和交易习惯而产生的合同终止后当事人应当履行的法定义务。

后合同义务包括通知、协助、保密等义务。“通知”是指当事人在有条件的情况下应将合同终止的有关事宜告诉对方当事人。例如标的物提存后,除债权人下落不明的以外,债务人应当及时通知债权人或者债权人的继承人、监护人。“协助”是指当事人帮助、配合对方当事人处理合同终止后的善后事宜。“保密”是指合同当事人在合同终止后对于了解到的对方当事人的秘密不得向外泄露。违反后合同义务造成对方损失的,应当赔偿相应的损失。

二、缔约责任

(一) 缔约责任的概念

缔约责任是指当事人在订立合同的过程中,因一方违反诚实信用原则给对方造成损失时应承担的赔偿责任。

(二) 缔约责任的构成要件

缔约责任构成要件有以下四个。

(1) 缔约的一方有违反先合同义务的行为。

(2) 该行为给对方造成了信赖利益的损失。所谓信赖利益损失,是指相对人因信赖合同会有效成立却由于合同最终不成立或无效而受到的利益损失。这种信赖利益必须是基于合理的信赖而产生的利益,即在缔约阶段因为一方的行为已使另一方足以相信合同能成立或生效。

(3) 违反先合同义务的一方在主观上存在过错。可见,缔约责任的归责原则是过错责任原则。

(4) 行为与对方所受到的损失之间存在因果关系。缔约一方违反先合同义务的行为与对方所受到的损失之间存在因果关系,即相对方的信赖利益损失是由行为人的缔约过失行为造成的,而不是其他行为造成的。因此应由行为人对对方承担赔偿责任。

(三) 缔约责任的种类

根据《合同法》规定,缔约责任主要有以下类型。

(1) 假借订立合同,恶意进行磋商。假借订立合同,恶意进行磋商是指一方当事人无意与对方订立合同,与对方进行谈判的目的是损害对方或者第三人的利益,即恶意地与对方进行合同谈判。

(2) 在订立合同中隐瞒重要事实或者提供虚假情况。在订立合同中隐瞒重要事实或者提供虚假情况属于欺诈行为。隐瞒重要事实是指故意不告知对方足以影响是否订立合同的重要事项和情况。提供虚假情报是指故意向对方提供不符合实际情况的信息。

(3) 其他违背诚实信用原则的行为。

(四) 缔约责任的赔偿范围

负有缔约责任的当事人,应当赔偿受损害的当事人。赔偿应当以受损害的当事人的损失为限。实践中,损失的范围主要有以下几方面。

(1) 订立合同所支出的费用,包括交通费、通信费、考察费、餐饮住宿费等。

(2) 准备履行或履行合同所支出的费用,如仓储费、运费、保险费等。

(3) 主张合同无效或可撤销时支出的诉讼费用或其他费用。

(4) 丧失与他人签约机会等情形下产生的间接损失等。

三、违约责任

(一) 违约责任的概念

违约责任也称为违反合同的民事责任,是指合同当事人因不履行合同义务或者履行合同义务不符合约定,而向对方承担的民事责任。可见,违约责任的归责原则为无过错原则。

(二) 违约责任的构成要件

根据《民法通则》《合同法》的规定,以及目前我国的司法实践,违约责任的构成要件包括以下几个。

1. 合同有效成立

违约责任的前提是,当事人之间已经存在有效的合同关系。否则不会产生违约和违约责任。

2. 违约行为

一方当事人必须有不履行合同义务或者履行合同义务不符合约定的违约行为,这是构成违约责任的客观条件。违约行为的主要类型如下。

1) 一般违约与根本违约

违约行为按照轻重,可分为一般违约与根本违约。

根本违约是指违约的后果已经妨害了合同目的实现,包括迟延履行主要债务经催告仍不履行和一般违约但导致合同目的不能实现两种情形。除此之外的则为一般违约。

2) 预期违约与届期违约

预期违约又称先期违约,是指在合同生效后至履行期届满前,当事人一方明确表示或者以自己的行为表明不履行合同义务的。其中,明确表示为明示先期违约;以自己的行为表明为默示先期违约。履行期届满后的违约为届期违约。

《合同法》第一百零八条规定:"当事人一方明确表示或者以自己的行为表明不履行合同义务的,对方可以在履行期限届满之前要求其承担违约责任。"

(三) 违约责任的免除

违约责任的免除是指当事人的行为虽然构成了违反合同,但是根据法律的规定或当事人的约定,无须承担因不履行合同或不完全履行合同给对方造成的损失。

根据《合同法》规定,违约责任的免除包括法定免责和约定免责两种情形。

1. 法定免责

《合同法》第一百一十七条规定:"因不可抗力不能履行合同的,根据不可抗力的影响,部分或者全部免除责任,但法律另有规定的除外。"

不可抗力是指当事人不可预见、不可避免并且不可克服的客观情况。例如严重的地震、水灾、风灾、雨灾、雪灾、高温、低温等人力所不能或很难抗拒的自然突发情况。

在合同生效后至终止前发生了不可抗力事件,对当事人履行合同造成影响,属于法律规定免责情况。因此,当事人迟延履行后发生不可抗力的,不能免除责任。

2. 约定免责

1) 约定免责的含义

约定免责也称合同的免责条款,是指当事人在合同中约定下免除违约责任的条件。若当事人违约行为符合免责条款规定,则按照免责条款相应免除部分或全部违约责任。

2) 无效的免责条款

例如,当事人可在合同中明确约定,在合同的履行过程中可能发生的意外情况,并将之规定为不可抗力,当出现这些情况时,免除当事人不履行或不完全履行合同的责任。

约定的免责作为合同内容的一部分,受到《合同法》关于合同效力规定的约束。根据《合同法》规定,以下免责条款无效:造成对方人身伤害的;因故意或者重大过失给对方造成财产损失的。

另外,根据《合同法》规定,提供格式条款一方免除其责任、加重对方责任、排除对方主要权利的,该条款无效。

(四) 违约责任的承担方式

违约责任的承担也称违约的制裁,违约责任的承担方式主要包括如下方面。

1. 继续履行

1) 继续履行的概念

继续履行也称强制实际履行,是指违约方根据对方当事人的请求继续履行合同规定的义务的违约责任形式。指合同义务没有履行或者履行不符合约定的,守约方可以要求违约方按照合同约定继续履行合同规定的义务,以实现合同目的。

继续履行虽然是原合同履行的继续,但与当事人依约自觉履行不同。它是法律规定的对违约方的一种强制形式,介入了法律的强制力。

2) 继续履行的适用

金钱债务不适用继续履行,非金钱债务有条件适用继续履行。

根据《合同法》规定，下列情形的非金钱债务，不能适用继续履行：法律上或者事实上不能履行(履行不能)，如特定的标的物已经毁损、灭失的；债务的标的不适用强制履行或者强制履行费用过高，如基于人身信赖关系产生的合同和提供服务的合同；债权人在合理期限内未请求履行的；在经济上不合理，履行将导致与所获利益不平衡，或需耗费大量时间的。

在上述情形下，守约方只能要求违约方以其他方式承担违约责任。

2. 违约金

1) 违约金的概念

违约金是指合同各方在合同中约定的一方或各方违约时，违约方要支付给守约方一定数额的货币，以弥补守约方损失同时兼有惩罚违约行为作用的违约责任方式。

2) 违约金的适用

根据《合同法》规定，当出现一方当事人违约时，守约方诉请违约方承担违约责任的，如果违约金数额与违约行为造成的损失差别过大，当事人还可以请求人民法院进行调整。当违约金过分高于当事人的损失时，违约方可以要求人民法院给予降低。而违约金不足以赔偿造成的损失的，守约方可以请求人民法院增加违约金，增加的数额以实际损失为限。增加违约金后，当事人不得再请求对方当事人赔偿损失。

3. 损害赔偿

1) 损害赔偿的概念

违约的损害赔偿是指违约方因不履行或不完全履行合同义务而给对方造成损失，依法或根据合同规定应承担赔偿责任。《合同法》第一百一十二条规定："当事人一方不履行合同义务或履行合同义务不符合约定的，在履行义务或者采取补救措施后，对方还有其他损失的，应当赔偿损失。"

2) 损害赔偿的适用

损害赔偿责任与违约金责任不同，违约金责任不以损失发生为要件，但受害人必须有损失，违约人才承担损害赔偿责任。违约行为与损失之间有因果关系。违约人仅对由于自己的违约行为所造成的损失承担赔偿责任。

3) 损害赔偿的范围

《合同法》第一百一十三条规定："当事人一方不履行合同义务或者履行合同义务不符合约定，给对方造成损失的，损失赔偿额应当相当于因违约所造成的损失，包括合同履行后可以获得的利益，但不得超过违反合同一方订立合同时预见到或者应当预见到的因违反合同可能造成的损失。经营者对消费者提供商品或者服务有欺诈行为的，依照《消费者权益保护法》的规定承担损害赔偿责任。"由此可见，法律规定了损害赔偿的具体范围，又对损害赔偿进行了限制。

4. 采取补救措施

1) 补救措施的概念

违约责任承担中的采取补救措施是指合同标的物的质量不符合合同约定的条件，采取适当补救措施时以实现合同目的或守约方认为满意的目的。

2) 补救措施的具体方式

《合同法》第一百一十一条规定的补救措施为：修理、更换、重作、退货、减少价款或者报酬等。受损害方根据标的的性质以及损失的大小,可以合理选择与之相适应的补救措施。

5. 其他方式

1)违约的价格制裁

如前所述,合同如果约定执行政府定价或者政府指导价,实际上只是确定了价格的计算方法,而没有明确合同总价金的数量。

如果逾期交付标的物的,遇价格上涨时,按照原价格执行;价格下降时,按照新价格执行。如果逾期提取标的物或者逾期付款的,遇价格上涨时,按照新价格执行;价格下降时,按照原价格执行。需要注意的是,该规定属于价格制裁条款,目的在于保护守约方,制裁违约方,而不是违约责任。另外,价格制裁与前述违约责任承担方式可以并用。

2)定金罚则

定金作为一种担保方式,对违约方有制裁作用。《合同法》第一百一十六条规定:"当事人既约定违约金,又约定定金的,一方违约时,对方可以选择适用违约金或者定金条款。"有关定金的内容,详见担保法部分章节。

四、合同责任与侵权责任竞合

(一)责任竞合的概念

当合同当事人的行为符合合同法中违约的构成要件和侵权法律中侵权行为的构成要件时,该行为既具有违约行为性质又具有侵权行为性质,因此同时产生违约责任和侵权责任,即违约责任和侵权责任的竞合。

(二)责任竞合的处理

根据《合同法》规定,因当事人一方的违约行为,侵害对方人身、财产权益的,受损害方有权选择依照本法要求其承担违约责任或者依照其他法律要求其承担侵权责任。

一、名词解释题

缔约责任　违约责任　责任竞合

二、问答题

1. 简述缔约责任的构成要件。

2. 简述违约责任的构成要件。

3. 违约责任的承担方式有哪些?

三、案例分析题

1. 甲向乙保证,如果乙努力取得经验并投资15万美元,则向乙授予专营许可。此后的两年间,乙为订立该合同做了大量工作,且一直深信将会得到甲的专营许可。当订立协议的一切准备工作就绪时,甲通知乙必须投资更多的金额。

问题:若因乙拒绝投资更多而造成专营合同未能签订,乙是否有权要求甲补偿其为准备订立合同所发生的费用？并简述依据。

2. 甲知道乙有转让餐馆的意图，甲并不想购买该餐馆，但为了阻止乙将餐馆卖给竞争对手丙，却假意与乙进行了长时间的谈判。当丙买了另一家餐馆后，甲中断了谈判。后来乙以比丙出价更低的价格将餐馆转让了。乙的损失是两种价格的差价。

问题：乙能否要求甲赔偿其损失？并简述理由。

3. 甲与乙签订了某种货物购销合同，约定："甲向乙出售货物 1 000 吨，1 200 元/吨，当年 7 月 1 日乙到甲所在地提货。"

甲于 6 月 25 日请求乙将交货日期推迟到 8 月 2 日，乙同意。

但乙于 7 月 15 日起被迫停工 10 天，损失利润 10 万元。后乙以 1 100 元/吨另购买该货物 100 吨，保证了正常生产。

8 月 1 日，乙正准备赴甲公司所在地提货，甲传真：该批货物尚未生产完毕，故无法交付。

乙称：(1)乙与丙签订了一转售合同，乙出售甲所提供之货物 500 吨，1 200 元/吨。

(2) 与甲订约时，甲已经知道该转售合同的存在以及内容。

另外，乙若赴甲所在地提货需支付运费 1 万元；根据乙与丙之间的合同，由乙公司送货到丙所在地，该笔运费为 5 万元，由乙支付。

问题：乙可以要求甲如何承担未交货的责任？

4. 丙公司的工程进行钢材招标。甲物资公司与乙钢铁公司达成合作意向，商定由甲代理乙的钢材参加此项的钢材投标。在此基础上，甲、乙依据《招标文件》签订《钢材供应合同》，约定了钢材的名称、数量、价格等，且约定价格在供货期间保持不变。合同约定："本合同自甲公司与招标单位正式签订中标合同之日生效。"

后甲中标并收到了丙下发的《中标通知书》，而此时钢材价格上涨，乙表示不愿再供应钢材，甲为避免损失扩大，放弃了与丙签订正式的中标合同，致使投标时缴纳的 200 万元投标保证金被没收。

问题：甲是否可要求乙承担法律责任及如何承担？

5. 2006 年王某乘坐甲客运公司的客车，途中发生甲车与乙车相撞的交通事故。王某在事故中摔倒受伤骨折，花去医疗费用 1 万元。交警认定了事故双方的责任：甲车司机负全责。

问题：王某应如何维护自身合法权益？

第七节 合同的解释

王某与张某签订股权转让协议，约定王某将持有的某公司的股权转让给张某，转让过程中发生的一切费用由受让方张某承担。转让完成后，税务部门要求王某补缴股权转让中的个人所得税。王某以协议约定的"一切费用由受让方张某承担"为由要求张某承担该个人所得税。双方对约定"转让过程中所发生的一切费用由受让方张某承担"应如何理解产生争议。王某认为,合同中约定的一切费用中并没有其他费用,该费用就是应由王某缴纳的个人所得税,因此张某应承担该个人所得税。张某认为税和费用是不同的概念,由于约定不明,应当根据税法的规定,由财产转让人王某承担缴纳义务。

当事人拟订仲裁条款的目的就是把争议提交仲裁解决,这是当事人的真实意思。而进行仲裁的前提是当事人之间订立有效的、可执行的仲裁协议(条款)。对于仲裁协议(条款)的效力,法院应当在尽可能了解当事人真实意思的基础上,作有利于仲裁协议(条款)有效的解释,这是目的解释的要求。

一、合同解释的概念

合同解释是指合同双方对合同条款理解有争议时对合同条款所作的分析和说明,确定当事人在合同中的权利、义务的活动。

合同解释有广义和狭义之分。

广义的合同解释是指任何人都有权进行的对合同条款含义的分析和说明。例如当事人、诉讼代理人、公证人、鉴证人员、证人、鉴定人、法官、仲裁员、学者都可以从不同的角度对合同进行解释。

狭义的合同解释专指有权解释,即受理合同纠纷的法院或仲裁机构对合同条款所作的具有法律拘束力的分析和说明。有权解释具有强制执行的法律拘束力,是制作调解书、判决书和仲裁裁决书的重要依据之一。

二、合同解释的规则

《合同法》第一百二十五条规定:"当事人对合同条款的理解有争议的,应当按照合同所使用的词句、合同的有关条款、合同的目的、交易习惯以及诚实信用原则,确定该条款的真实意思。"据此,合同解释的规则和方法包括文义解释、体系解释、目的解释、习惯解释、诚信解释和文本解释。有权机关通过运用各种解释规则的方法,确定合同条款的真实含义,解决纠纷。另外,《合同法》对格式合同还规定了专门的解释规则。

(一) 文义解释

文义解释是指按照合同所使用的词句的文义及通常使用的方式,来阐述合同条款的意思内容。合同解释首先应当从所使用的文字入手来探究真实的合同意思,当合同词语有生活和法律上两种不同的意思时,按照法律意义上的文义来解释。例如合同中约定"订金",一方当事人要求适用定金罚则而与对方发生争议时,依据所使用的词汇,应认定该"订金"约定不属"定金",不适用定金罚则。

(二) 体系解释

体系解释也称整体解释,是指把全部合同条款看作一个统一的整体,从各个合同条款的相互关联、所处的地位和总体联系上阐明当事人有争议的合同用语的含义。例如合同条款前后多处出现"定金"和"订金"字样,而其中有适用定金罚则的明确约定,依据体系解释方法,应认定适用定金罚则。

（三）目的解释

目的解释是指依照当事人所欲达到的经济的或社会的效果而对合同进行解释。当事人订立合同都是为了达到一定目的，合同的各项条款及其用语均是达到该目的的手段。因此，确定合同用语的含义乃至整个合同内容须符合合同的订立目的。例如，如果合同条款相互矛盾，使得合同有有效与无效两种解释时，应采纳使合同有效的解释。

（四）习惯解释

习惯和惯例是在人们长期反复实践的基础上形成的，在某一地域、某一行业或某一类经济流转关系中普遍采用的做法、方法或规则，被相关合同当事人普遍认知、接受。

习惯解释是指在合同条款的含义发生歧义时，按照习惯或惯例的含义予以明确；在合同存在漏洞，致使当事人的权利义务不明确时，还可以参照习惯或惯例加以补充。而具体的合同往往与当事人的语言环境和推定环境有联系，因而在解释合同时有时也必须根据习惯来确定其内容。

（五）诚信解释

诚实信用原则是市场经济活动中形成的道德原则，是民法中的帝王规则和《合同法》的重要原则，既是一种道德要求，更是法律规定。它要求人们在市场活动中讲究信用，恪守诺言，诚实不欺，在不损害他人利益和社会利益的前提下追求自己的利益。合同条款也应依据此规则来解释。

诚信解释是指在解释合同有关争议条款时，应从合同当事人订立合同时的本意出发，以诚实信用的标准来解释合同条款。

（六）文本解释

《合同法》第一百二十五条第二款规定，合同文本采用两种以上文字订立并约定具有同等效力的，对各文本使用的词句推定具有相同含义。各文本使用的词句不一致的，应当根据合同的目的予以解释。

（七）格式条款解释

1. 格式条款的概念

格式条款是当事人为了重复使用而预先拟订并在订立合同时未与对方协商的条款。包含有格式条款的合同即格式合同。格式条款是现代经济活动的产物。最早对相对人采用格式条款的是银行保险业和交通运输业。

格式条款的特点是条款的事先确定性和不可变更性、格式条款承诺的无奈性等，具体表现为：内容为一方当事人单方拟订，未与对方协商；使用格式条款的目的是在不特定人中重复使用，并非针对特定人订立；相对人只能接受或不接受，不能修改或取消。

2. 格式合同的解释规则

格式合同具有节约交易的时间、事先分配风险、降低经营成本等优点，但格式合同限制了合同自由原则,合同的拟订方可能利用其优越的经济地位,制定有利于自己而不利于对方当事人的合同条款。为了防止格式条款损害相对方的利益,《合同法》规定在解释格式条款时,除应遵循《合同法》第一百二十五条规定的合同解释的一般规则外,还要遵循《合同法》第四十一条规定的特殊规则,即"对格式条款的理解发生争议的,应当按照通常理解予以解释。对格式条款有两种以上解释的,应当作出不利于提供格式条款一方的解释。格式条款和非格式条款不一致的,应当采用非格式条款。"可见,格式合同主要包括以下解释规则。

1) 通常理解规则

通常理解规则也称客观解释规则,是指为了保护订约能力较弱的一方当事人,可以不按提供格式条款的一方的理解予以解释,而是按可能订立合同的一般人的理解予以解释。

因此,对格式条款的解释应以一般人的、惯常的理解为准,而不应仅以格式条款提供方的理解为依据。对某些特殊术语,也应作出通常的、通俗的、一般意义的解释,亦即依据订约者平均的、通常具有的理解能力予以解释,格式条款提供方在此种情况下不能主张该条款具有特殊含义。

2) 不利解释规则

不利解释规则是指对格式合同的理解发生争议时,若既可作出有利于提供方的解释,又可作出不利于提供方的解释,应作出不利于格式条款一方的解释,而不能作出不利于相对方的解释。

由于格式条款是由提供方拟订的,那么各项条款可能是提供方基于自己的意志所作的有利于自己的条款,尤其可能会故意使用或者插入意义不明确的文字以损害合同相对人的利益,或者从维护其经济上的优势地位出发,将不合理的解释强加于相对人,因此为了维护相对人的利益,在条款不清楚时,对条款制作人作不利的解释。

例如,由于实践中大多数的保险合同条款都属于保险人提供的格式条款,因此《中华人民共和国保险法》第三十条规定:"采用保险人提供的格式条款订立的保险合同,保险人与投保人、被保险人或者受益人对合同条款有争议的,应当按照通常理解予以解释。对合同条款有两种以上解释的,人民法院或者仲裁机构应当作出有利于被保险人和受益人的解释。"

3) 非格式条款效力优先规则

非格式条款是双方当事人协商订立,体现双方当事人的意思自治与合意,因此,非格式条款和格式条款内容冲突时,非格式合同优先。这充分尊重了合同双方的意思,同时保护了广大合同相对人的利益。

对于以上解释规则,应当结合使用,以确定争议条款的真实含义。

一、名词解释题

格式条款　合同解释　不利解释规则

二、问答题

1. 合同解释的目的是什么?

2. 合同解释的规则有哪些?

3. 格式条款有哪些特殊解释规则?

三、案例分析题

某车主向保险公司投保了机动车盗抢险等险种,合同中约定:"机动车被盗抢后,经公安机关立案侦查未获者,保险公司承担保险责任。"后该车被盗,公安机关经侦查查明了车辆的下落,但因故致使车主不能取回被盗车辆。

车主为此向保险公司索赔遭到拒绝,车主便起诉到法院。在法院审理时,双方对保险条款中的"经公安机关立案侦查未获者"的理解存在争议,保险公司认为只要公安机关已查找到被盗车辆的下落,保险公司的责任应予免除;车主认为本人并未获得被盗的车辆,保险公司应承担赔偿责任。(保险合同条款的性质为格式条款)

问题:保险公司是否应承担赔偿责任? 并说明理由。

第八节　有名合同的法律规定

2015 年 4 月 1 日,甲公司与乙公司签订买卖合同,约定:甲公司自同年 4 月 27 日起给乙公司分批发货某物资;乙公司分六次付货款;甲公司在收到全部货款之前,该批货的所有权仍归甲公司。甲公司分批给乙公司发货 1 000 余吨,总价款 1 690 万余元。乙公司没有完全按合同的约定履行分批支付货款的义务,仅支付货款 1 322 万余元,尚欠甲公司货款 368 万余元。甲公司在多次索要货款未果的情况下,考虑到此时已成为滞销产品,且大幅度降价,如果按合同中所有权保留条款的约定,从乙公司处取回与其所欠货款相应的废铜,有损于自己的利益,即向法院提起诉讼,请求法院判令乙公司偿付所欠货款,并承担违约和赔偿损失的责任,而没有请求乙公司退还货物。乙公司答辩认为,依据合同中关于所有权保留条款的约定,未付款的货物的所有权没有发生移转,仍属甲公司所有,甲公司应取回这部分货物,要求乙公司偿付所欠货款并承担违约、赔偿损失的责任,没有法律根据,且违反合同中关于所有权保留的约定。

《合同法》分则规定了 15 种有名合同,分别是买卖合同,供用电、水、气、热力合同,赠与合同,借款合同,租赁合同,融资租赁合同,承揽合同,建设工程合同,运输合同,技术合同,保管合同,仓储合同,委托合同,行纪合同,居间合同。

上述有名合同大多是双务合同,一方当事人的主要义务也即对方当事人的主要权利,因此本节主要介绍各种有名合同的概念和当事人的主要义务。

一、买卖合同

(一) 买卖合同的概念

买卖合同是指出卖人(卖方)转移标的物的所有权于买受人(买方),买受人支付价款的合同。买卖合同的当事人是出卖人和买受人。转移所有权的一方为出卖人,支付价款而取得所有权的一方为买受人。

买卖合同的实质是以等价有偿方式转让标的物的所有权,即出卖人移转标的物的所有权于买方,买方向出卖人支付价款。出卖的标的物,应当属于出卖人所有或者出卖人有权处分。法律、行政法规禁止或者限制转让的标的物,依照其规定。

买卖是商品交换最普遍的形式,买卖合同是生活中最常见的合同,也是典型的有偿合同。根据《合同法》第一百七十四条、第一百七十五条的规定,法律对其他有偿合同的事项未作规定时,参照买卖合同的规定;互易等移转标的物所有权的合同,也参照买卖合同的规定。

(二) 买卖合同的内容

买卖合同的内容除依照《合同法》第十二条的规定以外,还可以包括以下条款。

1. 包装方式

包装方式既可以指包装物的材料,又可以指包装的操作方式。包装又分为运输包装和销售包装两类。

2. 检验标准和方法

标的物的检验是指买受人收到出卖人交付的标的物时,对其等级、质量、重量、包装、规格等情况的查验、测试或者鉴定。

3. 结算方式

合同的结算是当事人之间因履行合同发生款项往来而进行的清算和了结。合同当事人可以本着自愿的原则,根据实际情况依法选择结算方式。

4. 合同使用的文字及其效力

合同使用的文字及其效力条款主要涉及涉外合同。

根据上述规定,在实践中买卖合同主要按照以下条款制定:

第一条　产品的名称、品种、规格和质量。

第二条　产品的数量和计量单位、计量方法。

第三条　产品的包装标准和包装物的供应与回收。

第四条　产品的交货单位、交货方法、运输方式、到发地点。

第五条　产品的交(提)货期限。

第六条　产品的价格与货款的结算。

第七条　验收方法。

第八条　对产品提出异议的时间和办法。

第九条　乙方的违约责任。

第十条　甲方的违约责任。

第十一条　合同争议的解决方式。

第十二条　合同生效时间。

(三) 出卖人的义务

出卖人应当履行向买受人交付标的物或者交付提取标的物的单证,并转移标的物所有权的义务。

出卖人应当按照约定或者交易习惯向买受人交付提取标的物单证以外的有关单证和资料。

1. 按照约定期限交付标的物

出卖人应当按照约定的期限交付标的物。约定交付期间的，出卖人可以在该交付期间内的任何时间交付。

当事人没有约定标的物的交付期限或者约定不明确的，适用《合同法》第六十一条、第六十二条第四项的规定。

标的物在合同订立之前已经被买受人占有的，合同生效时间为交付时间。

2. 按照约定的地点交付标的物

出卖人应当按照合同约定的地点或者《合同法》规定的地点交付标的物。如果按照有关规定不能确定交付标的物的地点的，应按照以下规定确定：如果标的物需要运输的，出卖人将标的物交第一承运人。标的物不需要运输的，如果订立合同时双方当事人知道该标的物所在地点，该地点为交付地点；如果双方当事人不知道该地点，出卖人订立合同时的营业地为交付地点。

3. 交付的标的物质量符合要求

出卖人应当按照约定的质量要求交付标的物。出卖人提供有关标的物质量说明的，交付的标的物应当符合该说明的质量要求。

因标的物质量不符合质量要求，致使不能实现合同目的的，买受人可以拒绝接受标的物或者解除合同。

出卖人应当按照约定的包装方式交付标的物。

4. 保证第三人不得向买受人主张权利

出卖人就交付的标的物，负有保证第三人不得向买受人主张任何权利的义务，但法律另有规定的除外。

买受人订立合同时知道或者应当知道第三人对买卖的标的物享有权利的，出卖人不承担此义务。

买受人有确切证据证明第三人可能就标的物主张权利的，可以中止支付相应的价款，但出卖人提供适当担保的除外。

(四) 买受人的义务

买受人的主要义务包括按照合同约定支付价款和检验接受标的物。

1. 支付价款

买受人的主要义务是应当按照约定的数额、时间和地点支付价款。

1）按照约定数额支付价款

买卖合同对价款没有约定或者约定不明确的，适用《合同法》第六十一条、第六十二条第二项的规定进行补正。

2）按照约定的地点支付价款

买受人应当按照约定的地点支付价款。对支付地点没有约定或者约定不明确的，依照《合同法》规定仍不能确定的，买受人应当在出卖人的营业地支付，但约定支付价款以交付标的物或者交付提取标的物单证为条件的，在交付标的物或者交付提取标的物单证的所在地支付。

3）按照约定的时间支付价款

买受人应当按照约定的时间支付价款。对支付时间没有约定或者约定不明确，依照《合同法》第六十一条的规定仍不能确定的，买受人应当在收到标的物或者提取标的物单证的同时支付。

2. 检验接受标的物

买受人收到标的物时应当在约定的检验期间内检验。没有约定检验期间的，应当及时检验。

（五）所有权的转移和风险承担

1. 所有权转移

根据《物权法》的规定，不动产物权的设立、变更、转让和消灭，经依法登记，发生效力；未经登记，不发生效力，但法律另有规定的除外。当事人之间订立有关设立、变更、转让和消灭不动产物权的合同，除法律另有规定或者合同另有约定外，自合同成立时生效；未办理物权登记的，不影响合同效力。动产物权的设立和转让，自交付时发生效力，但法律另有规定的除外。

2. 所有权保留

《合同法》第一百三十四条规定："当事人可以在买卖合同中约定买受人未履行支付价款或其他义务的，标的物所有权属于出卖人。"即所有权保留的买卖。

所有权保留是指在移转财产所有权的商品交易中根据法律规定或当事人的约定，财产所有人移转财产占有于对方当事人，而仍保留其对该财产的所有权，待对方当事人交付价金或完成特定条件时，该财产的所有权才发生移转的一种法律制度。

3. 风险承担

风险承担是指买卖合同履行过程中发生的标的物意外毁损灭失的风险由哪一方当事人负担。

根据《合同法》规定，风险负担按交付原则确定。

标的物毁损灭失的风险，在标的物交付之前由出卖人承担，交付之后由买受人承担，但法律另有规定或当事人另有约定的除外。

另外，根据《合同法》规定，出卖人未按照约定交付有关标的物的单证和资料的，不影响标的物毁损、灭失风险的转移。因标的物质量不符合要求致使不能实现合同目的，买受人拒绝接受标的物或者解除合同的，标的物毁损、灭失的风险由出卖人承担。

二、供用电、水、气、热力合同

按照《合同法》的规定，供用电、水、气、热力的合同，参照供用电合同的有关规定。因此，这里主要介绍供用电合同。

(一) 供用电合同的概念

供用电合同是供电人向用电人供电，用电人支付电费的合同。合同的内容包括供电的方式、质量、时间，用电容量、地址、性质，计量方式，电价、电费的结算方式，供用电设施的维护责任等条款。

(二) 供电人的主要义务

供电人应当按照国家规定的供电质量标准和约定安全供电。供电人未按照国家规定的供电质量标准和约定安全供电，造成用电人损失的，应当承担损害赔偿责任。

供电人因供电设施计划检修、临时检修、依法限电或者用电人违法用电等原因，需要中断供电时，应当按照国家有关规定事先通知用电人。未事先通知用电人中断供电，造成用电人损失的，应当承担损害赔偿责任。

因自然灾害等原因断电，供电人应当按照国家有关规定及时抢修。未及时抢修，造成用电人损失的，应当承担损害赔偿责任。

(三) 用电人的主要义务

用电人应当按照国家有关规定和当事人的约定及时交付电费。用电人逾期不交付电费的，应当按照约定支付违约金。经催告用电人在合理期限内仍不交付电费和违约金的，供电人可以按照国家规定的程序中止供电。

用电人应当按照国家有关规定和当事人的约定安全用电。用电人未按照国家有关规定和当事人的约定安全用电，造成供电人损失的，应当承担损害赔偿责任。

三、赠与合同

(一) 赠与合同的概念

赠与合同是指赠与人将自己的财产无偿给予受赠人，受赠人表示接受赠与的合同。

赠与合同是诺成、单务、无偿合同。赠与合同经当事人双方意思表示一致而成立，不必等待交付赠与物。如果赠与人有赠与的意思表示，但受赠人并没有接受的意思表示，则合同仍不能成立。另外，原则上受赠人并不因赠与合同而承担义务，也不需要给付对价。

(二) 赠与合同的履行

1. 不再履行赠与义务

赠与合同成立后，赠与人的经济状况显著恶化，严重影响其生产经营和家庭生活的，可以不再履行赠与义务。

2. 受赠人依法要求交付的情形

具有救灾、扶贫等社会公益、道德义务性质的赠与合同或者经过公证的赠与合同，赠与人不交付赠与财产的，受赠人可以要求交付。

3. 附义务的赠与

赠与附义务的，受赠人应当按照约定履行义务。

(三)赠与合同的撤销

赠与合同的撤销主要包括以下情形。

1. 任意撤销

任意撤销是指赠与人在赠与财产的权利转移之前可以撤销赠与。

具有救灾、扶贫等社会公益、道德义务性质的赠与合同或者经过公证的赠与合同,不能任意撤销。

2. 法定撤销

法定撤销是指出现法律规定情形时,撤销权人有权撤销赠与。法定撤销包括赠与人的撤销和赠与人的继承人或者法定代理人的撤销两种情况。

1)赠与人撤销赠与

受赠人有下列情形之一的,赠与人可以撤销赠与:

第一,严重侵害赠与人或者赠与人的近亲属;

第二,对赠与人有扶养义务而不履行;

第三,不履行赠与合同约定的义务。

赠与人的撤销权,自知道或者应当知道撤销原因之日起一年内行使。

2)赠与人的继承人或者法定代理人撤销赠与

因受赠人的违法行为致使赠与人死亡或者丧失民事行为能力的,赠与人的继承人或者法定代理人可以撤销赠与。

赠与人的继承人或者法定代理人的撤销权,自知道或者应当知道撤销原因之日起6个月内行使。

撤销权人撤销赠与的,可以向受赠人要求返还赠与的财产。

四、借款合同

(一)借款合同的概念和种类

1. 借款合同的概念

借款合同是指当事人约定一方将一定种类和数额的货币所有权移转给他方,他方于一定期限内返还同种类同数额货币的合同。其中,提供货币的一方称贷款人,受领货币的一方称借款人。借款合同又称借贷合同。

除根据2015年《最高人民法院关于审理民间借贷案件适用法律若干问题的规定》依法认可的民间借贷外,贷款方必须是国家批准的专门金融机构。除依法办理信贷业务的金融机构外,其他任何主体无权与借款方发生借贷关系。

2. 借款合同的种类

(1)按照合同的期限不同,借款合同可分为定期借贷合同、不定期借贷合同、短期借贷合同、中期借贷合同、长期借贷合同。

(2)按照合同的行业对象不同,借款合同可以分为工业借贷合同、商业借贷合同和农业借贷合同。

（二）借款合同的内容

（1）借款种类。借款种类主要是按借款方的行业属性、借款用途以及资金来源和运用方式进行划分的。

（2）借款币种。

（3）借款用途。借款用途是指借款使用的范围和内容。

（4）借款数额。

（5）借款利率。

（6）借款期限。

（7）还款方式。

（8）违约责任。

（三）贷款人的权利和义务

1. 贷款人的权利

贷款人的权利主要有以下几个。

（1）有权请求返还本金和利息。

（2）对借款使用情况的监督检查权。

（3）停止发放借款、提前收回借款和解除合同权。

借款人未按照约定的借款用途使用借款的，贷款人可以停止发放借款、提前收回借款或者解除合同。

2. 贷款人的义务

贷款人的义务主要是按照借款合同约定发放贷款。

（四）借款人的权利和义务

1. 借款人的权利

借款人有权要求贷款人按照借款合同约定发放贷款。

2. 借款人的义务

（1）提供真实情况。订立借款合同，借款人应当按照贷款人的要求提供与借款有关的业务活动和财务状况的真实情况。

（2）按照约定用途使用借款。借款人未按照约定的借款用途使用借款的，贷款人可以停止发放借款、提前收回借款或者解除合同。

（3）按期归还借款本金和利息。

（五）自然人间的借款合同

根据《合同法》的规定，自然人间的借款合同的特殊规则有：

（1）自然人间的借款合同是不要式合同，借款合同的形式可由当事人约定。

（2）自然人间的借款未约定利息的，视为无偿借款。

（3）自然人间有偿借款，其利率不得高于法定限制。最高人民法院发布的《关于人民法院审理借贷案件的若干意见》规定,民间借贷的利率可以适当高于银行的利率,但最高不得超过银行同类贷款利率的4倍;不允许计收复利。

五、租赁合同

(一) 租赁合同的概念和种类

1. 租赁合同的概念

租赁合同是指出租人将租赁物交付给承租人使用、收益,承租人支付租金的合同。提供物的使用或收益权的一方为出租人;对租赁物有使用或收益权的一方为承租人。租赁物须为法律允许流通的动产和不动产。

租赁合同是转移租赁物使用收益权的合同,适用于当事人需要取得对方标的物的临时使用、收益而无须取得所有权,并且标的物不是消耗物的情况。租赁合同终止时,承租人须返还租赁物。

2. 租赁合同的种类

(1) 根据租赁物的种类,可以将租赁划分为动产租赁和不动产租赁。

(2) 根据租赁合同的期限,租赁合同可分为定期租赁和不定期租赁。

根据《合同法》规定,无论双方当事人是否约定租赁期间,租赁期间不得超过20年。超过20年的,超过部分无效。租赁期间届满,当事人可以续订合同,但约定的租赁期限自续订之日起不得超过20年。

(二) 出租人的义务

出租人的义务主要有以下几个。

1. 交付出租物

出租人应依照合同约定的时间和方式交付租赁物。

2. 保持租赁物符合约定用途

租赁合同是继续性合同,在其存续期间,出租人有继续保持租赁物的法定或者约定品质的义务,使租赁物处于约定的使用收益状态。

3. 权利的瑕疵担保义务

出租人应担保不因第三人对承租人主张租赁物上的权利而使承租人无法依约对租赁物进行使用收益。

(三) 承租人的义务

承租人的主要义务有以下几个。

(1) 支付租金。

(2) 按照约定的方法使用租赁物。

(3) 妥善保管租赁物。承租人应以善良管理人的注意妥善保管租赁物,未尽妥善保管义务,造成租赁物毁损灭失的,应当承担损害赔偿责任。

(4) 不得擅自转租或改变租赁物用途。未经出租人同意,承租人对租赁物不得擅自转租或改变用途。

(5) 通知义务。在租赁关系存续期间,出现以下情形之一的,承租人应当及时通知出租人:租赁物有修理、防止危害的必要;其他依诚实信用原则应该通知的事由。

承租人怠于通知,致出租人不能及时救济而受到损害的,承租人应负赔偿责任。

(6) 返还租赁物。租赁合同终止时,承租人应将租赁物返还出租人。

六、融资租赁合同

(一) 融资租赁合同的概念和特征

融资租赁合同是指出租人(买受人)根据承租人对出卖人、租赁物的选择,向出卖人购买租赁物,提供给承租人使用,承租人支付租金的合同。

融资租赁合同包括出租人、承租人和出卖人三方当事人,将融资与融物结合,集借贷、租赁、买卖于一体,实质上包括了出卖人与出租人之间的买卖合同和出租人与承租人之间的租赁合同,但却不是简单的两个合同的效力叠加。融资租赁合同的特征包括:

(1) 出卖人向承租人履行交付标的物和瑕疵担保义务。

(2) 出租人不负担租赁物的维修与瑕疵担保义务。

(3) 承租人具有取得租赁物所有权或返还租赁物的选择权。

根据约定以及支付的价款数额,承租人有取得租赁物所有权或返还租赁物的选择权。

(二) 出卖人的主要义务

出卖人的主要义务包括:

(1) 向承租人交付租赁物。

(2) 对标的物瑕疵担保义务和损害赔偿义务。

(三) 出租人的主要义务

出租人的主要义务包括:

(1) 向出卖人支付标的物价款。

(2) 协助承租人向出卖人行使索赔权。

(3) 不变更买卖合同中与承租人有关条款。

(4) 承担租赁物不符合租赁合同目的的责任。根据《合同法》第二百四十四条规定,租赁物不符合约定或者不符合使用目的的,出租人不承担责任,但承租人依赖出租人的技能确定租赁物或者出租人干预选择租赁物的除外。

(5) 权利瑕疵担保责任。权利瑕疵担保责任是指出租人应当保证承租人对租赁物的占有和使用,即出租人担保标的物不被第三人主张任何权利。

(四) 承租人的主要义务

承租人的主要义务包括:

(1) 按照约定向出租人支付租金。

(2) 妥善保管和使用租赁物并担负租赁物的维修义务。

(3) 返还租赁物。承租人承担返还租赁物的义务,出租人享有取回权的情形包括:承租人破产的;租赁期间届满时;当承租人重大违约出租人解除合同时。

七、承揽合同

(一) 承揽合同的概念

承揽合同是指承揽人按照定作人的要求完成工作,交付工作成果,定作人给付报酬的合同。

承揽合同的当事人包括承揽人和定作人。在承揽合同中,完成工作,交付工作成果的一方为承揽人,接受工作成果并支付报酬的一方称为定作人。

按照《合同法》规定,承揽合同有多种多样的具体内容,包括加工、定作、修理、复制、测试、检验等。

(二) 承揽人的主要义务

1. 按约定完成工作

承揽人应按合同约定的时间、方式、数量、质量完成交付的工作。

2. 提供或接受原材料

双方可以约定由承揽人或定作人提供完成定作所需的原材料。

3. 及时通知和保密的义务

定作人提供的原材料不符合约定的,或定作人提供的图纸、技术要求不合理的,承揽人应及时通知定作人。

定作人要求对完成工作保密的,承揽人应保守秘密,不得留存复制品或技术资料。

4. 接受监督检查

承揽人在完成工作时,应接受定作人必要的监督和检验,以保证工作符合定作人的要求。

5. 交付工作成果

承揽人完成的工作成果,应及时交付给定作人,并提交与工作成果相关的技术资料、质量证明等文件。承揽人交付的工作成果应符合约定的质量,承揽人对已交付工作成果的隐蔽瑕疵及该瑕疵所造成的损害承担责任。

(三) 定作人的主要义务

1. 按照约定提供材料

承揽合同约定由定作人提供材料的,定作人应按照约定提供材料。

2. 支付报酬

定作人应按照合同约定的数额、期限支付承揽人报酬。

3. 协助承揽人完成工作

定作人应依约定及按诚实信用原则,积极协助承揽人工作。

4. 验收并受领工作成果

定作人应及时检验承揽人完成并交付的工作成果；工作成果符合约定要求的，定作人应接受该工作成果。

八、建设工程合同

（一）建设工程合同的概念

建设工程合同是指承包人进行工程建设，发包人支付价款的合同。建设工程合同在性质上属于承揽合同。

按照《合同法》的规定，建设工程合同包括三种，即建设工程勘察合同、建设工程设计合同和建设工程施工合同。

（二）发包人的义务

发包人的主要义务包括：

（1）提供准确的基础资料。

（2）提供约定的工作条件。

（3）变更计划应增付费用。

（4）按约定支付价款和酬金。

（三）承包人的主要义务

承包人的主要义务包括：

（1）通知并接受承包人检查工程。

（2）对勘察、设计质量和期限以及工程质量负担保义务。

（3）非经发包人同意，不得将工程分包。

九、运输合同

（一）运输合同的概念

运输合同是承运人将旅客或者货物从起运地点运输到约定地点，旅客、托运人或者收货人支付票款或者运输费用的合同。

运输合同包括客运合同、货运合同和多式联运合同。

（二）客运合同

客运合同又称为旅客运输合同，是指承运人与旅客签订的由承运人将旅客及其行李运输到目的地而由旅客支付票款的合同。

1. 旅客的主要义务

旅客的主要义务包括：支付票款；持有效客票并遵守客票记载的时间；按约定携带行李；遵守相关安全规则。

2. 承运人的主要义务

承运人的主要义务包括:向旅客及时告知有关运输的重要事由和注意事项;按照约定的时间将旅客送达目的地;不擅自变更运输路线和运输工具;保障旅客运输途中的安全。

(三) 货运合同

1. 托运人的主要权利和义务

托运人的主要权利包括:要求承运人按合同约定的时间安全运输到约定的地点;在承运人将货物交付收货人前,托运人可以请求承运人中止运输、返还货物、变更到货地点或将货物交给其他收货人,但由此给承运人造成的损失应予赔偿。

托运人的主要义务包括:如实申报货运基本情况的义务;办理有关手续的义务;包装货物的义务;支付运费和其他有关费用的义务。

2. 承运人的主要权利和义务

承运人的主要权利包括:收取运费及符合规定的其他费用;对逾期提货的,承运人有权收取逾期提货的保管费,对收货人不明或收货人拒绝受领货物的,承运人可以提存货物,不适合提存货物的,可以拍卖货物提存价款;对不支付运费、保管费及其他有关费用的,承运人可以对相应的运输货物享有留置权。

承运人的主要义务包括:按合同约定调配适当的运输工具和设备,接收承运的货物,按期将货物运到指定的地点;从接收货物时起至交付收货人之前,负有安全运输和妥善保管的义务;货物运到指定地点后,应及时通知收货人收货。

另外,货运合同中的收货人的主要权利包括:在承运人将货物运到指定地点后,持凭证到指定地点领取货物的权利;发现货物短少或灭失时请求承运人赔偿的权利。

收货人的主要义务包括:检验货物的义务;及时提货的义务;支付托运人少交或未交的运费或其他费用的义务。

(四) 多式联运合同

多式联运合同是指多式联运经营人将分区段的不同方式的运输联合起来为承运人履行承运义务的运输合同。

多式联运合同与普通货运合同的区别如下。

(1) 承运人权利和义务由多式联运经营人享有,多式联运之承运人之间的内部责任划分约定,不得对抗托运人。

(2) 支付费用的总括性。托运人将全程不同运送设备的运费一次性支付多式联运经营人,并取得多式联运单据。

(3) 联合运输过程中的货物灭失或毁损的赔偿责任以及赔偿数额,应首先适用法律的特别规定或国际公约的规定;发生损害的运输区段不能确定的,由多式联运经营人负赔偿责任,承运人之间的内部责任依约定或法定分配。

十、技术合同

（一）技术合同的概念

技术合同是当事人就技术开发、转让、咨询或者服务订立的确立相互之间权利和义务的合同。

技术合同包括技术开发合同、技术转让合同、技术咨询合同和技术服务合同四种。

（二）技术开发合同

技术开发合同是指当事人之间就新技术、新工艺和新工艺的新材料及其系统的研究开发所订立的合同。技术合同包括委托开发合同和合作开发合同。

1. 委托开发合同

委托开发合同的当事人是委托方和研发方。

1）委托方的主要义务

委托方的主要义务包括：按照合同约定支付研究开发经费和报酬；按照合同约定提供技术资料、原始数据并完成协作事项；按期接受研究开发成果等。

2）研发方的主要义务

研发方的主要义务包括：制订和实施研究开发计划；合理地使用研究开发经费；按期完成研究开发工作，交付研究开发成果；为委托方提供技术资料和具体技术指导，帮助委托方掌握应用研究开发成果等。

3）发明创造的权属

委托开发完成的发明创造，除当事人另有约定的，申请专利的权利属于研究开发人。委托人可以免费实施该专利。

2. 合作开发合同

1）当事人的主要义务

合作开发合同中当事人的主要义务包括：按照合同约定进行投资；按照合同约定的分工参与研究开发工作；在研究开发工作中协作配合等；保守技术情报和资料的秘密。

2）发明创造的权属

合作开发完成的发明创造，除当事人另有约定的，申请专利的权利属于合作开发的当事人共有。

（三）技术转让合同

技术转让合同是指当事人就专利权转让、专利申请权转让、技术秘密转让、专利实施许可订立的合同。

1. 专利权转让合同

专利权转让合同的当事人是让与人和受让人。

1）让与人的主要义务

让与人的主要义务包括：按合同约定的时间将专利权（中的财产权）移交给受让人；保

证自己是转让专利权的合法拥有者,并保证专利权的真实、有效;按合同约定交付与转让的专利权有关的技术资料,并向受让人提供必要的技术指导;保密义务。

2) 受让人的主要义务

受让人的主要义务包括:向让与人支付合同约定的价款,按合同的约定承担保密义务。

2. 专利申请权转让合同

专利申请权转让合同的当事人是让与人与受让人。

1) 让与人的主要义务

让与人的主要义务包括:将合同约定的专利申请权移交受让人,并提供申请专利和实施发明创造所需要的技术情报和资料;保证自己是所提供的技术的合法拥有者;按合同的约定承担保密义务。

2) 受让人的主要义务

受让人的主要义务包括:向让与人支付合同约定的价款,按合同约定承担保密义务。

3. 技术秘密转让合同

技术秘密转让合同的当事人是让与人和受让人。

1) 让与人的主要义务

让与人的主要义务包括:让与人应是该技术秘密成果的合法拥有者,且在订立合同时该技术秘密未被他人申请获得专利;按约定提供技术资料、进行技术指导;保证该项技术的实用性、可靠性;承担合同约定的保密义务。

2) 受让人的主要义务

受让人的主要义务包括:在合同约定的范围内使用技术,按合同约定支付使用费;承担合同约定的保密义务。

4. 专利实施许可合同

专利实施许可合同的当事人是许可方和被许可方。

1) 许可方的主要义务

许可方的主要义务包括:保证自己是所提供的专利技术的合法拥有者;提供的专利技术完整、无误,能够达到约定的目的,并许可受让人在合同约定的范围内实施专利技术;交付与实施该项专利技术有关的资料,并按约定提供技术指导。

2) 被许可方的主要义务

被许可方的主要义务包括:在合同约定的范围内实施专利技术,并不得许可合同约定以外的第三人实施该项专利;支付合同约定的价款。

(四) 技术咨询合同

技术咨询合同是受托方就特定技术项目向委托方提供可行性论证、技术预测、专题技术调查、分析评价报告等工作成果的合同。

1. 委托方的主要义务

委托方的主要义务包括:按照约定阐明咨询的问题,提供技术背景材料及有关技术资料、数据；接受受托人的工作成果，支付报酬。

2. 受托方的主要义务

受托方的主要义务包括：按照约定的期限完成咨询报告或者解答问题；提出的咨询报告应当达到约定的要求。

委托人按照受托人符合约定要求的咨询报告和意见作出决策所造成的损失，由委托人承担，但当事人另有约定的除外。

3. 技术成果的权属

除当事人另有约定外，在技术咨询合同履行过程中，受托人利用委托人提供的技术资料和工作条件完成的新的技术成果，属于受托人；委托人利用受托人的工作成果完成的新的技术成果，属于委托人。

（五）技术服务合同

技术服务合同是指受托方以技术知识为委托方解决特定技术问题所订立的合同。技术服务合同不包括建设工程合同和承揽合同。

1. 委托方的主要义务

委托方的主要义务包括：按照约定提供工作条件，完成配合事项；接受工作成果并支付报酬。

2. 受托方的主要义务

受托方的主要义务包括：按照约定完成服务项目，解决技术问题，保证工作质量，并传授解决技术问题的知识。

3. 技术成果的权属

技术成果的权属同技术咨询合同的规定。

十一、保管合同

（一）保管合同的概念

保管合同是保管人有偿地或无偿地为寄存人保管物品，并在约定期限内或应寄存人的请求，返还保管物品的合同。保管合同的当事人是保管人和寄存人。

（二）保管人的主要义务

保管人的主要义务包括：

(1) 给付保管凭证。

(2) 妥善保管。

(3) 不得转交他人保管。

(4) 不得使用保管物。

(5) 保管期届满时返还保管物及其孳息。

（三）寄存人的主要义务

寄存人的主要义务包括：

(1) 告知保管物的有关情况。

(2) 支付保管费。

(3) 声明贵重物品。

(4) 按期提取保管物。

十二、仓储合同

(一) 仓储合同的概念和特征

1. 仓储合同的概念

仓储合同是指保管人储存存货人交付的仓储物,存货人支付仓储费的合同。

仓储合同的当事人是保管人和存货人。提供储存保管服务的一方称为保管人,接受储存保管服务并支付报酬的一方称为存货人。交付保管的货物为仓储物。

2. 仓储合同的特征

仓储合同属于保管合同的一种特殊类型,与一般保管合同相比,仓储合同具有如下特征:仓储合同为诺成合同;保管的对象是动产;保管人必须具有相应资格。

(二) 保管人的主要义务

保管人的主要义务包括:

(1) 做好入库的验收和接受工作。

(2) 保证货物完好无损。

(3) 不得转让保管义务。

(4) 不得使用保管的货物。

(三) 存货人的主要义务

存货人的主要义务包括:

(1) 货物符合合同规定。存货人确保货物数量、质量、规格、包装应与合同规定内容相符,并配合保管方做好货物入库场的交接工作。

(2) 按合同规定的时间提取委托保管的货物。

(3) 按合同规定的条件支付仓储保管费。

(4) 存货方应向保管方提供必要的货物验收资料。

(5) 对危险品货物,必须提供有关此类货物的性质、注意事项、预防措施、采取的方法等。

(6) 由于存货方原因造成退仓、不能入库场,存货方应按合同规定赔偿保管方。由于存货方原因造成不能按期发货,由存货方赔偿逾期损失。

十三、委托合同

(一) 委托合同的概念

委托合同又称委任合同,是指受托人为委托人办理委托事务,委托人支付约定报酬或不支付报酬的合同。委托合同的当事人是受托人和委托人，委托合同具有人身性质，以当事人之间相互信任为前提。

（二）委托人的主要义务

委托人的主要义务包括：

（1）支付处理委托事务的费用。

（2）支付约定的报酬。在有偿委托合同中，委托人应向受托人支付约定的报酬。

（3）赔偿受托人的损失。委托人经受托人同意，可以在受托人之外委托第三人处理委托事务，委托人应赔偿因此给受托人造成的损失等。

（三）受托人的主要义务

受托人的主要义务包括：

（1）按照委托人的指示处理委托事务。

（2）原则上应亲自办理委托事务。

（3）向委托人报告委托事务情况。

（4）尽力办理委托事务。

十四、行纪合同

（一）行纪合同的概念

行纪合同是指行纪人以自己的名义为委托人从事贸易活动，委托人支付报酬的合同。行纪合同的当事人为行纪人和委托人。以自己名义为他人从事贸易活动的一方为行纪人，委托行纪人为自己从事贸易活动并支付报酬的一方为委托人。

行纪关系涉及两个合同关系：一是委托人与行纪人之间的委托合同关系，如委托人行纪购买货物或出售货物；二是行纪人与第三人之间的买卖合同关系，如行纪人接受委托以后，以自己的名义向第三人购买货物或向第三人出售货物。

（二）行纪人的主要义务

（1）为委托人从事贸易活动。行纪人应按照委托人的指示完成行纪行为，并应当尽注意义务，以使委托人的利益不受损失或少受损失。

（2）依委托人指示处理事务的义务。

（3）妥善保管并依法处置委托物。行纪人占有委托物的，应当妥善保管委托物。

（4）负担行纪费用。行纪人处理委托事务支出的费用，由行纪人负担，但当事人另有约定的除外。

（三）委托人的主要义务

1. 及时受领委托物

委托人应及时受领委托物。如果因委托人迟延接受而造成损失，该损失由委托人承担。

2. 支付报酬

委托人应当按约定向行纪人支付报酬及其他约定的费用。行纪人高于委托人指定的价格卖出或低于委托人指定的价格买入的,可按照约定增加报酬。

委托人逾期不支付报酬的,行纪人对委托物享有留置权,当事人另有约定的除外。

十五、居间合同

(一) 居间合同的概念

居间合同又称中介合同或者中介服务合同,是指居间人向委托人报告订立合同的机会或者提供订立合同的媒介服务,委托人支付报酬给居间人的合同。

例如某货运信息公司与货主签订合同,为货主提供承运人资料和信息,促成承运人和货主签订货运合同。该合同即为居间合同。

居间合同的当事人是居间人和委托人。报告订立合同的机会或者提供订立合同的媒介服务的一方为居间人,接受居间人所提供的订约机会并支付报酬的一方为委托人。居间人是为委托人与第三人进行民事法律行为报告信息机会或提供媒介联系的中间人,委托人是否与第三人订立合同以及该合同的履行,与居间人无关。

(二) 居间人的主要义务

1. 报告订约机会或者提供订立合同媒介

居间人应当就有关订立合同的事项向委托人如实报告。

2. 忠实义务

居间人应当如实报告订立合同的有关事项和其他有关信息。居间人故意隐瞒与订立合同有关的重要事实或者提供虚假情况,损害委托人利益的,不得要求支付报酬并应当承担损害赔偿责任。

3. 负担居间费用

居间人促成合同成立的,居间活动的费用由居间人负担。

(三) 委托人的主要义务

1. 支付居间报酬

居间人促成合同成立的,委托人应当按照约定支付报酬。未订立合同的,委托人可以拒绝支付报酬。因居间人提供订立合同的媒介服务而促成合同成立的,由该合同的当事人平均负担居间人的报酬。

2. 偿付费用的义务

居间人未促成合同成立的,不得要求支付报酬,但可以要求委托人支付从事居间活动支出的费用。

一、名词解释题

有名合同

二、问答题

1. 买卖合同各方主要权利和义务是什么？

2. 借款合同各方主要权利和义务是什么？

本章主要参考法律法规

1.《中华人民共和国合同法》；

2.《最高人民法院关于适用〈中华人民共和国合同法〉若干问题的解释(一)》；

3.《最高人民法院关于适用〈中华人民共和国合同法〉若干问题的解释(二)》；

4.《中华人民共和国担保法》；

5.《最高人民法院关于适用〈中华人民共和国担保法〉若干问题的解释》；

6.《中华人民共和国物权法》。

第八章

担 保 法

第一节 担保概述

甲公司是一家生产型企业，引进了上千万元的先进机器设备，产品市场占有率高。甲打算通过银行贷款进行技术改造扩大产能，增加品种。乙银行表示愿意提供资金支持，但甲公司无法提供符合乙银行要求的不动产担保。此时，丙公司了解情况后，同意甲公司以其机器设备作反担保抵押，先后两次为甲公司向银行提供贷款担保，使甲公司从银行顺利贷款500万元。

一、担保的概念

担保是指为确保债权人实现债权的法律措施，当债务人不履行债务时，以债务人或第三人的信用或者特定财产来督促债务人履行债务，又称债权担保、债的担保或债务担保。

合同担保属于债的担保，当事人为了确保合同义务的履行，按照法律规定或者当事人约定设立的措施，在合同约定的履行期限届满，债务人不履行合同义务时，债权人可通过该措施实现或保障自己的债权。

根据最高人民法院《关于适用〈中华人民共和国担保法〉若干问题的解释》(以下简称《担保法》司法解释)的规定，当事人对由民事关系产生的债权，在不违反法律、法规强制性规定的情况下，以担保法规定的方式设定担保的，可以认定为有效。因此，可以设定担保的债权除了合同债权之外，还包括其他民事关系产生的债权。

由此可见，担保是从属于主债权而存在的，对债权人实现权利具有补充作用，通常在所担保的债务未得到履行时，债权人才行使相关担保权利。

二、担保的种类

担保主要包括以下分类。

(一) 典型担保和非典型担保

按照担保方式是否由法律明文规定，可将担保分为典型担保和非典型担保。

1. 典型担保

《中华人民共和国担保法》(以下简称《担保法》)和《物权法》等法律明文规定的担保方式包括保证、抵押、质押、留置、定金。这就是所谓的典型担保。

2. 非典型担保

法律上没有明文规定的担保方式称为非典型担保。

(二) 法定担保和约定担保

按照产生原因,可将担保分为法定担保和约定担保。

1. 法定担保

法定担保是指依照法律的规定直接产生的担保。主要包括法定抵押和留置。

2. 约定担保

约定担保是指当事人通过约定签订担保合同而产生的担保。担保合同相对于其担保的合同(主合同)是从合同。担保合同的目的和作用在于担保主债合同的实现,若没有主合同的存在,就没有必要设立担保合同。因此,担保合同具有从属性特征。

约定担保的方式主要有保证、抵押、质押和定金。

(三) 人的担保、物的担保和金钱担保

按照担保的性质,可将担保分为人的担保、物的担保和金钱担保。

1. 人的担保

人的担保是指以第三人的信用担保债的履行的担保方式。保证担保即人的担保。

2. 物的担保

物的担保是指直接以一定的财物作为债权担保的担保方式。以债务人或第三人的特定财产作为担保债权实现的标的,在债务人不履行其债务时,债权人可以将财产变价,从中优先受偿的制度,主要有抵押、质押和留置。

该财产称为担保物。债权人依法享有的在债务人不履行到期债务或者发生当事人约定的实现担保物权的情形时,就担保物优先受偿的权利是担保物权。担保物权是以担保物的价值担保债权的实现。《担保法》规定了抵押、质押和留置三种物的担保。

3. 金钱担保

金钱担保是指债务人在其承担的债务之外支付债权人一定数额的金钱,该金钱的得失与债务履行与否联系在一起,从而促使当事人积极履行债务,保障债权实现。定金属于金钱担保方式。

(四) 本担保和反担保

按照担保之间的关系,可将担保分为本担保和反担保。

反担保又称求偿担保,是指为保障债务人之外的担保人承担担保责任后对债务人的追偿权的实现而设定的担保。反担保是担保人转移担保风险的一种措施。在债务清偿期届满,债务人未履行债务时,由第三人承担担保责任后,第三人即成为债务人的债权人,第三人对其代债务人清偿的债务,有向债务人追偿的权利。当第三人行使追偿权时,有可能

因债务人无力偿还而使追偿权落空,为了保证追偿权的实现,第三人在为债务人作担保时,可以要求债务人为其提供担保,即为反担保。

《担保法》第四条规定:“第三人为债务人向债权人提供担保时,可以要求债务人提供反担保。反担保适用本法担保的规定。”

需要注意的是,第三人先向债权人提供了担保,才能有权要求债务人提供反担保;由债务人或债务人之外的其他人向第三人提供担保。只有在第三人为债务人提供保证、抵押或质押担保时,才能要求债务人向其提供反担保。

一、名词解释题

担保　人的担保　物的担保　金钱担保　反担保

二、问答题

1. 担保的主要分类有哪些?

2. 法定担保和约定担保的区别是什么?

三、案例分析题

甲、乙双方签订买卖合同,约定:“甲方在当年8月1日前发货。如甲方不能按时发货,甲方保证对乙方承担违约责任。”

问题:本题中是否存在担保?

第二节　保　证

13岁的初中生杨某,其父母成立了一家电器公司。2013年,电器公司分两次从某银行贷款合计1 000万余元。杨某之母拿着杨某身份证,以杨某名义和该银行签订书面保证合同。银行考虑到杨某之母为“信用良好”客户,“破例”签了保证合同,约定杨某为上述1 000万元借款提供连带保证担保。借款到期后,电器公司资金周转困难,未在约定到期日还款。银行向法院起诉:要求电器公司还款,杨某承担连带保证责任。

一、保证概述

(一) 保证的概念

保证是指保证人和债权人约定,当债务人不履行合同债务时,保证人按照约定履行债务或承担责任的担保方式。

提供保证的第三人是保证人。第三人与债权人签订保证合同。依照保证合同承担保证责任的保证人,有权向债务人追偿。

(二) 保证的特征

保证担保主要具有以下特点。

1. 保证是人的担保

保证人是主合同当事人以外的第三人，以其信用和所拥有的不特定的财产为债务人的债务提供担保；债务人不得为自己的债务作保证。

2. 保证是约定担保

保证通过保证人和债权人签订合法有效的保证合同而设立。

（三）保证的种类

保证按照不同的标准有以下种类。

1. 单独保证和共同保证

按照保证人的数量，可将保证分为单独保证和共同保证。

单独保证是指一个保证人担保一个债权的保证。

共同保证是指数个保证人担保同一债权的保证。共同保证既可以由数个共同保证人与债权人签订一个保证合同，也可以由数个保证人与债权人签订数个保证合同。

按照共同保证人是否约定各自承担的担保份额，可以将共同保证分为按份共同保证和连带共同保证。

1）按份共同保证

按份共同保证是保证人与债权人约定，各保证人按份额对主债务承担保证义务的共同保证。

2）连带共同保证

连带共同保证是各保证人约定均对全部主债务承担保证义务或保证人与债权人之间没有约定所承担保证份额的共同保证。连带共同保证的保证人不能以保证人之间的保证份额对抗债权人。

已经承担保证责任的连带共同保证人，有权向债务人追偿，或者要求承担连带责任的其他保证人清偿其应当承担的份额。

2. 一般保证和连带保证

按照保证责任的性质，可将保证分为一般保证和连带保证。

1）一般保证

一般保证是指保证人和债权人在保证合同中约定，债务人不能履行债务时，才由保证人承担保证。一般保证又称补充责任保证。

2）连带保证

连带保证是指保证人和债权人在保证合同中约定，保证人和债务人对主合同债务承担连带责任。只要债务人在主合同规定的债务履行期届满时没有履行债务，债权人就有权要求保证人承担保证责任。

二、保证合同

保证人与债权人签订的保证合同的依法成立并生效是保证成立的标志。保证合同是诺成合同，保证人与债权人双方意思表示一致即可成立保证合同。

(一)保证合同的形式

根据《担保法》的规定,保证合同应采用书面形式。保证人和债权人经协商就保证合同的主要条款达成一致,依法签订书面合同,保证合同即告成立。

书面保证合同包括:单独签订的保证合同;保证人以书面信函、传真等形式向债权人表示,当被保证人不履行债务时,由其承担保证责任,债权人接受的;主合同中的保证条款,即保证人在债权人与被保证人签订的含有保证条款的主合同上,以保证人的身份签字或盖章;合同无保证条款,第三人以保证人的身份在主合同上签字盖章。

(二)保证人

1. 保证人的资格

根据《担保法》规定,具有代为清偿债务能力的法人、其他组织或者公民,可以做保证人。例如,依法登记领取营业执照的独资企业、合伙企业;依法登记领取营业执照的联营企业;依法登记领取营业执照的中外合作经营企业;经民政部门核准登记的社会团体;经核准登记领取营业执照的乡镇、街道、村办企业。

不具有完全代偿能力的法人、其他组织或者自然人,以保证人身份订立保证合同后,又以自己没有代偿能力要求免除保证责任的,人民法院不予支持。

2. 不得为保证人的情形

根据《担保法》规定,不得为保证人的主体包括:

1) 国家机关

国家机关不得为保证人,但经国务院批准为使用外国政府或者国际经济组织贷款进行转贷的除外。

2) 学校、幼儿园、医院等以公益目的而开办的事业单位、社会团体

从事经营活动的事业单位、社会团体为保证人的,如无其他导致保证合同无效的情况,其签订的保证合同应当认定为有效。

3) 企业法人的分支机构、职能部门

企业法人的分支机构有法人书面授权的可以在该授权范围内提供保证。企业法人的分支机构未经法人书面授权提供保证的,保证合同无效。

企业法人的职能部门提供保证的,保证合同无效。债权人知道或者应当知道保证人为企业法人的职能部门的,因此造成的损失由债权人承担。债权人不知道保证人为企业法人的职能部门的,因此造成的损失,由该企业法人承担。

(三)保证合同的主要内容

(1) 被保证的主债权种类、数额。

(2) 债务人履行债务的期限。

(3) 保证的方式。

(4) 保证担保的范围。

(5) 保证的期间。

(6) 双方认为需要约定的其他事项。

保证合同不完全具备前款规定内容的,可以根据法律的相关规定进行补正。

三、保证方式

依《担保法》的规定,保证方式可分为一般保证和连带责任保证两种。

(一) 一般保证

一般保证的保证人享有先诉抗辩权。债务人到期未清偿债务,主合同纠纷未经审判或者仲裁,并就债务人财产依法强制执行或执行后仍不能清偿债务前,保证人有权拒绝向债权人承担保证责任。

有下列情形之一的,保证人不得行使先诉抗辩权:

(1) 债务人住所变更,致使债权人要求其履行债务发生重大困难的。

(2) 人民法院受理债务人破产案件,中止执行程序的。

(3) 保证人以书面形式放弃前款规定的权利的。

(二) 连带保证

在连带责任保证的情况下,保证人不享有先诉抗辩权。连带责任保证的债务人在主合同规定的债务履行期届满没有履行债务的,债权人可以要求债务人履行债务,也可以要求保证人在其保证范围内承担保证责任。

当事人对保证方式没有约定或者约定不明确的,按照连带责任保证承担保证责任。根据最高人民法院《关于涉及担保纠纷案件的司法解释的适用和保证责任方式认定问题的批复》第二条的规定:"保证合同中明确约定保证人在债务人不能履行债务时始承担保证责任的,视为一般保证。保证合同中明确约定保证人在被保证人不履行债务时承担保证责任,且根据当事人订立合同的本意推定不出为一般保证责任的,视为连带责任保证。"

四、保证期间

保证期间是指当事人约定或者法律规定的保证人承担保证责任的期限。

(一) 保证期间的确定

保证人和债权人约定保证期间的,按照约定执行。

保证人与债权人未约定保证期间的,保证期间为主债务履行期届满之日起 6 个月。保证合同约定的保证期间早于或者等于主债务履行期限的,视为没有约定,保证期间为主债务履行期届满之日起 6 个月。保证合同约定保证人承担保证责任直至主债务本息还清时为止等类似内容的,视为约定不明,保证期间为主债务履行期届满之日起两年。主合同对主债务履行期限没有约定或者约定不明的,保证期间自债权人要求债务人履行义务的宽限期届满之日起计算。

保证人依照《担保法》第十四条规定就连续发生的债权作保证,未约定保证期间的,保证人可以随时书面通知债权人终止保证合同,但保证人对于通知到债权人前所发生的债权,承担保证责任。

最高额保证合同对保证期间没有约定或者约定不明的,如最高额保证合同约定有保证人清偿债务期限的,保证期间为清偿期限届满之日起6个月。没有约定债务清偿期限的,保证期间自最高额保证终止之日或自债权人收到保证人终止保证合同的书面通知到达之日起6个月。

(二)保证期间的意义

一般保证的情况下,债权人未在保证期间内对债务人提起诉讼或者申请仲裁的,保证人免除保证责任。

连带保证的情况下,债权人未在保证期间内要求保证人承担保证责任的,保证人免除保证责任。

五、保证责任的范围

保证责任的范围是指保证人承担的保证责任的内容。

根据《担保法》第六条规定,保证人保证责任的内容,依当事人的约定分代为履行和负担债务人不履行债务时应承担的赔偿责任。

(一)代为履行

当事人约定保证人承担代为履行责任的,在债务人不履行债务时,保证人负有实际履行主债务的责任。

保证责任的范围由当事人约定。例如,当事人约定保证人仅担保主债务的本金清偿的,保证人于债务人不履行债务时,仅就主债务人对主债务本金的清偿承担保证责任,而对于主债务的利息清偿等,则不负保证责任。《担保法》司法解释第十三条规定:"保证合同中约定保证人代为履行非金钱债务的,如果保证人不能实际代为履行,对债权人因此造成的损失,保证人应当承担赔偿责任。"

当事人没有约定保证责任的范围时,根据《担保法》第二十一条规定,保证范围包括主债权、利息、违约金、损害赔偿金和实现债权的费用。

1. 主债权

主债权是于保证合同成立时债权人对主债务人享有的债权。保证人仅对保证合同成立时主债务人的全部债务负保证责任。保证合同成立后,主债权数额减少的,保证担保范围也相应减少;主债权数额增加的,保证担保的范围不随之变化。

按照《担保法》司法解释第三十五条规定:"保证人对已经超过诉讼时效期间的债务承担保证责任或者提供保证的,又以超过诉讼时效为由抗辩的,人民法院不予支持。"因此,对已超过诉讼时效的主债权担保的,保证人仍应就约定的担保数额承担保证责任。

2. 利息

利息既包括法定利息,也包括约定利息。约定利息是由当事人另外约定的,而非主债务当然发生的从债务,因此,对于保证成立后债务人与债权人约定增加的利息不在担保范围之内,只有于保证成立时约定的利息才能列入保证债务范围。

3. 违约金

违约金是债权人与债务人约定的或者法律规定的于债务人违约时应给付债权人的款项。

4. 损害赔偿金

损害赔偿金是因主债权未受偿而发生的债权，本是保障债权人利益不受损害的，因此也在保证担保范围之内。

5. 实现债权的费用

实现债权的费用是债权人为实现债权而支付的费用，是从属于主债务的必要负担。实现债权的费用由于是债权人实现其利益所必需的，也是保证人设定保证债务时应当预见的，因此也在保证责任范围内。债权人为请求债务人履行而支付的有关费用包括诉讼费用等，都应在保证债务范围内。

（二）负担债务人不履行债务时应承担的赔偿责任

当事人约定保证人在债务人不履行债务时承担责任的，在债务人不履行时，保证人不负代债务人实际履行的责任，而仅负担债务人因履行主债务应承担的赔偿责任。

六、最高额保证

最高额保证是对于未来的债权进行担保，根据《担保法》第十四条规定，当事人可以协议在最高债权额限度内就一定期间连续发生的借款合同或者某项商品交易合同订立一个保证合同。保证人所担保债务的具体数额并非指确定期间发生的全部债权总额，而是指决算期时的债权余额。

一般来说，最高额保证只担保一定期限内所发生的债务，如果当事人疏忽而没有约定该期限，就会出现不定期的最高额保证，为了避免保证人承担无休止的债务保证责任，法律必须拟制一个确定的决算期限，如果当事人有约定，应当以约定期限的终点为决算期；如果没有约定，则以保证人的通知到达债权人之日为决算期。

一、名词解释题

保证　连带保证　一般保证　保证期间　先诉抗辩权　共同保证　单独保证　最高额保证

二、问答题

1. 法律对保证人的资格有何要求？

2. 保证合同的生效条件有哪些？

3. 保证合同有哪些法律特征？

4. 如何确定保证人是否应承担保证责任？

三、案例分析题

1. 某商业银行与A公司、B公司签订借款合同一份，约定银行贷款500万元给A，B提供连带责任保证，B的注册资本200万元，签约时会计报表总资产为156万元。借款到期后,A 未还本付息,B 未承担担保责任。后商业银行起诉至法院,要求两被告承担责任。B认为其总资产为 156 万元,根本无力为 500 万元的借款提供担保,银行对其代偿能力没有审查。“具有代为清偿债务能力的法人、其他组织或者公民,可以作为保证人”。B主张保证合同无效。

问题:B 的主张是否成立? B 是否需承担法律责任?

2. (1)甲欠乙 100 万元,约定当年 3 月 1 日前还款,丙为一般保证人。3 月 1 日过后,甲未还款。乙于 10 月 1 日诉甲,胜诉。但甲无财产,执行未果。后乙要求丙承担责任。

(2) 甲欠乙 100 万元,约定当年 3 月 1 日前还款,丙为连带保证人。3 月 1 日过后,甲未还款。乙于 9 月 1 日诉甲,胜诉。但甲无财产,执行未果。10 月 1 日,乙要求丙承担责任。

问题:若保证合同中未约定保证期间,丙是否应承担责任?

第三节 抵 押

2015 年 6 月 6 日 A 公司向 B 公司借款 310 万元,双方签订抵押借款合同,约定 A 以国有土地使用权作抵押,双方约定该宗土地使用权价值为 327 万元。同日,双方到主管部门办理了抵押登记手续,主管部门对该土地使用权作价为 82 万元,因此在填写抵押登记申请表时,填写的抵押物为上述土地使用权,抵押担保金额为 82 万元。2016 年 A 公司被人民法院宣告破产。进行破产清算时,经评估,上述土地使用权作价 210 万被 C 公司购得,C 公司另交纳土地出让金 100 万元。

一、抵押的概念和种类

(一) 抵押的概念

抵押是指债务人或第三人不转移财产的占有,将该财产作为债权的担保,债务人不能履行债务时,债权人有权依照法律规定以财产折价、拍卖或变卖的价款优先受偿。

用于抵押的财产为抵押物,提供抵押物的债务人或第三人为抵押人,因抵押而产生的债权人对抵押物的权利为抵押权,债权人为抵押权人。

(二) 抵押的种类

根据抵押产生的方式,可分为法定抵押和约定抵押。实践中大多数抵押均属于约定抵押。在法律规定的特殊情况下也可产生法定抵押。

1. 法定抵押

法定抵押是指依据法律的直接规定而在当事人之间产生的抵押。

1) 建设工程承包合同中的法定抵押

《合同法》第二百八十六条规定:“发包人未按照约定支付价款的,承包人可以催告发包人在合理期限内支付价款。发包人逾期不支付的,除按照建设工程的性质不宜折价、拍卖的以外，承包人可以与发包人协议将该工程折价，也可以申请人民法院将该工程依法拍卖。建设工程的价款就该工程折价或者拍卖的价款优先受偿。”

这里承包人的优先受偿权即是法定抵押产生的。

2）不动产的法定抵押

根据《担保法》第三十六条的规定，不动产的法定抵押产生于将土地使用权或房屋进行抵押时。

以依法取得的国有土地上的房屋抵押的，该房屋占用范围内的国有土地使用权同时抵押。以出让方式取得的国有土地使用权抵押的，应当将抵押时该国有土地上的房屋同时抵押。

乡(镇)、村企业的土地使用权不得单独抵押。以乡(镇)、村企业的厂房等建筑物抵押的，其占用范围内的土地使用权同时抵押。

上述抵押是由法律直接规定而产生，设定抵押的当事人不能用合同的方式排除这两种法定抵押的适用，不能单独将房屋和国有土地使用权分开来抵押，也不能将集体土地使用权进行单独抵押。当事人签订的这类分开抵押的合同无效。

2. 约定抵押

约定抵押是由当事人以合同方式自由设定，即抵押人和抵押权人签订抵押合同而设定抵押担保。

本节主要介绍约定抵押。

二、抵押合同

约定抵押通过债务人或抵押人与债权人签订抵押合同的方式设立。

(一) 抵押合同的主要内容

抵押合同是由抵押人和抵押权人协商订立的书面协议，约定抵押的产生依据。根据抵押的目的，抵押合同一般包括以下内容。

(1) 被担保的主债权种类、数额。

(2) 债务人履行债务的期限。

(3) 抵押物的名称、数量、质量、状况、所在地、所有权人或者使用权人。

(4) 抵押担保的范围。

抵押担保的范围是指可受抵押担保的主债权的范围。例如，某银行和某公司签订借款合同：借款人贷款 100 万元人民币，抵押合同可以约定只担保 100 万元的本金的清偿，也可以约定担保 100 万元的本金和利息的清偿，还可以约定担保本金、利息和其他违约责任的履行。

(5) 当事人认为需要约定的其他事项。

(二) 抵押物

1. 抵押物的种类

根据《担保法》的规定，可以作为抵押物的财产包括以下几种。

(1) 抵押人所有的房屋和其他地上定着物。例如,抵押人所有的作为生活资料的居住用房、生产性用房,只要法律没有禁止抵押的,都可以用于抵押。其他地上的定着物是指附着于土地之上的不动产,包括林木、果树、农作物、桥梁和围墙等。

(2) 抵押人所有的机器、交通运输工具和其他财产。包括正在建造的建筑物、船舶、航空器。

(3) 抵押人有权处分的国有土地使用权、房屋和其他地上建筑物。

(4) 抵押人依法有权处分的国有的机器、交通运输工具和其他财产。

(5) 抵押人依法承包并经发包方同意抵押的荒山、荒沟、荒丘、荒滩等荒地的土地使用权。

(6) 依法可以抵押的其他财产。

2. 抵押物的条件

可以抵押的财产必须具备以下几个条件。

(1) 抵押人对抵押物必须有处分权。

(2) 抵押物必须是法律允许转让的。

根据抵押担保的目的,抵押物必须是能够转让的财产。

下列财产不得抵押:

(1) 土地所有权。

(2) 耕地、宅基地、自留地、自留山等集体所有的土地使用权,但法律规定可以抵押的除外。

(3) 学校、幼儿园、医院等以公益为目的的事业单位、社会团体的教育设施、医疗卫生设施和其他社会公益设施。

(4) 所有权、使用权不明或者有争议的财产。

(5) 依法被查封、扣押、监管的财产。

(6) 法律、行政法规规定不得抵押的其他财产。

依法不得抵押的其他财产是指上述不得抵押的财产以外其他的法律中规定不得抵押的财产。例如,《担保法》司法解释第四十八条规定:"以法定程序确认为违法、违章的建筑物抵押的,抵押无效。"违法、违章的建筑物就属于依法不得抵押的其他财产。

(1) 当事人以农作物和与其尚未分离的土地使用权同时抵押的,土地使用权部分的抵押无效。

(2) 学校、幼儿园、医院等以公益为目的的事业单位、社会团体,以其教育设施、医疗卫生设施和其他社会公益设施以外的财产为自身债务设定抵押的,人民法院可以认定抵押有效。

(3) 按份共有人以其共有财产中享有的份额设定抵押的,抵押有效。共同共有人以其共有财产设定抵押,未经其他共有人的同意,抵押无效。但是,其他共有人知道或者应当知道而未提出异议的视为同意,抵押有效。

(4) 已经设定抵押的财产被采取查封、扣押等财产保全或者执行措施的,不影响抵押权的效力。

（三）抵押合同的生效

《担保法》根据抵押财产的不同种类和我国的实际情况规定了抵押合同生效的两种方式:登记生效和签订生效。

1. 登记生效的抵押合同

根据《担保法》第四十二条的规定,法定必须办理登记才生效的抵押合同为以下五种。

1）以无地上定着物的土地使用权抵押的

以无地上定着物的土地使用权抵押的,应去核发土地使用权证书的土地管理部门办理抵押登记。

2）以城市房地产或者乡(镇)、村企业的厂房等建筑物抵押的

以城市房地产或者乡(镇)、村企业的厂房等建筑物抵押的,应去县级以上地方人民政府规定的部门办理抵押登记。

3）以林木抵押的

以林木抵押的,应到县级以上林木主管部门办理抵押登记。

4）以航空器、船舶、车辆抵押的

以航空器、船舶、车辆抵押的,应到运输工具的登记部门办理抵押登记。

5）以企业的设备和其他动产抵押的

以企业的设备和其他动产抵押的,应到财产所在地的工商行政管理部门办理抵押登记。

2. 签订生效的抵押合同

以上述财产之外的其他财产设立抵押权的,抵押合同自签订之日起生效;但未办理登记的,不得对抗第三人。

3. 无效抵押合同

抵押合同的生效还应具备《合同法》规定的生效要件。

若因抵押人的责任而导致抵押合同未生效,符合《合同法》规定的缔约责任构成要件的,抵押人需依法承担的是缔约过失责任。

根据法律规定,以下抵押合同或条款无效。

1）流质条款

流质条款即绝押条款,是指转移抵押物所有权的预先约定。流质条款无效。订立抵押和质押合同时,当事人不得在合同中约定在债务人履行期限届满抵押权人未受清偿时,抵押物所有权转移为债权人所有。

例如,某公司和某银行签订的借款合同约定:“由该公司提供其办公楼作贷款抵押。当公司不能按期归还贷款时,该办公楼归银行所有。”该条款属于流质条款。

2）将全部财产抵押给某个债权人的抵押合同

抵押合同无效导致抵押人应承担赔偿责任的,应以抵押物价值为限。

另外,《担保法》司法解释第七条规定:“主合同有效而担保合同无效,债权人无过错的,担保人与债务人对主合同债权人的经济损失,承担连带赔偿责任;债权人、担保人有过

错的,担保人承担民事责任的部分,不应超过债务人不能清偿部分的二分之一。"第八条规定:"主合同无效而导致担保合同无效,担保人无过错的,担保人不承担民事责任;担保人有过错的,担保人承担民事责任的部分,不应超过债务人不能清偿部分的三分之一"。此规定适用于抵押在内的约定担保。

三、抵押权的实现

(一) 法定抵押权的实现

根据《合同法》第二百八十六条规定,法定抵押权的实现程序如下。

1. 催告

工程竣工后,发包人未按照约定支付价款的,承包人应向发包人催告,限定发包人在一定期限内支付价款,如果未经过催告,直接向法院申请拍卖的,人民法院不应受理。

2. 协商

发包人逾期不支付价款的,双方可以进行协商将该工程折价归承包人,该工程不宜折价的除外。

3. 申请拍卖

承包人经催告仍不能取得工程款的,既可以与发包人协商,也可直接向人民法院申请将该工程进行拍卖,从中优先受偿。

(二) 约定抵押权的实现

1. 实现方式

根据《物权法》第一百九十五条的规定,债务人不履行到期债务或者发生当事人约定的实现抵押权的情形,抵押权人可以与抵押人协议以抵押财产折价或者以拍卖、变卖该抵押财产所得的价款优先受偿。协议损害其他债权人利益的,其他债权人可以在知道或者应当知道撤销事由之日起一年内请求人民法院撤销该协议。

抵押权人与抵押人未就抵押权实现方式达成协议的,抵押权人可以请求人民法院拍卖、变卖抵押财产。

抵押财产折价或者变卖的,应当参照市场价格。

2. 抵押物价值减少对抵押权实现的影响

当抵押物价值减少时,抵押权人的权利可以分两种情况。

1) 不可归责于抵押人的抵押物价值减少

此时,抵押权人只能在抵押人因损害而得到的赔偿范围内要求提供担保,而这时抵押物价值未减少的部分,仍作为债权的担保。

2) 可归责于抵押人的抵押物价值减少

《物权法》第一百九十三条规定:"抵押人的行为足以使抵押财产价值减少的,抵押权人有权要求抵押人停止其行为。抵押财产价值减少的,抵押权人有权要求恢复抵押财产的价值,或者提供与减少的价值相应的担保。抵押人不恢复抵押财产的价值也不提供担保的,抵押权人有权要求债务人提前清偿债务。"

此时抵押权人享有的权利包括停止侵害和排除妨害请求权；恢复原状或提供相当担保请求权。

四、几种特殊的抵押

（一）共同抵押

共同抵押又称聚合抵押、总抵押，是指抵押人在数项财产上设定数个抵押权来担保同一债权的抵押。其主要特点是作为抵押物的数个财产各自独立。

共同抵押时，当事人可在合同中约定各个财产所担保的金额，也可以约定数个财产担保的总金额。如在合同中约定了各个财产分别担保的金额，在借款人不能还款时，贷款人可就各个财产分别行使抵押权；如在合同中约定数个财产担保的总额，借款人不能履行还款义务时，贷款人则可对债务人数项已抵押财产共同行使抵押权。

（二）重复抵押

根据《担保法》第三十五条的规定，重复抵押是指以同一财产或同一财产价值分别向两个以上债权人进行抵押的行为；此外，重复抵押所担保的债权累计不得超出抵押物的价值。

在重复抵押的情况下，抵押合同生效的顺序关系到数个抵押权人就抵押物的价款谁先受偿，对相关债权人具有重要意义。

同一财产向两个以上债权人抵押的，拍卖、变卖抵押财产所得的价款依照下列规定清偿：

（1）抵押权已登记的，按照登记的先后顺序清偿；顺序相同的，按照债权比例清偿。

（2）抵押权已登记的先于未登记的受偿。

（3）抵押权未登记的，按照债权比例清偿。

（三）浮动抵押

1. 浮动抵押的概念

浮动抵押是指以其全部资产包括现在的和将来可以取得的全部资产为标的设定抵押的一项新型担保制度。

2. 浮动抵押的设定

《物权法》第一百八十一条规定："经当事人书面协议，企业、个体工商户、农业生产经营者可以将现有的以及将有的生产设备、原材料，半成品、产品抵押，债务人不履行到期债务或者发生当事人约定的实现抵押权的情形，债权人有权就实现抵押权时的动产优先受偿。"

（1）浮动抵押的抵押物为抵押人现有或将有的动产。

（2）浮动抵押的设定采用书面方式。

（3）浮动抵押权的设定应当依法登记。

浮动抵押权的设定应当登记,未经登记不得对抗善意第三人。抵押人应当向抵押人住所地的工商行政管理部门办理登记。抵押权自抵押合同生效时设立;未经登记,不得对抗善意第三人。浮动抵押不得对抗正常经营活动中已支付合理价款并取得抵押财产的买受人。

3. 浮动抵押权的实现

因法定或者约定的条件出现,浮动抵押权人即可行使抵押权,将浮动抵押转化为固定抵押,这个过程称为浮动抵押的固定化,也称为"结晶"。

抵押财产自下列情形之一发生时确定:

(1) 债务履行期届满,债权未实现。

(2) 抵押人被宣告破产或者被撤销。

(3) 当事人约定的实现抵押权的情形。

(4) 严重影响债权实现的其他情形。

(四) 最高额抵押

1. 最高额抵押的概念

最高额抵押是指为担保债务的履行,债务人或者第三人对一定期间内将要连续发生的债权提供担保财产的,债务人不履行到期债务或者发生当事人约定的实现抵押权的情形,抵押权人有权在最高债权额限度内就该担保财产优先受偿。

即抵押人与抵押权人协议,在最高债权限额内,以抵押物对一定期间内连续发生的债权作担保。

最高额抵押权的被担保债权具有不确定性。

2. 最高额抵押的设定

一定期间内连续发生交易而签订的合同可以附最高额抵押合同。

双方还应当在合同中对于被担保的债权的最高限额明确规定。如果没有约定最高限额,则应当认为最高额抵押合同不成立。

在最高额抵押合同中通常必须明确规定决算期。决算期是最终确定最高额抵押所担保的债权的实际数额的日期。

3. 最高额抵押权的实现

有下列情形之一的,抵押权人的债权确定:

(1) 约定的债权确定期间届满;

(2) 没有约定债权确定期间或者约定不明确,抵押权人或者抵押人自最高额抵押权设立之日起满两年后请求确定债权。

(3) 新的债权不可能发生。

(4) 抵押财产被查封、扣押。

(5) 债务人、抵押人被宣告破产或者被撤销。

(6) 法律规定债权确定的其他情形。

一、名词解释题

抵押和抵押权　法定抵押　浮动抵押　共同抵押　重复抵押　最高额抵押

二、问答题

1. 抵押合同的生效条件有哪些?

2. 抵押权应如何实现?

第四节　质　　押

甲银行与乙公司2016年12月12日签订金额为550万元的质押借款合同,质物为乙公司自有动产:某种产品500吨。合同签订后,即将质物转移给原告占有。

2017年1月11日,乙公司与丙银行签订金额为280万元的抵押借款合同,抵押物为乙公司上述自有动产中的250吨,并依法在当地工商行政管理局办理动产抵押的登记手续。

一、质押的概念和种类

(一)质押的概念

质押是指债务人或者第三人将其动产或权力移交债权人占有,将该财产作为债权的担保。债务人不履行债务时,债权人有权依法以该财产折价或者以拍卖、变卖该财产的价款优先受偿。

该财产称为质物,提供质物的债务人或者第三人为出质人,债权人为质权人,其享有的对质物的担保物权是质权。

(二)质押的种类

1. 动产质押和权利质押

根据质物的种类进行分类,可将质押分为动产质押和权利质押。

2. 转质

转质是指在质押期间,质权人以质物为第三人设立质权的行为。第三人的质权为转质权,第三人是转质权人。转质后原质押继续有效。

例如,甲、乙签订的书面质押借款合同中,甲把自己的设备质押给乙,从乙处借款。此后,乙又将该设备质押给自己的债权人丙,即为转质。

转质分为承诺转质和责任转质。

1) 承诺转质

承诺转质是指经过出质人同意的转质。

《担保法》司法解释第九十四条规定："质权人在质权存续期间，为担保自己的债务，经出质人同意，以其所占有的质物为第三人设定质权的，应当在原质权所担保的债权范围之内，超过的部分不具有优先受偿的效力。转质权的效力优于原质权。"

2）责任转质

责任转质是指未经出质人同意的转质。

《担保法》司法解释第九十四条规定，质权人在质权存续期间，未经出质人同意，为担保自己的债务，在其所占有的质物上为第三人设定质权的无效。质权人对因转质而发生的损害承担赔偿责任。

根据《物权法》第二百一十七条的规定，质权人在质权存续期间，未经出质人同意转质，造成质押财产毁损、灭失的，应向出质人承担赔偿责任。

3. 最高额质押

出质人与质权人可以协议设立最高额质权。

最高额质权除适用质押有关规定外，参照法律关于最高额抵押权的规定。

二、质押合同

质押合同是出质人和质权人订立的书面协议。

(一) 质押合同的内容

质押合同应当包括以下内容：

(1) 被担保的主债权种类、数额。

(2) 债务人履行债务的期限。

(3) 质物的名称、数量、质量、状况。

(4) 质押担保的范围。

质押担保的范围一般应包括主债权及利息、违约金、损害赔偿金、质物保管费用和实现质权的费用。质押合同另有约定的，按照约定。

其中质物保管费用是指质权人占有质物，在保管质物期间所支出的费用。例如，对质物进行必要维护所需费用；动物作为动产出质时，对动物进行饲养所支出的饲料费等。

实现质权的费用是指实现质权时所需的一切费用。例如，质物估价的费用、质物拍卖的费用等。

(5) 质物移交的时间。

(6) 当事人认为需要约定的其他事项。

质押合同不完全具备前述内容的，可以补正。

出质人和质权人在合同中不得约定在债务履行期届满质权人未受清偿时，质物的所有权转移为质权人所有。

(二) 质物

1. 动产

法律、行政法规禁止转让的动产不得出质。

2. 权利

根据《担保法》及其司法解释和《物权法》的规定，债务人或者第三人有权处分的下列权利可以出质：

（1）汇票、支票、本票。

（2）债券、存款单。

（3）仓单、提单。

（4）依法可以转让的基金份额、股权。

（5）依法可以转让的注册商标专用权、专利权、著作权等知识产权中的财产权。

（6）应收账款。

（7）法律、行政法规规定可以出质的其他财产权利。

实践中用来质押的权利是丰富和多样化的，例如公路桥梁、公路隧道或者公路渡口等不动产收益权也可以依法出质。

依据上述规定，依权利质权的标的，权利质权可以分为证券债权质权、股权质权、知识产权质权以及不动产收益权质权等类型。

（三）质押合同的生效

1. 以动产出质的

质押合同自质物移交于质权人占有时生效。质权自出质人交付质押财产时设立。

债务人或者第三人未按质押合同约定的时间移交质物的，因此给质权人造成损失的，出质人应当根据其过错承担赔偿责任。

出质人代质权人占有质物的，质押合同不生效；质权人将质物返还于出质人后，以其质权对抗第三人的，人民法院不予支持。

因不可归责于质权人的事由而丧失对质物的占有，质权人可以向不当占有人请求停止侵害、恢复原状、返还质物。

质权人负有妥善保管质物的义务。因保管不善致使质物灭失或毁损的，质权人要承担民事责任。质权人的行为可能使质押财产毁损、灭失的，出质人可以要求质权人将质押财产提存，或者要求提前清偿债务并返还质押财产。

质权人在质权存续期间，未经出质人同意，擅自使用、处分质押财产，给出质人造成损害的，应当承担赔偿责任。

质权人有权收取质物所生的孳息，收取的孳息先充抵收取孳息的费用，质押合同另有约定的，按照约定。

2. 以汇票、本票、支票、债券、存款单、仓单、提单出质的

应当在合同约定的期限内将权利凭证交付质权人。质押合同自权利凭证交付之日起生效。质权自权利凭证交付质权人时设立；没有权利凭证的，质权自有关部门办理出质登记时设立。

在实践中应注意无记名有价证券与记名有价证券的区分。以无记名有价证券设质时，只要权利凭证交付给质权人，质押合同即随之生效；而以记名有价证券设质时，则应以背书方式为之，即把将该证券设定质押的情形注明在该证券上，然后再将证券交付给质权人。

出质人在权利凭证交付期日拒不交付权利凭证的,则质押合同不能生效,债权人只能要求债务人提供其他形式的担保。

汇票、支票、本票、债券、存款单、仓单、提单的兑现日期或者提货日期先于主债权到期的,质权人可以兑现或者提货,并与出质人协议将兑现的价款或者提取的货物提前清偿债务或者提存。

3. 以依法可以转让的基金份额和股权出质的

以基金份额、股权出质的,当事人应当订立书面合同。以基金份额、证券登记结算机构登记的股权出质的,质权自证券登记结算机构办理出质登记时设立;以其他股权出质的,质权自工商行政管理部门办理出质登记时设立。质押合同自登记之日起生效。

可见,根据《物权法》的规定,设立质押的股权分为两类,包括"证券登记结算机构登记的股权"和"其他股权"。证券登记结算机构是指经国务院证券监督管理机构批准设立,为证券的发行和交易活动办理证券登记、存管、结算业务的中介服务机构,具体是指中国证券登记结算有限责任公司。《物权法》规定的"在证券登记结算机构登记"是指证券发行人、上市公司或证券经营机构提供股东名册及其持股资料,由证券登记结算机构将股东名册与其持股情况作出统一性认定,确认特定股东及持券情况,并记载于法定表册中,以确认证券合法持有人和处分权人的资格。根据《中华人民共和国证券法》和《中国证券登记结算有限责任公司证券登记规则》的有关规定,依法应当在证券登记结算机构登记的股权包括上市公司的股权、公开发行股份的公司的股权、非公开发行但股东在200人以上的公司股权。上市公司股权、公开发行股份的公司的股权、非公开发行但股东在200人以上的公司股权设质的生效要件是在证券登记结算机构登记。

"其他股权"是指股东在200人以下的非上市股份有限公司和有限责任公司的股权。

根据国家工商总局《工商行政管理机关股权出质登记办法》(2008年)的规定,已在证券登记结算机构登记的股份有限公司的股权之外,以"其他股权"也即非公开发行的股东在200人以下的股份有限公司的股权和有限责任公司的股权出质的,由出质股权所在公司登记的各级工商行政管理机关办理出质登记。《物权法》规定其他股权质押在工商行政管理部门办理出质登记时生效。

申请出质登记的股权应当是依法可以转让和出质的股权。对于已经被人民法院冻结的股权,在解除冻结之前,不得申请办理股权出质登记。以外商投资的公司的股权出质的,应当经原公司设立审批机关批准后方可办理出质登记。

基金份额、股权出质后,不得转让,但经出质人与质权人协商同意的除外。出质人转让基金份额、股权所得的价款,应当向质权人提前清偿债务或者提存。

三、质权的实现

实现质权的途径,一般是折价、拍卖或变卖三种途径。质物折价或拍卖、变卖后,其价款超过债权数额的部分归出质人所有,不足部分由债务人清偿。

实践中,以甲公司向乙银行质押贷款为例,其操作流程如下。

甲公司向乙银行提出动产质押业务申请;甲按照乙银行的要求提供质物,原材料、半成品、产成品都可作为质物；乙银行确认质物存放仓库为符合要求的第三方仓库，以实现质物的转移占有；质押物和质押物存放仓库经认定后，进入授信申报的程序；甲公司向乙银行提供相关资料，并由银行对拟定的质押物进行评估。待项目审批后，双方签订质押借款合同；双方进行质物的清点和验收，质物权属及相关单据审核；银行办理出款手续。

质权人可以放弃质权。债务人以自己的财产出质，质权人放弃该质权的，其他担保人在质权人丧失优先受偿权益的范围内免除担保责任，但其他担保人承诺仍然提供担保的除外。

债务人履行债务或者出质人提前清偿所担保的债权的，质权人应当返还质押财产。

债务人不履行到期债务或者发生当事人约定的实现质权的情形，质权人可以与出质人协议以质押财产折价，也可以就拍卖、变卖质押财产所得的价款优先受偿。

一、名词解释题

质押 动产质押 权利质押

二、问答题

1. 抵押和质押的主要区别有哪些？

2. 可用于质押的权利有哪些？

3. 简述质权的设立条件。

三、案例分析题

1. 甲公司与乙信用社2016年3月1日签订书面质押借款合同约定：贷款金额10万元，贷款期限半年，以甲所有的一台设备提供质押。

(1) 若当年3月5日，甲将设备交付给乙信用社。

(2) 若甲3月1日将设备存放于某仓库，3月6日书面通知该仓库并将仓单交付给乙信用社。

(3) 若双方于3月1日签订质押合同时，约定甲无须将设备交付乙信用社。

(4) 若3月5日，甲将设备交付给乙信用社后，乙信用社嫌保管麻烦，于4月5日将设备交还甲保管，后甲于5月5日将该设备又出质并交付给丙银行，担保债权仍为10万元。

问题：上述情形中债权人对设备的质权何时设立？

2. 2015年6月4日，甲银行与乙公司签订《股权质押借款协议书》，约定："乙公司将其享有的对丙公司的全部股权质押给甲银行，质押金额为人民币500万元；甲银行提供借款200万元，借款月利率0.5%，月综合费率2.4%，借款期限为2015年6月8日至12月8日。若逾期还款，除应向典当行归还本金外，还应交付逾期利息、综合费用、违约金(每天按借款金额的0.073%计算)。"合同签订后，双方未到工商行政管理部门办理股权的质押登记手续。截至2016年1月25日，乙公司共有200万元借款本息尚未归还。

问题：甲银行是否享有质权？

第五节 留 置

2014年11月18日,甲公司与乙银行签订抵押借款合同约定:乙银行同意向甲公司提供贷款人民币50万元,借款期限两年,甲用自有机动车作为抵押。双方依法办理汽车抵押登记等相关手续。

2016年6月,抵押的机动车在一次交通事故中严重受损,甲委托丙公司修理。丙公司将该车修好后,因甲公司无力支付修理费10万元,该车被丙扣留。

借款合同到期后,甲未按期偿还乙银行贷款本息。乙银行和丙公司对于该车辆变现价款的受偿顺序产生了争议。

一、留置的概念和种类

(一) 留置的概念

根据《物权法》规定,留置是债务人不履行到期债务,债权人可以留置已经合法占有的债务人的动产,并有权就该动产优先受偿,即以该财产折价或者以拍卖、变卖该财产的价款优先受偿。债权人为留置权人,占有的动产为留置财产。

留置属于法定担保,即留置的产生不需要当事人订立担保合同,而是根据法律的规定和具体的法律事实而产生。

当事人可以在合同中约定不得留置的物,即当事人可以通过约定来排除法定留置。

(二) 留置的种类

根据《物权法》第二百三十一条的规定,债权人留置的动产,应当与债权属于同一法律关系,但企业之间留置的除外。根据此条规定,可将留置分为以下两种情况。

1. 非企业之间的留置

非企业之间的留置,债权人占有的债务人的动产必须是根据合同约定而占有。即债权人的留置与对债务人的债权是基于同一法律关系。

在保管合同、运输合同、加工承揽合同中,债权人按照合同约定依法占有债务人的动产,债务人不按照合同约定的期限履行债务的,债权人有权依照法律规定留置该财产,以留置财产折价或者以拍卖、变卖该留置物的所得价款中优先得到清偿。

以下以仓储合同为例。

仓储合同是双方当事人约定,由一方存储对方交付的物品,由对方支付费用的合同。其中存储物品的一方称为保管人,对方当事人称为存货人,被存储的物品称为存储物,对方当事人支付的费用称为仓储费。

仓储合同成立后,保管人负有接受和验收存货人的货物入库的义务以及妥善保管和返还保管物的义务。在合同约定的保管期限届满时,保管人应当将仓储物原物返还给存货人或者存货人指定的第三人。存货人应当按照合同的约定及时提取货物并且依照合同约定支付保管费。除非当事人另有约定，存货人未按照合同约定支付保管费以及其他费用的，保管人对保管物享有留置权。

2. 企业之间的留置

企业之间的留置不受上述基于同一法律关系的限制，即债权人和债务人均为企业时，债权人占有债务人的动产，与债权人的债权可以不是基于同一法律关系而产生。

二、留置权的产生和行使

（一）留置权的产生

(1) 债权人占有债务人的动产。

法律规定或者当事人约定不得留置的动产，不得留置。留置财产为可分物的，留置财产的价值应当相当于债务的金额。

(2) 债务人未履行到期债务。

（二）留置担保的范围

留置担保的范围包括以下几个方面。

(1) 主债权。

(2) 利息。

(3) 违约金。

(4) 损害赔偿金。

(5) 实现留置权的费用。这是指留置权人在拍卖、变卖留置物的过程中所花费的金钱，如留置物估价费、拍卖费、催告通知费、诉讼费等。

(6) 留置权人因保管留置物所支出的必要费用。如留置物为动物时的饲养费、治疗费等。

（三）留置权人的权利和义务

1. 留置权人的权利

留置权人有权收取留置财产的孳息。该孳息应当先充抵收取孳息的费用。

2. 留置权人的义务

留置权人负有妥善保管留置财产的义务；因保管不善致使留置财产毁损、灭失的，应当承担赔偿责任。

（四）留置权的行使

留置权人与债务人应当约定留置财产后的债务履行期间；没有约定或者约定不明确的，留置权人应当给债务人两个月以上履行债务的期间，但鲜活易腐等不易保管的动产除外。债务人逾期未履行的，留置权人可以与债务人协议以留置财产折价，也可以就拍卖、变卖留置财产所得的价款优先受偿。留置财产折价或者变卖的，应当参照市场价格。

债务人可以请求留置权人在债务履行期届满后行使留置权;留置权人不行使的,债务人可以请求人民法院拍卖、变卖留置财产。

留置财产折价或者拍卖、变卖后,其价款超过债权数额的部分归债务人所有,不足部分由债务人清偿。

留置权人对留置财产丧失占有或者留置权人接受债务人另行提供担保的,留置权消灭。

由于留置属于法定担保,因此,同一动产上已设立抵押权或者质权,该动产又被留置的,留置权人优先受偿。

一、名词解释题

留置　留置权

二、问答题

1. 简述留置权的产生条件。
2. 留置权应如何行使?
3. 留置权和《合同法》规定的抗辩权之间有何关系?

三、案例分析题

甲公司租赁某商场——乙公司的场地经销某品牌家具,在租赁合同中,约定按季度交付租金,如不能按期交付,乙公司可对甲公司的等值财产予以留置。后甲公司因经营资金周转困难,向丙借款60万元,到期未偿还,遂出具书面意见,同意将商场内所有财产顶账给丙,用于偿还部分欠款。乙公司因甲公司欠其两个月的租金,将甲在其商场内的全部在售家具扣留,使财产未能移交给丙,而甲公司因负债累累潜逃。丙遂向法院提起财产保全申请,对该商场内家具进行了查封。后乙公司以对该查封财产享有留置权提出异议,请求法院解除对其留置物的查封。

问题:乙公司是否对该财产享有留置权?

第六节　定　　金

甲乙双方签订加工合同,约定由甲方向乙方支付定金1万元购买材料,余款在乙方交付货款后付清。合同还约定,如果乙方不能按期或按质交付货物,则甲方还有权请求乙方赔偿经济损失。合同签订后,甲方依约通过汇款的形式向乙方支付了定金1万元,但其在汇款单上将款项用途填写为“货款”。乙方在收取定金后,一直未能按照合同约定向甲方交付货物。甲方遂向法院提起诉讼,请求乙方双倍返还定金并且赔偿经济损失。双方就汇款的性质属于预付货款还是定金产生了争议。

一、定金的概念和种类

（一）定金的概念

定金是指合同当事人在合同订立时或合同履行前，为了保证合同的履行而由一方付给另一方一定数量货币金额的担保形式。

定金属于金钱担保，其担保作用体现为定金罚则：给付定金的一方不履行债务的，无权要求返还定金；接受定金的一方不履行债务的，应当双倍返还定金。合同履行后，定金应当收回或抵作价款。

（二）定金的种类

根据给付定金的目的，定金可分为成约定金、证约定金、违约定金、解约定金和立约定金。

1. 成约定金

成约定金是指作为合同成立要件的定金。

合同是否成立，是否发生法律效力，取决于定金是否交付。交付了，合同就发生法律效力；不交付，合同就没有成立。此时，合同是附条件的合同，以定金的交付作为合同成立的要件。我国法律没有规定这种定金，但不排除当事人依合同自由原则将定金的交付约定为合同的成立条件。《担保法》司法解释第一百一十六条规定："当事人约定以交付定金作为主合同成立或者生效要件的，给付定金的一方未支付定金，但主合同已经履行或者已经履行主要部分的，不影响主合同的成立或者生效。"

2. 证约定金

证约定金即为了证明合同关系的存在而交付的定金。证约定金不是合同有效成立的构成要件，仅是合同关系存在的证明。

3. 违约定金

违约定金是指给定金的一方当事人如不履行合同债务时，收受定金的另一方当事人可予以没收的定金；在这种情形下，定金的没收或者双倍返还，完全以违约救济的形式存在，能够间接起到强制履行合同的作用。

4. 解约定金

解约定金即为取得合同解除权利而交付的定金。依据解约定金，定金交付人可放弃定金而解除合同，定金接受人可双倍返还定金而解除合同。因此，这种定金的最大特点在于，它给予合同当事人在放弃或双倍偿还定金的条件下，单方面解除合同的权利。《担保法》司法解释第一百一十七条规定："定金交付后，交付定金的一方可以按照合同的约定以丧失定金为代价而解除主合同，收受定金的一方可以双倍返还定金为代价而解除主合同。对解除主合同后责任的处理，适用《中华人民共和国合同法》的规定。"

5. 立约定金

立约定金是指担保正式订立合同的定金，即为保证以后正式订立合同而交付的定金。立约定金于合同成立之前交付，但它不是合同成立的要件，也不是合同成立的证明。其作用只是保证当事人有诚意建立合同关系，如果当事人无故拒绝签订合同，则丧失定金或加倍返还定金。

例如，商品房预售中，在签订正式商品房预售合同之前，预购人与开发商要签署“确认书”等之类的文书(预约)，约定由预购人交付一定金钱的定金。《担保法》司法解释第一百一十五条规定：“当事人约定以交付定金作为订立主合同担保的，给付定金的一方拒绝订立主合同的，无权要求返还定金；收受定金的一方拒绝订立合同的，应当双倍返还定金。”因此，预购人或开发商拒绝签订正式预售合同时，定金将产生担保作用。

除非当事人另有约定，《担保法》规定的定金兼有证约定金与违约定金的性质。

二、定金合同

定金基于定金合同而产生。

(一) 定金合同的形式

根据《担保法》规定，定金合同应采用书面形式。定金合同是要式合同。定金合同必须以书面形式订立，口头约定无效。在实践中，一般有三种情况：一是单独订立书面合同。二是在主合同中订有定金条款。这两种情况均应认定定金成立。三是虽然不具备上述条件，但是有定金交付和收取的事实，只要有定金收据作为证明，此种也应当认定定金合同成立。

(二) 定金合同的内容

当事人应在合同中明确约定其给付的金钱为“定金”，或者明确约定定金罚则的实际内容，否则不构成定金。

《担保法》司法解释第一百一十八条规定，当事人交付留置金、担保金、保证金、订约金、押金或者定金等，但没有约定定金性质的，当事人主张定金权利的，人民法院不予支持。

(三) 定金合同的生效

定金合同是一种实践性合同，《担保法》第九十条规定：“定金合同从实际交付定金之日起生效。”这一规定表明，定金未实际交付时，定金合同就未生效。另外，定金的数额要符合法律规定，不得超过主合同标的金额的 20%，超过部分无效。

三、定金与违约金的关系

《合同法》第一百一十六条规定：当事人既约定违约金，又约定定金的，一方违约时，对方可以选择适用违约金或者定金条款。

一、名词解释题

定金　违约定金　证约定金　解约定金

二、问答题

1. 简述定金合同的生效条件。

2. 简述定金的种类。

3. 简述定金和违约金的关系。

本章主要参考法律法规

1.《中华人民共和国担保法》;

2.《中华人民共和国物权法》;

3.《中华人民共和国合同法》;

4.《最高人民法院关于适用〈中华人民共和国担保法〉若干问题的解释》。

第四篇

支付和结算法律制度

第九章

非票据支付结算法律制度

第一节　支付结算概述

2014 年 8 月甲在乙银行申请办理信用卡后，一直未收到该卡。甲询问乙银行的办卡人员丙后得知：有人在使用该卡消费，不需甲还款。甲发现信用卡虽由他人使用，但信息显示能按时还款，便放松警惕，未予深究。2016 年 12 月，该卡消费后不再还款，乙银行向甲催收。2017 年 4 月甲向乙银行投诉要求追究已离职失联的丙的责任，还款销卡并消除由此给自己造成的不良信用记录。经查实，该信用卡实际使用人是负责介绍客户的办卡中介丁。甲无业，信用卡申请表上的单位信息为丁帮助填写，卡片邮寄地址为单位地址，甲对所填写的资料进行了签字确认。乙银行通过致电预留的甲本人手机号码，联系核对甲个人信息后，系统审核通过甲的办卡申请。该卡于 2014 年 8 月通过前置官网方式进行激活，激活时通过预留的手机进行了动态密码验证。乙银行认为甲虚假申请信用卡，存在欺诈行为，应由甲偿还信用卡欠款。

一、支付结算的概念和种类

（一）支付结算的概念

支付结算是单位和个人在社会经济活动中使用包括票据、信用卡等方式在内的各种结算方式进行货币给付和资金清算的行为。支付结算的功能主要是将资金从一方当事人向另一方当事人进行转移。支付结算的任务表现为根据经济往来，准确、及时、安全地办理支付结算，并按照有关法律、法规和规章的规定管理支付结算，保障支付结算活动的正常运行。

（二）支付结算的种类

按照不同的标准，可以将支付结算分为不同的种类。

1. 现金结算和非现金结算

支付结算按照采用的形式可以分为现金结算和非现金结算。

现金结算是指当事人直接用现金进行货币收付，了结债权债务的行为。根据我国现金管理制度的规定，现金结算的范围是个人之间和单位之间在结算起点以下的零星收支以及单位对个人的有关开支。

非现金结算是指当事人通过银行将款项从付款人的账户划转到收款人的账户，从而了结双方之间债权债务的行为。因此非现金结算又被称为银行结算或转账结算。非现金结算适用于大额交易，以票据和结算凭证为依据，通过银行转账方式，将款项从付款人账户转到收款人账户。由于社会商品化程度不断提高，非现金结算已成为现代银行货币结算业务的主要形式。

2. 票据结算和非票据结算

支付结算按照结算使用的工具或方式可分为票据结算和非票据结算。

票据结算是以票据（汇票、本票和支票）作为支付工具的结算方式。

非票据结算是指票据和现金之外的以结算凭证为依据了结债权债务关系的结算方式。

3. 同城结算和异地结算

支付结算按照地域不同可分为同城结算和异地结算。

同城结算是指在同一城镇或地区范围内，收款人和付款人之间的经济往来通过银行办理划拨转账的收付行为。

异地结算是指收款人和付款人不在同一城镇或地区的银行开户而进行款项划拨的收付行为。

4. 交易结算和非交易结算

支付结算按照资金性质不同可分为交易结算和非交易结算。

5. 国内结算和国际结算

支付结算按照国内外不同分为国内结算和国际结算。

本章主要介绍非票据的支付结算方式，包括汇兑、委托收款、托收承付、银行卡和国内信用证。

二、支付结算的法律特征

支付结算具有下列法律特征。

（一）银行是支付结算和资金清算的中介机构

支付结算必须通过中国人民银行批准的金融机构进行。

根据《支付结算办法》的规定，银行是支付结算和资金清算的中介机构。未经批准的中国人民银行非银行金融机构和其他单位不得作为中介机构经营支付结算业务。但法律、行政法规另有规定的除外。

（二）支付结算的发生取决于委托人的意志

银行只是办理支付结算的中介机构，因此，支付结算的发生根据委托人的委托产生。

（三）支付结算是要式行为

票据和结算凭证是办理支付结算的工具。单位、个人和银行办理支付结算，必须使用中国人民银行统一规定印制的票据凭证和统一规定的结算凭证,未使用按中国人民银行统一印制的票据,票据无效;未使用中国人民银行统一规定格式的结算凭证,银行不予受理。

(四)支付结算实行统一管理和分级管理相结合的管理体制

中国人民银行总行负责制定统一的支付结算制度,组织、协调、管理和监督全国支付结算工作。

政策性银行、商业银行总行可以根据统一的支付结算制度,结合本行情况,制定具体管理实施办法,报经中国人民银行总行批准后执行。

(五)支付结算必须依法进行

为了规范支付结算,我国制定了一系列相关法律、法规和制度,现行的主要包括:《中华人民共和国票据法》(以下简称《票据法》)、《票据管理实施办法》(1997年10月1日起施行)、《支付结算办法》(1997年12月1日起施行)、《人民币银行结算账户管理办法》(2003年9月1日起施行)、《国内信用证结算办法》、《中国人民银行银行卡业务管理办法》(1999年3月1日起施行)、《关于审理票据纠纷案件若干问题的规定》、《异地托收承付结算办法》(1995年1月1日起施行)、《电子支付指引(第一号)》(2005年10月26日起施行)等。

根据《支付结算办法》的规定:“银行、城市信用合作社、农村信用合作社以及单位和个人(含个体工商户),办理支付结算必须遵守国家法律、行政法规和本办法的各项规定,不得损害社会公共利益。”因此,支付结算的当事人必须严格依法进行支付结算活动。

例如,支付结算必须遵守银行结算纪律,不准签发没有资金保证的票据和远期支票,套取银行信用;不准签发、取得和转让没有真实交易和债权债务的票据,套取银行和他人资金;不准无理拒绝付款,任意占用他人资金;不准违反规定开立和使用账户。企业必须严格遵守银行有关开立账户和支付结算办法规定的结算纪律,保证结算业务的正常进行。

三、支付结算的意义

(一)加速社会资金周转,提高资金使用效益,促进经济发展

各经济单位之间的经济往来款项通过银行进行清算能及时迅速地进行资金划拨,简化结算手续,缩短结算过程,减少流通环节的资金沉淀,从而加速资金和商品周转,提高资金使用效益,为经济发展创造良好的条件。

(二)非现金结算节省现金使用,减少货币发行,调节货币流通,降低社会流通费用

非现金结算方式可以节省大量现金,降低现金印制、保管、运送、清点、销毁等有关流通费用和使用现金的社会成本,而且能将对市场具有强大潜在冲击力的现金使用降到最低限度,使得商业银行维护和促进货币流通正常进行的职能作用得到充分的发挥。

另外,结算业务还具有加强资金管理、增强票据意识、加强信用观念、巩固经济合同制和经济核算制、反映结算信用、监督国民经济活动等作用。

四、支付结算的原则

支付结算的原则是单位、个人和银行在进行支付结算活动时所必须遵循的行为准则。根据《支付结算办法》的规定，支付结算有下列原则。

（一）恪守信用，履约付款

本原则是指当事人办理支付结算应按照约定，恪守信用，依法履行债务，行使债权。银行也应按照有关规定，认真履行结算责任，准确、及时、安全地为客户办理结算业务。

（二）谁的钱进谁的账，由谁支配

本原则是指银行在办理支付结算时，必须尊重客户对资金的所有权和支配权，做到谁的钱进谁的账户，由谁支配。首先银行将应收款项准确及时地划入收款人账户，其次从客户账户中支付款项时，要根据客户的委托办理。除法律另有规定，银行不得代任何单位和个人查询、冻结、划扣任何款项，也不得任意停止或者拒绝客户的正常支付。

（三）银行不垫款

本原则是指根据支付结算的性质，银行作为支付结算的中介组织，结算业务主要是接受客户的委托，以中介人或代理人身份开展业务，银行不直接作为信用活动的一方出现，即不以债权人或债务人的身份参与。银行在办理结算过程中，只负责将结算款项从付款单位账户划转到收款单位账户，银行不为支付结算垫款，不承担垫付任何款项的责任，支付结算的风险主要由委托人来承担。遵循本原则，划清银行与开户单位的资金界限，保护银行资金的所有权或经营权，促使开户单位直接对自己的债权债务负责。

五、办理支付结算的基本要求

根据支付结算的法律法规的规定，在办理支付结算时主要有以下要求。

（一）依法开立和使用账户

单位、个人和银行应当按照《人民币银行结算账户管理办法》的规定开立、使用账户。办理支付结算，账户内应有足够的资金保证支付。没有开立存款账户的个人向银行交付相应款项后，也可以通过银行办理支付结算。

银行依法为单位、个人在银行开立的存款账户中的存款保密，维护其资金的自主支配权。除国家法律、行政法规另有规定外，银行不得为任何单位或者个人查询账户、冻结、扣划款项，不得停止单位、个人存款的正常支付。

（二）依法使用票据和结算凭证

单位、个人和银行办理支付结算，必须使用按中国人民银行统一规定印制的票据和结算凭证。

票据和结算凭证是办理支付结算的工具。未使用按中国人民银行统一规定印制的票据,票据无效;未使用中国人民银行统一规定格式的结算凭证,银行不予受理。

(三) 依法填写票据和结算凭证

票据和结算凭证是银行、单位和个人凭以记账的会计凭证,是记载经济业务和明确经济责任的一种书面证明。银行、单位和个人填写的各种票据和结算凭证是办理支付结算和现金收付的重要依据,直接关系到支付结算的准确、及时和安全。因此,填写票据和结算凭证,必须做到标准化、规范化。

六、填写票据和结算凭证的要求

填写票据和结算凭证应当规范,做到要素齐全、数字正确、字迹清晰、不错不漏、不潦草,防止涂改。票据和结算凭证上的签章和其他记载事项应当真实,不得伪造、变造。

填写收款人名称、出票日期、金额等应当规范,单位和银行的名称应当记载全称或规范化简称。票据和结算凭证上的签章,为签名、盖章或者签名加盖章。单位、银行的签章是该单位、银行的盖章加其法定代表人或者其授权的代理人的签名或盖章。个人在票据和结算凭证上的签章应为该个人本名的签名或签章。

金额、出票或签发日期、收款人名称不得更改。更改的票据无效,更改的结算凭证,银行不予受理。对票据和结算凭证上的其他记载事项,原记载人可以更改,由其在更改处签章证明。

根据《正确填写票据和结算凭证的基本规定》的规定,金额填写应符合以下基本要求。

(1) 中文大写金额数字应用正楷或行书填写。如壹、贰、叁、肆、伍、陆、柒、捌、玖、拾、佰、仟、万、亿、元、角、分、零、整(正)等字样。不得用一、二(两)、三、四、五、六、七、八、九、十、廿、毛、另(或0)填写。不得自造简化字。如果金额数字书写中使用繁体字,也应受理。

(2) 中文大写金额数字到“元”为止的,在“元”之后,应写“整”(或“正”)字,在“角”之后可以不写“整”(或“正”字)。大写金额数字有“分”的,“分”后面不写“整”(或“正”字)。

(3) 中文大写金额数字前应标明“人民币”字样,大写金额数字应紧接“人民币”字样填写,不得留有空白。大写金额数字前未印“人民币”字样的,应加填“人民币”三字。在票据和结算凭证大写金额栏内不得预印固定的“仟、佰、拾、万、仟、佰、拾、元、角、分”字样。

(4) 阿拉伯小写金额数字中有“0”时,中文大写应按照汉语语言规律、金额数字构成和防止涂改的要求进行书写。

① 阿拉伯数字中间有“0”时,中文大写金额要写“零”字。如¥1 409.50,应写成人民币壹仟肆佰零玖元伍角。

② 阿拉伯数字中间连续有几个“0”时,中文大写金额中间可以只写一个“零”字。如¥6 007.14,应写成人民币陆仟零柒元壹角肆分。

③ 阿拉伯金额数字万位或元位是“0”,或者数字中间连续有几个“0”,万位、元位也是“0”,但千位、角位不是“0”时,中文大写金额中可以只写一个“零”字,也可以不写“零”字。如¥1 680.32,应写成人民币壹仟陆佰捌拾元零叁角贰分,或者写成人民币壹仟陆佰捌拾元叁角贰分;又如¥107 000.53,应写成人民币壹拾万柒仟元零伍角叁分,或者写成人民币壹拾万零柒仟元伍角叁分。

④ 阿拉伯金额数字角位是“0”，而分位不是“0”时，中文大写金额“元”后面应写“零”字。如￥16 409.02，应写成人民币壹万陆仟肆佰零玖元零贰分；又如￥325.04，应写成人民币叁佰贰拾伍元零肆分。

⑤ 阿拉伯小写金额数字前面均应填写人民币符号“￥”。阿拉伯小写金额数字要认真填写，不得连写以致分辨不清。

⑥ 票据的出票日期必须使用中文大写。为防止变造票据的出票日期，在填写月、日时，月为壹、贰和壹拾的，日为壹至玖和壹拾、贰拾和叁拾的，应在其前加“零”；日为拾壹至拾玖的，应在其前面加“壹”。如 2 月 12 日，应写成零贰月壹拾贰日；10 月 20 日，应写成零壹拾月零贰拾日。

⑦ 票据出票日期使用小写填写的，银行不予受理。大写日期未按要求规范填写的，银行可予受理，但由此造成损失的，由出票人自行承担。

(一) 票据和结算凭证内容应当准确、完整

填写票据和结算凭证应当做到要素齐全，数字正确，字迹清晰，不错不漏，不潦草，防止涂改。金额以中文大写和阿拉伯数字同时记载，两者必须一致，两者不一致的票据无效；两者不一致的结算凭证，银行不予受理。

少数民族地区和外国驻华使领馆根据实际需要，金额大写可以使用少数民族文字或者外国文字记载。

(二) 票据和结算凭证上的签章和其他记载事项应当真实

票据和结算凭证上的签章和其他记载事项应当真实，不得伪造、变造。

票据上有伪造、变造的签章的，不影响票据上其他当事人真实签章的效力。

票据和结算凭证上的签章，为签名、盖章或者签名加盖章。单位、银行在票据上的签章和单位在结算凭证上的签章，为该单位、银行的盖章加其法定代表人或其授权的代理人的签名或盖章。个人在票据和结算凭证上的签章，为个人本名的签名或盖章。

一、名词解释题

支付结算　票据结算　非票据结算

二、问答题

1. 简述支付结算的原则。
2. 简述支付结算的意义。
3. 简述支付结算的法律特征。
4. 简述支付结算的种类。
5. 简述支付结算的基本要求。

第二节 银行账户管理法律制度

甲贸易公司与乙进出口公司签订协议：乙同意甲以乙名称独立开展涉外经贸业务活动，使用相应的涉外合同专用章、出口发票章，乙为甲提供在A银行的账号，以便甲从事进出口经营业务。

合同签订后，乙以自己名义和公章在A银行开设了两个临时账户。其中一个乙自用，预留印鉴为"乙财务专用章"和"乙法定代表人私章"；另一个给甲使用，预留印鉴为"乙财务专用章"和"甲法定代表人私章""乙职员私章"。

2017年5月13日，甲汇款100万元至上述第二个账户。该款到账后，被A行于5月17日扣划用于清偿乙到期未偿还的贷款。该款项被扣划后，甲找到乙、A行多次交涉要求返还该款项未果，遂于当年7月将A行和乙起诉至法院。乙表示该100万元款项确为甲所有。

一、银行结算账户的概念和种类

(一) 银行结算账户的概念和特点

1. 银行结算账户的概念

在金融机构开立的账户是清算和结算的基础。账户包括中央银行和清算中心的账户、商业银行的账户等。

银行结算账户是指存款人在银行开立的办理资金收付结算的人民币活期存款账户，是单位和个人之间通过银行结算的基础与支付结算的重要组成部分。存款人是指在中国境内开立银行结算账户的国家机关、社会团体、企业、事业单位、部队、其他组织、个体工商户和自然人等。银行是指在中国境内经中国人民银行批准依法经营人民币支付结算业务的银行业金融机构。

2. 银行结算账户的特点

银行结算账户办理人民币业务，不同于外币存款账户办理的是外币业务。

银行结算账户的功能是办理资金收付结算业务，不同于以存取本金和支取利息为基本功能的储蓄账户。

银行结算账户是活期存款账户，不同于单位定期存款账户。单位定期存款账户不具有结算功能，其开立和使用的法律依据是《人民币单位存款管理办法》。

(二) 银行结算账户的种类

1. 按照存款人的不同分类

银行结算账户按照存款人的不同，可分为单位银行结算账户和个人银行结算账户。

1）单位银行结算账户

单位银行结算账户是指以单位名称开立的银行结算账户。

单位包括国家机关、社会团体、企业、事业单位、部队、其他组织等。

根据《人民币银行结算账户管理办法》的规定，个体工商户凭营业执照以字号或者经营者姓名开立的银行结算账户纳入单位银行结算账户管理。

2）个人银行结算账户

个人银行结算账户是指存款人凭个人身份证以自然人名称开立的银行结算账户。个人包括中国公民、外国公民。

个人因投资、消费使用的各种支付工具，包括借记卡、信用卡在银行开立的银行结算账户，纳入个人银行结算账户管理。

2. 按照账户的用途分类

单位银行结算账户按照用途可分为基本存款账户、一般存款账户、专用存款账户、临时存款账户。

1）基本存款账户

基本存款账户是指存款人因办理日常转账结算和现金收付需要开立的银行结算账户。基本存款账户是存款人的主要账户。开立基本存款账户是开立其他银行结算账户的前提。

基本存款账户的使用范围包括：存款人日常经营活动的资金收付及其工资、奖金和现金的支取。

2）一般存款账户

一般存款账户是指存款人因借款或其他结算需要，在基本存款账户开户银行以外的银行营业机构开立的银行结算账户。

一般存款账户用于办理存款人借款转存、借款归还和其他结算的资金收付。该账户可以办理现金缴存，但不得办理现金支取。

存款人开立一般存款账户没有数量限制。

3）专用存款账户

专用存款账户是指存款人按照法律、行政法规和规章，对有特定用途的资金进行专项管理和使用而开立的银行结算账户。

专用存款账户的使用范围包括：基本建设资金，更新改造资金，财政预算外资金，粮、棉、油收购资金，证券交易结算资金，期货交易保证金，信托基金，金融机构存放同业资金，政策性房地产开发资金，单位银行卡备用金，住房基金，社会保障基金，收入汇缴资金和业务支出资金，党、团、工会设在单位的组织机构经费和其他需要专项管理和使用的资金。

财政部门为实行财政国库集中支付的预算单位在商业银行开设的零余额账户（简称预算单位零余额账户）按专用存款账户管理。

4）临时存款账户

临时存款账户是指存款人因临时需要并在规定期限内使用而开立的银行结算账户。临时存款账户的有效期最长不得超过两年。

存款人可以申请开立临时存款账户的情况包括：设立临时机构；异地临时经营活动；注册验资。

二、银行结算账户的开立、变更和撤销

(一) 银行结算账户的开立

1. 基本原则

1) 一个单位一个基本账户

单位银行结算账户的存款人只能在银行开立一个基本存款账户。

2) 开立账户的地点

存款人应在其注册地或住所地开立银行结算账户。

存款人有下列情形之一的,可以在异地开立有关银行结算账户:营业执照注册地与经营地不在同一行政区域(跨省、市、县)需要开立基本存款账户的;办理异地借款和其他结算需要开立一般存款账户的;存款人因附属的非独立核算单位或派出机构发生的收入汇缴或业务支出需要开立专用存款账户的;异地临时经营活动需要开立临时存款账户的;自然人根据需要在异地开立个人银行结算账户的。

3) 自主开立账户

存款人可以根据需要自主选择银行。除国家法律、行政法规和国务院另有规定外,任何单位和个人不得强令存款人到指定银行开立银行结算账户。

4) 依法使用账户

不得利用银行结算账户进行偷逃税款、逃避债务、套取现金及其他违法犯罪活动。

5) 账户保密

除国家法律、行政法规另有规定外,银行有权拒绝任何单位或个人查询。

2. 银行结算账户的开立程序

1) 提交开户申请书和有关证明文件

存款人申请开立银行结算账户时,应填写开户申请书并提交有关证明文件。

2) 开户银行审查

银行应对开户申请书填写的事项和证明文件的真实性、完整性和合法性进行审查。

3) 报送中国人民银行当地支行核准或备案

开户申请书填写的事项齐全,符合开立基本存款账户、临时存款账户和预算单位专用存款账户条件的,银行应将存款人的开户申请书、相关的证明文件和银行审核意见等开户资料报送中国人民银行当地分行,经其核准后办理开户手续。

对符合开立一般存款账户、其他专用存款账户和个人银行结算账户条件的,银行应办理开户手续,并于开户之日起5个工作日内通过账户管理系统向中国人民银行当地分行备案。

4) 中国人民银行核准

中国人民银行应于2个工作日内对银行报送的相关开户资料的合法性予以审核,符合开户条件的,予以核准,发放开户许可证。

不符合开户条件的,应在开户申请书上签署意见,连同有关证明文件退回报送银行。

5) 开户

银行依法直接办理开户手续或凭中国人民银行的开户许可证为存款人办理开户手续。

开户银行应与存款人签订银行账户管理协议，规定开户行和存款人各自的权利和义务。

（二）银行结算账户的变更

银行结算账户的变更是指存款人的账户信息资料发生的变化或改变。主要为存款人名称、单位法定代表人、住址以及其他开户资料的变更。

（三）银行结算账户的撤销

1. 撤销的情形

1）存款人申请撤销账户

存款人被撤并、解散、宣告破产或关闭的，注销登记或被吊销营业执照的，因迁址需要变更开户银行的以及因其他原因需要撤销银行结算账户的，存款人应向开户银行提出撤销银行结算账户的申请。存款人撤销银行账户，必须与银行核对账户存款余额，交回相关空白票据、结算凭证和开户登记证，银行核对无误后办理销户手续。

2）未发生业务账户的撤销

银行对已开户1年，但未发生任何业务的账户，应通知存款人自发出通知30日内到开户银行办理销户手续，逾期视同自愿销户。

2. 不得撤销的情形

存款人尚未清偿其开户银行债务的，不得申请撤销银行结算账户。

三、银行结算账户的管理

（一）中国人民银行的管理

中国人民银行负责监督检查银行结算账户的开立和使用，对存款人、银行违反银行结算账户管理规定的行为予以处罚。

负责基本存款账户、临时存款账户和预算单位专用存款账户开户登记证的管理。开立、变更和撤销上述账户需经中国人民银行核准。

任何单位及个人不得伪造、变造及私自印制开户登记证。

（二）开户银行的管理

银行负责所属营业机构银行结算账户开立和使用的管理，监督和检查其执行本办法的情况，纠正违规开立和使用银行结算账户的行为。银行应明确专人负责银行结算账户的开立、使用和撤销的审查和管理，负责对存款人开户申请资料的审查，并按照本办法的规定及时报送存款人开销户信息资料，建立健全开、销户登记制度，建立银行结算账户管理档案，按会计档案进行管理。银行结算账户管理档案的保管期限为银行结算账户撤销后10年。银行应对已开立的单位银行结算账户实行年检制度，检查开立的银行结算账户的合规性，核实开户资料的真实性；对不符合本办法规定开立的单位银行结算账户，应予以撤销。对经核实的各类银行结算账户的资料变动情况，应及时报告中国人民银行当地分支行。

银行应对存款人使用银行结算账户的情况进行监督，对存款人的可疑支付应按照中国人民银行规定的程序及时报告。

(三)存款人的管理

存款人应加强对预留银行签章的管理。单位遗失预留公章或财务专用章的,应向开户银行出具书面申请、开户登记证、营业执照等相关证明文件;更换预留公章或财务专用章时,应向开户银行出具书面申请、原预留签章的式样等相关证明文件。个人遗失或更换预留个人印章或更换签字人时,应向开户银行出具经签名确认的书面申请,以及原预留印章或签字人的个人身份证件。银行应留存相应的复印件,并凭以办理预留银行签章的变更。

遗失预留公章或财务专用章的,更换预留式样。

一、选择题

1. 存款人开立存款账户,不需要实行核准制的是(　　)。

A. 基本存款账户　　B. 临时存款账户

C. 预算单位开立专用存款账户　　D. 因注册验资需要开立临时存款账户

2. 根据支付结算法律制度的规定,下列各账户中,可以办理现金支付的是(　　)。

A. 一般存款账户　　B. 临时存款账户

C. 基本存款账户　　D. 个人存款账户

3. 下列哪种情况下,存款人可以申请开立临时存款账户(　　)?

A. 注册验资　　B. 缴纳住房基金

C. 异地临时经营活动　　D. 清算证券交易结算资金

4. 银行为存款人开立一般存款账户、其他专用存款账户,应自开户之日起(　　)个工作日内书面通知基本存款账户开户银行。

A. 3　　B. 5　　C. 7　　D. 10

二、问答题

1. 简述银行账户的主要种类。
2. 简述银行账户开立的法律规定。
3. 简述银行账户变更的法律规定
4. 简述银行账户撤销的法律规定。

第三节　非票据支付结算方式

2013年8月20日,甲银行根据乙公司的《开证申请书》及《开证承诺书》为乙公司开具了国内信用证,受益人为丙公司,开证金额为人民币4 000万元(20%的上下浮动),付款方式为延期付款(收货通知单签发后180天),受益人应提交的单据为增值税专用发票和乙公司出具的收货通知书。甲银行于2013年8月26日收到丙公司提交的单据一套,

金额为 4 003 万元，当日通知了乙公司，乙公司书面回复，同意办理确认付款手续，到期日为 2014 年 2 月 17 日。但到信用证到期日，乙公司在甲银行开立的账户中可用余额为零。甲银行以自有资金代其付款。后经催款未果，甲银行起诉要求乙公司偿还信用证垫款 4 003 万元，并支付自 2014 年 2 月 17 日起至实际付清之日止的利息，同时负担诉讼费。

我国现行的非票据支付结算方式有汇兑、委托收款、托收承付、银行卡和国内信用证五种。

一、汇兑

(一) 汇兑概述

1. 汇兑的概念和适用范围

汇兑是汇款人委托银行将其款项支付给收款人的结算方式。

汇兑广泛应用于单位和个人的各种款项的结算，便于汇款人向异地的收款人主动汇款，具有划拨款项手续简便、灵活且没有金额起点限制等特点。

2. 汇兑的分类

汇兑分为信汇和电汇，由汇款人自行选择使用。

信汇是汇款人向银行提出申请，交存一定金额的货币和手续费，委托银行用邮寄方式将汇款凭证寄给收款人指定的汇入行，汇入行向收款人解付一定金额的汇兑方式。

电汇是汇款人将一定款项交存银行，委托银行用电报或电传方式将汇款凭证转发给收款人指定的汇入行，指示汇入行向收款人支付一定金额的汇兑方式。

两种方式比较，信汇速度相对较慢，费用相对较低。

(二) 汇兑的程序

汇兑的程序包括以下步骤。

1. 汇款人依法签发汇兑凭证

汇款人委托银行办理汇兑结算，应向汇出银行填写信汇或电汇凭证。签发汇兑凭证时，在汇兑凭证上必须记载下列事项：

(1) 表明“信汇”或“电汇”的字样。

(2) 无条件支付的委托。汇款人对于汇款不得有任何限制付款的条件。

(3) 汇款金额。汇款凭证应填写确定的金额。汇款人和收款人为个人，需要在汇入银行支取现金的，应在凭证的“汇款金额”大写栏内，先填写“现金”字样，后填写汇款金额。

(4) 收款人名称。汇兑凭证记载的收款人为个人、收款人需要到汇入银行领取款项的，汇款人应在汇兑凭证上注明“留行待取”字样。对于留行待取的汇款，若是指定该单位的某个收款人领取的，还应注明收款人的单位名称；若信汇凭证上指明凭收款人签章收取的，应在信汇凭证上预留收款人签章。

(5) 汇款人名称。

(6) 汇入地点、汇入行名称。

(7) 汇出地点、汇出行名称。

(8) 委托日期。委托日期是指汇款人向汇出银行提交汇兑凭证的当日。

(9) 汇款人签章。如果汇兑凭证欠缺上述记载事项之一的,银行不予受理。汇款人如果限定所汇款项不得进行转汇时,应在汇兑凭证的备注栏内写明"不得转汇"的字样。

2. 汇出行的处理

汇出行在受理信汇凭证时,应认真审查以下内容:

(1) 信汇凭证填写的各项内容是否齐全、正确。

(2) 汇款人账户是否有足够支付的款项。

(3) 汇款人的印章是否与预留银行的印鉴相符。

(4) 对填明"现金"字样的信汇凭证,还应审查是否个人汇款。

汇出银行审查信汇凭证无误后,第一联信汇凭证加盖转讫章后退给汇款人。汇款人转账交付的,银行以第二联信汇凭证作为借方凭证办理转账。

汇款人以现金交付的,银行另填一联特种转账贷方凭证,以第二联信汇凭证作为借方凭证记账。转账后第三联信汇凭证加盖联行专用章,与第四联随同联行报单一并寄给汇入行。

3. 汇入行的处理

汇入银行接收汇出银行的汇兑凭证之后,审查无误后,分别以下几种情况办理付款手续:

(1) 信汇凭证上已填有"现金"字样的,应一次办理现金支付手续。

(2) 分次支取的。银行审核收款人填写的取款凭证、预留银行签章和取款人的身份证件,审核无误后,办理分次支付手续。

(3) 需要转汇的,应重新办理汇款手续。

(三) 汇兑的撤销和退汇

1. 汇兑的撤销——汇出银行尚未汇出

(1) 转汇银行不得受理汇款人或汇出银行对汇款的撤销。

(2) 汇款回单只能作为汇出银行受理汇款的依据,不能作为该笔汇款已经转入收款人账户的证明;收账通知是银行将款项确已收入收款人账户的凭据。

(3) 汇款人对汇出银行尚未汇出的款项可以申请撤销。

2. 汇兑的退汇

退汇是指将汇出银行已经汇出,但尚未解付的汇款退回给汇款人。退汇的主要规定如下:

(1) 汇款人对汇出银行已经汇出的款项可以申请退汇。

(2) 对在汇入银行开立存款账户的收款人,由汇款人与收款人自行联系退汇。如果汇款人与收款人不能达成一致退汇的意见,不能办理退汇。

(3) 对未在汇入银行开立存款账户的收款人,汇款人应出具正式函件或者本人身份证件以及原信、电汇回单,由汇出银行通知汇入银行,经汇入银行核实汇款确未支付,并将款项汇回汇出银行,方可办理退汇。

(4) 汇入银行对于收款人拒绝接受的汇款,应当立即办理退汇。

(5) 汇入银行对于向收款人发出取款通知,经过"2个月"无法交付的汇款,应主动办理退汇。

转汇银行不得受理汇款人或汇出银行对汇款的退汇。

退汇的情况包括汇款人申请退汇和汇入行主动退汇两种情况。

(1) 汇款人申请退汇。

① 汇出行受理退汇申请。汇款人要求退款时，对收款人在汇入行开立账户的，由汇款人与收款人自行联系退汇；对收款人未在汇入行开立账户的，应由汇款人备函或出具本人身份证件，连同原信汇、电汇回单，一并交汇出行办理退汇手续。

汇出行接到退汇函件或身份证件及回单，应填制四联“退汇通知书”，第一联交给原汇款人，第二、第三联寄交汇入行，第四联与函件和回单联一起保管。汇款人要求使用电报通知退汇时，退汇通知书只需两联，第一联用途同上，第二联凭以向汇入行拍发电报，然后与函件和回单联一起保管。

② 汇入行办理退汇。汇入行接到退汇通知书或电报，经查，如果该笔汇款已经转入“应解汇款”但尚未解付的，应向收款人索回取款通知便条，并以第二联退汇通知书代借方凭证，第四联汇款凭证作为附件转账。转账后，第三联退汇通知书随同联行报单寄回原汇出行，也可以拍发电报通知原汇出行。

如果该笔款项已经解付，应在第二、第三联退汇通知书或电报上注明解付情况及日期，留存第二联退汇通知书或电报，以第三联作退汇通知书(或拍发电报通知原汇出行)。

③ 汇出行退款。汇出行接到汇入行寄来退汇通知书及报单或退汇电报，应以第三联退汇通知书代贷方凭证办理转账。如汇款人未在银行开立账户，应另外填制一联现金借方凭证，将现金退还汇款人。然后，在留存的第二联汇款凭证上注明“此款已于×月×日退汇”字样存档，以备查考。在留存的第四联退汇通知书上注明“退汇款退回已代进账”字样，加盖转讫章后作为收账通知交给原汇款人。

(2) 汇入行主动退汇。

① 退汇的情况。汇入行在以下两种情况下可以办理退汇：收款人拒绝接受汇款；汇入行向收款人发出取款通知，收款人在 2 个月内不来取款导致汇入行无法交付的汇款。

② 汇入行的处理。汇入行办理退汇时，应填制一联特种转账借方凭证和两联特种转账贷方凭证，并在凭证上注明“退汇”字样，将第四联汇款凭证作为附件，办理转账。两联特种转账贷方凭证连同联行报单一并寄交原汇出行，同时销记应解汇款登记簿。

③ 汇出行的处理。原汇出行接到原汇入行寄来联行报单和特种转账贷方凭证，应对退回的款项办理转账。如汇款人未在银行开立账户，应另外填制一联现金借方凭证，将现金退还汇款人。

二、委托收款

(一) 委托收款的概念和适用范围

委托收款是收款人向银行提供收款依据，委托银行向付款人收取款项的结算方式。

委托收款分邮寄和电划两种，由收款人选用。邮寄是指收款人委托银行通过邮寄方式将款项划转给收款人的结算方式。电划是指收款人委托银行通过电报将款项划转给收款人的结算方式。

委托收款在同城、异地均可办理。具有方便灵活、适用面广、不受金额起点限制等特点。在银行或其他金融机构开立账户的单位和个体工商户的商品交易、劳务款项和其他应收款项的结算,均可使用委托收款结算方式。单位和个人可凭已承兑的商业汇票、债券、存单等付款人债务证明,使用委托收款的方式办理款项的结算。

(二) 委托收款的程序

委托收款的程序如下。

1. 收款人填制委托收款凭证

收款人办理委托收款应填写委托收款凭证,向开户银行提供收款依据和有关的债务证明。签发托收凭证必须记载下列事项:

(1) 标明"委托收款"的字样。

(2) 确定的金额、委托日期、收款人签章。

(3) 付款人的名称、收款人的名称。

(4) 委托收款凭据名称及附寄单证张数。

(5) 付款人的付款期为3日,从付款人开户银行发出付款通知的次日算起。

(6) 付款人在付款期内未向银行提出异议,银行视作同意付款。

(7) 付款人需拒付时,应在付款期内向开户银行提交全部或部分拒付理由书。银行不负责审查拒付理由,只将拒付理由书和有关凭证及单证寄给收款人开户行转交收款人。

2. 收款人开户银行受理委托收款

银行收到收款人提交的委托收款凭证和有关单证后,按照有关规定,对委托收款凭证的填写进行审查,审查无误后,办理委托收款手续。

比照托收承付结算方式的处理方法,向付款人开户银行发出委托收款凭证,或通过同城票据交换提出委托收款凭证,将委托收款凭证寄交付款人开户银行。

3. 付款

(1) 付款人开户银行收到委托收款凭证及有关单证,审查是否确属本行受理,审查无误后,及时通知付款人签收委托收款凭证及有关单证。

(2) 付款人付款。

付款人收到其开户银行交给的委托收款凭证及有关单证,应签收并审查债务证明是否真实,审查无误后应在规定的付款期内付款。付款人的付款期为3日,从付款人开户银行发出付款通知的次日算起。

付款人也可在付款期满之前通知银行提前付款。

付款人如果不通知银行,银行视同付款人同意付款并在第4日从付款人账户中将此笔委托收款款项划给收款人。

4. 收款人开户银行收账

收款人开户银行收到划款的凭证或电报,核对无误后办理转账,手续与托收承付基本相同。

委托收款中的拒绝收款付款人账户在付款期满时如果没有足够的资金支付全部款项,银行应索回全部单证,并填写付款人未付款通知书,退回收款人开户银行。对于无款支付和拒付的情况，收款人开户银行应将未付款通知书、拒付理由书及债务证明转交收款人。

（三）拒绝付款

付款人在3日内审查有关债务证明后，认为债务证明或与此有关的事项符合拒绝付款的规定，应出具拒绝付款理由书（全部或部分拒付）和委托收款凭证第五联及持有的债务证明，向银行提出拒绝付款，由银行转交收款人开户银行。付款人开户银行不负责审查拒付理由，对部分支付的款项按全额划款的手续处理。

三、托收承付

（一）托收承付的概念和适用范围

1. 托收承付的概念

托收承付是指根据买卖合同由收款人发货后委托银行向异地付款人收取款项，由付款人向银行承认付款的结算方式。

托收承付根据结算方式分为邮寄和电划两种，由收款单位选择采用。

邮寄是收款人委托银行通过邮寄方式将款项划转给收款人的结算方式。电划是收款人委托银行通过电报将款项划转给收款人的结算方式。

2. 托收承付的适用范围

1）结算起点

托收承付的每笔金额起点为10 000元，新华书店系统每笔金额起点为1 000元。

2）使用单位

使用托收承付结算方式的收款单位和付款单位，必须是国有企业、供销合作社以及经营管理较好，并经开户银行审查同意的城乡集体所有制工业企业。

3）适用的交易

办理托收承付结算的款项，必须是商品交易，以及因商品交易而产生的劳务供应的款项；代销、寄销、赊销商品的款项，不得办理托收承付结算。

使用托收承付结算方式必须签有符合《合同法》规定的买卖合同，并在合同中约定使用托收承付结算方式。

（二）托收承付的程序

收款人办理托收，必须具有商品确已发运的证件，包括铁路、航运、公路等运输部门签发的运单、运单副本和邮局包裹回执等。没有发运证件，按照《支付结算办法》所规定的具体情况，可凭其他有关证件办理。

1. 收款人填制托收凭证

收款人按照签订的买卖合同发货后，即可填制托收凭证。签发托收凭证必须记载下列事项：

（1）标明“托收承付”的字样。

(2) 确定的金额、托收附寄单证张数或册数。

(3) 收款人的名称、账号、开户银行名称。

(4) 付款人的名称、账号、开户银行名称。

(5) 合同名称及号码、委托日期。

(6) 收款人签章。

2. 托收

托收凭证按要求的内容填妥并盖章后,连同发运单证或其他符合托收承付结算的有关证明和交易单证(所附单证的张数应在托收凭证上注明)一并送交银行。收款人如需取回发运证件,银行应在托收凭证上加盖"已验发运单证"戳记。

开户银行接到托收凭证及其附件后,应当按照托收的范围、条件和托收凭证填写的要求认真进行审查,必要时,还应查验收付款人签订的买卖合同。凡不合要求或违反买卖合同发货的,不能予以办理。审查时间最长不得超过次日。

开户银行将托收凭证、发运证件和交易单证审核无误后,将托收凭证连同所附单证一并寄交付款人开户行。

3. 付款人开户行通知承付

1) 付款人开户行对凭证的审核

付款人开户行收到托收承付凭证和所附单证后,应在2日内审查。审查的主要内容是:托收款项是否符合托收承付结算及其他有关规定,如范围、条件、金额起点等;商品交易的托收有无商品确已发运的证件;托收凭证必须记载的各项内容是否齐全,是否符合填写凭证的要求;托收凭证与所附单证的张数是否相符;托收凭证上是否有收款人签章并符合规定。

2) 付款人开户行对托收凭证的传递

审查无误后,将托收凭证连同所附单证送付款人,通知其准备到期付款。通知的方法,可以根据具体情况,与付款人签订协议,分别采取付款人来行自取、派人送达以及对距离较远的付款人邮寄等方法。付款人在承付期内审查核对,安排资金。

3) 付款人开户行划款

承付期满次日上午,付款人开户行主动将托收款项从付款人账户划往收款人开户行,划款时,以第三联托收凭证代借方传票办理转账。在第四联托收凭证上填注支付日期,并在"定期代收结算凭证登记簿"的销账日期栏登记销账日期,凭证随同联行贷方报单寄收款人开户行。在电划方式下,则向收款人开户行拍发电报。

4. 收款人开户行收账

收款人开户银行收到付款人开户银行寄来的联行报单及所附第四联托收凭证后,先同留存的第二联托收凭证核对相符,然后以第二联托收凭证代贷方传票办理转账。销记"发出托收结算凭证登记簿",并将第四联托收凭证代收账通知交收款人。至此,全额解付的托收承付结算业务处理完毕。

5. 承付

1) 一般规定

付款人承付货款分为验单付款和验货付款两种,由收付款双方商量选用,并在合同中明确规定。不论验单付款还是验货付款，付款人都可以在承付期内提前向银行表示承付，承付期内银行接到付款人的承付通知后应立即办理划款；因商品价格、数量或金额变动，付款人需多付款项的，应在承付期内书面通知银行，银行据以随同当次托收款项划给收款人。

2）验单付款

验单付款的承付期为3日，从付款人开户银行发出承付通知的次日算起（承付期内遇例假日顺延）。付款人在承付期内，未向银行表示拒绝付款，银行即视作承付，并在承付期满的次日（例假日顺延）上午银行开始营业时，将款项主动从付款人账户内付出，按照收款人指定的划款方式，划给收款人。

3）验货付款

验货付款的承付期为10日，从运输部门向付款人发出提货通知的次日算起。对收付双方在合同中明确规定，并在托收凭证上注明验货付款期限的，银行从其规定。付款人收到提货通知后，应即向银行交验提货通知。若付款人在收到银行发出的承付通知后（次日算起）的10日内仍未收到提货通知，应在第10日将货物尚未到达的情况通知银行，否则，银行将视同已经验货，于10日期满的次日上午开始营业时，将款项划给收款人。付款人在通知银行以后又收到提货通知，需及时送交银行，以免银行计扣逾期付款赔偿金。第10日付款人通知银行货物未到，而以后收到提货通知没有及时送交银行，银行仍按10日期满的次日作为划款日期，并按超过天数，计扣逾期付款赔偿金。

采用验货付款的，收款人必须在托收凭证上加盖明显的"验货付款"字样戳记。托收凭证未注明验货付款，经付款人提出合同证明是验货付款的，银行可按验货付款处理。购货单位承付货款有验单承付和验货承付两种方式。验单承付是根据银行转来的托收承付结算凭证及其他单证，与经济合同核对无误后，承付货款；验货承付是指在收到收款单位商品，验收无误后，才承付货款。

（三）拒绝付款

1. 拒绝付款的理由

拒绝付款的理由主要有以下几个。

（1）没有签订购销合同或者购销合同未订明托收承付结算方式的款项。

（2）未经双方事先达成协议，收款人提前交货或因逾期交货付款人不再需要该项货物的款项。

（3）未按合同规定的到货地址发货的款项。

（4）代销、寄销、赊销商品的款项。

（5）验单付款，发现所列货物的品种、规格、数量、价格与合同规定不符；或者货物已到，经查验货物与合同规定或与发货清单不符的款项。

（6）验货付款，经查验货物与合同规定或与发货清单不符的款项。

（7）货款已经支付或计算错误的款项。

2. 拒绝付款的程序

1）付款人填写"拒付理由书"

付款人对以上情况提出拒付时,必须填写"拒绝付款理由书",注明拒付理由,涉及合同的应引证合同上的有关条款;属于商品质量问题,需要提出商检部门的检验证明;属于商品数量问题,需要提出证明及有关数量的记录;属于外贸部门进口商品,应当提出国家商品检验或运输部门出具的证明,一并送交开户银行。

2) 开户银行对拒付的处理

首先,开户银行必须认真审查拒绝付款理由,查验合同。对于付款人提出拒付的手续不全、依据不足、理由不符合规定和不属于前述七种拒付情况的,以及超过承付期拒付和应当部分拒付提为全部拒付的,银行均不得受理;银行不同意拒付的,应实行强制扣款。

其次,银行签署意见。银行同意部分或全部拒付的,应在拒付理由书上签注意见。如果是部分拒付款,除办理部分付款外,应将拒付理由书连同拒付证明及拒付商品清单邮寄收款人开户银行转交收款人;如果是全部拒付,则应将拒付理由书、拒付证明和有关单证邮寄收款人开户银行转交收款人。

付款人提出的拒绝付款,银行经审查无法判明是非的,应由收付双方自行协商处理,或向仲裁机关、人民法院申请调整或裁决。

3. 拒付后重办托收

收款人对被无理拒付的托收款项,在收到退回的结算凭证及所附单证后,如需委托银行重办托收,应当填写四联"重办托收理由书",将其中三联连同购销合同、有关证据和退回的原托收凭证及交易单证一并送交银行,经开户银行审查确属无理拒付,可予重办托收。

付款人提出的无理拒付,银行无法判明是非的,对收款人重办的托收,付款人在付款时应担负自第一次托收承付期满日起逾期付款赔偿金的责任。

4. 暂停托收承付的情况

如果收款人对同一付款人发货托收累计三次收不回货款的,收款人开户银行应暂停收款人向付款人办理托收;付款人累计三次提出无理拒付的,付款人开户银行应暂停其向外办理托收。

四、银行卡

(一) 银行卡的概念

银行卡是指商业银行向社会发行的具有消费信用、转账结算、存取现金等全部或者部分功能的信用支付工具。

银行卡发行和使用的主要法律依据是中国人民银行在1999年颁布的《银行卡业务管理办法》。

(二) 银行卡的分类

根据《银行卡业务管理办法》的规定,银行卡主要有以下种类。

1. 单位卡和个人卡

按照银行卡发行对象即持卡人的主体资格,可将银行卡分为单位卡(商务卡)和个人卡。

2. 人民币卡和外币卡

按照币种可将银行卡分为人民币卡和外币卡。

3. 信用卡和借记卡

按照是否具有透支功能可将银行卡分为信用卡和借记卡。

1）信用卡

信用卡是指发卡银行给予持卡人一定信用额度的银行卡。持卡人可在信用额度内先消费、后还款。

信用卡按是否向发卡银行交存备用金分为贷记卡、准贷记卡。

贷记卡是指发卡银行给予持卡人一定的信用额度，持卡人可在信用额度内先消费、后还款的信用卡。

准贷记卡是指持卡人须先按发卡银行要求交存一定金额的备用金，当备用金账户余额不足支付时，可在发卡银行规定的信用额度内透支的信用卡。

2）借记卡

借记卡是指持卡人须先将款项存入卡内，然后再进行消费的银行卡。借记卡不具有透支功能。

按照不同的功能，借记卡分为转账卡、专用卡和储值卡。

转账卡是实时扣账的借记卡。具有转账结算、存取现金和消费功能。

专用卡是具有专门用途、在特定区域使用的借记卡。具有转账结算、存取现金功能。专门用途是指在百货、餐饮、饭店、娱乐行业以外的用途。

储值卡是发卡银行根据持卡人要求将其资金转至卡内储存，交易时直接从卡内扣款的预付钱包式借记卡。

（三）银行卡各方当事人的权利和义务

银行卡的发行涉及发卡行和持卡人，银行卡的使用涉及发卡银行和特约商户。

各方之间的权利义务主要由合同约定，即发卡银行和持卡人之间的合同以及发卡银行与特约商户之间的受理银行卡的合同。

银行卡申请表、领用合约是发卡银行向银行卡持卡人提供的明确双方权责的契约性文件，持卡人签字，即表示接受其中各项约定。

1. 发卡银行的权利和义务

1）发卡银行的权利

发卡银行主要有以下权利：

发卡银行有权审查申请人的资信状况、索取申请人的个人资料，并有权决定是否向申请人发卡及确定信用卡持卡人的透支额度。发卡银行对持卡人透支有追偿权。对持卡人不在规定期限内归还透支款项的，发卡银行有权申请法律保护并依法追究持卡人或有关当事人的法律责任。发卡银行对不遵守其章程规定的持卡人，有权取消其持卡人资格，并可授权有关单位收回其银行卡。发卡银行对储值卡和IC卡内的电子钱包可不予挂失。

2）发卡银行的义务

发卡银行主要有以下义务：

应当向银行卡申请人提供有关银行卡的使用说明资料，包括章程、使用说明及收费标准。现有持卡人亦可索取上述资料。

应当设立针对银行卡服务的公平、有效的投诉制度，并公开投诉程序和投诉电话。发卡银行对持卡人关于账务情况的查询和改正要求应当在30日内给予答复。

应当向持卡人提供对账服务。

应当向持卡人提供银行卡挂失服务，应当设立24小时挂失服务电话，提供电话和书面两种挂失方式，书面挂失为正式挂失方式。并在章程或有关协议中向持卡人说明密码的重要性及丢失的责任。

对持卡人的资信资料负有保密的责任。

2. 持卡人的权利和义务

1）持卡人的权利

持卡人主要有以下权利：

持卡人享有发卡银行对其银行卡所承诺的各项服务的权利，有权监督服务质量并对不符服务质量进行投诉。

申请人、持卡人有权知悉其选用的银行卡的功能、使用方法、收费项目、收费标准、适用利率及有关的计算公式。

持卡人有权在规定时间内向发卡银行索取对账单，并有权要求对不符账务内容进行查询或改正。

借记卡的挂失手续办妥后，持卡人不再承担相应卡账户资金变动的责任，司法机关、仲裁机关另有判决的除外。

持卡人有权索取信用卡领用合约，并应妥善保管。

2）持卡人的义务

持卡人主要有以下义务：

申请人应当向发卡银行提供真实的申请资料并按照发卡银行规定向其提供符合条件的担保。

持卡人应当遵守发卡银行的章程及《领用合约》的有关条款。

持卡人或保证人通信地址、职业等发生变化，应当及时书面通知。

持卡人不得以和商户发生纠纷为由拒绝支付所欠银行款项。

(四) 银行卡的结算程序

通过银行卡进行交易、结算的过程中，参与各方除持卡人、发卡银行和特约商户(经营者)之外，还有银行卡组织和收单银行。

银行卡结算程序主要包括以下步骤：

持卡人在特约商户刷卡交易后，持卡人与发卡银行之间产生债权债务关系，持卡人应向发卡银行还款；若持卡人使用的是借记卡，则持卡人和发卡银行实行清算，不发生新的债务关系。

特约商户和收单银行之间产生债权债务关系，商户凭签购单对收单银行行使债权，要求收单银行付款。

收单银行和发卡银行之间产生债权债务，发卡银行通过支付系统或其他渠道向收单银行偿付款项。

五、国内信用证

(一) 国内信用证的概念和特点

1. 国内信用证的概念

信用证是指买方提出申请，由银行开给买方的一种保证付款的书面凭证。

中国人民银行 1997 年颁布的《国内信用证结算办法》规定，信用证是指开证行依照申请人的申请向国内受益人开出的，凭符合信用证条款规定的单据支付一定金额的付款承诺。由此可见，信用证属于银行信用，与汇兑、委托收款和托收承付等属于商业信用的结算方式不同，信用证是银行对卖方的付款保证。

2. 国内信用证的特点

国内信用证与国际贸易中的信用证相比，主要有以下特点：

(1) 是不可撤销、不可转让的跟单信用证。

"不可撤销"是指信用证开具后在有效期内，非经信用证各有关当事人(开证银行、开证申请人和受益人)的同意，开证银行不得修改或者撤销。"不可转让"是指受益人不能将信用证的权利转让给他人。

在信用证结算中，各有关当事人处理的只是单据，而不是与单据有关的货物及劳务。

(2) 适用于国内企业之间商品交易结算。

信用证与作为其依据的购销合同相互独立，银行在处理信用证业务时，不受购销合同的约束。

(3) 受办理信用证结算业务的金融机构的限制。

办理信用证结算业务的金融机构限于经中国人民银行批准经营结算业务的商业银行总行以及经商业银行总行批准开办信用证结算业务的分支机构。

未经批准的银行机构和城市信用合作社、农村信用合作社及其他非银行金融机构不得办理信用证结算业务。

以人民币计价，只限于转账结算，不得支取现金。

(二) 国内信用证的内容

国内信用证应包括以下内容：

(1) 开证行名称及地址。

(2) 开证日期。

(3) 信用证编号。

(4) 不可撤销、不可转让信用证。

(5) 开证申请人名称及地址。

(6) 受益人名称及地址。受益人为有权收取信用证款项的人,一般为购销合同的供方。

(7) 通知行名称。通知行为受开证行委托向受益人通知信用证的银行。

(8) 信用证有效期及有效地点。信用证有效期为受益人向银行提交单据的最迟期限,最长不得超过6个月;信用证的有效地点为信用证指定的单据提交地点,即议付行或开证行所在地。

(9) 交单期。交单期为提交运输单据的信用证所注明的货物装运后必须交单的特定日期。未规定该期限,银行不接受迟于装运日后15日提交的单据。

(10) 信用证金额。

(11) 付款方式。付款方式包括即期付款、延期付款或议付。延期付款信用证的付款期限为货物发运日后定期付款,最长不得超过6个月。议付信用证应在此条款中指定受益人的开户行为议付行并授权其议付。

(12) 运输条款。运输条款包括:运输方式;货物装运地和目的地;货物是否分批装运和转运,未作规定的,视为允许货物分批装运和转运;货物最迟装运期,未规定此期限的,信用证有效期视为货物最迟装运期。

(13) 货物描述。货物描述包括货物名称、数量、价格等。

(14) 单据条款。单据条款必须注明据以付款或议付的单据,至少包括发票、运输单据或货物收据。

(15) 其他条款。

(16) 开证行保证文句。

(三) 信用证结算程序

1. 开证

1) 开证申请

开证申请人使用信用证时,应委托其开户银行办理开证业务。

开证申请人申请办理开证业务时,应当填具开证申请书、信用证申请人承诺书并提交有关购销合同。

开证申请书和承诺书是开证银行向受益人开立信用证的依据,也是开证银行与开证申请人之间明确各自权责的契约性文件。

2) 受理开证

开证行根据申请人提交的开证申请书、信用证申请人承诺书及购销合同决定是否受理开证业务。开证行在决定受理该项业务时,应向申请人收取不低于开证金额20%的保证金,并可根据申请人资信情况要求其提供担保。

3) 信用证开立

开立信用证可以采用信开和电开方式。信开信用证,应由开证行加盖信用证专用章和经办人名章并加编密押,寄送通知行;电开信用证,应由开证行加编密押,以电传方式发送通知行。

2. 修改

开证申请人需对已开立的信用证内容修改的，应向原信用证开证行填具信用证修改申请书、信用证修改申请人承诺书并出具受益人同意修改的书面证明，明确修改的内容。

开立信用证修改书和开立信用证的方式相同，可以采用信开和电开方式。开证行发出信用证修改的通知，应通过原信用证通知行办理。

3. 通知

1）确定通知行

开证行与受益人开户行为同一系统行的，受益人开户行为通知行。开证行与受益人开户行为跨系统行的，开证行确定的在受益人开户行的同城同系统银行机构为通知行。开证行在受益人开户行所在地没有同系统分支机构的，应在受益人所在地选择一家银行机构建立信用证代理关系，其代理行为通知行。

2）通知行的责任

通知行收到信用证及信用证修改书，应认真核验开证行签章的真伪、所用密押是否正确等表面真实性。无误的，应填制信用证通知书或信用证修改通知书，连同信用证或信用证修改书交付受益人。

通知行确定信用证或信用证修改书签章不符的，必须及时退开证行，并告知开证行签章不符；密押不符的，应向开证行查询补正。

通知行收到的信用证或信用证修改书的内容不完整或不清楚的，必须及时查询开证行，并要求开证行提供必要的内容。通知行在收到开证行回复前，可先将收到的信用证或信用证修改书通知受益人，并在信用证通知书或信用证修改通知书上注明该通知仅供参考，通知行不负任何责任。

通知行应在收到信用证或信用证修改书的次日起3个营业日内作出处理。

4. 信用证的注销

信用证未逾有效期的，经信用证各当事人协商同意，且开证行已收回正本信用证，该信用证可予注销。

受益人未在信用证有效期内提交单据的，开证行可在信用证逾有效期1个月后注销该信用证。

信用证注销后，开证行应解除开证申请人提供的担保。

5. 议付

1）议付的概念

议付是指信用证指定的议付行在单证相符条件下，扣除议付利息后向受益人给付对价的行为。只审核单据而未付出对价的，不构成议付。

2）议付行

议付行必须是开证行指定的受益人开户行。未被指定议付的银行或指定的议付行不是受益人开户行，不得办理议付。

3）受益人请求议付

受益人可以对议付信用证在交单期或信用证有效期内向议付行提示单据、信用证正本、信用证修改书正本及信用证通知书、信用证修改通知书，并填制信用证议付/委托收款申请书和议付凭证,请求议付。

4) 议付行的决定

议付行在受理的次日起5个营业日内审核信用证规定的单据,确定表面与信用证条款相符并决定议付的,应在信用证正本背面记明议付日期、业务编号、增额、议付金额、信用证余额、议付行名称,并加盖业务公章。

议付行审核受益人提示的单据发现单据不符时,可联系受益人修改相符后,同意议付的,办理议付;经联系受益人修改仍不符,拒绝议付的,应及时作出书面拒绝议付通知,注明拒绝议付理由,通知受益人。

议付行可以根据受益人的要求不作议付,仅为其办理委托收款。

6. 索偿

索偿是指议付行议付后,通过委托收款将单据寄开证行索偿资金。除非信用证另有规定,索偿金额不得超过单据金额。

议付行议付信用证后,对受益人具有追索权。到期不获付款的,议付行可从受益人账户收取议付金额。

7. 付款

1) 交单和收款

受益人在交单期或者信用证有效期内向开证行交单收款,应向开户银行填制委托收款凭证和信用证议付、委托收款申请书,并出具单据和信用证正本。受益人开户银行收到凭证和单证审查齐全后,应及时为其向开证行办理交单和收款。

2) 审单和付款

开证行在收到议付行寄交的委托收款凭证、单据及寄单通知书或受益人开户行寄交的委托收款凭证、信用证正本、信用证修改书正本单据及信用证议付/委托收款申请书的次日起5个营业日内,及时核对单据表面与信用证条款是否相符。

审单无误后,对即期付款信用证,从申请人账户收取款项支付给受益人;对延期付款信用证,应向议付行或受益人发出到期付款确认书,并于到期日从申请人账户收取款项支付给议付行或受益人。

3) 单证不符时的拒付

开证申请人收到开证行交来的信用证来单通知书及单据,发现单证不符的,应与开证行、受益人协商解决,或向人民法院提起诉讼。开证行审核单据发现不符时,应在收到单据的次日起5个营业日内将全部不符点用电讯方式通知交单人。该通知必须说明单据已代为保管听候处理,同时商洽开证申请人,开证申请人同意付款的,开证行应立即办理付款;开证申请人不同意付款的,开证行应将单据退交议付行或将信用证正本、信用证修改书正本及单据退交受益人。

4) 资金不足

开证申请人缴存的保证金和其存款账户余额不足支付的,开证行仍应在规定的时间内进行付款。对不足支付的部分作逾期贷款处理。对申请人提供抵押、质押、保函等担保的,依法索偿。

开证行付款后,对议付行或受益人不具有追索权。

在信用证结算中，银行作出的付款、议付或履行信用证项下其他义务的承诺不受申请人与开证行、申请人与受益人之间关系的制约。

受益人在任何情况下，不得利用银行之间或申请人与开证行之间的契约关系。

银行对以下情况不承担责任。对于任何单据的形式、完整性、准确性、真伪性或法律效力，不承担责任。

银行对任何单据中有关货物状况及与货物运输有关当事人的信誉、能力等，不承担责任。

银行对由于任何电报、信函或单据邮递过程中发生延误、遗失所造成的后果，或者电讯传递过程中发生的差错，不承担责任。银行对于因特大水灾、地震等不可抗力而中断营业所引起的一切后果，不承担责任。

一、名词解释题

支付结算　汇兑　委托手段　托收承付　银行卡信用证

二、选择题

1. 根据《支付结算办法》规定，下列各项中，属于收款人根据购销合同发货后委托银行向异地付款人收取款项，付款人向银行承认付款的结算方式是（　　）。

A. 汇兑　　B. 信用证　　C. 托收承付　　D. 委托收款

2. 根据《支付结算办法》的规定，下列支付结算的种类中，没有金额起点限制的是（　　）。

A. 委托收款　　B. 支票　　C. 托收承付　　D. 汇兑

3. 2012 年 3 月 1 日，甲公司销售给乙公司一批种子，双方协商采取托收承付、验货付款方式办理货款结算。3 月 4 日，运输公司向乙公司发出提货单。乙公司在承付期内未向其开户银行表示拒绝付款。已知 3 月 7 日、8 日、14 日和 15 日为法定休假日。则乙公司开户银行向甲公司划拨货款的日期为（　　）。

A. 3 月 6 日　　B. 3 月 9 日　　C. 3 月 13 日　　D. 3 月 16 日

三、问答题

1. 简述非票据支付结算方式的特点。

2. 简述银行账户的种类和开立条件。

3. 简述非票据支付结算方式中的法律关系和各方权利义务。

四、案例分析题

1. 甲市 A 公司与乙市 B 食品公司签订价值 30 万元的食品买卖合同。约定 A 先供货，货到验收合格后办理电汇手续。当年 8 月 10 日，A 依约送货，B 验收合格后双方到乙市 C 银行办理了电汇，请 C 行将 30 万元货款直接汇往 A 在甲市的银行账号。B 查看了 C 行出具的电汇回单后离开。

当天下午，B 方赶到 C 行，在得知该汇款尚未汇出后，向 C 行交付了 B 的公函和原电汇单，称因检验疏忽未及时发现合同项下的产品不合格，申请办理退款，一切后果由 B 承担。C 行答应了 B 的要求，办理了退款手续并收回了电汇回单。

A 久未收到货款，查询才知详情。A 诉至法院，要求判令 B 偿还货款赔偿损失，C 承担连带责任。

问题:本题中存在哪些民事法律关系及是否支持A?并简述理由。

2. 2014年11月9日甲向乙银行申领信用卡1张,在申请表签名时明确声明在"用卡签单时均须使用此签名"。2015年1月24日18时,甲装有身份证与信用卡的钱包被盗,其于当日19时10分电话向发卡行申请挂失,并于1月26日向公安局刑警大队报案(该案至判决时仍未侦破)。当日18时40分至19时之间,该卡被他人在丙商场3次刷卡购买相机3部,共消费9 000元,发生该笔交易时,丙商场收银员为慎重起见要求该冒用人出示身份证进行核对并复印一份留存备查,并根据规定要求使用人在消费单据上签名,也对其签名与信用卡背面的签名进行了核对。2016年1月9日,甲起诉丙商场,认为由于被告"在使用人的签名与信用卡背面的签名明显不一致的情况下,接受持卡人进行刷卡消费,导致原告的财产损失",要求丙商场赔偿其全部损失。在法庭调查中,该身份证复印件与原告提供的身份证复印件一致,但信用卡冒用人在被告处消费时单据上的签名笔迹与原告在申领信用卡时的签名笔迹样本以及原告作为证据提供的在其他特约商户消费时的签名笔迹三者都明显不相似。

问题:丙商场是否应赔偿原告损失?并说明理由。

3. 甲公司向A银行申请开立远期信用证,并保证在规定的期限内支付信用证项下货款以及各项费用。据此,A开立了以丙公司为受益人,见票后60日付款、金额为50万元的不可撤销信用证。开证后第10日,受益人的议付行将信用证项下的单据寄给A,要求付款。A收到单据后经审查发现不符点,并通知了甲,甲审单后表示同意并签发了承兑回单;A收到货物收据后的第10日电告承诺最后付款期以及50万元付款金额。议付行还要求A赔付逾期利息3万元。

在付款到期前9日,根据甲申请,某法院裁定对A银行信用证项下付款金额予以止付。此后议付行多次与A交涉,经A争取,法院解除了止付。某公安机关又以涉嫌诈骗为由对该笔信用证交易立案侦查,并通知银行再次止付信用证项下货款。在A的努力下,一个月后公安机关通知银行解付。至此,A按照信用证规定对外付款50万元,其中从甲账上付12万元,A垫付38万元。

A起诉要求甲支付上述垫付款项和所产生的利息。甲称:信用证受益人丙提供虚假单据,信用证款项两次被止付,A自行决定对外付款应自行承担责任。

问题:A是否应对外付款?

本章主要参考法律法规

1.《中华人民共和国票据法》;
2.《票据管理实施办法》;
3.《支付结算办法》;
4.《中国人民银行银行卡业务管理办法》;
5.《人民币银行结算账户管理办法》;
6.《异地托收承付结算办法》;
7.《电子支付指引(第一号)》等。

第十章

票　据　法

第一节　票据概述

A公司与B公司签订买卖合同约定,A公司从B公司处购进8万元原料。B公司按照合同约定的时间交货后,A公司为B签发了一张A公司为付款人、B公司为收款人的3个月后到期的9万元商业承兑汇票。B公司持该汇票从C公司购进货物,价款9万元。汇票到期后,C公司向汇票的付款人A公司要求付款,A公司拒绝付款。A公司的理由是:①B公司向A公司供应的8万元原料质量不合格,A公司根据《合同法》规定,享有不支付货款的抗辩权;②即使B公司解决了原料质量问题,由于该汇票填写时金额误填为9万元,而不是实际货款8万元,因此A公司也只承担支付8万元票款的责任。

一、票据的概念和法律特征

(一)票据的概念

票据具有广义和狭义的含义。

广义的票据是指证明权利的各种凭证,如货币、仓单、提单、保险单、托运单、发票、汇票、本票和支票等。

狭义的票据是指以支付金钱为目的的有价证券,即出票人依法签发的,由自己无条件支付确定金额或委托他人无条件支付确定金额给收款人或持票人的有价证券。所谓有价证券是一种代表财产所有权或债权的,以一定金额来记载的证书。《银行结算办法》《支付结算办法》和《票据法》上规定的是狭义的票据,包括汇票、本票和支票。

(二)票据的法律特征

票据主要具有以下特征。

1. 债权证券和货币(金钱)证券

票据是债权证券,持有票据的权利人对票据义务人可要求支付确定数额的金钱,该权利性质为债权。

票据是货币(金钱)证券。票据是代表一定数量货币请求权的有价证券,即货币(金钱)证券。

票据是反映债权债务关系的书面凭证。票据是在市场交换和流通中发生的,反映了当事人之间的债权债务关系。

2. 设权证券

票据属于设权证券,即票据权利义务是由出票人依照法律规定的条件和程序并通过制作票据而设立的。

3. 完全有价证券

完全有价证券是指证券权利的行使与证券不可分。票据是票据上的权利的唯一象征和代表,无票据即无票据上的权利。票据权利的设立必须制成票据,票据权利的行使必须提示票据,票据的转移必须交付票据,直到票据取得了支付,债务人的债务责任被解除,票据才归于消灭。

例如,作成票据,票据权利发生;持有票据,就有票据上的权利;行使票据权利,以提示票据为必要;转让票据上的权利,须转让票据;票据毁损灭失的,不可以其他凭证主张票据上的权利,经法定程序方得有救济,防止利益受损。

4. 流通证券

票据是流通证券。票据通过背书或交付而转让,在市场上自由流通。

5. 无因证券

证券根据表现的权利和权利发生原因之间的关系,可以分为有因证券和无因证券。有因证券是指证券上表现的权利以证券发行原因、证券外的法律关系的存在和无瑕疵为条件的证券。无因证券是指证券上表现的权利不受证券发行原因的影响。

票据是无因证券,票据权利的成立不必以债权人与债务人的原因关系的成立为前提。

6. 要式证券

根据证券是否必须具备法定形式,可分为非要式证券和要式证券。票据是要式证券。票据必须依法定形式制作才能具有法律效力。

7. 文义证券

根据证券上表现的权利内容和其记载内容的关系,可分为文义证券和非文义证券。非文义证券是指该权利内容不完全依照证券上记载内容决定的证券。票据属于文义证券,即票据当事人的所有权利义务严格依照票据上所记载的内容来确定。

8. 占有、提示和返还证券

票据是占有证券。任何人欲主张票据权利,就必须实际占有票据。

票据是提示证券。票据权利人请求付款或行使追索权时,必须依法向义务人出示票据,也就是提示票据。

票据是返还证券,也称缴还证券。票据权利人在实现票据权利,收到所付票面金额后,必须将票据返还给义务人。票据的占有性和提示性决定了票据是返还证券。

二、票据的功能

票据的功能是指票据在社会经济生活中的作用。票据主要有以下功能。

(一) 汇兑功能

票据的汇兑功能是指票据具有异地输送现金和兑换货币的作用。商品交易当事人通过货币经营者(如银行)的汇款业务和货币兑换业务,在本地将现金交付货币经营者,并取得票据作为汇款和货币兑付凭证,并凭该票据在异地向货币经营者兑换现金,从而克服现金支付的空间困难。

(二) 支付功能

票据的支付功能是指因为票据有汇兑功能,可异地兑换现金,是一种金钱给付的债权凭证,因而可以通过法定流通转让程序,代替现金在交易中进行支付。用票据代替现金作为支付工具,具有便携、快捷、安全等优点。在现代经济中,票据支付在货币支付中占有越来越大的比重。

(三) 结算功能

票据的结算功能是指票据作为货币给付的手段,可以用它在同城或异地的经济往来中,抵消不同当事人之间相互的收款、欠款或相互的支付关系。即通过票据交换,使各方收付相抵,相互债务冲减。这种票据结算的方式,和使用现金相比,更加便捷、安全、经济。因此票据已成为经济生活中银行结算的主要方式。

(四) 信用(融资)功能

票据的信用功能是指票据可作为信用工具,在商业和金融中发挥融资等作用。

在商品交易中,票据可作为预付货款或延期付款的工具,发挥商业信用功能。例如,在甲方向乙方开出票据后,乙方可先期交付商品,然后乙方再在票据指定日期,向甲方收回已经交货的货款。

持票人可以通过将尚未到期的票据向银行进行贴现,获得需要的资金,实现融资目的。票据还可以进行转贴现和再贴现。

票据属于货币证券,代表了一定数量的货币请求权,并具有流通作用,所以,它才可能发挥它的汇兑、支付、结算和信用等基本功能。

票据所具有的基本功能,使票据制度成为现代市场经济的一项基本制度。商业信用、银行信用的票据化和结算手段的票据化,是市场经济高度发展的重要标志之一。

第二节　非票据关系与票据关系

甲公司与乙公司签订建材购销合同约定:“甲购买乙生产的建材总价 200 万元。交货期为 2017 年 7 月 1 日,交货验收后甲公司付款。该笔合同货款的支付方法为银行承兑汇票,甲于提货时交给乙一张银行承兑汇票,金额 200 万元。”

购销合同约定的交货期到来后,甲公司按期提货,并在验收后如约交给乙公司一张金额200万元的由丙银行承兑的银行承兑汇票。该汇票到期后乙公司持该汇票从丙银行取得200万元。

一、非票据关系

非票据关系是指不是基于票据本身而发生的,但却与票据有密切联系的法律关系。根据产生的法律基础不同,非票据关系又分为票据基础关系与票据法上的非票据关系。

(一)票据基础关系

票据基础关系是指由民法调整的票据的实质关系,因而称为民法上的非票据关系。票据基础关系主要包括三种:票据原因关系、票据预约关系和票据资金关系。

1. 票据原因关系

原因关系是指当事人之间授受票据的理由。在经济生活中,出票人签发票据,持票人取得票据是基于一定的理由,该理由就是票据原因。常见的票据原因有买卖、借贷、赠与、设定担保或委托等。

根据票据无因性的法律特征,票据的成立虽然基于一定的原因,但是票据一旦签发,就与原因关系相脱离。因此原因关系的成立与否,都不影响票据权利的行使,票据权利人在行使权利时,也不必证明有票据原因。

2. 票据预约关系

票据预约关系是指当事人就票据上所记载的事项如票据种类、票据金额、票据到期日、是否记名等问题进行约定。

3. 票据资金关系

票据资金关系是指存在于出票人与付款人或其他资金义务人之间的基础关系。资金关系通常只存在于汇票与支票中。汇票或支票的出票人之所以委托付款人付款,付款人之所以愿意付款(或承兑),是因为他们之间存在资金关系。

常见的资金关系主要包括:付款人处有出票人可支配的资金。例如支票出票人在付款人处开立有支票存款账户;付款人根据与出票人之间的信用合同,为出票人垫付资金;付款人对出票人负有债务。

本票为自付证券,不存在资金关系。但如果本票上有担当付款人,出票人应向担当付款人供应资金,这种关系称为“准资金关系”。这种“准资金关系”还存在于汇票承兑人与担当付款人、参加付款人与被参加人、保证人与被保证人之间。

资金关系与票据关系相分离,资金关系的存在与否、有效与否,不影响票据关系的效力。这是票据流通所必需的。

(二)票据法上的非票据关系

票据法上的非票据关系是由票据法直接规定的、与票据行为相联系但又不是由票据行为本身所发生的权利义务关系,主要有以下几种。

(1) 真正权利人对于因恶意或重大过失而取得票据持票人的请求返还票据权的

关系。

(2) 依票据法因时效或手续欠缺而丧失票据权利的持票人，对于出票人或承兑人在其所受利益限度内的请求返还权的关系。

(3) 汇票持票人对于汇票收票人发给复本的请求权的关系。

(4) 汇票复本持有人请求汇票复本接受人返还复本的关系。

(5) 汇票的誊本持有人请求汇票原本接受人返还原本的关系。

(6) 付款人付款后请求交出票据的权利的关系。

二、票据关系

(一) 票据关系的概念

票据关系是指票据当事人基于票据行为而发生的债权债务关系。

(二) 票据关系的构成要素

1. 主体

票据关系的主体是指票据关系的参加者，也就是指在票据的签发和流通转让过程中，通过实施法律行为，取得一定权利、承担一定义务的当事人。

按照不同标准，可以将票据当事人分为以下类型。

1) 基本当事人和非基本当事人

按照存在的时间不同，票据上的当事人分为基本当事人和非基本当事人。前者是指在票据签发时就存在的当事人；后者是指在票据签发后基于其他票据行为参加票据关系的当事人。

在票据关系中，具有三个基本的当事人：出票人，指在票据上签名并发出票据的人，即签发票据的人；付款人，指受发票人委托付款的人，有的情况下，发票人也是付款人，如本票；受款人，指从发票人那里接受票据并有权向付款人请求付款的人。

除了三个基本当事人以外，票据还有如下一些非基本当事人。不同的票据行为产生不同的票据非基本当事人，例如由于背书行为而产生的背书人和被背书人，由于保证行为产生保证人和被保证人，由于参加行为产生参加人和被参加人等。

2) 票据权利人和票据义务人

根据其在票据关系中的地位，票据关系当事人可分为票据权利人(债权人)和票据义务人(债务人)。票据权利人是指持有票据，可依法向票据义务人主张票据权利即要求对方付款的人，又称持票人。票据债务人是指因为做了某种票据行为而依法应当负责或履行票据义务，即按规定向权利人付款的人。

3) 前手和后手

根据票据流通中的不同位置，票据当事人可分为前手和后手。背书在前的为前手，背书在后的为后手。例如甲将汇票背书转让给乙，则甲为乙的前手，乙为后手。

2. 客体

票据关系的客体是指票据当事人的票据权利义务所指向的对象，即票据所记载的金额。

3. 内容

票据关系的内容是指票据当事人享有的票据权利、承担的票据义务,即票据债权人享有的债权和票据债务人承担的债务。

一、名词解释题

票据　票据基础关系　票据原因关系　票据资金关系　票据预约关系　票据关系　非票据关系

二、问答题

1. 票据有哪些法律特征?
2. 简述票据的功能。
3. 简述票据基础关系的内容。
4. 简述票据关系的要素。

第三节　票据行为和票据权利

甲公司与乙公司2016年10月签订《2017年经销合同》,约定甲公司负责在某地经销乙公司生产的产品。2017年3月25日,乙公司向甲公司发出货款确认书,要求甲公司在同月31日前付清所欠货款共计人民币200万元。甲公司收到该确认书后于同年4月1日向乙公司开具了一张票面金额200万元,收款人为乙公司的支票。乙公司于同年5月7日持该支票向银行提示付款,但因甲公司存款不足遭退票。乙公司起诉甲公司要求支付该票款。甲公司称,根据双方经销合同约定,乙公司负有回收库存商品的义务,己方享有直接以库存商品冲抵货款的权利,因此扣除乙公司应回收的库存商品金额30万元后,只需支付170万元。

一、票据行为

(一)票据行为的概念和种类

1. 票据行为的概念

票据行为有广义和狭义之分。

广义的票据行为是指以产生、变更、终止票据债权债务关系为目的的法律行为。狭义的票据行为是以票据债务为目的在票据上依法进行意思表示的法律行为。

2. 票据行为的种类

1）出票

票据行为可分为主票据行为和附属票据行为。主票据行为是引起票据关系发生的行为，即出票。

出票是按法定形式制作成票据交付给收款人的行为。票据上的一切权利义务均因出票而产生。

出票行为包括两个方面：依法做成票据并在票据上签字。票据是要式证券，出票人只有将法定内容记载于票据上，将票据交付给收款人，才能产生票据的效力。只有制作并交付了票据，才算完成了出票行为。

2）背书

背书是票据持有人在票据背面批注签章，将票据权利授予他人的行为。

背书包括两个方面：在票据后面背书；将已背书的票据交付给被背书人。

背书行为可以分为转让背书和非转让背书，一般在无特别说明时，背书都指转让背书。通过转让背书行为，背书人对票据的债务承担连带责任，被背书人接替背书人成为新的持票人，取得票据债权。票据的流通就是依背书方式转移票据权利。

3）承兑

承兑是指汇票的付款人同意承担支付汇票所载金额的义务，在票面上做表示承认付款的文字记载及签章的行为，即汇票付款人承诺负担票据债务的行为。

汇票到期前，持票人应向付款人提示票据，要求承兑；付款人同意到期付款，在票据上注明“承兑”并签章，承兑即告完成。

承兑的作用主要是确定付款人对汇票的付款责任。付款人未承兑以前，对汇票不负任何责任；一旦承兑付款人就成为汇票的主债务人，对汇票的到期付款承担责任。

持票人应主动、及时地向付款人进行承兑提示，首先可以及早得知付款人是否愿承担付款义务，从而在付款人拒绝承兑时及时行使追索权，保障自己的权利；其次付款人承兑后，可以提高票据的信用，增强其流通性。

4）保证

保证是票据保证人发生保证债务的行为，即票据债务人以外的第三人担保票据债务履行的行为。票据的债务人包括出票人、背书人和承兑人，他们都可成为被保证的对象。保证使保证人与被保证人之间产生票据法律关系。保证人的责任以被保证人的责任为限，因此被保证人不同，保证人的责任也不同。

5）付款

付款是指汇票承兑人或付款人、本票出票人和支票付款人向持票人支付票据金额并收回票据的行为。

付款后持票人的票据债权实现，票据的流通过程结束，票据上的全部债务人的责任解除，票据的债权债务关系消灭。

（二）票据行为的特征

票据行为作为民事法律行为，具有一般民事法律行为的特征。在票据制度中，基于票据的流通性等要求，和票据特征相联系，票据行为又具有不同于一般民事行为的法律特征，具体表现为票据行为具有要式性、文义性、无因性（抽象性）和独立性的特征。

1. 要式性

票据行为的要式性是指票据行为必须依照《票据法》的规定在票据上载明法定事项并交付。

票据的流通性要求票据关系的当事人通过票据形式识别相对方的意思表示。票据行为者的意思表示要明确无误地到达相对人,就要求票据行为方式的表面化、简单化、统一化,即具有要式性。

票据行为的要式性表现为:行为人的意思表示必须记载在票据上;行为人意思表示的内容均有严格的款式,票据记载事项、记载文句、记载位置,均需依法定格式进行。

2. 文义性

票据行为的文义性是指票据行为的内容完全取决于票据上的文字记载,不允许当事人以票据上记载文字以外的证据对记载文字予以变更。即使票据上记载的文义与实质关系的内容不一致,仍按票据上的记载而产生效力。

因此,票据债权人不能以票据上未记载的事项向债务人主张债权,债务人也不能以票据上未记载的事项对债权人抗辩。

3. 无因性(抽象性)

票据行为的无因性(抽象性)是指票据行为的法律效力不受原因关系的影响而独立存在。作为票据,行为原因的买卖、借贷等原因关系是否存在、是否合理、是否合法,不影响票据行为效力。因此,持票人无须证明原因关系上的债务的成立与存续,持票人只要能依据票据法律规定,证明票据债务的真实成立与存续,即可对票据债务人行使其票据权利。

4. 独立性

票据行为的独立性是指同一票据上没有形式上缺陷的各个票据行为各自独立发生效力,不受其他票据行为的影响。

(三) 票据行为的构成要件

法律行为构成要件,是指法律行为有效成立的必要条件。

通常将票据行为构成要件分为实质要件和形式要件。票据行为的实质要件是指票据行为有效成立的实质要求,主要适用民事法律的相关规定,如行为人主体资格。

票据行为的形式要件,是指票据行为有效成立的形式要求。票据行为是要式法律行为,票据行为的形式和外观,是他人识别和判断票据行为人的意思与票据权利的依据,本节主要介绍《票据法》规定的票据行为的形式要件。

票据行为的形式要件主要包括书面、签章和票据记载事项。

1. 书面

票据行为必须以书面形式和法定格式做成方能发生效力。票据凭证的格式和印刷管理办法由中国人民银行规定。

2. 签章

在票据上签章之人须照票据所载事项承担票据责任。例如,汇票的付款人在承兑之前不承担票据责任,而一旦签章承兑则必须承担付款责任。出票人签章不真实的票据,未经背书转让的,票据债务人不承担责任;已经背书转让的,票据无效不影响其他真实签章的效力(《票据法》第十四条)。

注意:①票据上之签章为签名、盖章或签名加盖章;②法人或其他单位使用票据时,签章为该法人或该单位的盖章加其法定代表人或得其授权之人签章;③票据上之签名,须为当事人本名、真名。

3. 票据记载事项

票据记载事项是票据行为有效成立的形式要件之一,表现为票据记载的具体内容。依据《票据法》规定,票据记载事项有不同的效力。按照记载效力的不同,票据理论中一般将票据记载事项分为必要记载事项、任意记载事项和无益记载事项。票据名称字样、无条件支付的委托或承诺、确定的金额(中文大写与数码不一致时,票据无效)、出票日期、出票人签章是汇票、本票、支票共同的绝对记载事项。此外,汇票还必须记载付款人和收款人名称,本票须记载收款人名称,支票须记载付款人名称。

票据记载相关事项是票据行为的一项重要内容。票据记载事项一般分为绝对记载事项、相对记载事项和非法定记载事项等。

1) 绝对记载事项

绝对记载事项是指票据法明文规定必须记载的,如无记载,票据即为无效的事项。各类票据必须绝对记载的内容如下:

(1) 票据种类的记载,即汇票、本票、支票的记载。

(2) 票据金额的记载。票据金额以中文大写和数码同时记载,两者必须一致,两者不一致的,票据无效。

(3) 票据收款人的记载。收款人是票据到期收取票款的人,并且是票据的债权人,因此票据必须记载这一内容,否则票据即为无效。

(4) 年月日的记载。这一般是指发票年月日的记载。年月日是判定票据权利义务的发生、变更和终止的重要标准,因此,票据必须将此作为必须记载的事项,否则票据即为无效。

票据金额、日期、收款人名称不得更改,更改的票据无效。

2) 相对记载事项

相对记载事项是指某些应该记载而未记载,适用法律的有关规定而不使票据失效的事项。如付款地、出票地等。

3) 非法定记载事项

非法定记载事项是指票据法规定由当事人任意记载的事项。如签发票据的原因或用途、该票据项下交易的合同号码等。

必要记载事项是指法律规定应该在票据上记载的事项,一般分为绝对必要记载事项和相对必要记载事项。绝对必要记载事项是指票据法规定票据行为人必须依法进行相应记载的事项。欠缺绝对必要记载事项,会导致相应的票据行为无效的法律后果。出票行为的绝对必要记载事项包括:表明票据种类的文字、无条件支付或无条件委托支付的文字、确定的金额、付款人的名称、收款人的名称、出票日期和出票人签章。汇票上未记载上述七项之一者汇票无效。背书行为的绝对必要记载事项包括背书人与被背书人。但亦有学者认为,背书行为中不存在绝对必要记载事项,因为根据票据法规则,不禁止空白背书。

但《票据法》则不认可略式承兑和略式保证。根据《票据法》第四十二条和第四十六条的规定,付款人承兑汇票应当在汇票正面记载“承兑”字样并签章,保证人必须在汇票或者粘单上记载“保证”字样并签章,否则不发生承兑和保证的效力。

相对必要记载事项是指票据上若对其未予记载,则应适用法律推定之内容,而并不因此导致票据行为无效的必要记载。

任意记载事项也称可记载事项,是指票据法不强制当事人必须记载,而是允许当事人自由选择是否记载,不记载时不影响票据效力,而一经记载即产生票据效力的记载事项。

(四) 票据行为的代理

1. 票据行为的代理的概念

票据行为的代理简称票据代理,是指票据当事人授权他人代为实施票据行为的法律制度。《票据法》第五条规定:“票据当事人可以委托其代理人在票据上签章,并应当在票据上表明其代理关系。”

票据代理除《票据法》的规定,还适用民法有关代理的规定。

2. 票据代理的成立要件

票据代理的成立要件包括:

(1) 被代理人的授权。票据代理需有票据当事人委托代理的意思表示,即将委托代理的意思表示通过书面形式通知代理人。

(2) 代理人必须在票据上表明代理关系。票据代理在票据上应记载两项内容:一是记载被代理人的姓名或名称;二是表明被代理人被代理的意思,即应写明“代理”字样。

(3) 代理人需要按照被代理人的委托在票据上签章。

二、票据权利

(一) 票据权利的种类

票据权利的种类主要有付款请求权和追索权。

1. 付款请求权

付款请求权是指持票人请求付款人给付票据金额的权利。付款请求权是票据的第一次权利,实践中人们常称此权利为主票据权利。

付款人包括汇票的承兑人、本票的出票人、付款人、参加承兑人、参加付款人等。

2. 追索权

追索权是指持票人行使付款请求权受到拒绝承兑或拒绝付款时,或有其他法定事由请求付款未果时,向其前手请求支付票据金额的权利。

由于追索权是在行使付款请求权未果后的权利,因此被称为第二次请求权,是票据权利的再次行使。

追索权的追索对象根据票据种类的不同,分别包括出票人、背书人、保证人、承兑人和参加承兑人。追索对象在票据中的地位是连带债务人,持票人可以不按照债务人的先后顺序，对其中的任何一人、数人或者全体行使追索权；持票人对债务人中的一人或者数人已经进行追索的，对其他债务人仍可行使追索权。被追索人清偿债务后，与持票人享有相同权利。

(二) 票据权利的取得

票据权利的取得分为原始取得和继受取得两种方式。持票人只有合法地取得票据，才能有效地享有和行使票据所赋予的请求付款的权利。

1. 票据权利的原始取得

票据权利的原始取得是指持票人不经由其他前手权利人，而最初取得付款请求权，包括发行取得和善意取得两种方式。

1) 发行取得

发行取得是指权利人依发票人的发票行为即通过票据的交付，实现票据的实际占有，从而取得付款请求权。

2) 善意取得

善意取得是指票据受让人从无处分权人手中，无恶意或重大过失受让票据，从而取得付款请求权。

2. 票据权利的继受取得

票据权利的继受取得是指持票人从有票据处分权的前手，依背书交付受让或依单纯交付转让票据而取得付款请求权。

继受取得又分为票据法上的继受取得和非票据法上的继受取得两种情况。

1) 票据法上的继受取得

票据法上的继受取得是指票据权利通过票据的转让而取得。依票据法的特别规定，票据保证人因履行保证债务、参加付款人因承担付款责任，也均可继受取得付款请求权。

2) 非票据法上的继受取得

非票据法上的继受取得也称民法上的继受取得。包括依普通债权转让方式如公司合并等方式，取得付款请求权。非票据法上继受取得的付款请求权，不能主张抗辩切断以及善意取得等。

(三) 票据权利的行使和保全

1. 票据权利的行使

票据权利的行使是指票据债权人(持票人)请求票据债务人履行票据债务等行为。票据权利行使的主要要求如下。

1) 票据权利的行使地点

票据权利的行使，应当在票据债务人的营业场所和营业时间内进行。票据债务人无营业场所的，应当在票据债务人的住所进行。

2) 票据权利的行使时间

汇票和本票的有效期自票据到期日起 2 年以内；

见票即付的汇票和本票,自出票日起2年以内;

支票自出票日起6个月以内。

持票人对前手的追索权,自被拒绝承兑或者被拒绝付款之日起6个月;

持票人对前手的再追索权,自清偿日或被提起诉讼之日起3个月。

持票人在上述时间内不行使权利,将会导致权利消灭。

2. 票据权利的保全

票据权利的保全是指持票人为了防止票据权利的消灭而进行的行为。具体包括持票人依据《票据法》的规定向付款人提示票据,要求付款人提供拒绝承兑或拒绝付款的证明。

(四) 票据权利的消灭

票据权利的消灭是指因一定的事由而使票据上的付款请求权和追索权消灭。票据权利的消灭主要包括以下原因。

1. 因债务人履行债务而消灭

根据《票据法》规定,付款人依法足额付款后,全体票据债务人的责任解除。这是票据权利的绝对消灭。

持票人行使追索权,被追索人进行相应金额的清偿后,其责任解除。此时依被追索人在票据关系中的地位不同,消灭的票据权利也不同。汇票的承兑人或其他票据的出票人履行完追索义务,票据权利完全消灭;被追索人为尚有前手的背书人或保证人的,在履行完追索义务后,还可以行使再追索权,这时的票据权利只是"相对消灭"。

2. 因超过法定期间未行使权利而消灭

根据《票据法》第十七条的规定,票据权利在前述行使期限内不行使而消灭。

3. 因保全手续欠缺而消灭

《票据法》第六十五条规定,持票人不能出示拒绝证明、退票理由书或者未按照规定期限提供其他合法证明的,丧失对前手的追索权。

另外,票据权利的消灭原因还包括票据物质形态的消灭和民法上债权的消灭事由如抵销、混同、提存、免除等。

《票据法》第十八条规定了票据的利益偿还请求权。利益偿还请求权是一种民事权利,而不是一种票据权利。持票人如不依法及时行使或保全票据权利,其权利可因时效届满而消灭。但对出票人、承兑人而言,他们因免除履行票据债务而获得利益,不但损害了票据债权人的利益,持票人可请求出票人或承兑人返还其与未支付的票据金额相当的利益。

一、名词解释题

票据行为　票据权利　付款请求权　追索权　利益偿还请求权

二、问答题

1. 简述票据行为的种类。

2. 简述票据行为的特征。

3. 简述票据记载事项的种类。

4. 简述票据权利的取得方式。

5. 简述行使票据权利的要求。

6. 简述票据权利消灭的原因。

三、选择题

1. 甲、乙签订买卖合同后，甲向乙背书转让3万元的汇票作为价款。后乙又将该汇票背书转让给丙。如果在乙履行合同前，甲、乙协议解除合同。甲的下列行为中，符合票据法规定的是(　　)。

A. 请求乙返还汇票　　B. 请求乙返还3万元价款

C. 请求丙返还汇票　　D. 请求付款人停止支付汇票上的款项

2. 甲为15周岁公民，背书转让一汇票于乙，乙又背书转让，最后持票人丙提示承兑被拒绝后，向甲追索，甲的下列抗辩理由是否成立？(　　)

A. 甲为无票据行为能力人，其签章无效，不负票据责任

B. 甲不是票据上的付款人，无付款责任

C. 甲为无票据行为能力人，经其签署的票据属无效票据，因而甲不负票据责任

D. 甲、乙间授受票据时所依据的买卖合同归于无效

3. 下列哪些行为属于票据权利的行使？(　　)

A. 持票人甲向付款人乙提示承兑

B. 持票人甲将票据质押给乙

C. 持票人甲于票据付款期限过后向付款人乙请求付款

D. 持票人甲被拒绝承兑后，向签名在其前的票据保证人乙请求支付票面金额

四、案例分析题

2017年4月5日王某在银行开立有支票账户，此后王某因病丧失行为能力。王某签了一张50万元的转账支票给A公司购货，并按照A的要求找来李某提供保证。

A公司收受支票后，当年4月25日以背书的方式将该支票转让给B公司以支付所欠款项。

4月30日B公司持该支票向C公司购置设备。

4月26日C公司通过其开户银行提示付款时，开户银行以超越提示付款期为由做了退票处理。C通知其前手进行追索。

A、B公司均以有保证人李某为由拒绝承担责任。李某以王某系无民事行为能力，其签发支票无效为由，拒绝承担责任。

问题：

(1) 王某的出票行为是否有效？

(2) A、B的背书行为是否有效？

(3) 李某的理由是否成立？

第四节　票据抗辩和票据丧失的补救

2017年6月,某市某电子公司供销员遗失一张已盖好单位及有关人员印章的银行承兑可背书转让的汇票后,立即报告了某电子公司,某电子公司当即通知了其付款银行,并通过新闻媒体发出了遗失声明。

事隔4天,该市某服装公司持银行拒绝支付的汇票到该电子公司要求支取8 500元货款。电子公司以该汇票已声明作废为由拒绝承担任何责任。某服装公司遂诉至法院。法院认为,被告电子公司遗失汇票后,虽然通知了付款银行,并在有关新闻单位播出了“遗失声明”,但该声明不具法律效力。为此,被告电子公司应负主要责任,承担3/4的经济损失;原告服装公司在接受汇票时,未核对持票人身份,造成持票人冒用他人已挂失的汇票,因此,也应负一定责任,承担1/4的经济损失。在上述案例中,某电子公司在失票后将票据丧失的事实通知其付款人(某银行),该行为即为挂失止付,但其挂失止付的行为只能暂时冻结票据当事人之间的关系,而无法从根本上解决票据人失票后如何保护其权利不受侵犯,并重新获得票据权利的问题。

一、票据的抗辩

(一)票据抗辩的概念

票据抗辩是指票据债务人根据票据法的规定对票据权利人的权利主张提出对抗,拒绝履行票据债务的行为。票据抗辩是一方防御及对抗他方行使票据权利的行为。抗辩既是一项诉讼上的权利,又是一项民事上的实体权利。

(二)票据抗辩的种类

票据抗辩包括票据债务人通过从根本上否认持票人票据权利的存在或有效,对抗持票人的请求,或者债务人不否认持票人票据权利的存在,但认为自己有法定的拒绝履行义务的权利而对抗持票人的请求。

根据票据抗辩的不同事由及其效力,票据抗辩分为物的抗辩和人的抗辩。

1. 物的抗辩

物的抗辩是指因票据本身存在的事由而产生的抗辩,即基于票据本身的瑕疵而进行的抗辩。该抗辩事由属于票据债务人可以对抗一切票据债权人的抗辩,因此又称绝对抗辩或者客观抗辩。

物的抗辩又可根据提出抗辩的票据债务人的区别,分为以下两类。

1)一切票据债务人可以对抗一切票据债权人的抗辩

此类抗辩包括:票据无效的抗辩,如票据欠缺绝对必要记载事项或记载了不得记载事项;依照票据记载债权人不能提出请求的抗辩,如票据未到期;票据权利已经消灭的抗辩,如票据已经依法付款或者提存;票据失效的抗辩,如票据经法院除权判决的。

2)特定票据债务人可以对抗一切票据债权人的抗辩

此类抗辩包括:否定票据行为有效成立的抗辩,如票据行为人欠缺行为能力所做的票据行为,可主张无效而提出抗辩对无权代理所做的抗辩;对于他人未经本人授权而代理本人所做的票据行为,被代理人就该票据行为不承担任何责任,可依法提出抗辩;票据保全手续欠缺的抗辩,如持票人未在规定的时间内做成拒绝证书,因此丧失对前手的追索权,则其前手可依法提出抗辩;依票据记载提出的抗辩,如票据系伪造或者变造,由于被伪造者并未在票据上签字,因而被伪造者可以对任何债权人进行抗辩;票据权利对该债务人因时效已过而消灭的抗辩。

2. 人的抗辩

人的抗辩是指债务人对特定的债权人的抗辩。人的抗辩是基于当事人之间的特定关系产生,而不是基于票据本身产生的,只能对特定的票据权利人主张,因此又称为相对抗辩或者主观抗辩。

根据抗辩人的不同,人的抗辩可分为以下类型。

1)一切票据债务人可以对特定票据债权人行使的抗辩

此类抗辩包括:票据债权人欠缺事实上的受领资格的抗辩,如票据债权被法院扣押禁止付款,持票人被人民法院宣告破产;票据债权人欠缺形式上的受领资格的抗辩,如一切票据债务人对背书不连续的持票人,均可拒绝向其履行债务。

2)特定票据债务人可以对特定票据债权人行使的抗辩

此时票据债务人和票据债权人之间在票据关系之外还存在直接的法律关系。

此类抗辩包括:基于票据原因关系的抗辩,如票据原因关系不合法不存在或消灭、欠缺对价等情形;基于双方之间其他法律关系提出的抗辩,如特定债权人和特定债务人之间发生了债务的抵销或者免除等情形,则票据债务人可依法对票据债权人提出抗辩。

(三)票据抗辩的限制及例外

1. 票据抗辩的限制

票据抗辩的相关规定一定程度上对票据的流通性和安全性造成一定影响。而在票据流通过程中,第三人不可能,也不应当知道票据债务人与其前手或票据债务人与出票人之间是否存在抗辩事由。为了维护票据的流通和交易安全,《票据法》规定了票据抗辩的限制,将抗辩事由限定在票据债务人与其直接相对人之间,善意受让票据的持票人,不受票据债务人与其相对人之间抗辩事由的影响,即在票据流转给直接当事人之外的其他人之后,直接当事人之间的抗辩原则上被切断,票据债务人不得以直接当事人之间的抗辩事由对抗非直接当事人。这就是票据抗辩的限制,又称票据抗辩的切断。

根据前述物的抗辩和人的抗辩的含义与内容,票据抗辩的限制只存在于人的抗辩中。《票据法》第十三条规定:"票据债务人不得以自己与出票人或者与持票人的前手之间的抗辩事由,对抗持票人。但是,持票人明知存在抗辩事由而取得票据的除外。"

2. 票据抗辩限制的例外

由于票据抗辩限制的目的是维护交易安全,因此对于票据转让中的非交易行为、票据交易中的恶意行为和重大过失不应适用票据抗辩限制的规定，这就是票据抗辩限制的例外。

根据《票据法》相关规定，属于票据抗辩限制的例外主要有以下情况。

1）持票人无对价取得票据的

无对价取得票据的，票据债务人依法可以自己与持票人前手的抗辩事由来对抗持票人。

《票据法》第十条规定："票据的取得，必须给付对价，即应当给付票据双方当事人认可的相对应的代价。"第十一条规定："因税收、继承、赠与可以依法无偿取得票据的，不受给付对价的限制。但是，所享有的票据权利不得优于其前手的权利。"即取得票据的人即使是善意，如果没有付代价或没有付相当的代价，只能享有与其前手相同的票据权利。

2）持票人恶意取得票据的

当持票人在取得票据时明知该票据权利存有瑕疵（票据债务人有抗辩权），法律对其无特殊保护的必要。因此，《票据法》第十三条在对票据债务人的抗辩作出限制性规定的同时，又对该限制进行了除外性规定："票据债务人不得以自己与出票人或者与持票人的前手之间的抗辩事由，对抗持票人。但是，持票人明知存在抗辩事由而取得票据的除外。"

二、票据的丧失和补救

（一）票据的丧失

票据的丧失是指票据权利人非出于其本意丧失其对票据的占有。

票据丧失分为绝对丧失和相对丧失。

绝对丧失又称票据的灭失，是指票据从物质形态上的丧失，如被火烧毁或被撕成碎片等。

相对丧失又称票据的遗失，是指票据在物质形态上没有发生变化，只是脱离了原持票人的占有，如持票人不慎丢失票据或者票据被人盗窃。

（二）票据丧失的补救

票据的丧失是票据流通过程中常见的情形，由于票据是完全有价证券，票据权利与票据不可分离，因此，持票人所持票据一旦丧失，持票人便无法行使票据权利，且有被他人冒领票据金额或被他人善意取得的风险。

因此，法律通过票据丧失的补救来保障失票人的票据权利不受损害，保障票据交易安全和保护善意取得人的权利，以调整票据丧失后各当事人的利益关系。《票据法》规定，失票人可以运用的救济方法包括挂失止付、公示催告和民事诉讼三种方式。

1. 挂失止付

1）挂失支付的概念

挂失止付是指在票据丧失后，失票人将票据丧失的情况通知付款人（包括代理付款人），请求付款人在法定期限内暂停支付，不对挂失的票据付款，防止票据款项被人领取，以保护失票人权利的救济方法。

《票据法》第十五条规定:“票据丧失,失票人可以及时通知票据的付款人挂失止付,但是,未记载付款人或者无法确定付款人及其代理付款人的票据除外。”

《支付结算办法》中规定,允许挂失止付的票据仅限于记载明确的付款人及代理付款人的票据,包括已承兑的商业汇票、支票、填明“现金”字样和代理付款人的银行汇票以及填明“现金”字样的银行本票。失票人可以通知付款人和代理付款人挂失止付。

未记载付款人或者无法确定付款人及其代理付款人的票据除外。未填明“现金”字样和代理付款人的银行汇票以及未填明“现金”字样的银行本票丧失,不得挂失止付。付款人或者代理付款人收到挂失止付通知前,已经依法向持票人付款的,不再接受挂失。

2）挂失止付的程序

付款人或者代理付款人收到挂失止付通知后,查明票据确未付款时,应立即暂停支付。付款人或者代理付款人自收到挂失止付通知书之日起 12 日内没有收到人民法院的止付通知书的,自第 13 日起,持票人提示付款并依法向持票人付款的,不再承担责任。

挂失止付只是一种临时性的应急措施,只具有暂停支付的效力,没有停止支付的法律效力。失票人应当在通知挂失止付后 3 日内,也可以在票据丧失后依法向人民法院申请公示催告,或者向人民法院提起诉讼。

2. 公示催告

1）公示催告的概念

公示催告是指票据丧失以后,具有管辖权的人民法院根据失票人的申请,以公告的方法催促不确定的利害关系人在一定期限内申报权利,如果逾期不予申报,则将丧失其票据权利的一种法律程序。

公示催告程序只适用于可以背书转让的票据被盗、遗失或灭失的情况,其他票据或票据纠纷不能申请公示催告。

2）公示催告的程序

根据《票据法》第十五条的规定,如果失票人未向付款人发出挂失止付通知,可以随时申请公示催告;如果失票人已经向付款人发出挂失止付通知,则应当在通知挂失止付后 3 日内申请公示催告。有权提出公示催告的申请人应为票据的合法权利人,包括票据上所记载的收款人以及能够以背书连续来证明自己为票据合法权利人的被背书人,同时还应当允许出票人作为公示催告的申请人。在票据遗失后,已经知道现实持有人的情况下,失票人则不能成为公示催告的申请人,只能依普通民事诉讼程序,提起返还票据的诉讼。

法院受理公示催告申请后,应当立即向票据付款人发出止付通知,并应当在 3 日内发出公告,催促利害关系人申报权利,公示催告期间至少为 60 日,且届满日不得早于票据付款日后 15 日。

在公示催告期间,有人提出权利申报或提出相关的票据权利主张时,法院就应当立即裁定终止公示催告,并通知申请人和票据付款人。在公示催告期间届满后、除权判决做出前,有利害关系人申报权利的,也应该裁定终结公示催告。此后,申请人与权利申报人就应通过民事诉讼解决双方有关票据权利归属的纠纷。公示催告期满,没有人提出权利申报或者提出相关的票据,或者申报人提出的票据非申请人丧失的票据时,则依申请人的申请,由法院做出除权判决,宣告票据无效。

通过公示催告,可以从根本上解决票据当事人之间的利益冲突,从而更好地维护失票人的合法权益。

3. 民事诉讼

为了维护自身合法权益,失票人可依法起诉相关当事人。

1)失票人起诉票据债务人

失票人可依法向人民法院提起民事诉讼,要求法院判令付款人向其支付票据金额。《票据法》第十五条规定,失票人应当在通知挂失止付后3日内,也可在票据丧失后向法院提起诉讼。最高人民法院《关于审理票据纠纷案件若干问题的规定》中规定,失票人在丧失票据后,在票据权利时效届满之前,在提供相应担保的情况下,可以请求出票人补发票据,或者请求债务人付款。如果出票人拒绝补发票据或者债务人拒绝付款,失票人可向法院起诉。

2)失票人起诉非法持有票据的人

失票人的票据被他人采用盗窃、抢夺等非法手段占有时,失票人有权起诉行为人返还票据。

一、名词解释题

票据抗辩　人的抗辩　物的抗辩　票据丧失　挂失止付　公示催告

二、选择题

1. 甲签发票据给乙,丙从乙处窃取票据,丁明知该情况而从丙处受让票据,丁又将票据赠送给不知情的戊。下列说法中哪些正确?(　　)

A. 戊为基于善意的合法持票人,可以请求付款

B. 付款人可以经乙通知止付为由拒绝付款

C. 戊提示付款被拒绝后可向甲追索

D. 戊被拒绝付款后可以向丁追索,丁清偿后可以再追索

2. 甲公司被乙公司合并,甲公司曾授让丙签发的以丁为付款人的汇票。以下选项哪个正确?(　　)

A. 乙公司向丁提示付款时,丁可以乙非票据权利人而拒绝付款

B. 乙公司虽非票据被背书人,但可享有票据权利

C. 乙公司以甲公司名义背书转让该汇票于戊,戊向丁提示付款时,丁可主张系伪造背书而拒绝付款

D. 乙公司以甲公司印章背书转让该汇票,该背书无效

三、问答题

1. 简述票据抗辩的种类。

2. 简述票据抗辩限制的规定和例外。

3. 票据丧失的补救措施有哪些?

4. 简述挂失止付的程序和效力。

5. 简述公示催告的程序和效力。

四、案例分析题

1. 甲因从乙处进货而拖欠3万元货款，乙又因借贷而拖欠丙3万元，现离借款到期日还有4个月，乙在征得甲和丙同意后，决定以汇票结清他们之间的债权债务关系，乙做出票人，甲做付款人，丙做收款人，票据金额3万元，出票后4个月付款。

丙拿到汇票后找甲进行了承兑。此后，丙在从丁处进货时，将汇票背书转让给丁。丁接收汇票时距到期日还有近3个月，丁方采购员王某携带已在票据背面背书且有丁签章的汇票外出时不慎丢失，王某将丢失汇票的情况告知丁，丁立即向甲办理了挂失止付的手续，但未采取其他措施。刘某捡到该汇票后发现票据背面的最后一次背书未填写被背书人，刘某将自己填为被背书人，持汇票向戊购置了一台价值3万元的设备，并将汇票背书后交给了戊。

汇票到期后，戊持汇票请求甲付款，甲以汇票已经挂失止付为由拒绝付款。戊进行追索并对所有前手发出通知，丁接到通知后提出自己是票据权利人，戊的票据权利有缺陷，请求返还票据。

问题：

(1) 戊有无票据权利？

(2) 戊对所有前手发出追索通知的做法是否恰当？

(3) 甲能否以挂失止付为由拒绝付款？

2. 2016年5月5日，甲和乙订立房屋买卖合同约定："乙把属于其私房两间卖给甲，价格为25万元。双方交接房屋后并在房屋管理部门依法办理了产权变更手续。"

2016年5月8日，甲向乙签发了一张以2016年5月8日为出票日、金额为25万元，以甲的开户行丁银行为付款人，以乙为收款人的支票，经签章后交付给了乙持有。

2016年5月10日，乙从丙处买了价值25万元的货物，并把所持有的由甲签发的25万元的支票背书转让给了丙。

2016年11月11日，丙持该支票向丁银行提示付款。丁银行以该支票已超过票据权利时效拒绝付款。

丙请求乙与甲返还其与该支票的票据金额相当的25万元。乙与甲以票据权利已经消灭，该支票已经作废为由拒绝付款。

问题：丁银行、乙、甲是否应对丙承担责任、责任性质如何？并简述理由。

第五节　汇　　票

A市的甲公司和B市的乙公司达成协议：由甲交给乙一张银行承兑汇票，金额400万元。其中200万元用于偿还原先所欠债务，200万元用于联营投资。3日后，甲、乙和A市的丙银行达成协议：由丙银行出具银行承兑汇票400万元给乙，乙将400万元资金一次性汇入丙银行存储。协议达成后，丙银行开出银行承兑汇票400万元给了乙，但是乙并未划款给丙。乙持该汇票到了B市的丁银行办理担保贷款400万元，并由B市公证处出具公证书。这时,丁银行几次向丙银行查询所出汇票的真伪,在得到准确有效答复后贷款400万元给乙。

丙银行在收不到上述400万元资金的情况下,便去人去函索要所开汇票。在该汇票将到期的前两日,丙银行和甲以乙不按协议划款、不退汇票为由,丁银行以追索对乙的贷款为由分别向A、B二市法院起诉,两法院竟相冻结该汇票,B市法院抢先实现,A市法院先行认定汇票无效,并且判决由乙赔偿有关损失,丁银行退还汇票给丙银行。此时乙已经丧失偿债能力,贷款抵押汇票又难以兑付,丁银行400万元贷款面临损失的危险。

一、汇票的概念和种类

(一)汇票的概念

汇票是出票人签发的,委托付款人在见票时或者在指定日期无条件支付确定金额给收款人或持票人的票据。因此,汇票属于委付票据。

(二)汇票的种类

从不同的角度,可将汇票分为以下几种。

1. 银行汇票和商业汇票

按照汇票出票人,可将汇票分为银行汇票和商业汇票。

银行汇票是指汇款人将款项交存当地出票银行,由出票银行签发,多用于办理异地转账结算和支取现金,由其在见票时,按照实际结算金额无条件支付给收款人或持票人的票据。

商业汇票是出票人签发的,委托付款人在指定日期无条件支付确定的金额给收款人或票据的持票人。商业汇票按照约定,可以由付款人签发,也可以由收款人签发,但都必须经过承兑。

2. 商业承兑汇票和银行承兑汇票

按照承兑人的不同,可将商业汇票分为商业承兑汇票和银行承兑汇票。

商业承兑汇票是企业或个人承兑的汇票。

银行承兑汇票是由在承兑银行开立存款账户的存款人出票,向开户银行申请并经银行审查同意承兑的,保证在指定日期无条件支付确定的金额给收款人或持票人的票据。

商业承兑汇票是商业信用,银行承兑汇票是银行信用。因此,商业承兑汇票在信用等级和流通性上低于银行承兑汇票。

3. 光票和跟单汇票

按照付款的要求是否随附商业单据,可将汇票分为光票和跟单汇票。

光票是指在付款时不需要附带商业单据就可以产生付款效力的汇票。

跟单汇票是指需要附带有商业单据才能发生付款效力的汇票。

4. 即期汇票和远期汇票

按照付款时间的不同,可将汇票分为即期汇票和远期汇票。

即期汇票是指在提示或见票时立即付款的汇票。

远期汇票是指在一定期限或特定日期付款的汇票。

二、汇票的票据行为

(一) 出票

1. 出票的概念

出票是指出票人签发票据并将其交付给收款人的票据行为。

汇票的出票是出票人创设票据及其权利的基本票据行为。

汇票在出票时有三个当事人:出票人,即签发汇票的人;收款人,即持汇票向付款人请求付款的人;付款人,即受出票人的委托向受款人付款的人。

汇票出票的内容是无条件支付的委托。

出票由作成汇票和交付汇票两部分组成。

2. 出票的法律效力

汇票的出票具有以下法律效力。

1) 出票对出票人的效力

出票使出票人成为汇票上的义务人,其义务的内容是对其签发的汇票能够获得承兑和付款承担担保责任。当汇票不获承兑或者付款时承担清偿责任。

出票人首先要担保其签发的汇票能够在到期前获得承兑,在票据上记载的付款人拒绝承兑,或者因票据上所记载的付款人下落不明、破产等原因而无从获得承兑时,必须接受追索,承担汇票付款的责任。其次,出票人还要承担付款义务,即汇票到期不获付款时,出票人必须承担付款责任,不管付款人对汇票已经承兑还是未经承兑,均不影响出票人担保付款的义务。但是,在出票人签发对己汇票的情况下,仅产生出票人自己的直接付款义务,不表现为产生出票人的担保责任。

2) 出票对收款人的效力

汇票做成并交付给收款人后,收款人取得了汇票上的权利,即付款请求权和追索权。

3) 出票对付款人的效力

出票行为的完成对于付款人并非当然发生效力。在汇票的出票效力内,不包括付款人的绝对付款责任。付款人能否承担付款,可以依自己独立的意思决定。

即期汇票的出票,使付款人成为汇票上的债务人,负有对汇票付款的义务。

远期汇票的出票,付款人成为汇票上的名义债务人,即取得对该汇票进行承兑和付款的资格。在付款人承兑后,成为实质上的债务人。

3. 出票的格式

1) 绝对必要记载事项

根据《票据法》的规定,汇票的必要记载事项分为绝对必要记载事项和相对必要记载事项。

绝对必要记载事项是指票据法规定必须在汇票上记载的事项,若欠缺记载,汇票便为无效。

根据《票据法》第二十二条的规定,绝对必要记载事项包括:

(1) 表明“汇票”的字样。

(2) 无条件支付的委托;附条件支付的汇票无效。

(3) 确定的金额。票据的金额用中文和阿拉伯数字同时记载,二者必须一致,如果不一致,票据无效。票据金额必须是确定的,记载不确定的金额,票据无效。

(4) 付款人的名称。

(5) 收款人的名称。

(6) 出票日期。出票日期的主要法律意义是:确定到期日。汇票为出票后定期付款时,根据出票日期的记载,确定该汇票的到期日;确定提示期间。汇票为见票即付或者见票定期付款时,根据出票日期的记载,确定该汇票的提示期间;确定票据权利消灭时效是否已经完成。

(7) 出票人签章。

2) 相对必要记载事项

相对必要记载事项指汇票出票时应当记载的,按照记载的具体事项履行权利和义务;如果未记载,不影响汇票本身的效力,汇票仍然有效,该事项通过法律的直接规定来补充确定。

根据《票据法》第二十二条的规定,相对必要记载事项包括:

(1) 付款日期。付款日期即到期日,是汇票权利人行使权利和汇票债务人履行义务的日期,付款人应支付汇票金额的日期。《票据法》规定的付款日的记载包括见票即付、定日付款、出票后定期付款、见票后定期付款。出票人签发汇票时,只能在这四种法定形式中选定,而不能选用法定形式以外的其他任何形式。汇票未载明到期日的,视为见票即付。

(2) 付款地。未载明付款地的,以付款人的住所地或营业地所在地为付款地。

(3) 出票地。未载明出票地的,以出票人的住所地或营业地所在地为出票地。

3) 任意记载事项

任意记载事项是指不强制当事人必须记载而允许当事人自行选择记载的事项。不记载该事项时不影响票据效力,记载时则产生票据法上的效力。

出票人可以在汇票上记载“不得转让”字样,则汇票不得转让。

4) 不得记载事项

不得记载事项又称禁止记载事项,是指票据法规定禁止记载在票据上,如果记载了不发生票据法上的效力,或者使得票据无效的事项。

前者如根据《票据法》第二十四条的规定,汇票上记载本法规定事项以外的其他出票事项,但是该记载事项不具有汇票上的效力。这里主要是指与汇票的基础关系有关的事项,如签发票据的原因或用途、该票据项下交易的合同号码等。

后者如汇票上记载附条件的委托付款或者不确定的金额,则该汇票因此无效。

(二) 背书

1. 背书的概念

背书是指持票人(背书人)以转让票据权利或者将票据权利授予他人(被背书人)行使

为目的，在汇票的背面或者粘单上记载有关事项并签章的票据行为。

背书的行为人是持票人，只有享有汇票权利的持票人才能进行背书。

2. 背书的效力

根据背书的目的，背书产生不同的效力。转让背书的效力如下。

1）权利转让

背书有效成立后，产生汇票权利转移给被背书人的效力。被背书人取得票据权利。

2）权利担保

背书人对其后手承担担保承兑和担保付款的责任。后手持票人所持汇票不获承兑或不获付款时，可以要求背书人承担付款义务。

3）权利证明

持票人持有的汇票上的连续背书，证明持票人合法享有票据权利。法律另有规定的除外。

4）切断抗辩

根据票据行为的独立性特点，被背书人原则上不受背书人的票据权利的瑕疵的影响。

3. 背书的格式

1）必要记载事项

背书的绝对必要记载事项包括背书人名称和被背书人名称。

背书的相对必要记载事项包括表明背书类型的文字和背书日期。

2）任意记载事项

背书的任意记载事项是“不得转让”字样。其效力不同于出票时记载“不得转让”。

3）禁止记载事项

背书人不得记载的事项包括将汇票金额部分转让的记载和将汇票金额分割转让的记载。

（三）承兑

1. 承兑的概念和种类

承兑即承诺到期兑付。

汇票的承兑是指远期汇票的付款人在汇票的正面记载有关事项并签章，然后将汇票交付给请求承兑的人，承诺在汇票到期日无条件支付汇票金额的票据行为。

承兑是汇票特有的制度。汇票是无条件委托他人支付的票据，则付款人通过承兑来表示愿意无条件支付票据金额给持票人。

依据不同的标准，可将承兑分成不同的种类。

(1) 以承兑的方式为标准，可将承兑分为正式承兑和略式承兑。

正式承兑又称完全承兑，是指汇票上明确记载“承兑”或同义的文句，并由付款人签名的承兑。

略式承兑是指仅由付款人签章而不在汇票上做任何“承兑”文句记载的承兑。

(2) 以承兑有无限制为标准，可将票据分为单纯承兑与不单纯承兑。

汇票付款人完全按照票据文义予以承兑而不附加任何条件的承兑，为单纯承兑。

付款人对票据文义加以限制或变更以后而进行的承兑,为不单纯承兑。

根据《票据法》规定,承兑只包括正式承兑和单纯承兑。

2. 承兑的效力

付款人一经承兑,即由汇票的名义付款人变成汇票的实质付款人,也是第一债务人,承担汇票到期无条件付款的义务。承兑的效力主要包括:

(1) 付款人一经承兑,即承担到期付款的责任。即使承兑人和出票人之间不存在事实上的资金关系,也不得以此对抗持票人。

(2) 付款人一经承兑,须承担最终的追索责任。汇票的其他债务人包括出票人、背书人、保证人等因被追索或主动清偿了汇票债务而取得汇票时,均有权对承兑人行使再追索权。

(3) 在持票人未按期提示付款时,即使其对背书人、保证人等的追索权因此丧失,持票人仍有权对承兑人行使权利。

(4) 在付款人承兑之前,持票人享有的付款请求权为期待权。一经承兑,持票人享有的付款请求权成为现实的权利,以承兑人的责任作为保障。而且付款人对汇票承兑后,持票人对承兑人也享有追索权。

(5) 一经承兑,出票人和背书人均免于受到由于汇票被拒绝承兑而引发的期前追索。

3. 承兑的格式

1) 绝对必要记载事项

承兑的绝对必要记载事项包括承兑文句和承兑人签章。承兑文句是付款人承诺到期无条件付款的意思表示。承兑人签章的名称或姓名,必须和汇票上记载的付款人一致。

2) 相对必要记载事项

相对必要记载事项是指承兑的日期。

3) 禁止记载事项

禁止记载事项又称不得记载事项,是指票据法规定禁止记载于票据上,如果记载了不发生票据法上的效力,或者使得票据无效的事项。

4. 承兑的程序

汇票的承兑程序主要包括三个步骤。

1) 提示承兑

提示承兑是指持票人依法向付款人实际出示和交付汇票,并请求付款人在汇票上记载其愿意在汇票到期日无条件付款的意思的行为。提示人是汇票的持票人,被提示人是汇票上记载的付款人。

定日付款或者出票后定期付款的汇票,持票人应当在汇票到期日前向付款人提示承兑。

见票后定期付款的汇票,持票人应当自出票后1个月内向付款人提示承兑。

如果持票人未在上述期间内提示承兑,持票人将丧失对前手的追索权。

商业汇票的承兑期限由交易双方商定,一般为3~6个月,最长不得超过6个月,属于分期付款的,应一次签发若干张不同期限的商业汇票。

(提示:票据在付款或远期的请求签见或承兑时,应由持票人将票据向付款人提示。)

签见，持票人必须先向付款人要求签见，付款人见到票据后，除即期的即予付款外，远期的须在票据上签注签见字样，下签签名、日期及一些注解如“自见票之日起计算 30 天后付款”等。

2）承兑或拒绝承兑

持票人在提示承兑期间内提示承兑后，付款人应当在法定时间内作出承兑或者拒绝承兑的决定。

拒绝承兑是指付款人不同意到期付款并出具拒绝承兑证书的意思表示。付款人有权拒绝承兑，但必须出具拒绝证明。未出具拒绝证明的，付款人应当承担由此产生的法律责任。

3）汇票的交还

付款人在决定承兑或者拒绝承兑后应将汇票交还持票人。经过承兑的商业汇票才具有法律效力，承兑人负有到期无条件付款的责任。

（四）保证

1. 保证的概念和分类

汇票的保证是指票据债务人以外的人为担保特定票据债务人债务的履行，以负担与其同一内容的票据债务为目的的一种附属票据行为。行为人为保证人。

保证必须由保证人在汇票上做成。汇票上的保证不同于民事担保中的保证。

保证包括以下种类。

1）全部保证和部分保证

依保证人所担保的票据债务的金额为标准，可将保证分为全部保证和部分保证。

全部保证是指保证人对票据上记载的全部金额所作的保证。

部分保证是指保证人对票据上记载的部分金额所作的保证，保证人对其未提供保证的票据金额不承担责任。

2）单独保证和共同保证

根据票据保证人的人数，可将保证分为单独保证和共同保证。

单独保证是指单独一个保证人所作的保证。

共同保证是指保证人为两人以上的保证。

3）正式保证和略式保证

根据票据保证人在票据上的记载内容，可将保证分为正式保证和略式保证。

正式保证是指保证人在进行保证时，依法完整记载全部事项后签章交付的保证。

略式保证是指保证人在进行保证时没有记载相关保证事项而签章交付的保证。

2. 保证的效力

保证的效力包括对保证人的效力和对持票人的效力两个方面。

1）对保证人的效力

保证完成后，保证人对被保证债务承担保证责任。该责任的前提是被保证债务的存在。因此，保证人的责任具有从属性特点。

根据票据行为的独立性，保证完成后独立发生效力，不受被保证债务效力的影响。当被保证人的债务因汇票欠缺记载事项而无效时除外。

保证人和被保证人对持票人承担连带责任,共同保证人之间也承担连带责任。

保证人在实际承担了保证责任后取得对被保证人及其前手的追索权。

2）对持票人的效力

汇票的保证完成后,给持票人的票据权利增加了担保。如果被保证人是承兑人,汇票到期时,持票人可以直接向保证人请求付款。

如果被保证人是出票人或背书人,持票人在汇票到期不获付款时,可以直接向保证人行使追索权。

(五) 付款

1. 付款的概念

汇票的付款是指汇票上记载的付款人或者代理付款人根据持票人的提示请求,依法向持票人支付汇票记载的金额,从而消灭票据关系的行为。

2. 付款的程序

1）持票人提示付款

提示付款是指持票人向汇票的付款人或者代理付款人出示汇票,请求对方付款的行为。

提示付款应当在提示付款期间内进行。提示付款的期间是持票人提示付款的法定期间。

见票即付的汇票,提示付款期间为自出票日起1个月内;定日付款、出票后定期付款或者见票后定期付款的汇票,提示付款期间为自到期日起10日内。

持票人未按照法定期间提示付款的,在作出说明后,承兑人或者付款人仍应继续对持票人承担付款责任。

2）付款人审查

付款人对持票人提示付款进行审查,审查内容主要是形式审查,包括对该汇票的审查和对持票人的审查。

从外观上审查票据的格式是否符合法律要求,记载事项是否完备,是否存在变造和伪造的情况等。

审查汇票背书是否连续,从而推定最后的被背书人是合法的持票人。

3）付款人付款

根据《票据法》的规定,付款人付款以支付人民币为原则,以支付外币为例外。付款人付款时必须是足额付款,不允许付款人支付部分金额。

付款人付款时,有权要求持票人在汇票上记载“收讫”字样并签章,以证明付款人已经向持票人履行了付款义务;付款人还有权要求持票人交出汇票,防止该汇票继续流通。

持票人直接向付款人提示付款的,付款人必须在当日付款。如果商业承兑汇票的持票人通过委托收款的方式以邮寄提示方式委托收款的,付款人的开户银行应该通知付款人,付款人在接到通知的当日,应通知银行付款。付款人在接到通知之日起3日之内未通知银行付款的,银行于第4日支付款项。

3. 付款的效力

合法有效的付款行为将导致以下两方面的效力：汇票法律关系的消灭；付款人取得向出票人求偿的权利。

（六）追索

1. 追索的概念和性质

1）追索的概念

追索是指汇票的持票人行使追索权的票据行为。

追索是指汇票的持票人在汇票到期不获付款或者到期前不获承兑或其他法定原因无法行使票据权利时，在履行了票据保全手续后，向汇票上的票据债务人请求偿还汇票金额、利息及其他法定款项的行为。

2）追索的性质和效力

由于汇票上的所有债务人对持票人承担连带责任，因此持票人可以自主决定选择追索的对象，不需要依照票据债务人在汇票上出现的先后顺序而行使；持票人可以向票据债务人中的一人或者数人追索，也可以同时向全体票据债务人追索。

在持票人行使追索权获得相应清偿后，追索权转移给被追索人。即被追索人在清偿了追索债务后，可以继续进行追索。

2. 追索权的行使原因

根据《票据法》的规定，汇票追索权的行使原因包括以下两个。

1）汇票到期时的行使原因

汇票到期被拒绝付款的，持票人可以对背书人、出票人以及汇票的其他债务人行使追索权。

2）汇票到期日前的行使原因

汇票到期日前，持票人可以行使追索权的情形包括：汇票被拒绝承兑；承兑人或者付款人死亡、逃匿的；承兑人或者付款人被依法宣告破产的或者因违法被责令终止业务活动的。

3. 追索权的行使条件

汇票持票人追索权的行使，以持票人在法定提示期间内依法向付款人进行了承兑提示或者付款提示为要件。

如持票人在法定提示期间内未依法向付款人进行承兑提示或者付款提示，则持票人丧失对债务人的追索权。

因此，持票人依法行使追索权需取得其付款请求权被拒绝或者无法实现的相关证明。这些证明主要包括拒绝证明、退票理由书、人民法院的司法文书、有关行政主管部门的处罚决定、其他证明。

4. 追索的程序

持票人行使追索权进行追索主要依照以下步骤进行。

1）通知拒绝事实

持票人应在规定的期限内将汇票不获付款或者不获承兑的事实通知其前手，也即追索通知。根据《票据法》的规定，持票人应在收到拒绝承兑或者拒绝付款的证明或者其他有关证明之日起3日内,将被拒绝的事实和理由以书面形式通知其前手。

2)确定追索对象

持票人可在汇票的出票人、背书人、承兑人和保证人中,不按照先后顺序,对其中任何一人、数人或者全体进行追索。持票人对上述汇票债务人中的一人或者数人已经进行追索的,对其他汇票债务人仍可进行追索。

持票人为出票人的,对其前手无追索权。持票人为背书人的,对其后手无追索权。

3)被追索人清偿债务

被追索人需清偿的债务根据追索行使的先后有所区别。

持票人第一次追索权的追索金额包括:被拒绝付款的汇票金额;汇票金额自到期日或者提示付款日期到清偿日止,按照中国人民银行规定的利率计算的利息;取得有关拒绝证明和发出通知书的费用。

被追索人再次进行追索的金额包括:在前一次追索中已经清偿的全部金额;上述全部金额自清偿日起到再追索清偿日,按照中国人民银行规定的利率计算的利息;发出追索通知书的费用。

4)持票人受领款项

持票人在受领追索款项时,应交出汇票、拒绝证明,并出具收据。

5. 追索权的丧失

追索权的丧失是指因为法律规定的事由发生,使持票人的追索权消灭。

追索权的丧失的原因主要包括持票人未在法定期限内行使和保全汇票权利以及时效期间届满。

一、名词解释题

汇票　商业承兑汇票　银行承兑汇票　银行汇票　背书　承兑　保证　追索

二、问答题

1. 简述汇票的主要种类。
2. 简述背书的主要要求。
3. 简述承兑的程序。
4. 简述追索权的行使条件。

三、案例分析题

1. 甲向乙开具金额为100万元的汇票以支付货款。乙取得该汇票后背书转让给丙,丙又背书转让给丁,丁再背书转让给戊。经查明,甲、乙之间并无真实交易关系,丙为未成年人。

问题:

(1)丙在票据上的签章是否有效?并说明理由。

(2)该汇票是否有效?并说明理由。

2. 2016年8月9日,A公司为支付欠B公司的货款,签发付款人为C银行、金额500万元的汇票交付给B。A在出票人栏盖了A财务专用章,没有法定代表人签名,出票地和收款人栏没有填写，称由B自己填写。

B在收款人栏加盖了公章，到C处要求承兑，C以汇票未记载出票地，票据无效为由拒绝承兑。

问题：C的拒绝承兑理由是否成立？并说明理由。

第六节 本票和支票

2015年11月2日，甲公司与乙公司签订了一份“股权转让合同”。在合同履行过程中，甲公司提出对合同作一些修订。乙公司就要求甲公司向其出具一张金额为1 000万元的支票，作为继续商谈的条件和下一步的合同履行担保。为此，乙公司向甲公司承诺，待双方谈妥合同修订细节并经甲公司同意后才将支票提示付款。甲公司于2016年1月25日向乙公司开出支票。在双方还未谈妥合同修改细节且未经甲公司同意情况下，乙公司于2016年1月26日就到银行提示付款。因甲公司的银行账户存款余额不足，该支票被退票。

一、本票

（一）本票的概念和种类

1. 本票的概念

根据《票据法》规定，本票是由出票人签发的，承诺自己在见票时无条件支付确定金额给收款人或者持票人的票据。

本票在出票时只有两个当事人：出票人，即签发本票并负付款义务的人；收款人，即持本票向出票人请求付款的人。因此，本票属于自付证券。

《票据法》所指的本票是指银行本票，不包括商业本票，更不包括个人本票。因此在我国，本票的出票人必须是银行。这是因为本票作为自付证券，其信用即是出票人的信用。

2. 本票的种类

根据《票据法》，本票的分类主要有以下两种。

(1) 定额银行本票和不定额银行本票。

(2) 现金本票和转账本票。

银行本票可以用于转账；注明“现金”字样的，可支取现金；银行本票可以背书转让，但填明“现金”字样的银行本票不得背书转让。

申请人和收款人均为个人的可签发现金本票，任何一方为单位的，不得申请签发现金银行本票。

（二）本票的特点

(1) 银行本票见票即付，当场抵用，结算效率高，付款保证程度高。单位和个人在同一票据交换区域内需要支付各种款项,均可以使用银行本票。

这一范围内的所有商品交易、劳务供应以及其他款项的结算都可以使用银行本票。收款单位和个人持银行本票可以办理转账结算,也可以支取现金,同样也可以背书转让。

(2)信誉度高,支付能力强。银行本票是由银行签发,并于指定到期日由签发银行无条件支付,因而信誉度很高,一般不存在得不到正常支付的问题。其中定额银行本票由中国人民银行发行,各大国有商业银行代理签发,不存在票款得不到兑付的问题。不定额银行本票由各大国有商业银行签发,由于其资金力量雄厚,因而一般也不存在票款得不到兑付的问题。

(3)银行本票也可作为跨行转账方式。在银行有存款的主体可持身份证及存折等资金账户凭证,到银行办理相关手续,然后持银行本票到其他行入账,实现跨行转账。

(三)本票票据行为的特殊规定

1. 出票

本票的出票是指银行根据企业或者个人(客户)的申请,依法签发本票并将其交付给收款人的票据行为。

客户填写"结算业务申请书",在指定位置加盖预留银行印鉴。

出票银行按规定审核"结算业务申请书",依据申请书签发银行本票。客户将银行本票交收款人,收款人持银行本票到代理付款行办理兑付入账。

1)出票的记载事项

根据《票据法》规定,本票有六项绝对必要记载事项:表明本票的字样的本票文句;无条件支付的承诺;确定的金额;收款人名称;出票日期;出票人签章。

本票有两项相对必要记载事项:付款地和出票地。

本票的任意记载事项。出票人可在本票上记载"不得转让",则该本票不得转让。

2)出票的效力

本票出票对出票人的效力是,使出票人成为票据的付款人,负有无条件支付本票金额的付款义务。该义务只在时效届满时消灭。在时效期限内,即使持票人未在法定提示付款期限内进行提示,付款人仍需承担付款义务。

本票出票对收款人的效力是,收款人取得票据权利。

2. 付款

本票是自付证券,出票人是付款人,也是票据的主债务人。所以本票的持票人只能向出票人或者出票人的代理付款人进行付款提示,而不能向其他银行进行。

根据《票据法》规定,银行本票的提示付款期,自出票日起最长为2个月。出票人如果不在该期限内向付款人提示付款,将丧失对出票人之外的前手的追索权。

二、支票

(一)支票的概念

支票是出票人签发的,委托办理支票存款业务的银行或者其他法定金融机构于见票时无条件支付一定金额给收款人或者持票人的票据。

（二）支票的种类

根据支票付款时的不同支付方式，可分为普通支票、现金支票和转账支票。

1. 普通支票

普通支票是指支票上未印制“现金”或者“转账”字样，持票人依法可以请求付款人以现金方式付款，也可以请求付款人以转账方式付款的支票。

2. 现金支票

现金支票是指支票上印有“现金”字样，持票人只能依法请求付款人以现金方式付款的支票。

3. 转账支票

转账支票是指支票上印有“转账”字样，持票人只能依法请求付款人以转账方式付款的支票。

（三）支票的法律规定

1. 出票

支票的出票是指出票人做成支票并将其交付给收款人的行为。

1）出票人与付款人的资金关系

支票在出票时有三个当事人：出票人，即签发支票的人；收款人，即持支票向付款人请求付款的人；付款人，即银行或其他法定金融机构。

可见，支票属于委付证券。支票的出票人必须与其委托的付款人之间存在一定的资金关系，付款人不需承兑而负有付款义务。

2）出票的记载事项

支票出票时的绝对必要事项包括：“支票”字样的文句；确定的金额；付款人名称；出票日期和出票人签章。欠缺上述任何一项，支票无效。

根据《票据法》第八十八条的规定，支票的出票人签发的支票金额，不得超过其付款时在付款人处实有的存款金额。出票人签发的支票金额超过其付款时在付款人处实有的存款金额的，为空头支票。

支票出票时的相对必要事项包括付款地和出票地。

支票出票时的任意记载事项有：“不得转让”字样，如果记载，则该支票不得转让；支付的货币种类，如果记载，则付款时应以支票上记载的货币种类来支付。

禁止签发与预留签章不符的支票。支票的出票人不得签发与其预留本名的签名式样或印鉴不符的支票。

支票上的金额、收款人名称可以由出票人授权补记。在补记前，该支票不得背书转让和提示付款。

3）出票的效力

支票出票对出票人的效力是出票人承担了担保支票付款的义务。

对付款人的效力是使付款人承担见票付款的义务。

对收款人或持票人的效力是收款人或持票人取得票据权利并可依法转让支票。

2. 付款

支票是见票即付的票据,因此没有到期日的规定。持票人应在提示付款期限内向开户银行提交支票并委托其收取支票款项。超过提示付款期限的,付款人可以不予付款;付款人不予付款的,出票人仍应对持票人承担票据责任。

持票人提示付款的期限根据《票据法》规定,为自出票日起 10 日内。异地使用的支票,其提示付款期限由中国人民银行另行规定。

在支票全国通用初期,中国人民银行规定异地使用支票的提示付款期也是 10 日。根据异地支票的发展情况及业务处理的实际需要,中国人民银行可以适时调整支票的提示付款期限。

出票人在付款人处的存款足以支付支票金额时,付款人应当在见票当日足额付款。

一、名词解释题

本票　银行本票　支票

二、问答题

1. 简述本票的种类。
2. 简述本票的主要法律规定。
3. 简述支票的种类。
4. 简述支票的主要法律规定。

本章主要参考法律法规

1.《中华人民共和国票据法》;
2.《最高人民法院关于审理票据纠纷案件若干问题的规定》;
3.《票据管理实施办法》;
4.《支付结算办法》。

第五篇

市场管理法律制度

第十一章

竞 争 法

第一节　反不正当竞争法

某市甲机动车市场开发有限公司（以下简称“甲公司”）依据《道路交通安全法》和《大气污染防治法》等相关法律规定从事汽车检测的特定服务经营，属于《反不正当竞争法》第六条规定的“其他依法具有独占地位的经营者”。甲公司在机动车检测过程中，要求检车用户必须同时交纳安全检测费、环保检测费和拓号费，否则拒绝为其检车。拓号费收费标准如下：在 2013 年 9 月 30 日以前，对每台机动车收取 10 元；2013 年 10 月 1 日以后，对每台机动车收取 20 元。2011 年 3 月至 2013 年 10 月，甲公司共向 4 万余个进行检测的机动车用户收取拓号费 45 万余元。

一、反不正当竞争法概述

反不正当竞争法作为竞争法的重要组成部分，是国家为促进和保护竞争，通过规制不正当竞争行为来调整竞争关系及与竞争有密切联系的其他社会关系的法律规范的总称。1993 年 9 月 2 日，第八届全国人民代表大会常务委员会第三次会议通过了《反不正当竞争法》，1993 年 12 月 1 日起施行。此后，国家工商行政管理局又颁布了一系列制止不正当竞争的行政规章，在很大程度上弥补了《反不正当竞争法》的不足。2007 年 1 月 12 日，最高人民法院公布了《关于审理不正当竞争民事案件应用法律若干问题的解释》，该解释自 2007 年 2 月 1 日起施行。

《反不正当竞争法》规范的主要是典型的不正当竞争行为和部分限制竞争行为。因此，《反不正当竞争法》的调整对象，就是在制止不正当竞争行为过程中发生在监督管理机构与经营者之间、经营者相互之间以及经营者与消费者之间的社会关系，主要包括监督管理机构与经营者之间的监督管理关系，经营者之间以及经营者与消费者之间的民事赔偿关系。

二、不正当竞争行为的概念及构成要件

（一）不正当竞争行为的概念

根据《反不正当竞争法》第二条的规定，不正当竞争行为是指经营者违反《反不正当竞

争法》的规定，损害其他经营者的合法权益，扰乱社会经济秩序的行为。

（二）不正当竞争行为的构成要件

不正当竞争行为的构成要件包含以下四个要素。

1. 不正当竞争行为的主体是市场竞争者

《反不正当竞争法》第二条规定："本法所称的经营者，是指从事商品经营或者营利性服务（以下所称商品包括服务）的法人、其他经济组织和个人。"这里的"从事"应解释为行为标准，而不是身份标准，不限于专以商品经营或营利性服务为业的人，不能将主体具有营业执照作为反不正当竞争法的适用条件。此外，"商品经营或者营利性服务"不局限于"营利"行为，只要是市场交易即可，参与市场交易的公立非营利机构也可能构成不正当竞争的主体。

2. 不正当竞争行为违反了诚实的商业习惯

诚实的商业习惯是交易实践中形成的善良风俗，是在长期的交易活动中被交易主体普遍认可的市场伦理。根据实践，在市场竞争中，一般的诚实商业习惯包括：①在竞争中不应有意引起产品或服务的混淆；②尊重其他竞争者的商业信誉；③不得对产品或服务进行虚假宣传；④不得恶意侵占其他竞争者的经营成果等。

3. 不正当竞争者在主观上具有过错

不正当竞争行为的性质属于侵权行为。在不正当竞争成为独立概念之前，各国均通过侵权法原理解释其非法性。不正当竞争行为的本质，就在于以恶意的竞争手段给其他竞争者造成损害，因此完全符合侵权行为的特征。

4. 不正当竞争损害了诚实竞争者的利益

反不正当竞争法保护的客体之一就是诚实竞争者的利益，损害诚实竞争者的利益，就是不正当竞争的损害后果。早期的反不正当竞争法通常要求不正当竞争者与受害人之间存在直接的竞争关系，现代反不正当竞争法的新理念认为，受害的诚实竞争者的范围不受此限。

三、不正当竞争行为的表现形式

根据《反不正当竞争法》第二章的规定，不正当竞争行为包括如下11类：仿冒行为，公用企业限制竞争的行为，行政垄断的行为，商业贿赂的行为，虚假宣传的行为，侵犯商业秘密的行为，不当亏本销售行为，搭售行为，不正当有奖销售行为，商业诋毁行为和串通招标投标行为。需要指出的是，立法列举的公用企业限制竞争的行为、行政垄断的行为、不当亏本销售行为、搭售行为以及串通招标投标行为在本质上属于垄断或限制竞争的行为。

（一）仿冒行为

1. 假冒他人的注册商标

注册商标是指商标使用者依法在国家商标局登记注册并被授予商标专用权的商标。商标注册人对已经注册的商标享有受法律保护的专用权，即未经权利人许可，任何人都不得在同一种商品、同一种服务或者类似商品或类似服务上使用与其注册商标相同或近似的商标。假冒他人注册商标是一种违反《中华人民共和国商标法》、侵犯商标专用权的行为。另外,从市场竞争角度看,由于商标是区别商品来源的标志,假冒他人注册商标,势必引起别人误认误购,从而影响注册商标所有人的商品销售,破坏市场竞争的公平性,所以也是一种不正当竞争行为,从而受到反不正当竞争法的规制。

2. 擅自使用知名商品特有的名称、包装、装潢,或者使用与知名商品近似的名称、包装、装潢,造成和他人的知名商品相混淆,使购买者误认为是该知名商品

仿冒知名商品是指行为人擅自将他人知名商品特有的商品名称、包装、装潢作相同或近似使用,造成与他人的知名商品相混淆,使购买者误认为是该知名商品的行为。此行为要同时具备以下条件。

(1) 被仿冒的商品必须是知名商品。

根据最高人民法院《关于审理不正当竞争民事案件应用法律若干问题的解释》的规定,知名商品是指在中国境内具有一定的市场知名度,为相关公众所知悉的商品。人民法院认定知名商品,应当考虑该商品的销售时间、销售区域、销售额和销售对象,进行任何宣传的持续时间、程度和地域范围,作为知名商品受保护的情况等因素,进行综合判断。原告应当对其商品的市场知名度负举证责任。

(2) 被仿冒的商品名称、包装、装潢必须为知名商品所特有。

知名商品特有的名称、包装、装潢,是指知名商品的名称、包装、装潢不是相关商品所通用,并具有显著的区别性特征。它们通常为经营者首先在广告宣传或市场交易中使用,具有一定的独创性,能起到与其他相同商品相区别的作用,如图形和色彩的独特配合、独创性的外部包装等。由经营者营业场所的装饰、营业用具的式样、营业人员的服饰等构成的具有独特风格的整体营业形象,也属于特有的装潢。根据规定,如果有下列情形之一的,人民法院不认定为知名商品特有的名称、包装、装潢:①商品的通用名称、图形、型号;②仅仅直接表示商品的质量、主要原料、功能、用途、重量、数量及其他特点的商品名称;③仅由商品自身的性质产生的形状,为获得技术效果而需有的商品形状以及使商品具有实质性价值的形状;④其他缺乏显著特征的商品名称、包装、装潢。如果①、②、④项规定的情形经过使用取得显著特征的,可以认定为特有的名称、包装、装潢。如果知名商品特有的名称、包装、装潢中含有本商品的通用名称、图形、型号,或者直接表示商品的质量、主要原料、功能、用途、重量、数量以及其他特点,或者含有地名,他人因客观叙述商品而正当使用的,不构成不正当竞争行为。

(3) 经营者的手段必须是擅自使用。

擅自使用是指经营者未经他人同意而使用其知名商品特有的名称、包装和装潢。如果通过转让、许可等合法手段获得相应的权利,就不属于不正当竞争行为。

(4) 经营者的行为造成和他人的知名商品相混淆。

一般是对知名商品特有的商品名称、包装、装潢作相同或近似使用。如果这种使用足以使相关公众对商品的来源产生误认,包括误认为与知名商品的经营者具有许可使用、关联企业关系等特定联系的,应当认定为相混淆。在相同商品上使用相同或者视觉上基本无差别的商品名称、包装、装潢,应当视为足以造成和他人知名商品相混淆。认定与知名商品特有名称、包装、装潢相同或者近似,可以参照商标相同或者近似的判断原则和方法。

判断是否为近似使用，应以一般购买者施以普通注意力是否会发生误认或混淆后果为标准，不能以专家的注意力或是否需要借助特殊检验方法和手段才能辨别真伪为依据，应采用整体观察、分别辨认、综合比较的手段进行分析认定。

3. 擅自使用他人的企业名称或者姓名，引人误认为是他人的商品

企业名称是指企业登记主管机关依法登记注册的企业名称，以及在中国境内进行商业使用的外国（地区）企业名称。具有一定的市场知名度、为相关公众所知悉的企业名称中的字号，也可以认定为企业名称。姓名是指在商品经营中使用的自然人的姓名，和具有一定的市场知名度、为相关公众所知悉的自然人的笔名、艺名等。构成仿冒他人的企业名称或者姓名，应当具备两个要件：①未经他人许可而使用其企业名称或者姓名；②导致了人们对商品或服务来源的误认后果，这里的误认不要求已经造成了误认的实际后果，只要足以造成购买者对商品来源的误解，就构成仿冒。

4. 在商品上伪造或者冒用认证标志、名优标志等质量标志，伪造产地，对商品质量作引人误解的虚假表示

质量标志是指证明经营者的产品质量达到一定水平的标志。认证标志是指经认证机构认证合格、证明产品符合认证标准和技术要求，由其颁发给经营者并准许使用的一种专用质量标志。名优标志是指经有关机构评定的、对产品达到一定质量条件的经营者所授予的荣誉标记。产地是指商品的地理来源，比如商品的出产地、制造地或加工地等。采用其他方法对商品质量作引人误解的虚假表示是指经营者采取除伪造质量标志以及产地以外的其他方法，在商品上对反映商品质量的各种因素作不真实的标注，导致或足以导致购买者对商品质量产生错误认识的不正当竞争行为。

（二）商业贿赂行为

《反不正当竞争法》第八条规定："经营者不得采用财物或者其他手段进行贿赂以销售或者购买商品。在账外暗中给予对方单位或者个人回扣的，以行贿论处；对方单位或者个人在账外暗中收受回扣的，以受贿论处。经营者销售或者购买商品，可以以明示方式给对方折扣，可以给中间人佣金。经营者给对方折扣、给中间人佣金的，必须如实入账。接受折扣、佣金的经营者必须如实入账。"结合《关于禁止商业贿赂行为的暂行规定》的有关内容，商业贿赂行为的构成要件包括以下几个方面。

1. 主体要件

商业贿赂行为的主体包括行贿人和受贿人。行贿人是特殊主体，即经营者。如果经营者的职工采取商业贿赂手段为经营者销售或购买产品的行为，应认定为经营者的行为。受贿人是作为行贿人的经营者的对方单位或个人以及其他有关单位和个人。

2. 手段要件

行为人的贿赂手段包括给付财物和其他手段。这里的财物是指现金和实物，包括经营者为销售或者购买商品，假借促销费、宣传费、赞助费、科研费、劳务费、咨询费、佣金等名义，或者以报销各种费用等方式，给付对方单位或者个人的财物。其他手段是指提供国内外各种名义的旅游、考察等给付财物以外的其他利益的手段。

3. 目的要件

行为人的主观方面为故意,经营者进行贿赂的目的是销售或购买商品,即为了实现自己的商业目标,为了在竞争中获得有利地位。在卖方市场的情况下,经营者往往通过贿赂实现购买商品的目的;在买方市场的情况下,经营者往往通过贿赂实现销售商品的目的。

商业贿赂行为的主要表现行为是回扣。回扣是指经营者销售商品时在账外暗中以现金、实物或者其他方式退给对方单位或个人一定比例的商品价款。而折扣是指商品购销中的让利,是指经营者在销售商品时,以明示并如实入账的方式给予对方的价格优惠,包括支付价款时按价款总额一定比例即时予以扣除和支付价款总额后再按一定比例予以退还两种形式。明示入账是指根据合同约定的金额和支付方式,在依法设立的反映其生产经营活动或者行政事业经费收支的财务账上按照财务会计制度规定明确如实记载。佣金是指经营者在市场交易中给予为其提供服务的具有合法经营资格的中间人的劳务报酬。经营者销售或者购买商品,可以明示方式给中间人佣金,经营者给中间人佣金的,必须如实入账;中间人接收佣金的,必须如实做账。

(三) 引人误解的虚假宣传行为

《反不正当竞争法》第九条规定,经营者不得利用广告或者其他方法,对商品的质量、制作成分、性能、用途、生产者、有效期限、产地等作引人误解的虚假宣传。广告的经营者不得在明知或者应知的情况下,代理、设计、制作、发布虚假广告。

根据规定,认定引人误解的虚假宣传行为,应该考虑以下几个方面。

1. 行为主体

引人误解的虚假宣传行为主体有两类:一是商品的经营者和服务的经营者,要么自行设计、制作、发布引人误解的虚假宣传,要么委托他人设计、制作、发布引人误解的虚假宣传,是此行为的重要主体;二是广告的经营者,即接受委托提供广告设计、制作、代理、发布等服务的法人、其他组织和个人。

2. 行为主体的主观方面

就经营者而言,主观上一般是故意,即行为人具有欺骗和误导购买者选购商品或接受服务的动机,以实现争夺顾客、更多地获取利润的非法目的。而广告经营者,在从事虚假广告宣传行为时通常以故意的心态为主,但在过失的情况下也可构成,一般包括明知和应知两种情况。明知是指广告经营者主观上实际已经认识到所代理、设计、制作、发布的广告是虚假广告,此时是故意。应知是指广告经营者客观上应当知道所代理、设计、制作、发布的广告是虚假广告,但是因为疏忽大意而没有意识到或者主观上认为不至于发生引人误解的宣传后果,这就是过失。

3. 实施了引人误解的虚假宣传行为

此类行为的手段分为两类:一是利用广告进行虚假宣传,即经营者通过报纸、杂志、广播、电视、路牌、橱窗、墙壁、霓虹灯、电子显示牌、实物等广告媒介和形式直接或间接地不真实地介绍商品或服务的情况,欺骗和误导消费者;二是利用广告以外的其他方法进行虚假宣传,其他方法涵盖了广告以外的一切形式。最为常见的有,通过举办展览会、展销会、订货会等进行宣传,通过举办新闻发布会、产品鉴定会、座谈会等商品介绍性活动进行宣传，通过买卖双方或其代理人的直接接触或正式谈判进行宣传等。从内容来看，包括宣传内容的虚假和宣传内容真实但引人误解两种情形。根据规定，经营者具有下列行为之一，足以造成相关公众误解的，可以认定为引人误解的虚假宣传行为：①对商品作片面的宣传或者对比的；②将科学上未定论的观点、现象等当作定论的事实用于商品宣传的；③以歧义性语言或者其他引人误解的方式进行商品宣传的。如果以明显的夸张方式宣传商品，不足以造成相关公众误解的，不属于引人误解的虚假宣传行为。

（四）侵犯商业秘密行为

1. 商业秘密的概念

根据《反不正当竞争法》第十条第三款的规定，商业秘密是指不为公众所知悉、能为权利人带来经济利益、具有实用性并经权利人采取保密措施的技术信息和经营信息。商业秘密不仅包括那些凭技能或经验产生的技术信息，如技术秘诀、设计图纸、工艺流程、化学配方等，还包括经营管理方法以及与经营管理方法密切相关的经营信息，如管理方法、产销策略、客户名单、货源情报等。

构成商业秘密，要满足以下要件。

1）秘密性

秘密性是指作为商业秘密的某种信息不为公众所知悉，即他人不能从公开渠道直接获得，一般人不易通过正常途径获取或探明。有关信息不为其所属领域的相关人员普遍知悉和容易获得，应当认定为不为公众所知悉。但是具有下列情形之一的，可以认定有关信息不构成不为公众所知悉：

（1）该信息为其所属技术或者经济领域的人的一般常识或者行业惯例；

（2）该信息仅涉及产品的尺寸、结构、材料、部件的简单组合等内容，进入市场后相关公众通过观察产品即可直接获得；

（3）该信息已经在公开出版物或者其他媒体上公开披露；

（4）该信息已通过公开的报告会、展览等方式公开；

（5）该信息从其他公开渠道可以获得；

（6）该信息无须付出一定的代价而容易获得。

2）保密性

保密性是指作为商业秘密的信息必须是经权利人采取保密措施予以保护、管理的信息，不采取任何保密措施的信息，不被认定为商业秘密。权利人为防止信息泄露所采取的与其商业价值等具体情况相适应的合理保护措施，应当认定为采取了保密措施。具有下列情形之一，在正常情况下足以防止涉密信息泄露的，通常认定权利人采取了保密措施：

（1）限定涉密信息的知悉范围，只对必须知悉的相关人员告知其内容；

（2）对于涉密信息载体采取加锁等防范措施；

（3）在涉密信息的载体上标有保密标志；

（4）对于涉密信息采用密码或者代码等；

（5）签订保密协议；

（6）对于涉密的机器、厂房、车间等场所限制来访者或者提出保密要求；

(7) 确保信息保密的其他合理措施。

3) 价值性

价值性是指商业秘密的使用可以为权利人带来经济上的利益,使权利人比不知晓或不使用该商业秘密的同行业竞争者处于更有利的地位或拥有更大的竞争优势,从而能在竞争中领先取胜。价值性既包括现实的经济利益,也包括通过将来使用而可能获得的潜在经济利益。

2. 侵犯商业秘密的行为

根据《反不正当竞争法》第十条的规定,经营者不得采用下列手段侵犯商业秘密。

(1) 以盗窃、利诱、胁迫或者其他不正当手段获取权利人的商业秘密。

这是不当获取商业秘密的行为。不当是指行为人获取权利人商业秘密的方法或手段不正当、不合理或不合法。典型的不当方法有:①盗窃,即以秘密的方式获取、占有他人的商业秘密;②利诱,即以给付物质利益或其他好处等手段诱使他人告知其商业秘密的;③胁迫,即以给他人带来财产、人身或精神损害为要挟迫使他人违反其真实意愿而告知商业秘密;④其他手段,指通过除盗窃、利诱、胁迫以外的其他手段,如用酒将知情人灌醉,下药,通过合作开发套取他人商业秘密等。

(2) 披露、使用或者允许他人使用以前项手段获取的权利人的商业秘密。

包括不当披露和不当使用两种行为。不当披露是指行为人将以不当手段获取的商业秘密予以扩散,从而导致商业秘密的公开。不当使用行为是指行为人将以不正当手段获取的商业秘密予以使用的行为。既可以是不当获取人直接将商业秘密用于自己的生产经营,也可以是不当获取人以一定的方式有偿或无偿将商业秘密提供给他人使用。

(3) 违反约定或者违反权利人有关保守商业秘密的要求,披露、使用或者允许他人使用其所掌握的商业秘密。

该行为是指行为人依合同或其他合法途径获知权利人的商业秘密,但违反约定或违反权利人有关保守秘密的要求,披露、使用或允许他人使用其所掌握的商业秘密的行为。

除此以外,第三人明知或者应知前款所列违法行为,获取、使用或者披露他人的商业秘密,视为侵犯商业秘密。

(五) 低于成本销售行为

《反不正当竞争法》第十一条规定,经营者不得以排挤竞争对手为目的,以低于成本的价格销售商品。在这一行为中,首先,行为的主体是在市场中处于销售地位的经营者。其次,实施这个行为主观上存在故意,即以排挤竞争对手为目的,低价销售占领市场份额,打压其他竞争者的目的。最后,采取的手段主要是销售商品的价格低于商品的成本价格。成本是指企业在产品生产、产品销售或提供劳务中发生的费用的总和。但如果有下列情形之一的,不属于不正当竞争行为:

(1) 销售鲜活商品。

(2) 处理有效期限即将到期的商品或者其他积压的商品。

(3) 季节性降价。

(4) 因清偿债务、转产、歇业降价销售商品。

（六）搭售行为

《反不正当竞争法》第十二条规定，经营者销售商品，不得违背购买者的意愿搭售商品或者附加其他不合理的条件。所谓搭售商品或者附加不合理的条件是指经营者利用其经济优势，违背购买者的意愿，在销售某一种商品或提供一种服务时，要求购买者以购买另一种商品或接受另一种服务为条件，或者就商品或服务的价格、销售对象、销售区域等进行不合理的限制。

（七）不正当有奖销售行为

有奖销售是指经营者销售商品或者提供服务，附带性地向购买者提供物品、金钱或者其他经济上的利益的行为。包括奖励所有购买者的附赠式有奖销售和奖励部分购买者的抽奖式有奖销售。凡以抽签、摇号等带有偶然性的方法决定购买者是否中奖的，均属于抽奖方式。《反不正当竞争法》第十三条规定："经营者不得从事下列有奖销售：(一)采用谎称有奖或者故意让内定人员中奖的欺骗方式进行有奖销售；(二)利用有奖销售的手段推销质次价高的商品；(三)抽奖式的有奖销售，最高奖的金额超过五千元。"根据此法以及国家工商行政管理局《关于禁止有奖销售活动中不正当竞争行为的若干规定》的有关内容，不正当有奖销售行为应该包括以下类型。

1. 欺骗性有奖销售

欺骗性有奖销售主要包括：

(1) 谎称有奖销售或者对所设奖的种类、中奖概率、最高奖金额、总金额、奖品种类、数量、质量、提供方法等作虚假不实的表示。

(2) 采取不正当的手段故意让内定人员中奖。

(3) 故意将设有中奖标志的商品、奖券不投放市场或者不与商品、奖券同时投放市场；故意将带有不同奖金金额或者奖品标志的商品、奖券按不同时间投放市场。

(4) 其他欺骗性有奖销售行为。其他欺骗性有奖销售行为由省级以上工商行政管理机关认定。省级工商行政管理机关作出的认定，应当报国家工商行政管理局备案。

2. 抽奖式有奖销售

抽奖式的有奖销售，最高奖的金额不得超过 5 000 元。以非现金的物品或者其他经济利益做奖励的，按照同期市场同类商品或者服务的正常价格折算其金额。1999 年 4 月国家工商行政管理局《关于有奖促销中不正当行为认定问题的答复》中规定，在抽奖式有奖销售中，下列行为构成不正当竞争。

(1) 经营者以价格超过 5 000 元的物品的使用权作为奖励的，不论使用该物品的时间长短。

(2) 经营者以提供就业机会、聘为各种顾问等名义，并以解决待遇、给付工薪等方式设置奖励，不论奖励现金、物品(包括物品的使用权)或者其他经济利益，也不论是否要求中奖者承担一定义务，最高奖的金额(包括物品的价格、经济利益的折算)超过 5 000 元的。

(3) 经营者单独或与有关单位联合利用社会福利彩票、体育彩票设置奖励推销商品,最高奖的金额超过5 000元的。

3. 利用有奖销售推销质次价高的商品

质次价高是指经营者违反诚实信用、公平合理、等价有偿等交易的基本原则,在进行有奖销售的过程中,利用人们意欲获奖的侥幸心理,收取不合理的高价,使购买者支付的价款与商品实质价款不相符合。

(八) 商业诋毁行为

商业诋毁行为是指经营者自己或利用他人,通过捏造、散布虚伪事实等不正当手段,对竞争对手的商业信誉进行恶意的诋毁、贬低,以削弱其市场竞争能力并为自己谋取不正当利益的行为。《反不正当竞争法》第十四条规定:"经营者不得捏造、散布虚伪事实,损害竞争对手的商业信誉、商品声誉。"

商业诋毁行为的构成要件包括以下几个。

1. 行为主体是具有竞争关系的经营者

竞争关系是指生产或提供相同或相似商品或服务的经营者之间为了获取市场优势地位而形成的一种经济利益关系。当诋毁人不是经营者或者与被诋毁人之间不具有竞争关系时,其行为不属于不正当竞争行为,而构成民法上的侵犯名誉权行为。

2. 主观存在过错

行为人主观存在过错,如行为人故意捏造和散布虚假事实。

3. 实施了诋毁行为

客观方面是实施了捏造、散布虚假事实的行为。捏造是杜撰并不存在的虚假情况,可表现为对特定内容的全部捏造、部分捏造或者对真实情况予以歪曲等。散布是将捏造的事实进行传播,传播的是虚假的事实,真实的事实不构成商业诋毁。

4. 损害了商誉

商誉包含了商业信誉和商品声誉。商品声誉应当是建立在某种商品或服务本身的质量基础上的信誉,而商业信誉除了商品本身(如质量、价格)的影响,还涉及与经营者商业活动有关的其他因素,包括其内部的管理、产品生产与销售的业绩、售后服务、企业历史、信用等。诋毁行为损害了商品信誉或商业信誉。这种损害既可以是现实已经发生的损害,也可以是行为人的诋毁行为导致了将来可能发生损害的危险。在具体实践中,这种损害往往体现为受害人及其产品或服务的评价被降低、信用受到质疑、形象遭到损害、产品销量下降、利润减少等。

(九) 招标投标中的不正当竞争行为

《反不正当竞争法》第十五条规定:"投标者不得串通投标,抬高标价或者压低标价。投标者和招标者不得相互勾结,以排挤竞争对手的公平竞争。"

招标是指招标者为购买商品或者让他人完成一定的工作,通过发布招标通知或者投标邀请书等形式,公布特定的标准和条件,公开或者书面邀请投标者投标,从中选择中标者的行为。实施招标行为的人为招标者,包括项目主办人和代理招标活动的中介机构。投标是指投标者按照招标文件的要求,提出自己的报价及相应条件的行为。实施投标行为的人为投标者。

《反不正当竞争法》规定了招标投标中两种典型的不正当竞争行为。

1. 串通投标行为

串通投标行为包括:①投标者之间相互约定,一致抬高或者压低投标报价;②投标者之间相互约定,在招标项目中轮流以高价位或者低价位中标;③投标者之间先进行内部竞价,内定中标人,然后再参加投标;④投标者之间其他串通投标行为。

2. 投标者和招标者勾结,排挤竞争对手的行为

投标者和招标者勾结、排挤竞争对手的行为包括:①招标者在公开开标前,开启标书,并将投标情况告知其他投标者,或者协助投标者撤换标书、更改报价;②招标者向投标者泄露标底;③投标者与招标者商定,在招标投标时压低或者抬高标价,中标后再给投标者或者招标者额外补偿;④招标者预先内定中标者,在确定中标者时以此决定取舍;⑤招标者和投标者之间其他串通招标投标行为。

(十) 强制交易的行为

《反不正当竞争法》第六条规定:"公用企业或者其他依法具有独占地位的经营者,不得限定他人购买其指定的经营者的商品,以排挤其他经营者的公平竞争。"这种不正当竞争的构成要件包括以下几个方面:①行为的主体是公用企业或者是依法具有独占地位的经营者。公用企业主要包括电力、自来水、热水、煤气、通信、公共交通等领域的企业。其他依法具有独占地位的经营者是指在特定市场上,一个经营者处于无竞争的状态或取得了压倒性和排除竞争的能力,也指两个以上经营者不进行价格竞争,而在他们对外的关系上具有上述地位和能力。②实施了强制交易的行为。公用企业或享有独占地位的经营者限定他人购买其指定的经营者的商品。一般被指定的经营者和他们之间有某种利益关系,如是下属企业等。这样的行为完全违背市场自由竞争的理念,妨碍了市场公平竞争机制的正常运行,也损害了消费者的自主选择权,因此是一种不正当竞争行为。

(十一) 滥用行政权力限制竞争的行为

滥用行政权力限制竞争是指拥有行政权力的政府机关以及其他依法具有管理公共事务职能的组织越权或不当行使权力,限制经营者的正常经营活动,限定单位或个人对商品或服务的购买与使用范围或实行产品交易的地区封锁等,从而妨碍、扭曲或破坏市场竞争的行为。《反不正当竞争法》第七条规定:"政府及其所属部门不得滥用行政权力,限定他人购买其指定的经营者的商品,限制其他经营者正当的经营活动。政府及其所属部门不得滥用行政权力,限制外地商品进入本地市场,或者本地商品流向外地市场。"

此类行为的主体特定于拥有行政权力的机关或组织。该行为的实施者是国家行政机关和其他经法律、法规授权行使行政管理权的社会组织。行为主体通过行政手段将行政管理权直接或间接地作用于经济竞争活动而产生。表现形式主要有两种:①地区封锁。

指地方政府以及其他依法具有管理公共事务职能的组织为了本地区利益,利用行政权力排斥、限制竞争的行为。地区封锁往往由地方政府及其所属职能部门以行政命令、文件或通知等方式出现,通过对这些命令、文件、通知的执行达到封锁市场、保护地方利益的目的。具体形式有:在辖区或交通要道设立关卡,阻碍本地商品流出或外地商品流入;规定在行政辖区内销售外地商品必须履行特定的批准手续,或者必须符合其增加或提高的报验、检验标准,为外地商品进入本地市场设置人为障碍;用行政手段对外地商品的进入设置障碍,如在运输、出售等环节进行罚款等。②强制交易。指中央政府部门、地方政府以及其他依法具有管理公共事务职能的组织,利用行政权力强制安排市场交易活动,限制和排斥竞争、妨碍公平交易的行为。强制交易的表现形式复杂多样,主要有:明确规定在行政区域范围内只能将某些产品销售给指定企业,限定客户和消费者接受指定企业的有偿服务,行政部门在为市场主体服务时,强制搭售某种商品,为推销指定企业的产品而阻挠、破坏他人达成交易等。

四、反不正当竞争的监督检查

(一) 监督检查的部门

各级人民政府应当采取措施,制止不正当竞争行为,为公平竞争创造良好的环境和条件。

县级以上人民政府工商行政管理部门对不正当竞争行为进行监督检查;法律、行政法规规定由其他部门监督检查的,依照其规定。如技术监督管理部门、食品卫生管理部门等。

同时国家鼓励、支持和保护一切组织和个人对不正当竞争行为进行社会监督。国家机关工作人员不得支持、包庇不正当竞争行为。

(二) 监督检查部门的职权

县级以上监督检查部门对不正当竞争行为,可以进行监督检查。监督检查部门在监督检查不正当竞争行为时,有权行使下列职权:

(1) 按照规定程序询问被检查的经营者、利害关系人、证明人,并要求提供证明材料或者与不正当竞争行为有关的其他资料。

(2) 查询、复制与不正当竞争行为有关的协议、账册、单据、文件、记录、业务函电和其他资料。

(3) 检查与《反不正当竞争法》第五条规定的不正当竞争行为有关的财物,必要时可以责令被检查的经营者说明该商品的来源和数量,暂停销售,听候检查,不得转移、隐匿、销毁该财物。

监督检查部门工作人员监督检查不正当竞争行为时,应当出示检查证件。

监督检查部门在监督检查不正当竞争行为时,被检查的经营者、利害关系人和证明人应当如实提供有关资料或者情况。

一、名词解释题

不正当竞争行为

二、问答题

1. 反不正当竞争法的宗旨和调整对象是什么？

2. 什么是不正当竞争行为？不正当竞争行为的构成要件是什么？

3. 简述不正当竞争行为的种类。

4. 什么是商业秘密？侵犯商业秘密的情形有哪些？

5. 什么是仿冒行为？具体的行为有哪些？

6. 什么是商业诋毁行为？具体的表现有哪些？

7. 简述不正当竞争行为的法律责任。

8. 简述不正当竞争行为的种类。

9. 简述不正当竞争的监督检查。

三、案例分析题

1. 某省于1998年元旦开通有线电视公共频道，该有线电视台为了提高收视率，以吸引更多的广告客户，推出了集娱乐、休闲、广告抽奖为一体的“缤纷时刻”栏目，开展“日日送奖，月月送礼”活动，每天向观众出一道简单的问题，猜对的观众通过抽奖即可获得每日送出的一台VCD或者一部摩托罗拉手机，每月还送出一个超过10万元的大奖即一套公寓。此举引起了强烈的社会反响。另外，该省还拥有多家电视台，电视台之间的竞争非常激烈，而该有线电视台开展有奖竞猜活动的目的主要是招揽广告客户。

问题：该电视台的行为是否违反了《反不正当竞争法》？

2. 原告：朱土元

被告：陈亚玲

原告诉称，被告陈亚玲原系原告经营的义乌市香飞香精香料商行营业员，负责管理香精香料配方。其间，被告利用职务之便，私自摘抄香精香料配方。后被告离开原告经营的商行，委托厂家依据摘抄的配方生产加工香精香料，用于自行销售。原告发现后向工商行政管理部门举报，义乌市工商行政管理局认定被告侵犯了原告的商业秘密，对被告作出了行政处罚。为此，原告要求被告停止使用原告的香精香料配方，在《义乌商报》刊登道歉声明，向原告公开赔礼道歉，赔偿原告损失10万元。

被告辩称，原告不是涉案香精香料配方的权利人，被告从未使用原告所称的香精香料配方，没有侵犯原告的商业秘密，也没有侵害原告的名誉，工商行政管理部门作出的处罚是错误的，而且在被行政处罚后被告已不再从事与香精香料相关的经营活动，因此请求驳回原告的起诉或诉讼请求。

问题：

(1) 被告是否侵害了原告的商业秘密？

(2) 原告请求被告停止经营行为、赔偿损失、赔礼道歉的请求能否成立？

第二节 反垄断法

2012年1月,国家工商行政总局(以下简称“工商总局”)对利乐集团有关企业(以下简称“利乐”)涉嫌垄断行为立案调查。2016年11月16日,工商总局公布对利乐的行政处罚。工商总局认定,2009—2013年,利乐在中国内地液体食品纸基无菌包装设备(以下简称“设备”)、纸基无菌包装设备的技术服务(以下简称“技术服务”)、纸基无菌包装材料(以下简称“包材”)三个市场,均具有市场支配地位。利乐凭借其在设备市场、技术服务市场的支配地位,在提供设备和技术服务过程中搭售包材;凭借其在包材市场的支配地位,通过限制原料纸供应商与其竞争对手合作、限制原料纸供应商使用有关技术信息,妨碍原料纸供应商向其竞争对手提供原料纸;凭借其在包材市场的支配地位实施追溯性累计销量折扣和个性化采购量目标折扣等排除、限制竞争的忠诚折扣,妨碍包材市场的公平竞争。利乐的上述行为违反了《反垄断法》的有关规定,工商总局责令利乐停止违法行为:不得在提供设备和技术服务时无正当理由搭售包材,不得无正当理由限制包材原纸供应商向第三方供应牛底纸,不得制定和实施排除、限制包材市场竞争的忠诚折扣;并对当事人处以2011年度相关销售额7%的罚款,合计667 724 176.88元人民币。

一、垄断及反垄断法概述

(一) 垄断的概念

垄断一般指唯一的卖者在一个或多个市场,通过一个或多个阶段,面对竞争性的消费者——与买者垄断刚刚相反,垄断者在市场上,能够随意调节价格与产量(不能同时调节)。结合《反垄断法》的规定,垄断行为是指排除、限制竞争以及可能排除、限制竞争的行为。

垄断的表现形式多种多样,可以从不同角度对垄断作不同分类。

1. 依具体组织形式划分

依据经济垄断的具体组织形式,可以将垄断分为短期价格协定、卡特尔、辛迪加、托拉斯、康采恩和其他组织形式的垄断。

1) 短期价格协定

短期价格协定是垄断组织的最简单形式,指大企业之间通过口头或书面形式,规定在一定时间内共同控制某类商品价格,从而获取高额利润的垄断形式。这种垄断不具有长期性和稳定性。

2) 卡特尔

卡特尔(Cartel)是指生产同类商品的企业,为了获取高额利润,在划分市场、规定商品产量、确定商品价格等一个或几个方面达成协议而形成的垄断性联合。卡特尔的各成员企业在生产、销售、财务和法律上均保持自身的独立。根据协议的内容,可以将卡特尔分为规定销售条件的卡特尔、规定销售范围的卡特尔、限定产量的卡特尔、分配利润的卡特尔等。卡特尔成立时，一般都要签订正式的书面协议，并由成员企业选出委员会，监督协议的执行并保管和使用共同基金。其主要特点在于比短期价格协定的内容更广，也较为稳定。

3）辛迪加

辛迪加(Syndicat)是指同一生产部门的企业为了获取高额垄断利润，通过签订协议，共同采购原料和销售商品，而形成的垄断性联合。参加辛迪加的企业在生产和法律上仍保持独立，但在购销领域已失去独立地位，所有购销业务均由辛迪加的总办事机构统一办理，参加辛迪加的企业不再与市场直接发生联系，很难脱离辛迪加的约束，因而它比卡特尔更集中，更具有稳定性。

4）托拉斯

托拉斯(Trust)是垄断组织的一种高级形式，通常指生产同类商品或在生产上有密切联系的企业，为了获取高额利润，从生产到销售全面合并，而形成的垄断联合。托拉斯的参加者本身虽然是独立的企业，但在法律上和产销上均失去独立性，由托拉斯董事会集中掌握全部业务和财务活动。原来的企业成为托拉斯的股东，按股权分配利润。托拉斯组织具有全部联合公司或集团公司的功能，因此它是一种比卡特尔和辛迪加更高级的垄断形式，具有相当的紧密性和稳定性。

5）康采恩

康采恩(Konzem)是分属于不同部门的企业，以实力最为雄厚的企业为核心而结成的垄断联合，是一种高级而复杂的垄断组织。这种垄断组织的参加者并不限于某一行业或某一生产部门的企业，生产、服务、运输、金融等不同部门的企业均可成为该组织的成员。康采恩是比卡特尔、辛迪加和托拉斯更为高级的垄断组织形式，是工业垄断资本和银行垄断资本相融合的产物。

6）其他组织形式的垄断

其他组织形式的垄断是指混合联合公司(Conglomerate)、联合制(Comln. nare)以及包括国际卡特尔、国际辛迪加、国际托拉斯在内的国际垄断组织等。

2. 依发生的地域划分

依据垄断发生的地域范围，可以将垄断分为国内垄断和国际垄断。

1）国内垄断

国内垄断是指仅在一国境内发生作用的垄断。传统的反垄断法主要对国内垄断进行规制，但是随着各国经济的相互融合、经济全球化的不断发展，跨国公司、多国公司等垄断组织相继产生，原本局限于一国境内的垄断逐渐威胁到国际贸易的健康发展，引起了学者们的关注。

2）国际垄断

国际垄断是指在国际范围内的商品、资本、劳务、技术交易过程中，所形成的超越一国国界的垄断。

3. 依立法的取向划分

依据立法的取向，可以将垄断分为合法垄断和非法垄断。

1) 合法垄断

合法垄断是国家为了特定目的,如维护社会稳定和促进宏观经济协调发展,在《反垄断法》中明确规定,经有关反垄断主管机构许可而豁免的垄断。通常规定于各国反垄断法的除外条款之中,主要有两种情况:一是对某些特定部门垄断行为的豁免。具有自然垄断性质的公用事业,如供水、供电、供热、供气、铁路等部门;与国计民生有关的经济部门,如银行和保险业等;某些自然资源开采业,如石油、煤炭等;国家指定专营行业;关系国民经济发展的某些重要原材料生产和关系国家安全的国防科研领域。二是在特定时期、特定情况下,对某些垄断行为的豁免。如行使知识产权权利的行为、经反垄断主管机构许可的联合限制竞争行为等。

2) 非法垄断

非法垄断是指除合法垄断之外,具有社会危害性、应受反垄断法禁止的垄断。应注意的是,合法垄断与非法垄断之间并没有绝对界限。合法垄断也有可能发展为非法垄断。例如,上述公用事业属于合法垄断,而一旦公用企业滥用其垄断地位,损害消费者的利益,就会发展为非法垄断。此外,在一定时期被认为是合法垄断的,随着社会经济形势的变化,也可能被认定为需要适度竞争,因此应防止非法垄断。如过去被笼统认定为需要自然垄断的公用事业,现有人认为仅能在网络设施上允许垄断,而在经营上则应建立竞争结构。又如,银行和保险业,随着向社会资本开放,必将引入竞争,非法垄断应受规制。

4. 依产生的原因划分

依据垄断产生的原因,可以将垄断分为经济垄断、自然垄断、国家垄断、权利垄断和行政垄断。

1) 经济垄断

经济垄断是指市场主体凭借经济优势,排斥或限制竞争的行为,包括滥用经济优势和联合限制竞争两种形式。

2) 自然垄断

自然垄断产生于某一产品或服务由一个厂商提供比多个厂商共同提供产品或服务成本低的情形,我国的电力、电信、铁路、供气等行业都属于自然垄断行业。由于自然垄断的形成不是主要靠行政权力推动,也可以说自然垄断是一种特殊形式的经济垄断。

3) 国家垄断

国家垄断是指国家为了保障国家安全、增加国家财政收入或促进社会整体利益,依法对特定领域的商品或服务进行排他性控制。对于关系国计民生或国家安全的事业,许多国家都以特别法的形式明确规定,实行中央政府专营,如邮政、枪支弹药、黄金等产品与服务。为了增加财政收入,国家也可能对特定领域实行专营,如中国古代的"盐铁专卖"、现代的烟草专卖等。

4) 权利垄断

权利垄断是知识产权法所赋予的垄断,包括商标权、专利权、著作权等。其权利人在一定时间内、在一定区域内享有一定排除他人参与竞争的合法权利。

5) 行政垄断

行政垄断是指地方政府、政府的经济行业主管部门或其他政府职能部门凭借行政权力排斥、限制或妨碍市场竞争的行为，包括地区垄断、行业垄断、强制联合、行政强制交易行为等形式。

在一般情况下，自然垄断、国家垄断和权利垄断属于合法垄断，而经济垄断和行政垄断属于非法垄断。

5. 依市场结构划分

依据市场结构的情况，可以将经济性垄断分为独占垄断、寡头垄断和联合垄断。

1）独占垄断

独占垄断是指一家企业对整个行业的生产、销售进行完全排他性控制，简言之，在该行业，只有一家企业从事生产或经营活动，不存在任何竞争。独占垄断也被称为完全垄断。

2）寡头垄断

寡头垄断是指在特定市场上只有为数不多的几家企业生产、销售某种特定的产品或者提供某项服务，每个企业都在市场上占有一定的份额，都能对产品或服务的价格实施一定排他性控制，不过，这些企业之间又存在一定的竞争。

3）联合垄断

联合垄断是指两个或两个以上企业或企业联合组织，通过明示、默示限制竞争协议或共同一致的行为，联合控制某一产业的生产或销售。它是垄断竞争的重要表现形式。

（二）反垄断法

《反垄断法》于 2007 年 8 月 30 日第十届全国人民代表大会常务委员会第二十九次会议通过，自 2008 年 8 月 1 日起实施。反垄断法的立法目的是预防和制止垄断行为，保护市场公平竞争，提高经济运行效率，维护消费者利益和社会公共利益，促进社会主义市场经济健康发展。《反垄断法》的适用范围包括中华人民共和国境内经济活动中的垄断行为；中华人民共和国境外的垄断行为，对境内市场竞争产生排除、限制影响的，也适用。可见，《反垄断法》具有域外效力。反垄断法规制的行为包括：经营者达成垄断协议；经营者滥用市场支配地位；具有或者可能具有排除、限制竞争效果的经营者集中；行政垄断行为。

二、对垄断协议的规制

（一）垄断协议的概念

垄断协议是指两个或者两个以上的经营者（包括行业协会等经营者团体），通过协议或者其他协同一致的行为，实施固定价格、划分市场、限制产量、排挤其他竞争对手等排除、限制竞争的行为。我国法律所称垄断协议，是指排除、限制竞争的协议、决定或者其他协同行为。其法律特征是：

（1）垄断协议的实施主体是两个以上的独立经营者。

（2）垄断协议的表现形式除书面或口头协议外，还包括协同行为。

（3）垄断协议具有排除、限制竞争的目的或产生排除、限制竞争的效果。

(二) 垄断协议的种类

垄断协议可分为横向垄断协议与纵向垄断协议。

1. 横向垄断协议

横向垄断协议是指具有竞争关系经营者之间达成的垄断协议。例如,在生产或者销售过程中处于同一阶段的生产商之间、零售商之间或者批发商之间达成协议。横向垄断协议包括:实施固定价格、限制产量、划分市场、限制购买或开发、联合抵制其他竞争对手等排除、限制竞争的行为。

法律禁止具有竞争关系的经营者达成下列横向垄断协议:

(1) 固定或者变更商品价格。价格竞争是经营者之间最重要、最典型的竞争方式,它为世界各国所禁止,经营者不得通过协议、决议或者协调等串通方式实行统一确定、维持或变更价格的价格垄断。

(2) 限制商品的生产数量或者销售数量。这是一种典型的横向垄断协议。商品的供应数量减少,必然导致市场价格上升,损害消费者的利益。

(3) 分割销售市场或者原材料采购市场。它是指经营者之间分割地域、客户或者商品市场的行为。这种画地为牢的行为限制了经营者之间正常的自由竞争。

(4) 限制购买新技术、新设备或者限制开发新技术、新产品。购买新技术、新设备,开发新技术、新产品可以有效地降低生产成本,提高生产效率,推动科学技术的发展进步。经营者之间的限制开发协议是破坏竞争,阻碍一国科学技术发展的行为。

(5) 联合抵制交易。也称集体拒绝交易,即经营者之间联合起来不与其他的竞争对手、供货商或者客户进行交易的行为。其目的是排斥其他竞争对手,维护自身垄断地位。

(6) 国务院反垄断执法机构认定的其他横向垄断协议。

2. 纵向垄断协议

纵向垄断协议有不同的称谓,如被称作垂直限制协议、垂直协议、纵向限制、纵向协议等。它是指在同一产业中两个或两个以上处于不同经济层次、没有直接竞争关系但是有买卖关系的经营者,通过明示或者默示的方式达成的排除、限制竞争的协议。一般来说,处于前一阶段的经营者,常被称为“上游经营者”;而处于后一阶段的经营者,则常被称为“下游经营者”。

作为垄断协议的一种表现,纵向垄断协议与垄断协议的另一种表现即横向垄断协议相比,无疑具有鲜明的特征。

首先,相对于横向垄断协议的行为主体是相互对立的竞争方来说,纵向垄断协议的行为主体具有明显的互补性,即这些经营者之间并不存在真正意义上的竞争,只是存在交易关系。更确切地说,这纵向垄断协议中的垄断,是上游经营者对下游经营者经营自由的限制。

其次,纵向垄断协议对竞争的限制,一般通过经营者与交易相对人达成协议,要求交易相对人实施特定行为来实现。这有别于横向垄断协议中经营者共同实施市场行为,达到排除、限制竞争的目的。一般来说,横向垄断协议具有一致对外性,经营者有共同的目的,而达成纵向垄断协议的经营者和交易相对人之间则具有一定的限制关系,不存在共同的目的。

最后，纵向垄断协议一般体现为明示的方式，并多附随于经营者和交易相对人的交易合同中；而相比之下，达成横向垄断协议的经营者则通过订立协议的方式，如协议、决定和其他协同行为，并多为默示方式。

典型的纵向垄断协议有：

（1）维持转售价格协议。主要包括两类：固定向第三人转售商品的价格的协议，限定向第三人转售商品的最低价格的协议。

（2）独家销售协议。

（3）独家购买协议。

（4）选择性销售协议。

（5）特许权协议。

（6）搭售或者附加不合理条件。

（三）垄断协议的适用除外

垄断协议的适用除外也称为垄断协议的豁免，是指经营者之间的协议、决定或者其他协同行为，虽然排除、限制了竞争，但是如果该类协议所带来的好处大于其对竞争秩序的损害，则可以排除适用反垄断法有关垄断协议的规定。《反垄断法》规定了以下除外情形：

（1）为提高产品质量、降低成本、增进效率，统一产品规格、标准或者实行专业分工的。

（2）为提高中小经营者经营效率，增强中小经营者竞争力的。

（3）为实现节约能源、保护环境、救灾救助等社会公共利益的。

（4）因经济不景气，为缓解销售量严重下降或者生产明显过剩的。

（5）为保障对外贸易和对外经济合作中的正当利益的。

（6）法律和国务院规定的其他情形。

属于前款第一项至第五项情形，适用除外的，经营者还应当证明所达成的协议不会严重限制相关市场的竞争，并且能够使消费者分享由此产生的利益。

三、对滥用市场支配地位的规制

（一）滥用市场支配地位行为的概念

滥用市场支配地位又被称为滥用市场优势地位，是企业获得一定的市场支配地位以后滥用这种地位，对市场的其他主体进行不公平的交易或排斥竞争对手的行为。

（二）滥用市场支配地位行为的表现形式

1. 不正当的价格行为

占有支配地位的企业以获得超额垄断利润或排挤竞争对手为目的，确定、维持和变更商品价格，以高于或低于在正常状态下可能实行的价格来销售其产品。

严重损害了消费者的权益,使得消费者应当享有的部分福利转移给垄断厂商;同时也妨碍了其他竞争者进入市场,对竞争构成实质性的限制。

2. 差别对待

处于市场支配地位的企业没有正当理由,对条件相同的交易对象,就其所提供的商品的价格或其他交易条件给予明显区别对待的行为;最常见的形式是价格歧视。

卖方对购买相同等级、相同质量货物的买方要求支付不同的价格,或买方对于提供相同等级、相同质量货物的卖方要求不同的价格,从而使相同产品的卖方因销售价格不同或买方因进货价格不同而获得不同的交易机会,直接影响到他们之间的公平竞争。

同一产品的不同批发价会直接影响零售价,不同的零售价则直接影响消费者的利益。

3. 强制交易

处于市场支配地位的企业采取利诱、胁迫或其他不正当的方法,迫使其他企业违背其真实意愿与之交易或促使其他企业从事限制竞争的行为。

(1) 强迫他人与自己进行交易。

(2) 强迫他人不与自己的竞争对手进行交易。

(3) 迫使竞争对手放弃或回避与自己竞争等。

4. 搭售和附加不合理交易条件

在商品交易过程中,拥有经济优势的一方利用自己的优势地位,在提供商品或服务时,强行搭配销售购买方不需要的另一种商品或服务,或附加其他不合理条件的行为。

(1) 搭售的目的是将市场支配地位扩大到被搭售产品的市场上,或妨碍潜在的竞争者进入这个市场。

(2) 搭售的好处:将关联商品一起销售能够节约成本和开支。在出售机器和设备的时候,特别是在出售高科技产品的时候,生产商或销售商要求购买者一并购买他们的零部件或辅助材料也常常是合理的,这有利于产品的安全使用,或提高产品的使用寿命,从而有利于提高企业的信誉和商品的声誉。

(3) 判断一个搭售行为是否合理应当考虑的因素:搭售是否出于该商品的交易习惯;被搭售的商品若分开销售,是否有损于商品的性能和使用价值;搭售企业的市场地位。

(4) 对搭售行为的评价。法律禁止的搭售首先是一种不合理的安排。如果是为了保证产品的质量和稳定性,要求买方购买一定的配套产品不应当属于禁止之列。违法的搭售行为必须具有严重的反竞争效果,即通过搭售会加强企业在市场上的支配地位,从而给市场竞争带来显著的不利影响。在识别一个搭售行为是否具有反竞争性时,应当考虑搭售企业的搭售目的、市场地位、相关的市场结构、商品的特性等许多因素。

5. 掠夺性定价

掠夺性定价又称劫掠性定价,是占市场支配地位的一个或多个经营者为排挤现有竞争对手或阻止新的经营者进入相关市场以维持其垄断地位,无正当理由地以低于其成本的价格持续销售商品,并且将竞争对手排挤出市场以后又规定垄断价格的行为。

6. 独家交易(又称排他性交易)

独家交易即处于市场支配地位的企业要求经销商在特定市场内只经销自己的商品,

不得经销其他企业的同种或同类商品，包括经销商只向制造商独买、制造商只向经销商独卖。

(1) 有利于效率的因素：能使制造商和经销商长期稳定供销渠道，降低交易成本；使经销商从事单一的或固定的商品的经营，从而集中力量促销；可以提前开展促销活动，增强一定的竞争效果。

(2) 限制竞争的性质：会阻止其他制造同类产品的制造商进入市场，也会限制经销商的营业自由而损害效率；对于消费者来说，因为供货渠道狭窄，选择的余地相应减少，同时由于同一层次上销售同一商品的经营者之间缺乏竞争，销售者产生垄断地位对消费者的利益可能产生损害。

7. 拒绝交易

拒绝交易又称抵制，是指占市场支配地位的经营者拒绝向其购买者销售或供应商品的行为。其典型的行为是拒绝供货。

8. 限制转售价格

限制转售价格又称维持转售价格垂直固定价格，是指供应商确定销售商向客户转售商品的价格。

(三) 市场支配地位的认定

市场支配地位是指经营者在相关市场内具有能够控制商品价格、数量或者其他交易条件，或者能够阻碍、影响其他经营者进入相关市场能力的市场地位。

认定经营者具有市场支配地位，应当依据下列因素：

(1) 该经营者在相关市场的市场份额及竞争状况。

(2) 该经营者控制销售市场或者原材料采购市场的能力。

(3) 该经营者的财力和技术条件。

(4) 其他经营者对该经营者在交易上的依赖程度。

(5) 其他经营者进入相关市场的难易程度。

(6) 与认定该经营者市场支配地位有关的其他因素。

有下列情形之一的，可以推定经营者具有市场支配地位：

(1) 一个经营者在相关市场的市场份额达到 1/2 的。

(2) 两个经营者在相关市场的市场份额合计达到 2/3 的。

(3) 三个经营者在相关市场的市场份额合计达到 3/4 的。

有前款第二项、第三项规定的情形，其中有的经营者市场份额不足 1/10 的，不应当推定该经营者具有市场支配地位。

被推定具有市场支配地位的经营者，有证据证明不具有市场支配地位的，不应当认定其具有市场支配地位。

四、对经营者集中的规制

(一) 经营者集中的概念

经营者集中是指经营者之间合并，或者取得其他经营者的控制权、影响力。如果经营者结合后对竞争的秩序产生效果,如经济力量的过度集中,损害竞争的垄断结构出现,就应受到反垄断法的调整。经营者集中的后果是双重的:一方面,有利于发挥规模经济的作用,提高经营者的竞争能力;另一方面,过度集中又会产生或加强市场支配地位,限制竞争,损害效率。

(二)经营者集中的表现

根据《反垄断法》的规定,经营者集中是指下列情形:①经营者合并;②经营者通过取得股权或者资产的方式取得对其他经营者的控制权;③经营者通过合同等方式取得对其他经营者的控制权或者能够对其他经营者施加决定性影响。

1. 经营者合并

经营者合并是指两个或两个以上的经营者自愿组成一个新的经营者的行为。经营者合并是一种民事行为,一般要通过双方或多方达成一致并订立书面协议来完成;凡法律规定协议订立后须经批准方能生效的,合并协议必须先获得有关部门的批准(此与反垄断执法机构对经营者集中的批准性质不同)。

经营者合并一般分两种:一是吸收合并,指两个或两个以上的经营者合并时,其中一个经营者吸收了其他的经营者,通常是实力强大的经营者以合并方式吸收实力弱小的经营者。二是新设合并,指两个或者两个以上的经营者重新组合成为一个新的经营者,原有的经营者在法律意义上均不存在。吸收合并时,吸收(俗称吞并)者办理扩大注册资本、经营规模等方面的变更登记,被吸收者办理注销登记手续。新设合并时,原经营者均办理注销登记,新设的经营者办理设立登记。

2. 经营者通过取得股权或者资产的方式取得对其他经营者的控制权

或通过购买、置换等方法取得对其他经营者的股权,或通过购买、置换等方法取得其他经营者的实际资产,如不动产、重要动产等。结果是拥有了对他人的控制权,即通过股权占有成为控股股东,或通过资产的占有成为实际上可以指挥其他经营者的市场力量。

3. 经营者通过合同等方式取得对其他经营者的控制权或者能够对其他经营者施加决定性影响

通过合同等方式取得对他人的控制权或者能够施加决定性影响,情形可能有很多种,如签订合作协议(联营合同)、抵押合同等。合作协议通过两个或两个以上的经营者的意见表示一致,使其中一个经营者拥有了对其他经营者的控制权。抵押合同的签订可以使债务人有求于为其设立抵押的抵押权人(注:债权人也是抵押权人),因此在特定情况下作为抵押权人的经营者就能够对作为债务人的经营者施加决定性的影响。能够决定其他经营者经营决策和重大事项者属于控制权,能够对其他经营者经营决策和重大事项发生引导或限制作用者属于施加决定性影响。

(三)经营者集中的申报制度

《反垄断法》规定,经营者集中达到国务院规定的申报标准的,经营者应当事先向国务院反垄断执法机构申报,未申报的不得实施集中。本条确定了经营者在集中行为符合法定标准后事先向国务院反垄断执法机构申报的义务，我国对经营者集中采取事先强制申报制度，这符合现代各国对经营者集中控制的立法趋势。

1. 申报标准

过大规模的企业集中可能会形成垄断或高度寡占化的市场结构，但适度的企业集中也会带来规模效益及提高本国企业的国际竞争力。所以只有对竞争会产生实质性的限制的企业集中才会受到《反垄断法》的规制，而申报标准作为企业集中申报的一道“门槛”，划定了反垄断法对企业集中的管制界限。一个科学合理的申报标准可以使经营者集中的正面作用得到最大限度的发挥。从《反垄断法》的规定来看，并没有规定具体的申报标准，而是授权国务院作出规定。2008 年 8 月 3 日国务院公布了《国务院关于经营者集中申报标准的规定》，规定如下：经营者集中达到下列标准之一的，经营者应当事先向国务院商务主管部门申报，未申报的不得实施集中：

(1) 参与集中的所有经营者上一会计年度在全球范围内的营业额合计超过 100 亿元人民币，并且其中至少两个经营者上一会计年度在中国境内的营业额均超过 4 亿元人民币。

(2) 参与集中的所有经营者上一会计年度在中国境内的营业额合计超过 20 亿元人民币，并且其中至少两个经营者上一会计年度在中国境内的营业额均超过 4 亿元人民币。

营业额的计算，应当考虑银行、保险、证券、期货等特殊行业、领域的实际情况，具体办法由国务院商务主管部门会同国务院有关部门制定。

经营者集中未达到规定的申报标准，但按照规定程序收集的事实和证据表明该经营者集中具有或者可能具有排除、限制竞争效果的，国务院商务主管部门应当依法进行调查。

2. 申报内容

申报内容是申报义务人应向反垄断执法机构提交的相关文件和资料，这是反垄断执法机构判断经营者集中所产生的竞争效果的重要依据，申报义务人应按照法律的规定提供信息。《反垄断法》具体规定了经营者申报集中应当提交的文件、资料，具体包括：①申报书；②集中对相关市场竞争状况影响的说明；③集中协议；④参与集中的经营者经会计师事务所审计的上一会计年度财务会计报告；⑤国务院反垄断执法机构规定的其他文件、资料。申报书应当载明参与集中的经营者的名称、住所、经营范围、预定实施集中的日期和国务院反垄断执法机构规定的其他事项。经营者提供的文件和资料要以满足反垄断执法机构评价集中所产生的竞争效果为准则，条文只是对最基本的文件和资料作出强制性的规定，其他信息是否有必要申报，需要反垄断执法机构根据具体情况自由裁量。经营者提交的文件、资料不完备的，应当在国务院反垄断执法机构规定的期限内补交文件、资料。经营者逾期未补交文件、资料的，视为未申报。在这种情况下，经营者不能实施集中，如果实施了集中，将会根据法律规定承担一定的法律责任。

3. 关于申报标准的除外规定

经营者集中有下列情形之一的，可以不向国务院反垄断执法机构申报：

(1) 参与集中的一个经营者拥有其他每个经营者 50%以上有表决权的股份或者资产的。

(2) 参与集中的每个经营者50%以上有表决权的股份或者资产被同一个未参与集中的经营者拥有的。

4. 审查应当考虑的因素

审查经营者集中,应当考虑下列因素:

(1) 参与集中的经营者在相关市场的份额及其对市场的控制力。

(2) 相关市场的市场集中度。

(3) 经营者集中对市场进入、技术进步的影响。

(4) 经营者集中对消费者和其他有关经营者的影响。

(5) 经营者集中对国民经济发展的影响。

(6) 国务院反垄断执法机构认为应当考虑的影响市场竞争的其他因素。

5. 审查的程序

国务院反垄断执法机构应当自收到经营者提交的符合法律规定的文件、资料之日起30日内,对申报的经营者集中进行初步审查,作出是否实施进一步审查的决定,并书面通知经营者。国务院反垄断执法机构作出决定前,经营者不得实施集中。

国务院反垄断执法机构作出不实施进一步审查的决定或者逾期未作出决定的,经营者可以实施集中。

国务院反垄断执法机构决定实施进一步审查的,应当自决定之日起90日内审查完毕,作出是否禁止经营者集中的决定,并书面通知经营者。作出禁止经营者集中的决定,应当说明理由。审查期间,经营者不得实施集中。

有下列情形之一的,国务院反垄断执法机构经书面通知经营者,可以延长前款规定的审查期限,但最长不得超过60日:

(1) 经营者同意延长审查期限的。

(2) 经营者提交的文件、资料不准确,需要进一步核实的。

(3) 经营者申报后有关情况发生重大变化的。

国务院反垄断执法机构逾期未作出决定的,经营者可以实施集中。

经营者集中具有或者可能具有排除、限制竞争效果的,国务院反垄断执法机构应当作出禁止经营者集中的决定。但是,经营者能够证明该集中对竞争产生的有利影响明显大于不利影响,或者符合社会公共利益的,国务院反垄断执法机构可以作出对经营者集中不予禁止的决定。对不予禁止的经营者集中,国务院反垄断执法机构可以决定附加减少集中对竞争产生不利影响的限制性条件。国务院反垄断执法机构应当将禁止经营者集中的决定或者对经营者集中附加限制性条件的决定,及时向社会公布。对外资并购境内企业或者以其他方式参与经营者集中,涉及国家安全的,除依照《反垄断法》规定进行经营者集中审查外,还应当按照国家有关规定进行国家安全审查。

五、对行政性垄断的规制

(一) 行政性垄断的含义

行政性垄断是行政机关或法律法规授权的具有管理公共事务职能的组织滥用行政权

力，限制竞争的行为。《反垄断法》规定，上述行政机关或组织不得滥用行政权力，限定或变相限定单位或者个人经营、购买、使用其指定的经营者提供的商品。

(二) 行政性垄断的特征

首先，从行为主体看，行政性垄断行为的实施者是前述行政机关或组织，而非市场中的经营者或竞争主体。

其次，从形成原因及对竞争的作用情况看，行政性垄断是行为主体通过行政手段将行政管理权直接或间接地作用于经济竞争活动而产生的，它的优势来源是行政权力，而非经济性因素。它始终是由非经济性的行政权力发挥作用的，其作用的经济主体往往达不到规模优势的水平，技术、设备也未必先进，经营的又多是缺乏替代品的产品。于是，就会形成这样一种状况：这些主体本身的经营状况很可能是低效和落后的，而却又凭借行政垄断获取丰厚的利润。这一状况清楚地反映出行政性垄断对竞争过程的扭曲和对竞争结果的破坏。

最后，从危害结果看，行政性垄断除具有经济性垄断所造成的诸如限制、破坏公平竞争，导致资源配置低效率、经营管理低效率、动态技术低效率等损害后果外，还使市场自身的运行规则屈从于行政干预，丧失其协调生产布局、优化资源配置、提高整体经济效益的调节功能，人为设置市场壁垒，阻碍全国统一大市场的形成，并助长行业不正之风，增加干部以权谋私的空间，诱发腐败，引起人们对政府信任度的降低，甚至导致严重的社会隐患与政治危机。

(三) 行政性垄断的成因

行政性垄断的形成原因主要有：经济体制改革和政治体制改革尚未彻底完成以及贯彻执行不力是行政性垄断产生的根本原因；多元化的行政利益的驱动，国家对行政性垄断缺少必要的法律规制以及行政人员依法行政法律意识的淡薄等也是行政性垄断产生的重要原因。

(四) 行政性垄断的表现形式和法律规则

《反垄断法》规定，行政机关和法律、法规授权的具有管理公共事务职能的组织不得滥用行政权力，限定或者变相限定单位或者个人经营、购买、使用其指定的经营者提供的商品。

行政机关和法律、法规授权的具有管理公共事务职能的组织不得滥用行政权力，实施下列行为，妨碍商品在地区之间的自由流通：

(1) 对外地商品设定歧视性收费项目、实行歧视性收费标准，或者规定歧视性价格。

(2) 对外地商品规定与本地同类商品不同的技术要求、检验标准，或者对外地商品采取重复检验、重复认证等歧视性技术措施，限制外地商品进入本地市场。

(3) 采取专门针对外地商品的行政许可，限制外地商品进入本地市场。

(4) 设置关卡或者采取其他手段，阻碍外地商品进入或者本地商品运出。

(5) 妨碍商品在地区之间自由流通的其他行为。

行政机关和法律、法规授权的具有管理公共事务职能的组织不得滥用行政权力,以设定歧视性资质要求、评审标准或者不依法发布信息等方式,排斥或者限制外地经营者参加本地的招标投标活动。

行政机关和法律、法规授权的具有管理公共事务职能的组织不得滥用行政权力,采取与本地经营者不平等待遇等方式,排斥或者限制外地经营者在本地投资或者设立分支机构。

行政机关和法律、法规授权的具有管理公共事务职能的组织不得滥用行政权力,强制经营者从事《反垄断法》规定的垄断行为。

行政机关不得滥用行政权力,制定含有排除、限制竞争内容的规定。

六、反垄断法的实施

(一)《反垄断法》的实施原则

1. 本身违法原则

本身违法原则是指对市场上的某些限制竞争行为,不必考虑它们的具体情况和后果,即可直接认定这些竞争行为严重损害了竞争,构成违法而应予以禁止。就垄断协议而言,一旦反垄断主管机构或者法院认定某些种类的垄断协议属于反垄断法所规定的本身违法的垄断范畴,即可直接宣布这些垄断协议为非法,并采取禁止等制裁措施。在司法实践中,通常认为以下一些垄断协议应适用本身违法原则:横向价格固定垄断协议(价格卡特尔)、划分销售市场、划分销售对象(客户)、联合抵制协议以及纵向价格固定垄断协议即限制转售价格协议。对上述直接或间接维持、提高或降低价格即固定价格的垄断协议,没有必要进行具体的分析,只要存在价格固定的事实即可认定其为非法并予以制裁。

2. 合理原则

合理原则是指对市场上的某些限制竞争行为并不必然地视为违法,其违法性依具体情况而定。具体而言,对某些限制竞争行为案件,反垄断主管机构或法院应具体地、仔细地考察和研究相关企业的行为目的、方式和后果,以判断该限制竞争行为的合理与否,如果经调研认为该限制竞争行为属于“不合理”地限制竞争,则该限制竞争行为构成违法而将被禁止;如果经调研认为该限制竞争行为属于“合理”地限制竞争,则该限制竞争行为属于合法的限制竞争行为,应当得到许可。

合理原则是美国联邦最高法院在1911年的“标准石油公司案”(Standard Oil Case)中确立的一项原则,并最终发展成为在反垄断法领域内应用最广泛的一项基本原则。至此,限制竞争行为不再被视为当然违法,而是要在具体研究案件各方面情况的基础上,确定该限制竞争行为合理与否,合理限制竞争的,属合法行为;而不合理限制竞争的,属违法行为。

(二)反垄断主管机关

国务院设立了反垄断委员会,负责组织、协调、指导反垄断工作,履行下列职责:

(1)研究拟定有关竞争政策。

(2) 组织调查、评估市场总体竞争状况,发布评估报告。

(3) 制定、发布反垄断指南。

(4) 协调反垄断行政执法工作。

(5) 国务院规定的其他职责。

国务院反垄断委员会的组成和工作规则由国务院规定。

国务院规定的承担反垄断执法职责的机构(以下统称国务院反垄断执法机构)依照法律规定,负责反垄断执法工作。具体分工为:国家工商行政管理总局负责查处垄断协议、滥用市场支配地位、滥用行政权力排除限制竞争的垄断行为;国家发展和改革委员会负责查处价格垄断行为;商务部负责经营者集中的审查和批准。同时国家工商行政管理局总局成立反垄断与反不正当竞争执法局来履行反垄断的职责。国务院反垄断执法机构根据工作需要,可以授权省、自治区、直辖市人民政府相应的机构,依照法律规定负责有关反垄断执法工作。

行业协会应当加强行业自律,引导本行业的经营者依法竞争,维护市场竞争秩序。

(三) 反垄断执法机构对涉嫌垄断行为的调查和处理

反垄断执法机构依法对涉嫌垄断行为进行调查。对涉嫌垄断行为,任何单位和个人有权向反垄断执法机构举报。反垄断执法机构应当为举报人保密。举报采用书面形式并提供相关事实和证据的,反垄断执法机构应当进行必要的调查。

1. 调查措施

反垄断执法机构调查涉嫌垄断行为,可以采取下列措施:

(1) 进入被调查的经营者的营业场所或者其他有关场所进行检查。

(2) 询问被调查的经营者、利害关系人或者其他有关单位或者个人,要求其说明有关情况。

(3) 查阅、复制被调查的经营者、利害关系人或者其他有关单位或者个人的有关单证、协议、会计账簿、业务函电、电子数据等文件、资料。

(4) 查封、扣押相关证据。

(5) 查询经营者的银行账户。

采取前款规定的措施,应当向反垄断执法机构主要负责人书面报告,并经批准。

2. 调查的进行

反垄断执法机构调查涉嫌垄断行为,执法人员不得少于2人,并应当出示执法证件。执法人员进行询问和调查,应当制作笔录,并由被询问人或者被调查人签字。反垄断执法机构及其工作人员对执法过程中知悉的商业秘密负有保密义务。被调查的经营者、利害关系人或者其他有关单位或者个人应当配合反垄断执法机构依法履行职责,不得拒绝、阻碍反垄断执法机构的调查。被调查的经营者、利害关系人有权陈述意见。反垄断执法机构应当对被调查的经营者、利害关系人提出的事实、理由和证据进行核实。反垄断执法机构对涉嫌垄断行为调查核实后,认为构成垄断行为的,应当依法作出处理决定,并可以向社会公布。

3. 调查的中止和恢复

对反垄断执法机构调查的涉嫌垄断行为,被调查的经营者承诺在反垄断执法机构认可的期限内采取具体措施消除该行为后果的,反垄断执法机构可以决定中止调查。中止调查的决定应当载明被调查的经营者承诺的具体内容。

反垄断执法机构决定中止调查的,应当对经营者履行承诺的情况进行监督。经营者履行承诺的,反垄断执法机构可以决定终止调查。

有下列情形之一的,反垄断执法机构应当恢复调查:

(1) 经营者未履行承诺的。

(2) 作出中止调查决定所依据的事实发生重大变化的。

(3) 中止调查的决定是基于经营者提供的不完整或者不真实的信息作出的。

一、名词解释题

垄断　垄断协议　经营者集中　行政性垄断

二、问答题

1. 简述滥用市场支配地位的认定。

2. 简述我国反垄断主管机关及其职责。

3. 简述经营者集中的表现形式。

三、案例分析题

1. 某市供电公司对居民报装电表时,第一,限制选择小功率电表,强制选择40安以上大功率电表;第二,居民在报装电表时不能自行购买空断开关而是要购买其指定两个品牌的空断开关,并且价格远远高出市场价格。

问题:

(1) 本案中某市供电公司的行为属于哪一类垄断或不正当竞争行为?

(2) 结合《反垄断法》和《反不正当竞争法》分析该类行为的法律特征。

2. 某省7家从事混凝土生产的公司签订了《混凝土公司合伙协议》(以下简称《合伙协议》),《合伙协议》约定各公司以资产入股合伙经营,组建综合办公室进行统一管理,实行统一营销、统一调度、统一生产,按各公司所占股份进行利润分配。7家混凝土公司按照《合伙协议》拟对各公司混凝土生产方量进行调控,但因各公司对投入资产的数额确认有分歧,对市场份额划分争执不下,《合伙协议》签订后未有效实施即被终止。

问题:请分析该合伙协议是否违反《反垄断法》及理由。

3. 上海市规定,对桑塔纳以外的新车收取1万元的城控费,牌照费7万元起价。而湖北省规定对于销售桑塔纳,收取每辆4万元"贫困企业扶持基金",政府采购汽车一律是富康。

问题:

(1) 上述两地政府的行为是什么行为?为什么这么说?试说出理由。

(2) 如果这种行为违法,依我国现行法律体制能否纠正?通过什么途径和方法纠正?

第十二章

产品质量法

2016 年 8 月 2 日，韩国三星电子公司(以下简称“三星”)在纽约召开新产品发布会，发布了一款全新手机——Note 7。自这款新手机上市之后，在多地发生数十起手机爆炸和起火事故，严重威胁到消费者的人身财产安全。2016 年 9 月 2 日，三星宣布，停止销售并召回 250 万部 Note 7 手机。尽管不断有中国消费者曝出自己购买的 Note 7 手机也发生自燃自爆事故，直到 2016 年 10 月 11 日，三星中国公司才宣布召回在中国销售的全部 Note7 手机。2017 年 1 月 23 日，三星召开了新闻发布会，公布三星 Note7 爆炸调查结果：爆炸的根源主要是电池的问题，电池存在制造缺陷，一是由于电池的设计导致负极板受到了压迫；二是一部分电池因为绝缘胶带稀薄，造成了短路。

第一节 产品质量法概述

一、产品的概念

“产品”一词，从广义上说，是指经过人类劳动获得的具有一定使用价值的物品，既包括直接从自然界获取的各种农产品、矿产品，也包括手工业、加工工业的各种产品。而《中华人民共和国产品质量法》(以下简称《产品质量法》)中的产品则是一个特定的概念，有特定的范围。

《产品质量法》第二条第二款规定：“本法所称产品是指经过加工、制作，用于销售的产品。”对于这一产品的概念，应该从以下几个方面加以理解。

(一)《产品质量法》适用的产品，是经过加工、制作的产品

要求生产者、销售者对产品质量承担责任的产品，应当是生产者、销售者能够对其质量加以控制的产品，即经过“加工、制作”的产品，而不包括内在质量主要取决于自然因素的产品。因此，按照本条的规定，各种直接取之于自然界，未经加工、制作的产品，如未经加工的种植业、养殖业的初级产品，狩猎品，采矿业直接开采出来未经炼制、洗选加工的原矿产品等，均不适用本法的规定。这些未经加工、制作的初级产品，如果发生质量问题，只能依据合同法承担违约责任或者侵权责任法承担侵权责任。

(二)《产品质量法》适用的产品,必须是用于销售的产品

非用于销售的产品,即不作为商品的产品,如自己制作、自己使用或馈赠他人的产品,不属于国家进行质量监督管理的范围,也不能对其制作者适用本法关于产品责任的严格规定。

从事经营性服务所使用的材料和零配件,是否作为产品按产品质量法进行规范。这个问题虽然是从使用假冒产品引起的,但也有一个如何适用法律的考虑,因此,《产品质量法》第六十二条规定,将其视同销售,纳入产品质量法的调整范围。

《产品质量法》关于产品定义的规定,与有关产品责任的国际公约和一些国家关于产品责任的法律中对产品的定义是大体一致的。如欧洲共同体关于产品责任的指令和德国等国的产品责任法规定,产品是指所有动产,但未经加工的种植业、畜牧业、渔业的产品除外。

另外,上述定义下的产品除了受《产品质量法》调整之外,也可能受其他专门法律的调整。比如,食品卫生和食品安全问题分别由食品卫生法与食品安全法进行调整,药品质量由药品管理法进行调整等。

二、不适用《产品质量法》规定的情形

建设工程,包括房屋、公路、桥梁、隧道等工程,不适用《产品质量法》。由于建设工程的质量问题与一般加工、制作的产品有较大的不同,对建设工程的质量问题,应当适用建筑法等法律的规定。一些国家的产品责任法也规定,不适用建筑物等不动产。但是,用于建设工程的各种建筑材料和建筑构配件、设备等,属于《产品质量法》第二条第二款定义的"产品"范围内的,适用该法规定。

除此之外,军工产品质量监督管理办法,由国务院、中央军事委员会另行制定。因核设施、核产品造成损害的赔偿责任,法律、行政法规另有规定的,依照其规定。

一、名词解释题

产品　产品质量法

二、问答题

1. 简述产品的认定。
2. 简述产品质量法的适用范围。

第二节　生产者的产品质量责任和义务

一、生产者应当对其生产的产品质量负责

《产品质量法》规定的生产者对其生产的产品质量负责,包括两方面的含义:一是指生产者必须严格履行其保证产品质量的法定义务;二是指生产者不履行或不完全履行其法

定义务时，必须依法承担相应的产品质量责任。所谓生产者的法定产品质量义务，是指生产者必须依照法律的规定，为保证其生产的产品的质量必须作出一定行为或者不得作出一定行为。生产者的产品质量责任，是指生产者违反国家有关产品质量的法律、法规的规定，不履行或者不完全履行法定的产品质量义务时所应依法承担的法律后果。产品质量责任是一种综合责任。包括承担相应的行政责任、民事责任和刑事责任。

按照《产品质量法》的规定，产品质量应当符合下列要求。

（一）不存在危及人身、财产安全的不合理的危险，有保障人体健康和人身、财产安全的国家标准、行业标准的，应当符合该标准

这是法律对生产者保证产品质量义务的强制性规定，生产者不得以合同约定或者其他方式免除或减轻自己的此项法定义务。产品不得存在危及人身、财产安全的不合理的危险，是法律对产品质量最基本的要求，直接关系到产品使用者的人体健康和人身、财产安全。生产者违反这一质量保证义务的，将会受到严厉的法律制裁。

生产者要保证其产品不存在危及人身、财产安全的不合理的危险，首先应当在产品设计上保证安全、可靠。产品设计是保证产品不存在危及人身、财产安全的不合理危险的基本环节。其次，在产品制造方面保证符合规定的要求。制造是实现设计的过程，在实际经济生活中，制造上的缺陷往往是导致产品存在危及人身、财产安全的不合理的危险的主要原因。另外，在产品标识方面还要保证清晰、完整。对涉及产品使用安全的事项，应当有完整的中文警示说明、警示标志，并且标注应清晰、准确，以提醒人们注意。

生产者要保证其生产的产品不存在危及人身、财产安全的不合理危险，必须使其产品符合保障人体健康、人身财产安全的国家标准、行业标准。对尚未制定有关的国家标准、行业标准的新产品，生产者必须按照保证其产品不存在危及人身、财产安全的不合理的危险的法定要求，通过制定企业标准等措施，保证其产品具备应有的安全性能。

（二）具备产品应当具备的使用性能，但是，对产品存在使用性能的瑕疵作出说明的除外

所谓产品具有应当具有的使用性能，是指某一特定产品应当具有其基本的使用功能，比如电冰箱应当具备制冷性能，保温瓶应当具有保温性能等，并在正常使用条件下应有合理的使用寿命。产品应当具有使用性能主要体现在两方面：一方面是在产品标准、合同、规范、图样和技术要求以及其他文件中明确规定的使用性能，另一方面是隐含需要的使用性能。这里所讲的隐含需要是指消费者对产品使用性能的合理期望，通常是被人们公认的、不言而喻的、不必作出规定的使用性能方面的要求。具备产品应当具备的使用性能是《产品质量法》对生产者保证产品质量所规定的又一法定义务。

但是，当生产者对产品使用性能的瑕疵作出说明时，可以免除生产者的此项义务。这里所谓瑕疵，是指产品质量不符合应有的使用性能，或者不符合采取的产品标准、产品说明、实物样品等明示担保条件，但是产品不存在危及人身、财产安全的不合理的危险，未丧失产品原有的使用价值。依照《产品质量法》的规定，对产品使用性能的瑕疵，生产者应当予以说明后方可出厂销售，并可免除生产者对已经明示的产品使用性能的瑕疵承担责任。

(三) 符合在产品或者其包装上注明采用的产品标准，符合以产品说明、实物样品等方式表明的质量状况

这是法律对生产者保证产品质量所规定的明示担保义务。所谓产品质量的明示担保，是指产品的生产者对产品质量性能的一种明示的自我声明或者陈述，由生产者根据事实自愿作出，多见于生产者证明产品符合某一标准、某些状态要求的产品说明、实物样品、广告宣传中。在产品或者包装上注明采用的产品标准，是表明产品质量符合自身标注的产品标准中规定的质量指标，判定产品是否合格，则以该项明示的产品标准作为依据。当然，生产者明示采用的产品标准不得与强制性的国家标准、行业标准相抵触。产品说明是生产者向消费者提供的文字说明性资料。告知消费者关于产品的有关性能指标、使用方法、安装、保养方法、注意事项以及有着“三包”的事项等。所以，产品说明也是生产者向社会明确表示的保证和承诺。实物样品实际上是一种实物标准，它清楚地表明了产品的质量状况。消费者根据实物样品购买的产品应当同样品的质量保证相符。

(四) 产品或者其包装上的标识必须真实

所谓产品包装，是指为在产品运输、储存、销售等流通过程中保护产品，促进销售，按照一定技术方法采用的容器、材料和附着物并在包装物上附加有关标识而进行的操作活动的总称。所谓产品标识，是指用于识别产品或其特征、特性所做的各种表示的统称。产品标识可以用文字、符号、标志、标记、数字、图案等表示。产品标识由生产者提供，其主要作用是表明产品的有关信息，帮助消费者了解产品的质量状况，说明产品的正确使用、保养方法，指导消费。如果产品标识指示不当或者存有欺骗性，则易引起消费者的误解，产生产品质量纠纷。

根据不同产品的特点和使用要求，产品标识可以标注在产品上，也可以标注在产品包装上。产品或者其包装上的标识应当符合以下要求。

1. 有产品质量检验合格证明

所谓产品质量检验合格证明，是指生产者出具的用于证明产品质量符合相应要求的证件。合格证明包括合格证、合格印章等各种形式。合格证的项目内容，由企业自行决定。合格证一般注明检验人员或者其代号，检验、出厂日期等事项。一些不便于戴佩合格证的产品，可用合格章。产品质量检验合格证明只能用于经过检验合格的产品上，未经检验的产品或者检验不合格的产品，不得使用产品质量检验合格证明。出厂产品的检验，一般由生产者自身设置的检验部门进行检验。对不具备检测能力和条件的企业，可以委托社会产品质量检验机构进行检验。

2. 有中文标明的产品名称、生产厂厂名和厂址

所谓用中文标明，是指用汉字标明。根据需要，也可以附以中国民族文字。产品名称是区别于此产品与他产品的文字语言标记。产品名称一般能反映出产品的用途、特色、所含主要成分等最突出的特点。生产厂厂名和厂址是生产产品的企业名称、称谓和企业的主要生产经营场所所在地的实际地址，是一个企业区别于其他企业的语言文字符号。企业的厂名和厂址在企业办理营业执照时便已经确定，标注产品的生产厂厂名和厂址时应

当与企业营业执照上载明的厂名和厂址一致。企业这样做也是遵守了市场经济活动中诚实信用原则,有助于消费者选择和识别产品及来源,维护其合法权益。

3. 需要根据产品的特点和使用要求标注产品标识

产品的规格、等级、成分、含量等标识的标注,应当按照不同产品的不同特点以及不同的使用要求进行标注。法律、法规、规章或者其他规范性文件要求标明上述内容的,生产者就应当予以标明。需要事先让消费者知晓的,应当在外包装上标明,或者预先向消费者提供有关资料。对法律的上述规定必须遵守。例如食品,国家制定了食品标签强制性标准,生产者应当履行法律规定的产品标识义务。对于一些可以分类规范的产品的标识,国家可以制定相应的法规,分别明确规定每类产品的标识要求。如对于彩电、空调机、电冰箱等耐用消费品,一般价格高,使用、操作复杂,这些产品应标明产品的维修保养方法,并附有中文使用说明书。

4. 限期使用产品的标识要求

限期使用的产品,应当在显著位置清晰地标明生产日期和安全使用期或者失效日期。

所谓限期使用的产品,是指具备一定使用期限,并且能够在此期限内能够保证产品质量的产品。例如食品、药品、农药、化肥、水泥、化妆品、饮料等产品,都应当具有一定的使用期限。所谓安全使用期,一般是泛指保证产品质量的期限。安全使用期包括保质期、保存期、有效期、保鲜期等。对限期使用的产品,可以有两种标注方法:一种方法是标注生产日期和安全使用期,两者都不可缺少;另一种方法是可以仅标注失效日期,而可以不再标注生产日期、保存期、保质期等标识。需要强调的是,限期使用的产品,其生产日期和安全使用期或者失效日期应当在显著位置清晰地标明。所谓显著位置,是指易使人发现的明显位置。所谓清晰,是指达到一般人能够清楚地辨识的程度。生产者不得故意将上述日期标在不容易使人发现的位置上,或者故意标得十分模糊。

5. 涉及使用安全的标识要求

使用不当,容易造成产品本身损坏或者可能危及人身、财产安全的产品,要有警示标志或者中文警示说明。所谓警示标志,是指用以表示特定的含义,告诫、提示人们应当对于某些不安全因素引起高度注意和警惕的图形。例如,表示剧毒、危险、易燃、易爆等意思,均有专用的对应的图形标志。所谓中文警示说明,是指用来告诫、提示人们应当对不安全因素引起高度重视和警惕的中文文字说明。中文警示说明也可以理解为用中文标注的注意事项,一般标注在产品或者产品说明书、产品外包装上。例如在燃气热水器上注明“注意室内通风”字样。总之,对上述产品标注中文警示说明和警示标志是为了保护被使用的产品免遭损坏,保护使用者的安全、健康。

6. 产品标识的例外规定

裸装的食品和其他根据产品的特点难以附加标识的裸装产品,可以不附加产品标识。这种例外规定主要是考虑到《产品质量法》调整的产品的范围比较宽泛。像一些裸装产品如商店销售的面条、馒头,还有散装的饼干等没有包装的食品以及日用杂品,是很难标注本条所规定的产品标识的,所以法律在此没有强制规定生产者对这些产品必须标注产品标识的义务。

7. 特殊产品包装的特殊要求

易碎、易燃、易爆、有毒、有腐蚀性、有放射性等危险物品以及储运中不能倒置和其他有特殊要求的产品,其包装质量必须符合相应要求,依照国家有关规定作出警示标志或者中文警示说明,标明储运注意事项。

二、生产者禁止从事的行为

生产者不得违反《产品质量法》的禁止性规定。生产者不得从事的行为包括如下几种。

(一) 不得生产国家明令淘汰的产品

国家明令淘汰的产品是指国家行政机关按照一定的程序,采用行政的措施,对涉及耗能高、技术落后、污染环境、危及人体健康等方面的因素,宣布不得继续生产、销售、使用的产品。因为国家淘汰的产品多是产品性能落后,耗能高,效能小,环境污染较大,毒副反应大,对人体健康或者人身、财产安全和动植物安全危害较大,因此,必须禁止生产者生产。生产者违反这一规定的,将依法追究其法律责任。

(二) 不得伪造产地,不得伪造或者冒用他人的厂名、厂址

1. 生产者不得伪造产地

产地是指产品生产的所在地。一些产品因产地不同,其性能和质量指标可能会有较大的差异。特别是一些土特产品,与产地的气候、地质条件、环境状况有着密切的联系。如我国的名酒"茅台",其质量就是与茅台酒厂所在地茅台镇的水质、气候条件密切相关,在其他地方,用同样的原料、技术制造出来的酒与在茅台镇制造的茅台酒,口感、质量就有很大的差别。同时,有的产地在某一方面有独到的生产、制造与加工手段,拥有较好的技术优势。总之,产地这种标志,在一定程度上也表示产品的质量与信誉,对消费者起到了诱购的作用。生产者在甲地生产产品,却在产品标识上标注乙地的地名,以利用消费者对乙地产品的信赖,造成消费者的误解,是一种典型的欺骗行为,也是法律所不允许的。

2. 生产者不得伪造或者冒用他人的厂名、厂址

伪造是指生产者捏造、编造不真实的生产厂的厂名和厂址;冒用是指生产者非法使用他人的厂名、厂址。

伪造厂名、厂址,使得消费者在产品质量出现问题时,无法找到生产者,是一种对消费者的欺骗行为,应为法律所禁止。同时,《民法总则》第一百一十条规定:"法人、非法人组织享有名称权。"企业对其厂名享有名称权,任何人未经其允许,使用其厂名,都是侵犯企业名称权的行为,应承担侵权责任。而企业的厂址往往是与厂名联系在一起的,特定厂名的企业有特定的厂址,冒用他人的厂址在实践中与冒用他人厂名的效果一样,都是利用消费者对被冒用企业的信赖,欺骗消费者,因此也是不允许的。

(三) 不得伪造或者冒用认证标志等质量标志

质量标志是指有关主管部门或者组织,按照规定的程序颁发给生产者,用以表明该企业的质量管理或生产的产品的质量达到相应水平的证明标志。在我国,质量认证制度分为企业质量体系认证和产品质量认证。

企业质量体系认证是指依据国家质量管理和质量保证系列标准,由国家认可的认证机构,对自愿申请认证的企业的质量体系进行检查、确认,颁发认证证书,以证明企业质量体系和质量保证能力符合相应标准的活动。企业质量体系认证实行自愿认证原则,认证的依据是国家质量管理和质量保证系列标准。我国采用国际通用的"质量管理和质量保证"系列标准,即国际标准化组织 ISO 9000 系列标准。企业质量体系认证机构是国务院技术监督部门或由其授权的部门认可的机构,一般指行业认证委员会。企业质量体系认证,对内可以加强企业内部质量管理,实现质量目标,创造优质产品;对外可以提高企业质量信誉。

产品质量认证是指依据产品标准和相应的技术要求,经认证机构确认并通过颁发证书和认证标志,以证明企业某一产品符合相应技术要求的活动。产品质量认证分为两类:安全认证和合格认证。

(四) 生产者生产产品,不得掺杂、掺假,不得以假充真、以次充好,不得以不合格产品冒充合格产品

1. 不得掺杂、掺假

"掺杂、掺假"是指生产者在产品中掺入杂质或者造假,致使产品中有关物质的成分或者含量不符合国家有关法律、法规、标准规定的欺骗行为。

2. 不得以假充真、以次充好

"以假充真"是指生产者以牟取非法利润为目的,用一种产品冒充另一种与其特征、特性不同的产品的欺骗行为;"以次充好"是指生产者以低等级、低档次的产品,冒充高等级、高档次的产品的欺骗行为,也包括用废、旧、弃产品冒充新产品的行为。

3. 不得以不合格产品冒充合格产品

所谓合格产品,对于有国家强制性标准的产品来说,是指符合国家的强制性标准;对于没有国家强制性标准的产品来说,是指符合生产者在产品上明确标注所采用的标准。

上述三种行为造成了对消费者的欺骗,严重扰乱了正常的社会经济秩序,造成消费者的财产损失,甚至会危及消费者的人身安全。

问答题

1. 简述产品质量合格的含义。
2. 生产者应如何对产品质量负责?

第三节　销售者的产品质量责任和义务

销售者对产品质量负责,应承担的主要责任和义务如下。

一、应当建立并执行进货检查验收制度,验明产品合格证明和其他标识

进货检查验收制度,是指销售者根据国家有关规定和同生产者或其他供货者之间订立的合同的约定,对购进的产品质量进行检查,符合合同约定的予以验收的制度。这是法律对销售者规定的一项重要的法律义务。其目的是对销售者销售的货源进行把关,保证销售者所销售产品的质量。这是遏制《产品质量法》所禁止销售的产品进入市场的一项有效的措施。

执行进货检查验收制度,不仅是保证产品质量的一个措施,也是保护销售者自身合法权益的一个措施。销售者对所进货物经过检查验收,发现存在产品质量问题时,可以提出异议,经进一步证实所进产品不符合质量要求的,可以拒绝验收进货。如果销售者不认真执行进货检查验收制度,对不符合质量要求的产品,予以验收进货,则产品质量责任随即转移到销售者这一方。因此,销售者必须认真执行进货检查验收制度。

进货检查验收制度的内容包括验明产品合格证明和验明其他标识。销售者在对进货产品进行检验时,首先应当检验产品的合格证明,如果产品没有合格证明,销售者可以拒收。产品的其他标识是指用于识别产品或者其特征、特性所做的各种表示的统称。这些标识包括有中文说明的产品名称、生产厂名、厂址、产品规格、等级、所含主要成分的名称和含量、生产日期和安全使用期或者失效日期、警示标志或者中文警示说明等。

销售者除了验明产品合格证明和其他标识以外,如果对进货产品的内在质量发生怀疑或者为了确保大宗货物的质量可靠,也可以对内在质量进行检验,或者委托依法设立的产品质量检验机构进行检验。但是,对原装、原封的产品,不必对其内在质量进行检验。根据有关行政法规的规定,原装、原封、原标记无异状的产品内在质量,由生产者负责。

二、应当采取措施,保持销售产品的质量

销售者应当根据产品的不同特点,采取不同的措施,如采取必要的防雨、通风、防晒、防霉变、分类、控制温度等措施,包括配置必要的设备和设施,保持进货时的产品质量状况。当然,销售的产品由于其质量的特征和特点,经过一段时间,可能会发生一定的变化,但这种变化应限制在合理的范围内,比如,有些食品刚出厂时味道鲜美,存放一段时间后,由于食品内部的一些变化,使得该食品的味道不如刚出厂时的味道,但是并没有变质,这应当认为是一种合理的变化。

关于销售者应当保持产品质量的义务规定,是为了促使销售者增强对产品质量负责的责任感,加强企业内部质量管理,增加对保证产品质量的技术投入,保证消费者购买产品的质量。

三、销售的产品的标识应当符合规定

《产品质量法》对销售者销售的产品应当具有的标识的规定与前述生产者关于产品标识的规定完全一致。

四、不得违反《产品质量法》的禁止性规定

销售者不得销售国家明令淘汰并停止销售的产品和失效、变质的产品；不得伪造产地，不得伪造或者冒用他人的厂名、厂址；不得伪造或者冒用认证标志等质量标志；销售产品，不得掺杂、掺假，不得以假充真、以次充好，不得以不合格产品冒充合格产品。

问答题

1. 销售者应如何对产品质量负责？
2. 简述生产者和销售者对产品质量承担的责任的主要区别和联系。

第四节　产品瑕疵违约责任和产品责任

一、产品瑕疵违约责任

产品的销售和购买，在产品的销售者和购买者之间形成了产品买卖合同关系，不论这种合同关系是以事先订立书面合同的形式出现，还是以消费者与零售商之间用即时清结的方式买卖产品的形式出现。在产品买卖合同关系中，销售者应在合理的范围内，就出售产品的质量向合同的对方当事人即购买者承担担保责任。有的学者将这种责任称为合同关系中的物的瑕疵担保责任。这种民事责任在性质上属于违约的民事责任，因此又被称为产品瑕疵违约责任。《产品质量法》第四十条对此进行了规定。

(一) 承担瑕疵违约责任的条件

产品有下列情形之一的，销售者承担瑕疵违约责任。

1. 不具备产品应当具备的使用性能而事先未作说明的

这里所讲的“不具备产品应当具备的使用性能”，是指不具备产品的特定的用途和使用价值，比如制冷空调不具备制冷性能等。根据本条的规定，不具备特定用途和使用价值的产品应当向消费者事先作出说明。事先作出说明的（比如明确标明为处理品），可不承担民事责任；不事先说明的，应承担本条规定的民事责任。

2. 不符合在产品或者其包装上注明采用的产品标准的

这里所讲的“不符合在产品或者其包装上注明采用的产品标准”，是指不符合在产品或者其包装上注明采用的推荐性产品标准（包括国家标准、行业标准和企业标准）。按照标准化法的规定，推荐性标准属于自愿采用的标准，是否采用由使用者自己确定。但是，在产品或者其包装上一旦注明了所采用的标准，就意味着向社会作出了承诺，表明该产品

的相关质量指标与产品或其包装上注明采用的产品标准是一致的。如果销售者出售产品的质量状况与产品或其包装上注明采用的产品标准不符,销售者则违反了其应承担的对产品质量的担保义务,应依照本条的规定承担相应的民事责任。

3. 不符合以产品说明、实物样品等方式表明的质量状况的

以产品广告、产品说明书等形式对产品的质量状况作出说明的,销售者应当保证其售出产品的实际质量与该产品说明中表明的产品质量状况相符;销售者以展示其实物样品的方式销售其产品的(如以家具展销会的方式出售家具),其售出产品的质量状况应当与其展示的实物样品相符。销售者出售的产品的质量与产品说明、实物样品不符的,也属于违反销售者对出售产品质量担保的义务,应当承担本条规定的民事责任。

(二) 销售者对出售产品承担瑕疵违约责任的形式

1. 修理

修理是指销售者对已经出售的违约产品,进行必要的修复,使该产品符合应当具备的性能、明示的标准或者明示的质量状况。

2. 更换

更换是指销售者对违约的产品,用质量符合要求的同样产品进行替换。

3. 退货

退货是指销售者将违约产品收回,并向产品购买者退还货款。

4. 赔偿损失

承担这种责任方式的前提是,已经给购买产品的消费者造成损失。这里所讲的损失,是指除产品之外的损失,如交通费、邮寄费等。

销售者未按照前述规定给予修理、更换、退货或者赔偿损失的,由产品质量监督部门或者工商行政管理部门责令改正。

(三) 销售者向生产者、供货者的追偿

销售者依照前述规定负责修理、更换、退货、赔偿损失后,属于生产者的责任或者属于向销售者提供产品的其他销售者(以下简称供货者)的责任的,销售者有权向生产者、供货者追偿。

这就是说,售出产品的质量问题,首先应当对购买者、消费者承担责任的主体是销售者(因产品缺陷造成他人损害的侵权责任除外)。这一规定的基础是销售者和消费者存在直接的合同关系。消费者在一般情况下与生产者、其他销售者之间没有合同关系,因此不能依据合同直接向他们索赔。

但同时,产生质量问题的原因是谁的过错,谁就承担最终的责任。如果产品存在瑕疵是由于生产者或者供货者(如批发供应商)造成的,那么生产者或者供货者不能推卸自己的责任,销售者承担责任后,可以向生产者或者供货者追偿。

(四) 当事人意思自治

生产者之间、销售者之间、生产者与销售者之间订立的产品买卖合同、承揽合同有不

同约定的，合同当事人按照合同约定执行。《产品质量法》这一规定的基本依据是合同法中的意思自治原则。根据这一规定，合同当事人也可以根据本身情况作出与本条不同的约定；当事人之间如果有不同约定的，应当执行不同的约定，不适用前述关于瑕疵违约责任条件和形式的规定。

二、产品责任

（一）产品责任的概念

产品责任是指产品存在缺陷给受害人造成人身伤害或产品以外的财产损失所应承担的法律责任。

所谓产品缺陷，是指产品存在危及人身、他人财产安全的不合理的危险；产品有保障人体健康和人身、财产安全的国家标准、行业标准的，是指不符合该标准。

产品缺陷一般有三种类型：设计缺陷、制造缺陷和警示缺陷。设计缺陷指产品在设计时在产品结构、配方等方面存在不合理的危险；制造缺陷是指产品设计没有问题，但在产品制造或品质管理中，因原料、配件、工艺、程序等方面存在错误，导致制作或最终产品上具有不合理的危险性；警示缺陷是指产品制造厂、批发商、零售商没有在产品的使用上以及危险防止方面作出充分的说明或警告，而对使用者构成的不合理危险。

产品责任与产品瑕疵违约责任不同，是一种特殊的民事侵权责任。

（二）产品责任的主体和归责原则

1. 产品责任的主体

《产品质量法》第四十一条第一款规定，因产品存在缺陷造成人身、缺陷产品以外的其他财产（以下简称“他人财产”）损害的，生产者应当承担赔偿责任。第四十二条规定，由于销售者的过错使产品存在缺陷，造成人身、他人财产损害的，销售者应当承担赔偿责任。销售者不能指明缺陷产品的生产者也不能指明缺陷产品的供货者的，销售者应当承担赔偿责任。由此可见，在我国承担产品责任的主体是生产者和销售者。

2. 产品责任的归责原则

产品责任的归责原则是指产品责任主体承担责任的基本准则，它解决的是责任人承担责任是否以主观过错为前提条件的问题。根据《产品质量法》第四十一条和第四十二条可以看出，生产者承担产品责任的归责原则是严格责任，即生产者承担产品责任不以其主观上有过错作为前提条件；而销售者承担产品责任的归责原则在一般情况下是过错责任原则，即销售者承担产品责任以其主观上有过错作为前提条件，但如果销售者不能指明缺陷产品的生产者也不能指明缺陷产品的供货者的，则不考虑其过错，直接承担责任。

（三）产品责任的构成要件

1. 生产者承担产品责任的情形

生产者承担产品责任的构成要件是：

（1）产品存在缺陷。即产品存在危及人身、他人财产安全的不合理的危险，或产品不符合保障人体健康,人身、财产安全的国家标准、行业标准。

(2) 存在损害事实。即消费者人身或者他人人身、缺陷产品以外的财产已经存在损害。

(3) 产品缺陷和损害事实之间的因果关系。消费者人身或者他人人身、财产存在损害是由于产品缺陷造成的,即二者有直接的因果关系。

2. 销售者承担产品责任的情形

销售者承担产品责任的构成要件除了上述条件之外,还要求由于销售者过错造成该产品缺陷,或者销售者不能指明缺陷产品的生产者也不能指明缺陷产品的供货者。

(四) 产品责任的免除

《产品质量法》第四十一条第二款规定了生产者产品责任的免除条件。生产者能够证明有下列情形之一的,不承担赔偿责任:

(1) 未将产品投入流通的。这是指生产者生产的产品虽然经过了加工制作,但是根本没有投入销售。

(2) 产品投入流通时,引起损害的缺陷尚不存在的。这是指生产者能够证明其将产品投放市场,转移到销售商或者直接出售给购买者时,产品并不存在缺陷。

(3) 将产品投入流通时的科学技术水平尚不能发现缺陷的存在的。由于科学技术的发展,根据新的科学技术,可能会发现过去生产并投入流通的产品会存在一些不合理的危险。对这种不合理的危险在产品投入流通时的科学技术水平是不能发现的,生产者也不承担责任。这是新产品开发过程中产生的风险,该风险是发展产生的,生产者是难以预见到的,对其免除责任是合理的。对此国外也均规定免除责任。这里需要指出的是,评断产品是否能为投入流通时的科技水平所发现,是以当时整个社会所具有的科学技术水平来认定的,而不是依据产品生产者自身所掌握的科学技术来认定的。但是,根据《中华人民共和国侵权责任法》(以下简称《侵权责任法》)第四十六条规定,产品投入流通后发现存在缺陷的,生产者、销售者应当及时采取警示、召回等补救措施;未及时采取补救措施或者补救措施不力造成损害的,应当承担侵权责任。

(五) 受害人要求损害赔偿的途径和先行赔偿人的追偿权

因产品存在缺陷造成人身、他人财产损害的,受害人可以向产品的生产者要求赔偿,也可以向产品的销售者要求赔偿。属于产品的生产者的责任,产品的销售者赔偿的,产品的销售者有权向产品的生产者追偿。属于产品的销售者的责任,产品的生产者赔偿的,产品的生产者有权向产品的销售者追偿。《侵权责任法》第四十四条还规定,因运输者、仓储者等第三人的过错使产品存在缺陷,造成他人损害的,产品的生产者、销售者赔偿后,有权向第三人追偿。

需要注意的是,在产品责任的诉讼中,除生产者、销售者承担举证责任外,受害人也应当对自己的主张,提出相应的证据,比如受到损害的证据、损害是由缺陷产品引起的证据、自己完全按照说明书的要求使用的证据等。

（六）产品责任的赔偿范围

《产品质量法》第四十四条第一款用列举的方式规定了人身伤害赔偿的范围：因产品存在缺陷造成受害人人身伤害的，侵害人应当赔偿医疗费、治疗期间的护理费、因误工减少的收入等费用；造成残疾的，还应当支付残疾者生活自助具费、生活补助费、残疾赔偿金以及由其扶养的人所必需的生活费等费用；造成受害人死亡的，并应当支付丧葬费、死亡赔偿金以及由死者生前抚养的人所必需的生活费等费用。

《产品质量法》第四十四条第二款则规定了财产损害的赔偿范围：因产品存在缺陷造成受害人财产损失的，侵害人应当恢复原状或者折价赔偿。受害人因此遭受其他重大损失的，侵害人应当赔偿损失。

除了上述赔偿之外，根据《侵权责任法》第四十七条规定，明知产品存在缺陷仍然生产、销售，造成他人死亡或者健康严重损害的，被侵权人有权请求相应的惩罚性赔偿。

在伤害或损失发生之前，根据《侵权责任法》第四十五条规定，因产品缺陷危及他人人身、财产安全的，被侵权人有权请求生产者、销售者承担排除妨碍、消除危险等侵权责任。

（七）产品责任的诉讼时效

因产品存在缺陷造成损害要求赔偿的诉讼时效期间为两年，自当事人知道或者应当知道其权益受到损害时起计算。

因产品存在缺陷造成损害要求赔偿的请求权，在造成损害的缺陷产品交付最初消费者满 10 年丧失；但是，尚未超过明示的安全使用期的除外。

一、名词解释题

产品瑕疵责任　产品责任

二、问答题

1.《产品质量法》调整的产品包括哪些？

2. 生产者的产品质量责任和义务包括哪些方面？

3. 什么叫产品责任？产品责任的归责原则和免责条件是什么？

4. 因产品责任造成人身伤害或财产损失的赔偿范围包括哪些？

三、案例分析题

1. 因甲公司的真空食品袋产品质量不合格，造成乙公司 100 箱（共计 14 400 小袋）奶油派食品发霉变质，直接损失 7 000 元。该批食品是由丙、丁、戊三家商场销售的，已售出 630 小袋，二十几位购买者陆续向三家商场提出退货或者索赔要求，估计要求退货或者索赔的人还会增加。

问题：

(1) 丙、丁、戊三家商场在此案中是否应承担法律责任？为什么？

(2) 乙公司是否应就变质食品向购买者承担责任？为什么？

(3) 甲公司应承担什么法律责任？为什么？

2. 丁某于2015年6月从市场买回一个高压锅,一开始高压锅能正常使用,未有异常。2016年9月6日,丁某做饭时,高压锅发生爆炸,锅盖飞起,煤气灶被损坏,天花板被冲裂,玻璃震碎。发生事故后,丁某找高压锅的生产厂家某日用品厂要求赔偿。日用品厂提出,丁某是于2015年买的锅,已经过去一年多了,早已过了规定的保修期,因此对发生的损害不负责任。丁某与日用品厂进行了多次交涉,未果。

问题:该日用品厂的理由是否成立及依据。

第十三章

消费者权益保护法

母亲节前，张小姐在某网站购买了数盒保健品想送给母亲，隔天收到货品送往母亲家，没承想张小姐的姐姐也为母亲购买了同品牌的保健品数盒，这下张小姐发了愁，这么多保健品要吃到什么时候呢？于是想到了退货。她联系网店店主，而店主却拒绝了张小姐，店主称："我们不是七日无条件退换货的店，在小店购物不退不换。"

第一节　消费者和经营者

一、消费者的概念和特征

（一）消费者的概念

《消费者权益保护法》(1993 年 10 月 31 日通过，2009 年 8 月 27 日第一次修正，2013 年 10 月 25 日第二次修正)规定："消费者为生活消费需要购买、使用商品或者接受服务，其权益受本法保护；本法未作规定的，受其他有关法律、法规保护。"由此可见，消费者是指为了生活需要购买、使用商品或者接受服务的社会成员。

（二）消费者的特征

我国的消费者具有以下法律特征。

1. 消费者的消费性质属于生活消费

消费者的生活消费包括两类：一是物质资料的消费，如衣、食、住、行、用等方面的物质消费；二是精神消费，如旅游、文化教育等方面的消费。

但需要注意的是，考虑到农业生产的特殊性，我国规定，农民购买、使用直接用于农业生产的生产资料，参照《消费者权益保护法》执行。

2. 消费者的消费客体是商品和服务

商品指的是与生活消费有关的并通过流通过程推出的那部分商品，不管其是否经过加工制作，也不管其是否为动产或不动产。服务指的是与生活消费有关的有偿提供的可供消费者利用的任何种类的服务。

3. 消费者的消费方式包括购买、使用商品和接受服务

关于商品的消费,即购买和使用商品,既包括消费者购买商品用于自身的消费,也包括购买商品供他人使用或使用他人购买的商品。关于服务的消费,不仅包括自己付费自己接受服务,而且也包括他人付费自己接受服务。不论是商品的消费还是服务的消费,只要其有偿获得的商品和接受的服务是用于生活消费,就属于消费者。

4. 消费者既包括自然人,也包括单位

《消费者权益保护法》并未明确将消费者限定于个人,相反一些省根据《消费者权益保护法》制定的地方性法规,更是明确将单位作为消费者的一类,如江苏省《保护消费者权益条例》把消费者定义为"有偿获得商品和服务用于生活需要的单位和个人"。由此可见,在我国法律体系中,消费者包括单位。但需注意,单位和企业购买的是最终消费品,且该商品不是用于生产经营的目的,才可以作为消费者。

二、经营者的概念和特征

(一) 经营者的概念

《消费者权益保护法》规定:"经营者为消费者提供其生产、销售的商品或者提供服务,应当遵守本法;本法未作规定的,应当遵守其他有关法律、法规。"由此可见,《消费者权益保护法》中的经营者是向消费者提供其生产、销售的商品或者提供服务的个人、法人或者其他经济组织,它是以盈利为目的从事生产经营活动并与消费者相对应的另一方当事人。经营者包括以下三种:一是生产者,即产品的制造商。二是销售者,即产品的销售商。销售商是生产者与消费者之间的中间环节,将生产者的产品销售给消费者。三是服务者,即为消费者提供多样化服务的业主。当消费者合法权益受到侵害时,可以向作为经营者的生产者、销售者和服务者请求赔偿。

(二) 经营者的特征

通常情况下,经营者具有以下特征:

(1) 经营者的主体相当广泛,既包括商品的生产者、销售者,也包括提供服务的服务者。

(2) 经营者以生产、销售商品或者提供服务为其经营方式。

(3) 经营者提供商品或者服务以盈利为目的。

(4) 经营者是与消费者相对应的另一方当事人,消费者的权利即为经营者的义务。

三、《消费者权益保护法》对消费者的特别保护

(一) 作为特别法的《消费者权益保护法》的优先适用

在市场交易中,消费者和经营者两大主体的法律地位是平等的,因此根据《消费者权益保护法》,经营者与消费者进行交易,与一般的民事交易相同,也应当遵循自愿、平等、公平、诚实信用的原则。然而,消费者都是分散的、孤立的个人,经济实力差,受专业知识的限制,无法与经济实力雄厚、有组织的法人相抗衡,在交易信息与交易能力上处于弱势地

位，难以主张和实现自己的消费权利，容易受到经营者不法行为的侵害。因此，需要国家通过立法对消费者进行特别保护。因此，《消费者权益保护法》作为特别法，其在处理消费者与经营者之间的关系问题上，相较于《民法总则》《合同法》等一般法应当优先适用。

（二）国家对消费者的保护

《消费者权益保护法》明确规定了国家保护消费者的合法权益不受侵害。具体措施如下。

1. 立法保护

国家制定有关消费者权益的法律、法规、规章和强制性标准，应当听取消费者和消费者协会等组织的意见。

2. 行政保护

各级人民政府应当加强领导，组织、协调、督促有关行政部门做好保护消费者合法权益的工作，落实保护消费者合法权益的职责。各级人民政府应当加强监督，预防危害消费者人身、财产安全行为的发生，及时制止危害消费者人身、财产安全的行为。各级人民政府工商行政管理部门和其他有关行政部门应当依照法律、法规的规定，在各自的职责范围内，采取措施，保护消费者的合法权益。有关行政部门应当听取消费者和消费者协会等组织对经营者交易行为、商品和服务质量问题的意见，及时调查处理。有关行政部门在各自的职责范围内，应当定期或者不定期对经营者提供的商品和服务进行抽查检验，并及时向社会公布抽查检验结果。有关行政部门发现并认定经营者提供的商品或者服务存在缺陷，有危及人身、财产安全危险的，应当立即责令经营者采取停止销售、警示、召回、无害化处理、销毁、停止生产或者服务等措施。消费者向有关行政部门投诉的，该部门应当自收到投诉之日起7个工作日内，予以处理并告知消费者。

3. 司法保护

有关国家机关应当依照法律、法规的规定，惩处经营者在提供商品和服务中侵害消费者合法权益的违法犯罪行为。人民法院应当采取措施，方便消费者提起诉讼。对符合《民事诉讼法》起诉条件的消费者权益争议，必须受理，及时审理。

（三）全社会对消费者的保护

《消费者权益保护法》规定保护消费者的合法权益是全社会的共同责任。国家鼓励、支持一切组织和个人对损害消费者合法权益的行为进行社会监督。大众传播媒介应当做好维护消费者合法权益的宣传，对损害消费者合法权益的行为进行舆论监督。

消费者协会和其他消费者组织是依法成立的对商品和服务进行社会监督的保护消费者合法权益的社会组织，它们在对消费者进行社会保护时起着不可替代的作用。

消费者协会履行的公益性职责包括：向消费者提供消费信息和咨询服务，提高消费者维护自身合法权益的能力，引导文明、健康、节约资源和保护环境的消费方式；参与制定有关消费者权益的法律、法规、规章和强制性标准；参与有关行政部门对商品和服务的监督、检查；就有关消费者合法权益的问题，向有关部门反映、查询，提出建议受理消费者的投诉,并对投诉事项进行调查、调解;投诉事项涉及商品和服务质量问题的,可以委托具备资格的鉴定人鉴定,鉴定人应当告知鉴定意见;就损害消费者合法权益的行为,支持受损害的消费者提起诉讼或者依照本法提起诉讼;对损害消费者合法权益的行为,通过大众传播媒介予以揭露、批评。

各级人民政府对消费者协会履行职责应当予以必要的经费等支持。

消费者协会应当认真履行保护消费者合法权益的职责,听取消费者的意见和建议,接受社会监督。

依法成立的其他消费者组织依照法律、法规及其章程的规定,开展保护消费者合法权益的活动。

消费者组织不得从事商品经营和营利性服务,不得以收取费用或者其他牟取利益的方式向消费者推荐商品和服务。

对侵害众多消费者合法权益的行为,中国消费者协会以及在省、自治区、直辖市设立的消费者协会,可以向人民法院提起诉讼。

四、消费者与经营者之间的争议解决

(一)消费者与经营者争议解决的途径

消费者和经营者发生消费者权益争议的,可以通过下列途径解决:

(1)与经营者协商和解。

(2)请求消费者协会或者依法成立的其他调解组织调解。

(3)向有关行政部门投诉。

(4)根据与经营者达成的仲裁协议提请仲裁机构仲裁。

(5)向人民法院提起诉讼。

(二)消费者与经营者纠纷中民事责任主体的确定

1. 生产者、销售者、服务者

消费者在购买、使用商品时,其合法权益受到损害的,可以向销售者要求赔偿。销售者赔偿后,属于生产者的责任或者属于向销售者提供商品的其他销售者的责任的,销售者有权向生产者或者其他销售者追偿。

消费者或者其他受害人因商品缺陷造成人身、财产损害的,可以向销售者要求赔偿,也可以向生产者要求赔偿。属于生产者责任的,销售者赔偿后,有权向生产者追偿。属于销售者责任的,生产者赔偿后,有权向销售者追偿。

消费者在接受服务时,其合法权益受到损害的,可以向服务者要求赔偿。

2. 变更后的企业

消费者在购买、使用商品或者接受服务时,其合法权益受到损害,因原企业分立、合并的,可以向变更后承受其权利义务的企业要求赔偿。

3. 营业执照的使用人和持有人

使用他人营业执照的违法经营者提供商品或者服务,损害消费者合法权益的,消费者可以向其要求赔偿，也可以向营业执照的持有人要求赔偿。

4. 展销会的举办者和柜台的出租者

消费者在展销会、租赁柜台购买商品或者接受服务，其合法权益受到损害的，可以向销售者或者服务者要求赔偿。展销会结束或者柜台租赁期满后，也可以向展销会的举办者、柜台的出租者要求赔偿。展销会的举办者、柜台的出租者赔偿后，有权向销售者或者服务者追偿。

5. 网络交易平台的提供者

消费者通过网络交易平台购买商品或者接受服务，其合法权益受到损害的，可以向销售者或者服务者要求赔偿。网络交易平台提供者不能提供销售者或者服务者的真实名称、地址和有效联系方式的，消费者也可以向网络交易平台提供者要求赔偿；网络交易平台提供者作出更有利于消费者的承诺的，应当履行承诺。网络交易平台提供者赔偿后，有权向销售者或者服务者追偿。

网络交易平台提供者明知或者应知销售者或者服务者利用其平台侵害消费者合法权益，未采取必要措施的，依法与该销售者或者服务者承担连带责任。

6. 虚假广告中广告的经营者、发布者和其他应承担责任的社会团体、组织、个人

消费者因经营者利用虚假广告或者其他虚假宣传方式提供商品或者服务，其合法权益受到损害的，可以向经营者要求赔偿。广告经营者、发布者发布虚假广告的，消费者可以请求行政主管部门予以惩处。广告经营者、发布者不能提供经营者的真实名称、地址和有效联系方式的，应当承担赔偿责任。

广告经营者、发布者设计、制作、发布关系消费者生命健康商品或者服务的虚假广告，造成消费者损害的，应当与提供该商品或者服务的经营者承担连带责任。

社会团体或者其他组织、个人在关系消费者生命健康商品或者服务的虚假广告或者其他虚假宣传中向消费者推荐商品或者服务，造成消费者损害的，应当与提供该商品或者服务的经营者承担连带责任。

一、名词解释题

消费者　经营者

二、问答题

消费者的特征有哪些？

第二节　消费者的权利

消费者权利是指消费者在消费领域中所具有的权利，即在法律的保障下，消费者有权作出一定的行为或者要求他人作出一定的行为，也可有权不作出一定行为或者要求他人不做出一定行为。它是消费者利益在法律上的体现。最早提出消费者权利的是美国前总统肯尼迪。他在 1962 年 3 月 15 日向联邦议会提出《关于保护消费者利益》的总统特别国情咨文中，指出消费者应享有四项权利：一是获得商品安全保障的权利；二是获得正确的商品信息资料的权利;三是对商品有自由选择的权利;四是有提出消费者意见的权利。这就是著名的肯尼迪“四权论”。为了纪念这个历史事件,国际消费者组织联盟将每年的3月15日定为“国际消费者权益日”。

按照《消费者权益保护法》的规定,消费者享有以下权利。

一、安全权

安全权是指消费者在购买、使用商品和接受服务时享有人身、财产安全不受损害的权利。它包括两方面内容:一是人身安全权,二是财产安全权。人身安全权在这里是指生命健康权不受损害,即享有保持身体各器官及其机能的完整以及生命不受危害的权利。财产安全权是指消费者购买、使用的商品或接受的服务本身的安全,并包括除购买、使用的商品或接受服务之外的其他财产的安全。

为了能使这一权利得到实现,消费者有权要求经营者提供的商品或服务符合保障人身、财产安全的要求。也就是说,有国家标准、行业标准的,消费者有权要求商品和服务符合该国家标准、行业标准。如家用电器不允许有漏电、爆炸、自燃等潜在危险存在。对于没有国家标准、行业标准的,必须符合社会普遍公认的安全、卫生要求。

二、知情权

知情权是指消费者在购买使用商品或接受服务时,知悉商品和服务真实情况的权利。

所谓“知悉”,包括以下两层含义:第一,消费者在不明了的情况下有权主动询问,了解其购买、使用商品的真实情况;第二,向消费者提供的商品或服务应当真实记载或说明有关商品或服务的情况,不经消费者询问即消费者一目了然。所谓“真实”也同样包括两层含义:第一,有关某商品或服务的全面正确的情况,既不避实就虚,也不编造谎言;第二,诚实可信不带任何欺诈情节。

知情权的内容大致分为以下三个方面:第一,关于商品或者服务的基本情况,包括商品名称、商标、产地、生产者名称、生产日期、服务的内容等;第二,有关技术状况的表示,包括商品用途、性能、规格、等级、所含成分、有效期限、使用说明书、检验合格证书、服务的规格等;第三,有关销售状况,包括售后服务、价格、费用等。

三、自主选择权

自主选择权是指消费者享有自主选择商品或者服务的权利。

消费者有权根据自己的消费愿望、兴趣、爱好和需要,自主地、充分地选择提供商品或者服务的经营者,自主选择商品品种或者服务方式,自主决定购买或者不购买任何一种商品、接受或者不接受任何一项服务。消费者在自主选择商品或者服务时,有权进行比较、鉴别和挑选。

消费者行使其自主选择权时,有以下问题应予注意:首先,消费者自主选择商品和服务的行为必须是合法行为,即行使自主选择权必须依照法律,遵守社会公德,不得侵害国家、集体和他人的合法权益;其次,自主选择权只能限定在购买商品或者接受服务的范围内,不能扩大到使用商品上;最后,消费者的自主选择权并不排除经营者向消费者进行商品、服务的介绍和推荐。

四、公平交易权

消费者享有公平交易的权利,简称公平交易权。

消费者购买商品或接受服务,是一种市场交易行为,如果经营者违背自愿、平等、公平、诚实信用等原则进行交易,则侵犯了消费者的公平交易权。

消费者的公平交易权首先体现在消费者有权获得公平交易条件。公平交易的条件包括:①质量保障,经营者向消费者提供的商品或服务必须符合法定或约定的质量要求,即经营者提供的商品或服务具有适用性;②价格合理,是指商品或服务的价格要与其价值相符,依法定价,不得非法牟利,也不得暴利宰人;③计量准确,经营者不得克扣、短斤少两,不得以隐蔽手段抬高商品价格。

消费者的公平交易权还体现在消费者有权拒绝经营者的强制交易行为。交易必须在自愿的基础上发生,经营者的强制交易行为,如强迫消费者购物或接受服务、强迫搭售等,构成对消费者的非法侵害,消费者有权拒绝。

五、求偿权

消费者享有依法获得赔偿的权利,简称求偿权。

消费者在购买、使用商品或接受服务时,既可能人身权受到侵害,也可能财产权受到侵害。人身权受到的侵害,包括生命健康权,人格方面的姓名权、名誉权、荣誉权等受到侵害。财产损害,包括财产上的直接损失和间接损失。

享有求偿权的主体,既包括购买商品为己所用的消费者、不直接购买而只是使用商品的消费者、接受服务者,还包括第三人,即在别人购买、使用商品或接受服务的过程中受到人身或财产损害的其他消费者。

六、结社权

消费者享有依法成立维护自身合法权益的社会团体的权利,简称结社权。

消费者的结社权来自我国宪法规定的公民享有的结社自由。虽然我国有很多政府机关从不同的侧面履行保护消费者权益的职责,但消费者社团组织仍有不可替代的重要作用。在我国,消费者社会团体主要是我国消费者协会和地方各级消费者协会。消费者依法成立维护自身合法权益的这些社会团体,可以使分散、弱小的消费者走向集中和强大,通过社会团体的力量和有组织的活动,与实力雄厚的经营者相抗衡,更好地保护自身的合法权益。

七、获得有关知识权

消费者享有获得有关消费和消费者权益保护方面的知识的权利,简称获得有关知识权。

获得有关知识权是从知情权中引申出来的一项权利。该权利的内容包括两个方面:一是获得有关消费方面知识的权利。这些知识涉及商品或服务的质量鉴别、价格构成、消费方式等。二是获得有关消费者权益保护方面的知识的权利。这些知识涉及法律条文、权利与义务、救济方式等。

消费者获得有关知识的权利,有利于提高消费者的自我保护能力,而且也是实现消费者其他权利的重要条件。特别是获得消费者权益保护方面的知识,可以在消费者合法权益受到侵害时,有效地寻求解决消费纠纷的途径,及时获得赔偿。消费者自身也应当努力掌握所需商品或者服务的知识和使用技能,正确使用商品,提高自我保护意识。

八、受尊重和保护权

这是指消费者在购买、使用商品和接受服务时,享有人格尊严、民族风俗习惯得到尊重的权利,享有个人信息依法得到保护的权利。

人格尊严不受侵犯是我国每个公民依照宪法享有的神圣权利。人格权是消费者人身权的重要组成部分,它包括姓名权、名誉权、荣誉权、肖像权、隐私权等。因此,在消费活动中,经营者不得以任何理由对消费者从事侮辱、诽谤、搜身、拘禁等侵犯消费者人格的活动。

近年来,侵犯消费者个人信息的案件日益增多,2013年《消费者权益保护法》修订时特别增加了保护消费者个人信息的规定。消费者的个人信息权,属于消费者人格权的内容之一,经营者不得超越法律的规定泄露、利用消费者的个人信息。

另外,我国是一个多民族国家,民族风俗习惯受尊重的权利,关系到各民族平等,加强民族团结,处理好民族关系,促进国家安定的大问题,对此,必须引起高度重视。

九、监督权

监督权是指消费者享有对商品和服务以及保护消费者权益工作进行监督的权利。

消费者的监督权分为两个方面:一方面,消费者有权对侵害消费者权益的行为进行检举、控告;另一方面,对于国家机关及其工作人员保护消费者权益的工作,消费者有权对其在这些工作中的违法失职行为提出批评、建议。

十、反悔权

反悔权,即无理由退货权,是指经营者采取网络、电视、电话、邮购等方式销售商品,消费者有权自收到商品之日起7日内退货,且无须说明理由。但反悔权仅适用于网络等远程购物方式,消费者直接到商店购买商品,不适用反悔权的规定。同时,根据商品性质不宜退货的商品,也不适用反悔权。这些商品包括:①消费者定作的;②鲜活易腐的;③在线下载或者消费者拆封的音像制品、计算机软件等数字化商品;④交付的报纸、期刊,以及其他根据商品性质并经消费者在购买时确认不宜退货的商品,不适用无理由退货。

无理由退货并不是无条件退货,消费者退货的商品应当完好,商家根据不同商品的具体情况设定的商品完好标准必须合理,符合日常经验并能为社会大众所接受。经营者应当自收到退回商品之日起7日内返还消费者支付的商品价款。退回商品的运费由消费者承担;经营者和消费另有约定的,按照约定。

第三节　经营者的义务

《消费者权益保护法》作为弱者扶助法，在权利和义务关系上采用一种非对称结构，同时强调消费者的权利和经营者的义务，形成了以“消费者权利—经营者义务”为框架的权限结构。消费者权利的实现，在相当程度上要依赖于经营者义务的履行。当经营者不履行义务侵犯消费者权利时，需要承担法律责任。

1994 年《消费者权益保护法》制定以来，由于社会生活情况发生了很大变化，出现了许多新的消费方式和经营模式，消费者权益得不到保护的情况时有发生。因此 2013 年我国对《消费者权益保护法》的修订，大大强化了经营者的义务。

根据《消费者权益保护法》的规定，经营者负有以下义务。

一、依法或依约定履行义务

经营者应当依法履行义务。即按照《消费者权益保护法》《产品质量法》《中华人民共和国食品安全法》和其他相关法律、法规履行义务。

经营者应依照约定履行合同义务。经营者和消费者有约定的，应当按照约定履行义务，但双方的约定不得违背法律、法规的强制性规定，也不得违反社会公德和诚实信用原则。同时，合同不得设定不公平、不合理的交易条件，不得强制交易。这样规定的目的是保护消费者，因为经营者可能凭借自己的优势，制定不利于消费者的合同条款。

二、接受监督的义务

经营者应当听取消费者对其提供的商品或者服务的意见，接受消费者的监督。

经营者有义务听取消费者的意见和建议，这有利于帮助经营者改进商品质量、改善企业形象，增强竞争力。经营者不仅有义务接受消费者本人的监督，也要接受代表消费者利益的组织或机构的监督。

三、保障人身和财产安全的义务

经营者应当保证其提供的商品或者服务符合保障人身、财产安全的要求。对可能危及人身、财产安全的商品和服务，应当向消费者作出真实的说明和明确的警示，并说明和标明正确使用商品或者接受服务的方法以及防止危害发生的方法。

宾馆、商场、餐馆、银行、机场、车站、港口、影剧院等经营场所的经营者，应当对消费者尽到安全保障义务。

经营者发现其提供的商品或者服务存在缺陷，有危及人身、财产安全危险的，应当立即向有关行政部门报告和告知消费者，并采取停止销售、警示、召回、无害化处理、销毁、停止生产或者服务等措施。采取召回措施的，经营者应当承担消费者因商品被召回支出的必要费用。

经营者对消费者未尽到安全保障义务，造成消费者损害的，应当承担侵权责任。

经营者提供商品或者服务,造成消费者或者其他受害人人身伤害的,应当赔偿医疗费、护理费、交通费等为治疗和康复支出的合理费用,以及因误工减少的收入。造成残疾的,还应当赔偿残疾生活辅助具费和残疾赔偿金。造成死亡的,还应当赔偿丧葬费和死亡赔偿金。

经营者提供商品或者服务,造成消费者财产损害的,应当依照法律规定或者当事人约定承担修理、重作、更换、退货、补足商品数量、退还货款和服务费用或者赔偿损失等民事责任。

四、提供真实信息的义务

经营者向消费者提供有关商品或者服务的质量、性能、用途、有效期限等信息,应当真实、全面,不得作虚假或者引人误解的宣传。

经营者对消费者就其提供的商品或者服务的质量和使用方法等问题提出的询问,应当作出真实、明确的答复。

经营者提供商品或者服务应当明码标价。

经营者应当标明其真实名称和标记。租赁他人柜台或者场地的经营者,应当标明其真实名称和标记。

采用网络、电视、电话、邮购等方式提供商品或者服务的经营者,以及提供证券、保险、银行等金融服务的经营者,应当向消费者提供经营地址、联系方式、商品或者服务的数量和质量、价款或者费用、履行期限和方式、安全注意事项和风险警示、售后服务、民事责任等信息。

五、提供消费凭证或单据的义务

经营者提供商品或者服务,应当按照国家有关规定或者商业惯例向消费者出具发票等购货凭证或者服务单据;消费者索要发票等购货凭证或者服务单据的,经营者必须出具。

六、保证商品质量的义务

经营者应当保证在正常使用商品或者接受服务的情况下其提供的商品或者服务应当具有的质量、性能、用途和有效期限;但消费者在购买该商品或者接受该服务前已经知道其存在瑕疵,且存在该瑕疵不违反法律强制性规定的除外。

经营者以广告、产品说明、实物样品或者其他方式表明商品或者服务的质量状况的,应当保证其提供的商品或者服务的实际质量与表明的质量状况相符。

经营者提供的机动车、计算机、电视机、电冰箱、空调器、洗衣机等耐用商品或者装饰装修等服务,消费者自接受商品或者服务之日起6个月内发现瑕疵,发生争议的,由经营者承担有关瑕疵的举证责任。

七、承担"三包"责任及其他责任的义务

经营者提供的商品或者服务不符合质量要求的，消费者可以依照国家规定、当事人约定退货，或者要求经营者履行更换、修理等义务。没有国家规定和当事人约定的，消费者可以自收到商品之日起 7 日内退货；7 日后符合法定解除合同条件的，消费者可以及时退货，不符合法定解除合同条件的，可以要求经营者履行更换、修理等义务。在这种情况下进行退货、更换、修理的，经营者应当承担运输等必要费用。

经营者以预收款方式提供商品或者服务的，应当按照约定提供。未按照约定提供的，应当按照消费者的要求履行约定或者退回预付款；并应当承担预付款的利息、消费者必须支付的合理费用。

依法经有关行政部门认定为不合格的商品，消费者要求退货的，经营者应当负责退货。

经营者提供商品或者服务有欺诈行为的，应当按照消费者的要求增加赔偿其受到的损失，增加赔偿的金额为消费者购买商品的价款或者接受服务的费用的 3 倍；增加赔偿的金额不足 500 元的，为 500 元。法律另有规定的，依照其规定。

经营者明知商品或者服务存在缺陷，仍然向消费者提供，造成消费者或者其他受害人死亡或者健康严重损害的，受害人除了有权要求经营者按照《消费者权益保护法》相关条款和其他法律的规定赔偿损失外，还有权要求所受损失两倍以下的惩罚性赔偿。

八、不得利用格式条款从事不公平、不合理交易的义务

经营者在经营活动中使用格式条款的，应当以显著方式提请消费者注意商品或者服务的数量和质量、价款或者费用、履行期限和方式、安全注意事项和风险警示、售后服务、民事责任等与消费者有重大利害关系的内容，并按照消费者的要求予以说明。

经营者不得以格式条款、通知、声明、店堂告示等方式，作出排除或者限制消费者权利、减轻或者免除经营者责任、加重消费者责任等对消费者不公平、不合理的规定，不得利用格式条款并借助技术手段强制交易。

格式条款、通知、声明、店堂告示等含有前款所列内容的，其内容无效。

九、不得侵犯人格尊严和人身自由的义务

经营者不得对消费者进行侮辱、诽谤，不得搜查消费者的身体及其携带的物品，不得侵犯消费者的人身自由。

经营者有侮辱诽谤、搜查身体、侵犯人身自由等侵害消费者或者其他受害人人身权益的行为，造成严重精神损害的，受害人可以要求精神损害赔偿。

十、保护消费者个人信息的义务

经营者收集、使用消费者个人信息，应当遵循合法、正当、必要的原则，明示收集、使用信息的目的、方式和范围，并经消费者同意。经营者收集、使用消费者个人信息，应当公开

其收集、使用规则,不得违反法律、法规的规定和双方的约定收集、使用信息。

经营者及其工作人员对收集的消费者个人信息必须严格保密,不得泄露、出售或者非法向他人提供。经营者应当采取技术措施和其他必要措施,确保信息安全,防止消费者个人信息泄露、丢失。在发生或者可能发生信息泄露、丢失的情况时,应当立即采取补救措施。

经营者未经消费者同意或者请求,或者消费者明确表示拒绝的,不得向其发送商业性信息。

一、名词解释题

经营者的义务

二、问答题

1. 什么是消费者?消费者的特征有哪些?

2. 为什么要对消费者进行特别保护?《消费者权益保护法》从哪些方面对消费者进行特别保护?

3. 在消费者与经营者的纠纷中,哪些经营者可能成为民事责任的主体?

4. 消费者有哪些权利?其各自内容是什么?

5. 经营者有哪些义务?其各自内容是什么?

三、案例分析题

1. 赵某准备为读大学的儿子买一双真皮旅游鞋,于是,来到一家百货商店的售鞋柜台仔细观看了很久,选中了一双标价125元的,然后询问服务员这是不是真皮的,此时服务员正忙着与另一服务员交谈,无暇顾及,要赵某自己看商品标签,赵某不识字,便再向服务员询问,服务员没好气地说:"什么真皮不真皮,要买就付钱。"赵某见问不出名堂,便私下猜测这鞋这么贵,应该是真皮的,便付钱买下。回家后,儿子一见便说这鞋不是真皮的,再找几个人看了鞋子,也都说不是真皮的。第二天,赵某提着鞋子到百货商店去退货。商店服务员也承认这鞋不是真皮的,但认为该鞋明码标价,赵某自己挑选,而且货款两清,不同意退货。值班经理闻讯赶来,问明情况,也认为错在赵某,不同意退货。赵某起诉至法院,要求百货商店退货并赔偿往返损失。

问题:

(1) 百货商店是否违反了《消费者权益保护法》?

(2) 百货商店侵犯了消费者哪项权利?

(3) 百货商店是否应该退货并赔偿赵某的往返损失?

2. 被告甲公司与乙博物馆签约,租借该馆102室经营蚂蚁粉,时间期限为当年2月至7月。2月5日消费者吴某在未明确售货单位的乙博物馆102室,购得两袋标重为454克装的蚂蚁粉,支付人民币750元。同年10月19日早晨6时左右,吴某感觉身体不适,到7时20分,经抢救无效死亡,时年51岁。吴某之妻郑某立即向当地公安分局报案,经对吴某的尸体进行解剖,其死因鉴定结论为:死者吴某有过敏史哮喘病史,此次服用蚂蚁粉异体蛋白诱发支气管哮喘，终因过敏性休克死亡。

郑某以甲公司和乙博物馆为共同被告，向上海市黄浦区人民法院起诉，要求被告支付丧葬费、抚养费、赡养费、死亡赔偿金等。

法院查明：被告甲公司所售绿洲牌蚂蚁粉未通过相关部门审批，没有获得相关批号，说明书上未注明禁忌证，也没有明确的警示文字；其说明书上标明的“长期服用无毒副作用”“能治疗哮喘等多种疾病”的文字，对消费者有误导作用，负有主观上不可推卸的责任。

问题：该案应该如何处理？试分析理由。

第六篇

知识产权法律制度

第十四章

著作权法

腾讯公司(以下简称“腾讯”)依法享有《宫锁连城》的独家信息网络传播权。2014 年 6 月 4 日,腾讯通过公证书固定证据,证明易联伟达公司(以下简称“易联伟达”)在其经营的“快看影视”手机端,通过信息网络非法向公众提供该作品的在线播放。易联伟达在播放涉案作品时不显示作品来源,直接进入播放页面;无任何前置广告及暂停播放时的广告,未显示其链接的乐视网水印,显示的版本、布局与乐视 APP 不同(该作品在乐视网上为合法播放);乐视网上有明确声明不能盗链,故腾讯认为易伟达进行了涉案作品的编辑,具有恶意,为获取盈利直接设链播放涉案作品,未经任何权利人的同意,侵犯了腾讯的合法权利。腾讯起诉易联伟达,请求法院判令被告赔偿经济损失及合理费用共计 50 万元。被告称涉案作品并非在快看影视上播放的,而是在乐视网上播放;快看影视播放无广告,未获得任何盈利,只提供设链服务,并非信息存储空间;收到起诉书后已删除涉案作品。法院一审认定影视聚合平台盗链行为不属于合理使用,并非合法链接,属于侵权行为;被告的一系列行为相互结合,导致独家信息网络传播权人本应获取的授权利益在一定范围内落空,给原告造成了损害,构成侵权,应承担相应的民事赔偿责任。判决被告赔偿原告经济损失包括合理支出 35 000 元。

第一节　著作权法律关系

一、著作权的客体

(一) 作品的概念

作品是著作权法律关系的客体,是作者思想情感的表现。《中华人民共和国著作权法》(以下简称《著作权法》)规定,作品是指文学、艺术和科学领域内具有独创性并能以某种有形形式复制的智力成果。

(二) 作品应具备的条件

1. 独创性

独创性也称原创性或初创性,是指一部作品经独立创作产生而具有的非模仿性(非抄袭性)和差异性。一部作品只要不是对一部已有作品的完全的或实质的模仿,而是作者独立构思的产物,在表现形式上与已有作品存在差异,就可以视为具有独创性,从而视为一部新产生的作品,而不是已有作品的翻版。

独创性是仅就作品的表现形式而言的,而不涉及作品中包含或反映的思想、信息和创作技法。

独创性也并不限于原始作品。改编、翻译、注释、编辑或整理已有作品而产生的演绎作品,尽管不是绝对的独立构思的产物,但仍然是经过一定的创作活动产生的,而不是对改编、翻译、注释、编辑或整理同一部已有作品而产生的另一部演绎作品的完全的或实质的模仿,因而也具有独创性。

独创性与作品的文学、艺术或科学价值的大小无关,一幅由儿童独立完成的书法作品,即使艺术价值很小,没有经济利用的可能,仍然具有独创性。

2. 可复制性

可复制性是指作品已被创作出来,能够被感知,能够通过某种客观实在的具体形式进行复制。一般认为,任何一种文学、艺术和科学作品都是人的思想或情感的一种外在表现。它是人通过语言文字、符号、色彩或声音等媒体对作用于人脑的客观世界加以表现的产物。因此,如果对客观世界的认识还只是停留在人脑内部,没有通过某种媒体表现出来,如某种构思或设想,就不能算是一件作品而受到《著作权法》的保护。

(三) 作品的种类

1. 文字作品

文字作品是指小说、诗词、散文、论文等以文字形式表现的作品。进一步说,是用语言文字符号记录的,用以表达作者思想情感的文学、艺术、自然科学、社会科学、工程技术作品的创作成果,包括小说(长、中、短篇)、诗歌、散文、论文、剧本、电影、电视创作、歌曲等表达方式,无论作者采用的是手写、打字、印刷、磁盘、光盘等书写记录方式,都是文字作品。

2. 口述作品

口述作品是指即兴的演说、授课、法庭辩论等以口头语言形式表现的作品。也就是用口头语言形式表现,未以任何物质载体固定的作品。例如,教师的讲课、人们在公众场合的即兴演讲、法庭辩论等。口述作品应当是以口述的方式来创作产生的,用预先已有的文字作品加以口头表演的作品,诗歌或散文的朗诵,播音员的播音,相声或小品演员的演出则等尽管有口述的过程,但其口述并非创作的过程,创作在口述之前都已经完成了,因而不属于口述作品。

3. 音乐、戏剧、曲艺、舞蹈、杂技艺术作品

1) 音乐作品

音乐作品是指以乐谱形式或未以乐谱形式表现的能演唱或演奏的带词或不带词的作品。如歌曲、交响乐等。应当指出的是,歌唱者、演奏者的表演不是音乐作品,而是对音乐作品的表达和再现,属于邻接权的客体。

2) 戏剧作品

狭义的戏剧是以古希腊悲喜剧为开端,在欧洲各国发展起来继而在世界广泛流行的舞台演出形式。广义的戏剧,如中国的戏曲、日本的歌舞剧、印度的古典戏剧等。我国所说的戏剧作品是指将人的连续动作同人的说唱表白有机地编排在一起,在舞台上进行表演,并通过表演来反映某一事物变化过程的作品。如话剧、歌剧、地方戏等。

3)曲艺作品

曲艺是我国特有的民间艺术,主要以说、弹、唱等来表现其艺术性。主要包括相声、快板、评书、弹词、梅花大鼓。

4)舞蹈作品

舞蹈作品是指对舞蹈的动作设计程序的编排,它可以用文字或其他方式来记载,而舞蹈者的表演属于邻接权保护。

5)杂技艺术作品

杂技艺术作品是著作权法修订后新增的作品类型。它是指杂技、魔术、马戏等通过形体动作和技巧表现的作品。

应当指出的是,音乐、戏剧、曲艺、舞蹈、杂技等作品,不包括表演者对作品的表演。表演者的表演只能受邻接权的保护。

4. 美术、建筑作品

美术作品是指绘画、书法、雕塑等以线条、色彩或者其他方式构成的平面或者立体的造型艺术作品。美术作品包括纯美术作品和实用美术作品。其中纯美术作品是指仅能够供人们观赏的独立的艺术作品,如油画、国画、版画、水彩画等。实用美术作品是指将美术作品的内容与具有使用价值的物体相结合,物体借助于美术作品的艺术品位而兼具观赏价值和实用价值,如陶瓷艺术等。

建筑作品是指以建筑物或者构筑物形式表现的有审美意义的作品。建筑作品属于以立体形式表现的作品。著作权法对于建筑物本身也作为作品的形式之一给予法律保护。受著作权法保护的作品必须具备独创性和可复制性,普遍使用的大众性建筑不具有排他性,如板楼的外形,因此不受《著作权法》的保护。

在外观、装饰、设计等方面具备独创性的建筑物,受到《著作权法》的保护,但是对于建筑物的构成材料、建筑方法不予以保护,并且建筑物外观,装饰、设计中的通用元素,属于公有领域的范围,也不受到《著作权法》的保护。建筑作品的保护还应该包括建筑设计图、效果图和建筑模型等。但是依据《著作权法》对于作品的列举方式,这些作品被作为图形作品和模型作品给予保护。

5. 摄影作品

摄影作品是指借助器械在感光材料或者其他介质上记录客观物体形象的艺术作品。摄影本身是一种记录客观事物影像的技术手段,作者可以用它来创作作品。但是,并非所有的摄影都可以作为作品来保护,如果没有作者个性化色彩的简单的翻拍的照片等纯复制性的摄影,因缺乏独创性而不能作为作品受到《著作权法》的保护。

6. 电影作品和以类似摄制电影的方法创作的作品

电影作品和以类似摄制电影的方法创作的作品是指摄制在一定物质上由一系列相关联的画面或加上伴音组成并且借助机械装置能放映、播放的作品,包括故事片、科教片、美术片等。电影是一种特殊作品,它是由众多作者创作的综合性艺术作品,如由小说作者、将小说改编成剧本的作者、将剧本改编成“分镜头剧本”的作者导演、拍摄影片的摄影作者、配曲配调的词曲作者、美工设计的作者等共同创作合成的。类似摄制电影的方法创作的作品，也即是如同拍摄电影那样由诸多作者共同创作，并以拍摄电影的步骤制成的电视片、录像片和电影一样的作品。

7. 图形、模型作品

图形作品是指为施工、生产绘制的工程设计图、产品设计图，以及反映地理现象、说明事物原理或者结构的地图、示意图等作品。

模型作品是指为展示、试验或者观测等用途，根据物体的形状和结构，按照一定比例制成的立体作品。

8. 计算机软件

计算机软件即计算机程序及其有关文档。计算机程序是指为了得到某种结果而可以由计算机等具有信息处理能力的装置执行的代码化指令序列，或者可以被自动转换成代码化指令序列的符号化序列或者符号化语句序列。同一计算机程序的源程序和目标程序为同一作品。文档是指用来描述程序的内容、组成、设计、功能规格、开发情况、测试结果及使用方法的文字资料和图表等，如程序说明、流程图、用户手册等。对软件著作权的保护，不延及开发软件所用的思想、处理过程、操作方法或者数学概念等。由于计算机软件的特殊性，国务院专门颁布《计算机软件保护条例》对计算机软件的保护作了规定。

9. 法律、行政法规规定的其他作品

法律、行政法规规定的其他作品是指除上述八种著作权的客体之外的其他客体。由于科技文化的发展，人类社会的不断进步，新的著作权客体很有可能不断地涌现出来，但是由于法律在一定程度上具有相对的滞后性，所以有必要规定一个弹性条款，以使著作权能够适应社会的向前发展，不至于使新出现的著作权客体不能受到著作权法的保护。

此外，我国的《著作权法》还规定对民间文学艺术作品也给予法律保护，但是具体保护办法由国务院另行规定。

(四) 不适用《著作权法》保护的对象

《著作权法》规定，本法不适用于：

(1) 法律、法规，国家机关的决议、决定、命令和其他具有立法、行政、司法性质的文件及其官方正式译文。其目的在于使这些作品尽可能广泛地、不受阻碍地传播，以利于公众使用，规范公民的社会行为，维护正常的社会秩序。

(2) 时事新闻。它是指通过报纸、期刊、电台、电视台等传播媒介报道的单纯事实消息，由于缺乏独创性，并且需要迅速在全世界传播，也不适用《著作权法》保护。但如果在新闻内容中融进了作者的思想观点或者形象描写，如新闻综述、新闻评论、报告文学等则适用《著作权法》保护。

(3) 历法、通用数表、通用表格和公式。这类作品通常没有创造性特征或只具有社会一般常识性特点，属于人类改造自然、改造社会的共同精神财富，不能为任何人所专有，故不适用《著作权法》保护。

二、著作权的主体

(一) 著作权主体的概念

著作权主体称为著作权人,是指依照法律规定对特定作品享有著作权并承担相应义务的单位和个人,是著作权利益的承担者。《著作权法》规定,著作权人包括作者以及其他依照本法享有著作权的公民、法人或者非法人单位。

(二) 著作权主体的分类

按照主体形态分,有:①自然人;②法人;③其他组织;④国家。按是否直接创作分,有:①作者;②其他著作权人。按权利产生方式分,有:①原始著作权人。指在作品创作完成后,直接根据法律的规定或合同的约定,在作品完成时即对作品直接享有著作权的人。②继受著作权人。依照合同约定、继承、接受馈赠或其他法律规定的方式从原始著作权人那里取得著作权的人。按照国籍分,有本国人和外国人。

1. 作者

创作作品的公民是作者。

直接创作作品的自然人是著作权的原始主体。所谓直接创作的作品,指作者通过自己的独立构思,运用自己的技巧和方法,直接(包括书面的、口头的和立体的形式表现)反映自己的思想与感情、个性与特点的作品。帮助作者修改稿件、编辑、校对、审稿等不能成为作者,因为他们是在作者创作基础上进行修改的。

被视为作者的法人和非法人单位也是著作权原始主体。由法人或者其他组织主持,代表法人或者其他组织意志创作,并由法人或者其他组织承担责任的作品,法人或者其他组织视为作者。

在作品上署名的公民、法人和非法人单位;如果没有相反的证明就是作者。

2. 其他享有著作权的主体

公民、法人和非法人单位通过继承、遗赠、转让、委托关系可以成为著作权的主体。《中华人民共和国继承法》(以下简称《继承法》)第三条(六)规定著作权中的财产权作为遗产可以继承。第十六条还规定,公民可以立遗嘱将个人财产赠给国家、集体或者法定继承人以外的人。《著作权法》第十九条规定:"著作权属于公民的,公民死亡后,其本法第十条第一款第(五)项至第(十七)项规定的权利在本法规定的保护期内,依照继承法的规定转移。"

根据《继承法》,国家作为著作权人也有几种情况:

(1) 作者身前将作品原件及著作权中的财产权无偿转让给国家,或者将已发表的作品的著作权中的财产权无偿转让给国家;

(2) 作者通过遗嘱方式将其全部或部分作品著作权中的财产权在他死后赠送给国家;

(3) 作者死亡后,其作品著作权中的财产权无人继承又无人受赠,著作权中的财产权由国家享有;

(4) 著作权属法人或非法人单位,法人或非法人单位变更、终止后,没有承受其权利与义务的法人或者非法人单位,著作权由国家享有。

根据《著作权法》的相关规定,外国人作为著作权人分为三种情况:

(1) 外国人的作品第一次在中国境内发表;外国人的作品首次在国外发表,30 日内在中国境内发表被视为首次在中国境内发表。

(2) 双边协议,如两个国际公约。

(3) 与中国公民合作创作作品的外国作者,但如果中国公民放弃权利或转让权利,而该外国人所在国与中国没有双边协议或不是两个公约的成员国,他也不能成为著作权的主体。

(三) 著作权的归属

1. 一般规定

《著作权法》规定,著作权属于作者,本法另有规定的除外。创作作品的公民是作者。由法人或者其他组织主持,代表法人或者其他组织意志创作,并由法人或者其他组织承担责任的作品,法人或者其他组织视为作者。如无相反证明,在作品上署名的公民、法人或者其他组织为作者。

2. 著作权归属的特殊规定

(1) 改编、翻译、注释、整理已有作品而产生的作品,著作权归改编、翻译、注释、整理人。

(2) 两人共同合作创作的作品,著作权归合作创作人共同享有。

(3) 合作创作作品可以分割使用的,作者对各自创作的部分单独享有著作权。

(4) 汇编作品的著作权由汇编人享有。

(5) 电影作品和类似摄制电影的方法创作的作品的著作权由制片人享有。

(6) 电影作品和以类似摄制电影的方法创造的作品中的剧本、音乐等可以单独使用的作品的作者,可单独行使著作权。

(7) 职务作品,除应归法人或者其他人享有的除外,其著作权归职务作品的作者享有。

职务作品是指公民为完成法人或者其他组织工作任务所创作的作品应归法人和其他组织享有的著作权是指:①主要利用法人或者其他组织的物质技术条件创作,并由法人或者其他组织承担责任的工程设计图、产品设计图、地图、计算机软件等;②法律、行政法规规定或者合同约定著作权由法人或其他组织享有的。

(8) 受委托创作的作品,著作权由委托人和受托人在合同中约定。

(9) 美术作品原件所有权转移,其著作权仍归作者享有。

(10) 著作权属于公民的,公民死亡后,其发表权、使用权、获取报酬权在保护期内依照继承法的规定转移至继承人享有。

(11) 著作权属于法人和其他组织,法人和其他组织变更、终止,其著作权中的发表权、使用权、获取报酬权在法定的保护期依法转移至承受其权利义务的法人或者其他组织享有,没有其承受权利义务的法人或者其他组织,由国家享有。

三、著作权的内容

(一) 著作权的取得

著作权的取得是指作者因其创作作品而取得的著作权。就目前各国立法而言,大体可以分为以下两种制度。

1. 自动取得制度

自动取得制度是指著作权自作品创作完成之日起产生,而无须履行审查、登记等任何手续,也称无手续原则。在已经建立著作权法制的国家,大多数实行这一原则。《伯尔尼公约》也确认了自动取得原则。

2. 注册取得制度

注册取得制度是指除了作品创作出来以外,还需履行登记手续才能获得著作权。但是,登记的时机和办法,实行登记制的国家又各有区别。此外,一些实行登记制的国家也有所改进,或者简化了手续或是放弃了登记制。有些国家虽然实行登记制,但并不以登记作为获得著作权的条件,而是分别作为确认著作权的条件,方便著作权确权诉讼的手段和国家有关部门有效收藏作品的措施。《伯尔尼公约》和《世界版权公约》都没有关于作品登记才能获得著作权的规定。所以,这两个公约的某些实行作品登记制的成员国,有关要求登记的规定,其法律效力只及于本国作者。对公约其他成员国的作者的著作权保护,不得要求以登记为前提条件。

《著作权法》采用自动保护原则。作品一经产生,不论整体还是局部,只要具备作品的属性即产生著作权,既不要求登记,也不要求发表,也无须在复制物上加注著作权标记。但是,由于我国已经加入《世界版权公约》,在出版物中不少都标有著作权标记,这对是否受《著作权法》保护没有影响。此外,我国著作权主管机关也从1995年开始办理著作权登记事务。这种登记实际上是对事实行为的认定和证明。登记是自愿而非强制,登记并不是取得著作权的法定程序。事实上,如果发生著作权纠纷,这种登记的证明力是十分有限的。

(二) 著作权的内容

1. 著作人身权

著作人身权包括如下内容。

1) 发表权

发表权即决定作品是否公之于众的权利。所谓公之于众,是指披露作品并使作品处于为公众所知的状态。至于公众是否知悉或关注被发表的作品,则无关紧要。发表权有以下几个特点:发表权只能行使一次;发表权通常不能转移;如果因作品而产生的权利涉及第三人的,发表权往往还受到第三人权利的制约。

2) 署名权

署名权是指作者在自己创作的作品及其复制件上标记姓名的权利,也称姓名表示权。《著作权法》规定,署名权系表明作者身份,在作品上署名的权利。

3）修改权

修改通常是对已完成的作品形式进行改变的行为，既包括由于作者思想观点和情感倾向的改变而导致的对作品形式的改变，也包括在思想与情感不变的前提下对纯表现形式的改变。可见，修改是对思想或情感赋予新的表现形式的活动，包括局部的或全部的修改。因此，修改是再表现，与演绎派生创作不同，是对原作品的完善，是再创作活动。修改作品的权利理所当然地属于作者。但是，在有些情况下，出于社会利益的实际需要，修改权也可以由他人行使。比如，久负盛名的国际法著作《奥本海国际法》，奥本海生前修改过一次，但他死后却由于国际关系和国际法的变化，由后人多次予以修改。修改权同著作权的其他权利一样，不是绝对的。通常修改权不能对抗物权，比如，作者如果想修改物权已转移给他人的美术作品，必须取得该物权人的同意。如果物权人拒绝，作者的修改权利则无从行使。

4）保护作品完整权

保护作品完整权，即保护作品不受歪曲、篡改的权利。其中既包括作品的完整性，也包括标题的完整性。歪曲，按《汉语大词典》解释，是故意改变事物的真相或内容；篡改则是用作伪的手段对作品进行改动或曲解。歪曲、篡改作品的思想情感必然破坏作品的原有形式，损害原作品形式上的完整性。所以，著作权法通过保护作品形式上的完整，就可以避免作品被歪曲和篡改。

2. 著作财产权

著作财产权又称"著作经济权"，是著作人身权的对称，指作者及传播者通过某种形式使用作品，从而依法获得经济报酬的权利。

1）使用权

使用权是指以复制、发行、出租、展览、放映、广播、网络传播、摄制、改编、翻译、汇编等方式使用作品的权利。具体包括以下内容：

复制权，即以印刷、复印、拓印、录音、录像、翻录、翻拍等方式将作品制作一份或者多份的权利。这是著作财产权中最基本、最重要的权利。

发行权，即以出售或者赠与方式向公众提供作品的原件或者复制件的权利。

出租权，即有偿许可他人临时使用电影作品和以类似摄制电影的方法创作的作品、计算机软件的权利，计算机软件不是出租的主要标的的除外。

展览权，即公开陈列美术作品、摄影作品的原件或者复制件的权利。

表演权，即公开表演作品，以及用各种手段公开播送作品的表演的权利。公开表演作品被称为现场表演或直接表演；用各种手段公开播送作品的表演被称为机械表演或间接表演，如酒店、咖啡馆等经营性单位未经许可播放背景音乐就可能侵犯音乐作品的机械表演权。

放映权，即通过放映机、幻灯机等技术设备公开再现美术、摄影、电影和以类似摄制电影的方法创作的作品等的权利。

广播权，即以无线方式公开广播或者传播作品，以有线传播或者转播的方式向公众传播广播的作品，以及通过扩音器或者其他传送符号、声音、图像的类似工具向公众传播广播的作品的权利。

信息网络传播权，即以有线或者无线方式向公众提供作品，使公众可以在其个人选定的时间和地点获得作品的权利。

摄制权,即以摄制电影或者类似摄制电影的方法将作品固定在载体上的权利。

改编权,即改编作品,创作出具有独创性的新作品的权利。

翻译权,即将作品从一种语言文字转换成另一种语言文字的权利。

汇编权,即将作品或作品的片段通过选择或者编排,汇集成新作品的权利。

应当由著作权人享有的使用作品的其他权利。

2) 许可使用权

许可使用权是指著作权人依法享有的许可他人使用作品并获得报酬的权利。使用他人作品,应当同著作权人订立许可使用合同,但属于法定使用许可情形的除外。许可使用合同包括下列主要内容:许可使用的权利种类,如复制权、翻译权等;许可使用的权利是专有使用权或者非专有使用权;许可使用的地域范围、期间;付酬标准和方法;违约责任;双方认为需要约定的其他内容。使用许可合同未明确许可的权利,未经著作权人同意,另一当事人不得行使。

3) 转让权

转让权是指著作权人依法享有的转让使用权中一项或多项权利并获得报酬的权利。转让的标的不能是著作人身权,只能是著作财产权中的使用权,可以转让使用权中的一项或多项或全部权利。转让权是新修订著作权法增加的著作财产权内容,符合国际通行做法。转让作品使用权的,应当订立书面合同。合同的主要内容有:作品的名称;转让的权利种类、地域范围;转让价金;交付转让价金的日期和方式;违约责任;双方认为需要约定的其他内容。转让合同中未明确约定转让的权利,未经著作权人同意,另一方当事人不得行使。

4) 获得报酬权

获得报酬权是指著作权人依法享有的因作品的使用或转让而获得报酬的权利。获得报酬权通常是从使用权、使用许可权或转让权中派生出来的财产权,是使用权、使用许可权或转让权必然包含的内容。但获得报酬权有时又具有独立存在的价值,并非完全属于使用权、使用许可权或转让权的附属权利。如在法定许可使用的情况下,他人使用作品可以不经著作权人同意,但必须按规定支付报酬。此时著作权人享有的获得报酬权就是独立存在的,与使用权、使用许可权或转让权没有直接联系。使用作品的付酬标准可以由当事人约定,也可以按照国务院著作权行政管理部门会同有关部门制定的付酬标准支付报酬。当事人没有约定或者约定不明确的,按照国家规定的付酬标准支付报酬。

一、名词解释题

作品　独创性　著作人身权　著作财产权

二、问答题

1. 简述作品的构成要件。
2. 简述著作权的归属。
3. 简述著作权的内容。

第二节　著作权的限制

著作权限制是指法律规定著作权人对某部作品享有充分权利的同时，在作品的利用方面对社会必须履行一些义务。包括著作权的合理使用制度、著作权的法定许可使用制度、著作权的强制许可使用制度。

一、合理使用制度

（一）合理使用制度的概念

合理使用制度是指在特定条件下，法律允许他人自由使用享有著作权的作品而不必征得著作权人的同意，也不必向著作权人支付报酬的制度。

（二）合理使用制度的构成要件

（1）使用的作品已经发表，未发表的作品不属于合理使用的范围。

（2）使用的目的仅限于为个人学习、研究、欣赏，或者为了教学、科学研究、宗教或慈善事业以及公共文化利益的需要。

（3）使用他人作品时，不得侵犯著作权人的其他权利，并且必须注明作者姓名、作品名称。

（三）合理使用制度的内容

（1）为个人学习、研究或欣赏，使用他人已经发表的作品。

（2）为介绍、评论某一作品或者说明某一问题，在作品中适当引用他人已经发表的作品。

（3）为报道时事新闻，在报纸、期刊、广播电台、电视台等媒体中不可避免地再现或引用已经发表的作品。

（4）报纸、期刊、广播电台、电视台等媒体刊登或播放其他报纸、期刊、广播电台、电视台等媒体已经发表的关于政治、经济、宗教问题的时事性文章，但作者声明不许刊登、播放的除外。

（5）报纸、期刊、广播电台、电视台等媒体刊登或播放在公共集会上发表的讲话，但作者声明不许刊登、播放的除外。

（6）为学校课堂教学或科学研究，翻译或少量复制已经发表的作品，供教学或科研人员使用，但不得出版发行。

（7）国家机关为执行公务在合理范围内使用已经发表的作品。

（8）图书馆、纪念馆、博物馆、档案馆、美术馆为陈列或保存版本的需要，复制本馆收藏的作品。

（9）免费表演已经发表的作品，该表演未向公众收取费用，也未向表演者支付报酬。

（10）对设置或陈列在室外公共场所的艺术作品进行临摹、绘画、摄影、录像。

(11) 将中国公民、法人、其他组织已经发表的以汉语言文字创作的作品翻译成少数民族语言文字作品在国内出版发行。

(12) 将已经发表的作品改成盲文出版。

前款规定适用于对出版者、表演者、录音录像制作者、广播电台、电视台的权利的限制。

依照《著作权法》有关规定,使用可以不经著作权人许可的已经发表的作品的,不得影响该作品的正常使用,也不得不合理地损害著作权人的合法利益。

二、法定许可制度

(一) 法定许可制度的概念

法定许可制度是指依著作权法的规定,使用者在使用他人已经发表的作品时,可以不经著作权人的许可,但应向其支付报酬,并尊重著作权人其他权利的制度。

(二) 法定许可制度的内容

(1) 为实施九年制义务教育和国家教育规划而编写出版教科书,除作者事先声明不许使用的以外,可以不经著作权人许可,在教科书中汇编已经发表的作品片段或短小的文字作品、音乐作品或单幅的美术作品或摄影作品,但应当按照规定支付报酬,指明作者姓名、作品名称,并且不得侵犯著作权人享有的其他权利。

(2) 录音制作者使用他人已经合法录制为录音制品的音乐作品制作录音制品,可以不经著作权人许可,但应当按照规定支付报酬,著作权人声明不许使用的不得使用。

(3) 广播电台、电视台播放他人已经发表的作品,可以不经著作权人许可,但应当支付报酬。

(4) 广播电台、电视台播放已经出版的录音制品,可以不经著作权人许可,但应当支付报酬。当事人另有约定的除外。具体办法由国务院另行规定。

(5) 作品刊登后,除著作权人声明不得转载、摘编的外,其他报刊可以转载或者作为文摘、资料刊登,但应当按照规定向著作权人支付报酬。

以上规定也适用于对出版者、表演者、录音录像制作者、广播电台、电视台的权利的限制。

合理使用与法定许可,相比较而言,都侧重于社会公共利益,并且使用他人作品均无须征得著作权人的许可。但是两者也有区别:①合理使用没有主体范围的限制,而法定许可往往针对录音制作者、广播电台、电视台和报刊等主体;②合理使用无须向著作权人支付报酬,而法定许可须向其支付报酬;③法定许可中存在若著作权人声明不许使用的则不得使用的情况,而合理使用则无此限制。

三、强制许可制度

强制许可是指在一定条件下,作品的使用者基于某种正当理由需要使用他人已发表的作品时,经申请由著作权行政管理部门授权,即可使用该作品,无须征得著作权人同意,但应当向其支付报酬的制度。我国著作权法没有规定强制许可制度，但是我国已经加入《伯尔尼公约》和《世界版权公约》，故公约中有关强制许可的规定也可引用。

强制许可使用与合理使用同属对著作权的限制，其区别在于合理使用不需征得著作权人同意，也不用向其支付报酬；而强制许可使用必须先由使用人以合理条件和理由请求著作权人许可，如著作权人无理拒绝或不作答复，还需向国家有关主管部门申请，由该机关授权许可使用作品，并且需支付报酬。

强制许可使用与法定许可使用的区别在于，法定许可适用于愿意使用法律所规定的作品的特定人，不需经过著作权人同意，但要向其支付报酬，如果著作权人声明不准使用的则不得使用；而强制许可的程序较为烦琐，在向著作权人申请许可未成功时还要向主管部门申请授权，通过强制许可证的形式获得作品使用权，并且同样要向著作权人支付报酬。

一、名词解释题

合理使用　强制许可　法定许可

二、问答题

1. 简述著作权合理使用的方式。

2. 简述合理使用、强制许可、法定许可的区别。

第三节　邻　接　权

一、邻接权的概念

"邻接权"一词译自英文 neighboring right，又称作品传播者权，是指与著作权相邻近的权利，是指作品传播者对其传播作品过程中所作出的创造性劳动成果和投资所享有的权利。邻接权是在传播作品中产生的权利。作品创作出来后，需在公众中传播，传播者在传播作品中有创造性劳动，这种劳动亦应受到法律保护。传播者传播作品而产生的权利被称为著作权的邻接权。邻接权与著作权密切相关，又是独立于著作权之外的一种权利。

在我国，邻接权主要是指出版者的权利、表演者的权利、录像制品制作者的权利、录音制作者的权利、电视台对其制作的非作品的电视节目的权利、广播电台的权利。

二、出版者权

1. 图书出版者的专有出版权

专有出版权是指图书出版者对著作权人交付的作品，在合同约定的有效期和地域范围内，享有的以同种文字的原版、修订版和缩印本的方式出版图书的独占专有权利。如果著作权人与出版者订立的图书出版合同中对专有出版权的具体内容另有约定，则应以合同的约定权利内容为准。图书出版者取得出版某作品的专有出版权，则意味着其取得了复制该作品并将该作品的复制品向公众发行的权利，并且此项权利为该出版者独占，任何他人包括著作权人自己也不得再以相同的方式出版该作品。

2. 版式设计权

版式设计权是指出版者有权许可或禁止他人使用其出版的图书、期刊的版式设计。所谓版式设计是指出版者出版图书、刊登文章所使用的排版格式和版面布局造型,如出版所用的开本、字体、字形、篇章结构安排等。版式设计是出版者在复制作品的工作中,经过编辑工作的独创性劳动成果,因此出版者对该智力成果依法拥有专有权。

3. 作品文字修改权

出版者可以对其出版的作品作文字性修改、删节,包括语句通顺、文字润色、标点符号使用的修正等不改动作品内容的文字变动和处理。这里需要注意的是,图书出版者与报社、期刊社对作品文字修改的权限有所不同。图书出版者对文字作品的修改,经过作者的许可;报社、期刊社对作品文字内容的修改,应当经过作者的许可,而对于作品只作文字性修改则无须经过作者的同意。

4. 出版者的义务

出版者的主要义务如下:

(1) 按合同约定或国家规定向著作权人支付报酬。

(2) 按照合同约定的出版质量、期限出版图书。

(3) 重版、再版作品的,应当通知著作权人,并支付报酬。

(4) 出版改编、翻译、注释、整理已有作品而产生的作品,应当取得演绎作品的著作权人和原作品的著作权人许可,并支付报酬。

(5) 对出版行为的授权、稿件来源的署名、所编辑出版物的内容等尽合理的注意义务,避免出版行为侵犯他人的著作权等民事权利。

三、表演者权

表演者权是指表演者依法对其表演所享有的权利。从事表演的自然人和法律实体称为表演者。表演者权的内容包括经济权利和精神权利两部分。

精神权利有:

(1) 表明表演者身份权,类似于版权中的署名权,使观众了解表演者的真实身份,不至于张冠李戴。

(2) 保护表演形象不受歪曲权,类似于版权中的保护作品完整权。

经济权利有:

(1) 许可他人从现场直播和公开传送其现场表演,并获得报酬的权利。

(2) 许可他人对其表演节目录音录像,并获得报酬的权利。

(3) 许可他人复制录有其表演的录音录像制品,并获得报酬的权利。

(4) 许可他人发行录有其表演录音录像制品,并获得报酬的权利。

(5) 许可他人出租录有其表演的录音录像制品,并获得报酬的权利。

(6) 许可他人通过信息网络向公众传播其表演,并获得报酬的权利。

四、录音、录像制作者权

录音制品是指任何对表演的声音或其他声音的专门录音，主要表现为唱片、录音磁带和激光唱片等。录像制品指电影和以类似摄制电影的方法创作的作品以外的任何有伴音或者无伴音的连续相关形象的原始录制品，包括录像带、VCD等。录音、录像制作者是指最初将表演的声音或者其他声音及影像录制下来的人。录音、录像制作者权是指录音、录像制作者对其录制的录音制品和录像制品依法享有的一种独占性权利，属于著作邻接权。

录音、录像制作者对其制作的录音录像制品，享有许可他人复制、发行、出租、通过信息网络向公众传播并获得报酬的权利；权利的保护期为50年，截止于该制品首次制作完成后第50年的12月31日。被许可人复制、发行、通过信息网络向公众传播录音录像制品，还应当取得著作权人、表演者许可，并支付报酬。

五、广播电视组织权

广播电视组织权是指广播电台、电视台对其播放的广播、电视节目享有的权利。具体包括如下两种。

(一) 转播权

转播权是指禁止他人未经其许可将其播放的广播电视进行转播的权利。

(二) 录制权和复制权

录制权和复制权是指将其播放的广播电视节目使用自己的设备并为播送的目的而临时录制在音像载体上以及复制该音像载体的权利。

前款规定的权利的保护期为50年，截止于该广播、电视首次播放后第50年的12月31日。

同时，广播电视组织承担以下义务：广播电台、电视台播放他人未发表的作品，应当取得著作权人许可，并支付报酬；广播电台、电视台播放他人已发表的作品，可以不经著作权人许可，但应当支付报酬；广播电台、电视台播放已经出版的录音制品，可以不经著作权人许可，但应当支付报酬。

一、名词解释题

邻接权　表演权

二、问答题

1. 简述著作权与邻接权的关系。

2. 简述邻接权的内容。

三、选择题

1. 甲撰写毕业论文，大量抄袭了乙刊登在《学术译丛》上的一篇译文，甲的行为侵犯

了谁的著作权?(　　)

A. 乙　　B.《学术译丛》杂志社

C. 乙和杂志社　　D. 乙和译文的原作者

2. 中学英语教师甲积数十年教学经验,总结出一套提高英语水平的学习方法。学校指派青年教师乙将甲的学习方法总结成书面材料以便推广,乙在跟班听课和向甲请教的基础上,根据自己的构思编写了介绍甲的学习方法的材料。以后,乙应出版社的要求,对该材料作进一步加工,写成《英语学习妙法》一书,署自己一人的名。该书出版后,甲提出异议,认为该书的作者应是自己而不是乙。学校也提出异议,认为乙的出书行为侵犯了学校对总结材料的著作权。该书的著作权应归谁享有?(　　)

A. 应归甲享有　　B. 应归乙享有

C. 应归甲、乙共同享有　　D. 应归学校享有

3. 甲经乙许可,将乙的小说改编成电影剧本。丙获得该剧本手稿后,未征得甲和乙的同意,将该电影剧本改编成电视剧剧本并予以发表。现问,应如何看待丙的行为?(　　)

A. 侵犯了甲的著作权,未侵犯乙的著作权

B. 侵犯了乙的著作权,未侵犯甲的著作权

C. 同时侵犯了甲的著作权和乙的著作权

D. 不构成侵权

4. 某歌厅购买了若干正版卡拉 OK 光盘后,未经任何人的许可,直接将该光盘用于其经营活动。对该歌厅的行为应如何定性?(　　)

A. 合法使用　　B. 合理使用

C. 法定许可使用　　D. 侵权行为

5. 甲企业为宣传产品,擅自使用电视剧《西游记》中孙猴子的形象做招贴画。为此引起纠纷,下列表述正确的有(　　)。

A. 甲企业的行为为合法的商业行为

B. 甲企业的行为侵犯了演员六小龄童的肖像权

C. 甲企业的行为侵害了《西游记》剧组的著作权

D. 甲企业的行为侵害了孙猴子形象设计者的著作权

6. 陈某为撰写学术论文须引用资料,为避免引发纠纷,陈某就有关问题向赵律师咨询。赵律师的下列意见中哪些是可以采纳的?(　　)

A. 既可引用发表的作品,也可引用未发表的作品

B. 只能限于介绍、评论或为了说明某问题而引用作品

C. 只要不构成自己作品的主要部分,可将资料全文引用

D. 应当向原作者支付合理的报酬

7. 某大学中文系英籍留学生马克用汉语创作了一篇小说,发表在《文学新星》杂志上,发表时未作任何声明。以下哪些行为是侵犯马克著作权的行为?(　　)

A. 甲未经马克同意将该小说翻译成英文在中国发表

B. 乙未经马克同意也未向其支付报酬将该小说译成藏语在中国出版发行

C. 丙未经马克同意也未向其支付报酬将该小说改变成盲文出版

D. 丁未经马克同意也未向其支付报酬将该小说收录进某网站供人点击阅读

8. 王某的短篇小说《活在都市》被程某改编成剧本，由甲剧团以话剧的方式演出，该话剧被乙公司录像并制作成光盘发售。该事例中包含哪些受著作权保护的权利？（　　）

A. 乙作为录像制作的权利　　B. 甲作为表演者的权利

C. 程某作为改编者的权利　　D. 王某的著作权

9. 某县电视台将某市电视台播放的娱乐节目和电视剧收录下来，然后在县电视台播放。此事被某市电视台发现后出面制止，但没有结果。你认为县电视台的做法是（　　）。

A. 侵犯了某市电视台的播放权

B. 侵犯了电视剧制作者的著作权

C. 属于合理使用作品，未侵犯任何人的著作权

D. 不应由著作权法调整，因为电视节目并非作品

10. 美国甲公司为宣传产品制作散发了宣传画册。中国乙公司未经许可将上述画册中的一幅照片用作广告背景。甲公司认为乙公司侵犯其著作权，将乙公司告上法庭。对此案有几种意见，下列哪些是不正确的？（　　）

A. 甲公司的作品未在中国境内发表，不受中国法律保护

B. 甲公司的照片未注明版权所有，乙公司可以自由使用

C. 乙公司的行为侵犯了甲公司的著作权

D. 甲公司的照片拍摄的是工程、产品，不属于文学艺术作品，著作权法不保护

四、案例分析题

1. 甲在个人邮箱中向全班每个同学的邮箱发送了一份自己制作的新年致辞。同学乙认为该致辞非常有意义，将其转载在 BBS 上。甲认为乙侵害其发表权、复制权及信息网络传播权。乙认为给每个同学邮箱发信已经完成了发表行为，将其转载到 BBS 上属于著作权法上规定的为个人欣赏目的的合理使用。

问题：甲的主张是否成立？乙的行为是否为合理使用，为什么？

2. 作家王某写了一部反映“文革”十年的纪实报告文学交某出版社出版，该出版社为该书配发了若干幅“文化大革命”时期的照片作为插图。在审定该书清样时，王某觉得照片能使作品增色，便未提出异议。图书发行后，摄影家张某发现照片均是自己过去曾发表过的作品，而王某和出版社既未在事前征求过自己的意见，事后又未支付报酬，书中也没有将他署名为照片作者，故起诉王某和出版社侵犯了其著作权。出版社承认侵权事实，愿承担相应的责任。但王某称自己只是该书文字部分的作者，照片为出版社配发，与自己无关，故否认其侵权责任。

问题：王某的理由是否成立？为什么？

第十五章

专 利 法

2016 年 6 月 23 日，高通公司（以下简称“高通”）向北京知识产权法院起诉手机制造商魅族科技有限公司（以下简称“魅族”）侵犯高通包括 3G（WCDMA 和 CDMA2000）及 4G（LTE）无线通信标准相关的专利，索赔 5.2 亿元。高通此前与魅族就签订专利授权协议进行了谈判，但双方未达成共识，魅族拒绝向高通支付专利费用。据调研机构 IDC 的数据，魅族是中国第八大手机制造商，2015 年出货量为 2 482 万台。

2016 年 12 月 30 日，高通发布公告称，已与魅族在平等谈判的基础上达成了专利许可协议。根据双方签订的协议，高通授予魅族在全球范围内开发、制造和销售 3G（WCDMA 和 CDMA2000）和 4G（LTE）终端的付费专利许可。

第一节　专利法律关系

一、专利权的客体

（一）专利权客体的概念与种类

专利权客体也称专利法保护的对象，是指能取得专利权，可以受专利法保护的发明创造。根据《中华人民共和国专利法》（以下简称《专利法》）规定，发明创造是指发明、实用新型和外观设计。因此在我国专利权的客体包括发明、实用新型和外观设计。

1. 发明

发明是指对产品、方法或者其改进所提出的新的技术方案。

发明不同于科学发现，发明主要是创造出过去没有的事物，发现主要是揭示未知事物的存在及其属性。发明是新颖的技术成果，不是单纯仿制已有的器物或重复前人已提出的方案和措施。一项技术成果，如果在已有技术体系中能找到在原理、结构和功能上同一的东西，则不能叫作发明。发明不仅要提供前所未有的东西，而且要提供比以往技术更为先进的东西，即在原理、结构特别是功能效益上优于现有技术。发明总是既有继承又有创造，在一般情况下大都有先进性。发明必须是有应用价值的创新，它有明确的目的性，有新颖的和先进的实用性。发明方案既要反映外部事物的属性、结构和规律，又体现自身的需要。

2. 实用新型

实用新型是指对产品的形状、构造或者其结合所提出的适于实用的新的技术方案。

实用新型专利一般是指对产品，如机器、设备、仪表、装置、用具等有形物的形状、构造或者它们的结合的革新创造，也有人称之为小发明。实用新型保护的是有形物，该有形物应当是经过工业方法制造的占据一定空间的实体。没有一定形状的液体、粉末材料等方面的发明不属于实用新型专利的保护范围。没有确定空间形状的气体、液体、粒散体、由于堆放方法而构成某种形状的临时性物体、只具有二维的平面图形（如表格、图形、文字、刻度）等都不是实用新型专利的保护对象。

对于现有技术的改进和提高，对物品的形状、构造改进后产生积极效果的，如对牙刷刷毛的形状进行改进设计，使刷毛形状与人体牙齿接触的面积增大，提高了牙刷的使用效果并延长了使用寿命；又如多用途台灯，在台灯上巧妙装上微风扇，体积小，使用方便；将定向脚轮改成球形万向脚轮；方便装卸的车辆滑行装置；在书写台板装上取暖装置在天冷时供使用者取暖等。诸如此类的改进型发明均可以申请实用新型专利。

3. 外观设计

外观设计是指对产品的形状、图案或者其结合以及色彩与形状、图案的结合所作出的富有美感并适于工业应用的新设计。

可见，外观设计专利应当符合以下要求：

(1) 是指形状、图案、色彩或者其结合的设计。

(2) 必须是对产品的外表所作的设计。

(3) 必须富有美感。

(4) 必须是适于工业上的应用。

(二) 不受专利法保护的对象

(1) 对违反法律、社会公德或者妨害公共利益的发明创造，不授予专利权。对违反法律、行政法规的规定获取或者利用遗传资源，并依赖该遗传资源完成的发明创造，不授予专利权。

(2) 科学发现。

(3) 智力活动的规则和方法。例如，交通行车规则，各种语言的语法，速算法或口诀，心理测验方法，各种游戏、娱乐的规则和方法，乐谱，食谱，棋谱，计算机程序本身等。

(4) 疾病的诊断和治疗方法。例如诊脉法、心理疗法、按摩、为预防疾病而实施的各种免疫方法、以治疗为目的的整容或减肥等。但是药品或医疗器械可以申请专利。

(5) 动物和植物品种。

(6) 用原子核变换方法获得的物质。

(7) 对平面印刷品的图案、色彩或者二者的结合作出的主要起标识作用的设计。

对前款第(4)项所列产品的生产方法，可以依照《专利法》规定授予专利权。

(三) 授予专利权的发明和实用新型的条件

授予专利权的发明和实用新型，应当具备新颖性、创造性和实用性。

1. 新颖性

新颖性是指该发明或者实用新型不属于现有技术,也没有任何单位或者个人就同样的发明或者实用新型在申请日以前向国务院专利行政部门提出过申请,并记载在申请日以后公布的专利申请文件或者公告的专利文件中。

1)判断新颖性的时间标准

新颖性要求申请专利的技术不得和现有技术相同。特定的时间范围构成了现有技术在时间上的边界。根据《专利法》的规定,现有技术是指申请日以前在国内外为公众所知的技术。现有技术包括在申请日(有优先权的,指优先权日)以前在国内外出版物上公开发表、在国内外公开使用或者以其他方式为公众所知的技术。

现有技术应当是在申请日以前公众能够得知的技术内容。换句话说,现有技术应当在申请日以前处于能够为公众获得的状态,并包含有能够使公众从中得知实质性技术知识的内容。应当注意,处于保密状态的技术内容不属于现有技术。所谓保密状态,不仅包括受保密规定或协议约束的情形,还包括社会观念或者商业习惯上被认为应当承担保密义务的情形,即默契保密的情形。然而,如果负有保密义务的人违反规定、协议或者默契泄露秘密,导致技术内容公开,使公众能够得知这些技术,这些技术也就构成了现有技术的一部分。

现有技术的时间界限是申请日,享有优先权的,则指优先权日。广义上说,申请日以前公开的技术内容都属于现有技术,但申请日当天公开的技术内容不包括在现有技术范围内。

2)判断新颖性的公开方式标准

现有技术公开方式包括出版物公开、使用公开和以其他方式公开三种,均无地域限制。

(1)出版物公开。专利法意义上的出版物是指记载有技术或设计内容的独立存在的传播载体,并且应当表明或者有其他证据证明其公开发表或出版的时间。符合上述含义的出版物可以是各种印刷的、打字的纸件,如专利文献、科技杂志、科技书籍、学术论文、专业文献、教科书、技术手册、正式公布的会议记录或者技术报告、报纸、产品样本、产品目录、广告宣传册等,也可以是用电、光、磁、照相等方法制成的视听资料,如缩微胶片、影片、照相底片、录像带、磁带、唱片、光盘等,还可以是以其他形式存在的资料,如存在于互联网或其他在线数据库中的资料等。

(2)使用公开。由于使用而导致技术方案的公开,或者导致技术方案处于公众可以得知的状态,这种公开方式称为使用公开。使用公开的方式包括能够使公众得知其技术内容的制造、使用、销售、进口、交换、馈赠、演示、展出等方式。只要通过上述方式使有关技术内容处于公众想得知就能够得知的状态,就构成使用公开,而不取决于是否有公众得知。但是,未给出任何有关技术内容的说明,以致所属技术领域的技术人员无法得知其结构和功能或材料成分的产品展示,不属于使用公开。如果使用公开的是一种产品,即使所使用的产品或者装置需要经过破坏才能够得知其结构和功能,也仍然属于使用公开。此外,使用公开还包括放置在展台上、橱窗内公众可以阅读的信息资料及直观资料,如招贴画、图纸、照片、样本、样品等。使用公开是以公众能够得知该产品或者方法之日为公开日。

(3) 以其他方式公开。为公众所知的其他方式，主要是指口头公开等。例如，口头交谈、报告、讨论会发言、广播、电视、电影等能够使公众得知技术内容的方式。口头交谈、报告、讨论会发言以其发生之日为公开日。公众可接收的广播、电视或电影的报道，以其播放日为公开日。

3）抵触申请

根据《专利法》的规定，在发明或者实用新型新颖性的判断中，由任何单位或者个人就同样的发明或者实用新型在申请日以前向专利局提出并且在申请日以后（含申请日）公布的专利申请文件或者公告的专利文件损害该申请日提出的专利申请的新颖性。为描述简便，在判断新颖性时，将这种损害新颖性的专利申请，称为抵触申请。

抵触申请还包括满足以下条件的进入了中国国家阶段的国际专利申请，即申请日以前由任何单位或者个人提出，并在申请日之后（含申请日）由专利局作出公布或公告的且为同样的发明或者实用新型的国际专利申请。另外，抵触申请仅指在申请日以前提出的，不包含在申请日提出的同样的发明或者实用新型专利申请。

4）丧失新颖性的例外

《专利法》规定，申请专利的发明创造在申请日前 6 个月内，有下列情形之一的，不丧失新颖性：

① 在中国政府主办或者承认的国际展览会上首次展出的；

② 在规定的学术会议或者技术会议上首次发表的；

③ 他人未经申请人同意而泄露其内容的。

2. 创造性

创造性是指与现有技术相比，该发明具有突出的实质性特点和显著的进步，该实用新型具有实质性特点和进步。

突出的实质性特点是指发明与现有技术相比，具有明显的本质区别，对于发明所属技术领域的普通技术人员来说，不是显而易见的。普通技术人员不能直接从现有技术中提出该发明的全部必要的技术特征，也不能通过逻辑分析、推理或者实验而得到。显著的进步是指从发明的技术效果上看，与现有技术相比具有长足的进步，这种进步表现在发明解决了人们一直渴望解决，但始终没有获得成功的技术难题，或者该发明取得了意想不到的技术效果，或者代表着某种新技术趋势。

对于实用新型来说，它的创造性比发明要低，只要与现有技术相比有所区别和进步，就可以认为该实用新型具备了创造性。

3. 实用性

实用性是指该发明或者实用新型能够制造或者使用，并且能够产生积极效果。

实用性的特点包括以下三点。

1）实践性

发明或者实用新型必须能在工业上制造，或者是发明方法能够在产业上使用。如果创造性成果仅是一种理论上的，则不能够获得专利权。

2）再现性

具有实用性的发明或实用新型专利申请的主题应当是能够重复实施的。就是说，依照说明书所公开整体技术内容,所属技术领域的普通技术人员都能够实现该申请的主题。并且他们实施的结果应当是完全一样的,不会因人而异,也不含有随机因素。这种能够重复实施性质,称为再现性。

3)有益性

具备实用性的发明、实用新型应当能够产生积极效果。这是从发明创造社会属性来讲,要求它们在以后实际实施时能够提供积极有益的效果。积极有益效果通常表现为改善产品质量、提高产品产量,节约原材料、降低成本,提高劳动生产率、改善劳动条件、防治环境污染等。

(四)授予专利权的外观设计的条件

授予专利权的外观设计应当具备新颖性和实用性两个条件。

外观设计的新颖性与发明或实用新型的新颖性的要求基本一致,它是指授予专利权的外观设计与现有设计或者现有设计特征的组合相比,应当具有明显区别。所称现有设计,是指申请日以前在国内外为公众所知的设计。《专利法》提高了授予外观设计专利权的实质性条件,即对通过模仿现有设计或者简单拼凑现有设计特征而形成的外观设计不予授权。另外,《专利法》还规定"对平面印刷品的图案、色彩或者二者的结合作出的主要起标识作用的设计"不授予外观设计专利等。

外观设计是对产品的形状、图案或者其结合以及色彩与形状、图案的结合所作出的富有美感并适于工业上应用的新设计,不能脱离工业产品而独立存在,因此,外观设计必须能够在工业中应用,具备工业实用性。

(五)外观设计不得与他人在先取得的合法权利相冲突

实践中有时出现外观设计专利申请人未经他人同意将他人在先的著作权或商标权的客体进行专利申请,如工艺美术作品和商标标识设计等。为此,专利法规定"授予专利权的外观设计不得与他人在申请日以前已经取得的合法权利相冲突"。此外,在先权利应该是申请日前已取得的权利。

二、专利权的主体

(一)发明人、申请人和专利权人

专利权的主体即专利权的关系人,是指依法享有专利权并承担与此相应的义务的人。

1. 发明人

发明人即直接完成发明创造的人,也就是对于发明创造的实质性特点作出创造性贡献的人。发明人只能是自然人,而且没有行为能力的限制。发明人应具备的条件:

(1)发明人必须是直接参加发明创造活动的人。

(2)发明人必须在整个发明创造中居于核心地位,对发明创造的实质性特点作出创造性贡献。

2. 申请人

申请人是指就一项发明创造向国家专利行政主管机关提出专利申请的人,申请人一般是发明人。

3. 专利权人

专利权人即获得专利权证书的人，享有专利权。

（二）职务发明创造、合作发明创造和委托发明创造中的发明人、申请人和专利权人

1. 职务发明创造

职务发明创造是指发明人或设计人执行本单位的任务或者主要是利用本单位的物质技术条件所完成的发明创造。职务发明创造申请专利的权利属于该单位；申请被批准后，该单位为专利权人。

1）执行本单位的任务所完成的发明创造

（1）发明人或者设计人在本职工作中作出的发明创造。本职工作即发明人或设计人的职务范围，属日常工作职责的范围，既不是指单位的业务范围，也不是指个人所学专业的范围。从事日常工作所完成的发明创造，属于职务发明创造。

（2）履行本单位交付的本职工作之外任务所完成的发明创造。这里的“本单位”包括：职工的人事隶属单位和临时工作单位（如借调人员从事工作的借调单位、专业人员的受聘单位等）。“本职工作之外的任务”是指工作人员根据本单位的安排承担的短期或临时的任务。单位如果安排特定人员参加本职工作以外的为特定目的而定的研究开发任务时，应当签订协议，明确任务范围，并保存好有关证据，以免发明创造完成后，双方为该发明是否为职务发明创造而产生纠纷。

（3）退职、退休或调动工作后1年内作出的与其在原单位承担的本职工作或者单位分配的任务有关的发明创造。应当注意，退职、退休、调动工作后作出的发明创造必须同时具备两个条件，才能构成职务发明创造：①该发明创造必须是发明人、设计人从原单位退职、退休或调动工作后1年内作出的；②该发明创造与发明人、设计人在原单位承担的本职工作或者分配的任务有联系。

2）主要是利用本单位的物质技术条件所完成的发明创造

在实践中，很多发明创造的完成都是利用了本单位的物质技术条件，但根据《专利法》的规定，并非凡是利用了本单位的物质技术条件就属于职务发明创造，而必须符合下列条件：

（1）发明创造的完成利用了本单位的“物质技术条件”。所谓物质技术条件，是指单位的资金、设备、零部件、原材料或者不对外公开的技术资料等。

（2）发明创造的完成利用了“本单位”的物质技术条件。本单位是指发明人隶属单位、借调单位、聘请单位，如果主体在发明创造完成的过程中所利用的物质技术条件与本单位无关系，则不认为是职务发明创造。

（3）发明创造的完成“主要是”利用了本单位的物质技术条件。这里强调的是本单位的物质技术条件在发明创造完成过程中的作用和比重。对这一点，专利法并没有详细规定。学术界认为：利用单位的物质技术条件是指在发明创造过程中，全部或者大部分利用了单位的资金、设备、零部件、原材料及不对外公开的技术资料。如果这种利用对发明创造而言是必不可少的、起决定性作用的条件，则发明创造应属于职务发明创造。如果发明

人或设计人仅少量利用本单位的物质技术条件,而且这种利用对发明创造的完成的关系不大或者没有起到决定性的作用,则该发明创造不认为是职务发明创造。

应当注意的是,只有同时符合上述三个条件,才能认为该发明创造的完成"主要是利用本单位的物质条件",也才能认定为职务发明。其原因就在于,这种发明创造的完成同单位的物质帮助有密不可分的关系,没有这种物质帮助,该发明创造是不可能完成的。

2. 合作发明创造

由两人或两人以上共同完成的一项发明创造即为合作发明。

合作发明专利权的归属由合作开发合同约定。合同有约定的按照其约定;合同没有约定的双方应当共同申请专利,获得专利权以后属于合作人共有专利权。合作人可以通过协商一致的方式来行使专利权。

3. 委托发明创造

委托完成的发明创造简称委托发明,是指一方提供经费和报酬,委托另一方进行研究开发所完成的发明创造。委托开发一般有两种情况:一是国家主管机构或者上级单位委托所属单位研究开发某一技术;另一种是平等的民事主体之间委托进行研究和开发。

对于委托发明创造,除另有协议外,申请专利的权利属于完成的单位或者个人;申请被批准后,申请的单位或者个人为专利权人。也就是说,委托开发完成的发明创造,可以由各方在委托开发合同中约定其申请专利的权利的归属。如果委托协议中没有就发明创造约定专利申请权的归属或约定不明的,专利申请权归受托方。委托关系的受托方是专利申请权人,申请被批准后受托方是专利权人。

三、专利权的内容

(一) 专利权人的权利

1. 独占实施权

独占实施权包括两方面:①专利权人自己实施其专利的权利,即专利权人对其专利产品依法享有的进行制造、使用、销售、允许销售的专有权利,或者专利权人对其专利方法依法享有的专有使用权以及对依照该专利方法直接获得的产品的专有使用权和销售权;②专利权人禁止他人实施其专利的特权。除《专利法》另有规定的以外,发明和实用新型专利权人有权禁止任何单位或者个人未经其许可实施其专利,即为生产经营目的制造、使用、销售、许诺销售、进口其专利产品,或者使用其专利方法以及使用、销售、许诺销售、进口依照该专利方法直接获得的产品;外观设计专利权人有权禁止任何单位或者个人未经其许可实施其专利,即为生产经营目的制造、销售、进口其外观设计专利产品。

2. 转让权

转让权是指专利权人将其获得的专利所有权转让给他人的权利。转让专利权的,当事人应当订立书面合同,并向国务院专利行政部门登记,由国务院专利行政部门予以公告。专利权的转让自登记之日起生效。中国单位或者个人向外国人转让专利权的,必须经国务院有关主管部门批准。

3. 许可实施权

许可实施权是指专利权人通过实施许可合同的方式,许可他人实施其专利并收取专利使用费的权利。

4. 标记权

标记权即专利权人有权自行决定是否在其专利产品或者该产品的包装上标明专利标记和专利号。

5. 请求保护权

请求保护权是专利权人认为其专利权受到侵犯时，有权向人民法院起诉或请求专利管理部门处理以保护其专利权的权利。保护专利权是专利制度的核心，他人未经专利权人许可而实施其专利，侵犯专利权并引起纠纷的，专利权人可以直接向人民法院起诉，也可以请求管理专利工作的部门处理。

6. 放弃权

专利权人可以在专利权保护期限届满前的任何时候，以书面形式声明或以不交纳年费的方式自动放弃其专利权。《专利法》规定："专利权人以书面声明放弃其专利权的，专利权在期限届满前终止。"专利权人提出放弃专利权声明后，一经国务院专利行政部门登记和公告，其专利权即可终止。放弃专利权时需注意以下几点：①在专利权由两个以上单位或个人共有时，必须经全体专利权人同意才能放弃；②专利权人在已经与他人签订了专利实施许可合同许可他人实施其专利的情况下，放弃专利权时应当事先得到被许可人的同意，并且还要根据合同的约定，赔偿被许可人由此造成的损失，否则专利权人不得随意放弃专利权。

7. 质押权

根据《担保法》，专利权人还享有将其专利权中的财产权进行出质的权利。

（二）专利权人的义务

依据《专利法》和相关国际条约的规定，专利权人应履行以下义务。

1. 按规定交纳专利年费的义务

专利年费又称专利维持费。《专利法》规定，专利权人应当自被授予专利权的当年开始交纳年费。未按规定交纳年费的，可能导致专利权终止。此外，职务发明创造专利的单位，在授予专利权后，应当按照规定对发明人或设计人进行奖励；专利实施后，根据其推广应用所取得的经济效益，应按规定向发明人或者设计人支付合理的报酬。

2. 不得滥用专利权的义务

不得滥用专利权是指专利权人应当在法律所允许的范围内选择其利用专利权的方式并适度行使自己的权利，不得损害他人的知识产权和其他合法权益。

一、名词解释题

专利　新颖性　创造性　发明人　专利权人

二、问答题

1. 简述专利的要件。

2. 简述专利权的内容。

第二节 专利权的取得

一、申请

(一) 专利申请的原则

1. 申请单一性原则

申请单一性原则是指一件专利申请只能限于一项发明创造。但是属于一个总的发明构思的两项以上的发明或者实用新型,可以作为一件申请提出;用于同一类别并且成套出售或者使用的产品的两项以上的外观设计,可以作为一件申请提出。

(1) 一件发明或实用新型专利的申请应仅限于一项发明或实用新型。但是属于一个总的发明构思的两项以上的发明或实用新型,可以作为一件申请提出。

(2) 一件外观设计专利申请应当限于一项外观设计。同一产品两项以上的相似外观设计,或者用于同一类别并且成套出售或者使用的产品的两项以上的外观设计,可以作为一件申请提出。

(3) 同样的发明创造只能授予一项专利权。但是,同一申请人同日对同样的发明创造既申请实用新型专利又申请发明专利,先获得的实用新型专利权尚未终止,且申请人声明放弃该实用新型专利权的,可以授予发明专利权。

2. 先申请原则

两个以上的人就同一发明创造提出专利授权申请的,授予最先提出申请的人专利权。同时提出申请的,由各申请人协商,协商不成的驳回申请。

申请日期的确定:

(1) 如果申请文件是邮寄的,以寄出的邮戳日为申请日。

(2) 直接向专利局提出申请的,以专利局收到专利申请文件之日为申请日。

(3) 有优先权的,以优先权日为申请日。

3. 优先权原则(申请日的优先权日)

专利优先权是指专利申请人就其发明创造第一次在某国提出专利申请后,在法定期限内,又就相同主题的发明创造提出专利申请的,根据有关法律规定,其在后申请以第一次专利申请的日期作为其申请日,专利申请人依法享有的这种权利,就是优先权。专利优先权的目的在于,排除在其他国家抄袭此专利者,有抢先提出申请,取得注册之可能。专利优先权可分为国内优先权和国际优先权。

1) 国际优先权

申请人自发明或实用新型在外国第一次提出专利申请之日起12个月内,或自外观设计在外国第一次提出专利申请之日起6个月内,又在中国就相同主题提出专利申请的,依照该外国同中国签订的协议或共同参加的国际条约,或依照相互承认优先权的原则,可以享有优先权。即以在外国第一次提出申请的日期为申请日。例如甲某于2005年6月发明了一种新型播种机,于2005年8月1日向美国专利局提出专利申请,2006年7月1日又向中国专利局就该播种机提出了专利申请,而且向专利局提交了已向美国专利局提交申请的证明并申请优先权，那么中国专利局就应当以 2005 年 8 月 1 日作为甲某提出申请的日期。假如乙某于 2006 年 3 月 5 日就相同的播种机向中国专利局提出了专利申请，那么专利局仍然应当授予甲专利权。

2）国内优先权

申请人自发明或实用新型在中国第一次提出专利申请之日起 12 个月内，又向专利局就相同主题提出专利申请的，可以享有优先权。即以在中国第一次提出申请之日为申请日。

4. 形式法定原则

申请专利的各种手续都应当以书面形式或者国家知识产权局专利局规定的其他形式办理。以口头、电话、实物等非书面形式办理的各种手续，或者以电报、电传、传真、胶片等直接或间接产生印刷、打字或手写文件的通信手段办理的各种手续均视为未提出，不产生法律效力。

（二）专利申请文件

1. 申请发明和实用新型应当提交的文件

申请发明或者实用新型专利的，应当提交请求书、说明书及其摘要和权利要求书等文件。

1）请求书

请求书是指申请人向专利部门提交的请求授予其发明或者实用新型以专利权的一种书面文件。

请求书应当写明发明或者实用新型的名称，发明人的姓名，申请人姓名或者名称、地址，以及其他事项。

2）说明书

说明书应当对发明或者实用新型作出清楚、完整的说明，以所属技术领域的技术人员能够实现为准；必要的时候，应当有附图。

3）说明书摘要

说明书摘要是对发明或者实用新型的技术要点进行简要说明的书面文件。

4）权利要求书

权利要求书应当以说明书为依据，清楚、简要地限定要求专利保护的范围。

发明或者实用新型专利权的保护范围以其权利要求的内容为准，说明书及附图可以用于解释权利要求的内容。

依赖遗传资源完成的发明创造，申请人应当在专利申请文件中说明该遗传资源的直接来源和原始来源；申请人无法说明原始来源的，应当陈述理由。

2. 申请外观设计专利应当提交的文件

申请外观设计专利的，应当提交请求书以及该外观设计的图片或者照片等文件，并且应当写明使用该外观设计的产品及其所属的类别。

（1）请求书。

（2）图片或者照片。提交的该外观设计的图片或照片，应当清楚地显示要求专利保护的产品的外观设计。

外观设计专利权的保护范围以表示在图片或者照片中的该产品的外观设计为准。简要说明可以用于解释图片或者照片所表示的该产品的外观设计。

(三) 专利申请日

专利局收到专利申请文件之日为申请日。如果申请文件是邮寄的,以寄出的邮戳日为申请日。

申请人享有优先权的,优先权日视为申请日。

二、专利申请的审查与授权

(一) 发明专利的审查与授权

1. 初步审查

国务院专利行政部门在受理发明专利申请后,应对该申请在形式上是否符合专利法的规定进行审查。

2. 专利申请的修改和撤回

国务院专利行政部门在初步审查后,应将审查意见通知申请人,要求其在指定的期限内陈述意见或补正。申请人期满未答复的,其申请被视为撤回。申请人陈述意见或补正后,专利局仍认为不符合《专利法》规定的形式要求的,应当予以驳回。

3. 公开

(1) 自动公开。发明专利申请经初步审查认为符合《专利法》要求的,自申请日起满18个月,即行公布。

(2) 早期公开。国务院专利行政部门可以根据申请人的请求早日公布其申请。

4. 实质审查

(1) 实质审查申请。发明专利申请自申请日起3年内,专利局可以根据申请人随时提出的请求,对其申请进行实质审查,申请人无正当理由逾期请求实质审查的,该申请即被视为撤回。

(2) 依职权进行的实质审查。专利局认为必要的时候,可以自行对发明专利申请进行实质审查,但应当通知申请人。

5. 授权与驳回

发明专利申请经实质审查没有发现驳回理由的,专利局将作出授予发明专利权的决定,发给发明专利证书,并予以登记和公告。

对于不符合授权条件的,应当通知申请人,要求其在指定的期限内陈述意见,或者对其申请进行修改。经过修改后符合条件的,作出授权的决定。无正当理由逾期不答复的,该申请被视为撤回。

发明专利申请经申请人陈述意见或者进行修改后,国务院专利行政部门仍然认为不符合《专利法》规定授权条件的,应当予以驳回。

6. 对驳回专利申请的法律救济

1) 专利复审

国务院专利行政部门设立专利复审委员会。专利申请人对国务院专利行政部门驳回申请的决定不服的，可以自收到通知之日起 3 个月内，提出向专利复审委员会请求复审。专利复审委员会复审后，再作出决定，通知专利申请人。

2）诉讼

专利申请人对专利复审委员会的复审决定不服的，可以自收到通知之日起 3 个月内向人民法院起诉。

（二）实用新型和外观设计的审查与授权（初步审查——无实质审查）

实用新型和外观设计专利申请经初步审查没有发现驳回理由的，由国务院专利行政部门作出授予实用新型或外观设计专利权的决定，发给相应的专利证书，同时予以登记和公告。实用新型和外观设计专利权自公告之日起生效。

三、专利的无效宣告

发明创造被授予专利权后，任何单位或个人发现有不符合《专利法》有关规定的，都可以在专利授权之日起申请宣告该专利权无效。请求宣告专利无效，必须依法向专利复审委员会提交申请书和相应文件，并说明理由。专利复审委员会认为请求书符合法律规定的，应依法定程序作出宣告专利权无效或者维持专利权的决定，当事人对该决定不服的，可依法提起诉讼。

专利权被宣告无效后，专利权视为自始即不存在。宣告专利权无效的决定，对在宣告专利权无效前人民法院作出并已执行的专利侵权的判决、裁定，已经履行或者强制执行的专利侵权纠纷处理决定，以及已经履行的专利实施许可合同和专利权转让合同，不具有追溯力。但是因专利权人的恶意给他人造成的损失，应当给予赔偿。如果依照上述规定，专利权人或者专利权转让人不向被许可实施专利人或者专利权受让人返还专利使用费或者专利权转让费，明显违反公平原则，专利权人或者专利权转让人应当向被许可实施专利人或者专利权受让人返还全部或者部分专利使用费或者专利权转让费。

一、名词解释题

国际优先权　实质审查

二、问答题

1. 简述专利申请的程序。
2. 简述专利申请的原则。

第三节　专利权的限制

一、专利的强制许可

专利的强制许可又称为非自愿许可，是指国务院专利行政部门依照法律规定，不经专利权人的同意，直接许可具备实施条件的申请者实施发明或实用新型专利的一种行政措施。其目的是促进获得专利的发明创造得以实施,防止专利权人滥用专利权,维护国家利益和社会公共利益。

《专利法》规定了三种强制许可,即一般强制许可、特殊强制许可和交叉强制许可。

(一) 一般强制许可

一般强制许可也称不实施时的强制许可。即具备实施条件的单位以合理的条件请求发明或者实用新型专利权人许可实施其专利,而未能在合理长的时间内获得这种许可时,国务院专利行政部门根据该单位的申请,可以给予实施该发明专利或者实用新型专利的强制许可。请求国务院专利行政部门给予强制许可的,只有在专利权被授予之日起满3年后才可以申请。

《专利法》规定:有下列情形之一的,国务院专利行政部门根据具备实施条件的单位或者个人的申请,可以给予实施发明专利或者实用新型专利的强制许可:①专利权人自专利权被授予之日起满3年,且自提出专利申请之日起满4年,无正当理由未实施或者未充分实施其专利的;②专利权人行使专利权的行为被依法认定为垄断行为,为消除或者减少该行为对竞争产生的不利影响的。

(二) 特殊强制许可

特殊强制许可也称公共利益目的的强制许可。它是指当法律规定的特殊情况出现时,为了国家和社会公共利益,专利局有权决定对专利权人的专利给予强制许可使用,以维持社会的稳定和保障公众的利益。特殊强制许可具体包括如下内容。

1. 国家出现紧急状态或者非常情况或者为了公共目的的强制许可

《专利法》规定,在国家出现紧急状态或非常情况时,或者为了公共利益的目的,国务院专利行政管理部门可以给予实施发明专利或者实用新型专利的强制许可。TRIPs协定第31条也作了相同的规定。

2. 为了公共健康目的的药品类专利权的强制许可

《专利法》规定:为了公共健康目的,对取得专利权的药品,国务院专利行政部门可以给予制造并将其出口到符合中华人民共和国参加的有关国际条约规定的国家或者地区的强制许可。

3. 半导体技术的强制许可

《专利法》规定,强制许可涉及的发明创造为半导体技术的,其实施限于公共利益的目的和专利权人行使专利权的行为被依法认定为垄断行为,为消除或者减少该行为对竞争产生的不利影响的情形。

建立强制许可制度的目的在于限制专利权人滥用专利权,一般的强制许可在一定程度上可限制专利权人对权利的滥用,但它还不能更好地维护公共利益。例如,在国家处于紧急状态,无人申请专利的强制许可实施,因而特殊的强制许可尤为重要。

(三) 交叉强制许可

交叉强制许可(cross-licence)又称从属专利的强制许可。一项取得专利权的发明或者实用新型比以前已经取得专利权的发明或者实用新型具有显著经济意义的重大技术进步，其实施又有赖于前一发明或者实用新型的实施的，国务院专利行政部门根据后一专利权人的申请，可以给予实施前一发明或者实用新型的强制许可。在依照前述规定给予实施强制许可的情形下，国务院专利行政部门根据前一专利权人的申请，也可以给予实施后一发明或者实用新型的强制许可。

二、指定实施

指定实施是指国家主管机关在无须征得专利权人的同意下，许可指定单位实施发明专利。国家指定实施作为对专利权的限制是《专利法》特有的制度。《专利法》规定，国有企业事业单位的发明专利，对国家利益或者公共利益具有重大意义的，国务院有关主管部门和省、自治区、直辖市人民政府报经国务院批准，可以决定在批准的范围内推广应用，允许指定的单位实施，由实施单位按照国家规定向专利权人支付使用费。

三、不视为侵犯专利权的行为

《专利法》规定，在四种特定的情况下，行为人的行为不视为专利侵权：

(1) 专利权用尽原则。专利权人制造、进口或者经专利权人许可而制造、进口的专利产品或者依照专利方法直接获得的产品售出后，使用、许诺销售或者销售该产品的。

(2) 先用权原则。在专利申请日前已经制造相同产品、使用相同方法或者已经做好制造、使用的必要准备，并且仅在原有范围内继续制造、使用的。

(3) 临时过境权原则。临时通过中国领陆、领水、领空的外国运输工具，依照其所属国和中国签订的协议或者共同参加的国际条约，或者依照互惠原则，为运输工具自身需要而在其装置和设备中使用有关专利的。

(4) 合理使用原则。专为科学研究和实验而使用有关专利的。

一、名词解释题

专利的强制许可

二、问答题

简述专利的限制。

三、案例分析题

1. 甲未经专利申请人乙的许可，将其从乙处盗取的实用新型技术付诸实施，并公开在市场上销售。

回答下列问题：

(1) 乙如何保护自己的合法权益？

(2) 乙的该项技术能否取得专利权？并说明理由。

2. 甲厂研制出一种N型开关，于2016年5月向中国专利局提出专利申请，2017年5月获得实用新型专利权。乙厂于2014年7月自行研究出这种N型高压开关。2016年4月，乙厂完成了产品的定型图纸及制造的很必要准备工作，至同年年底共销售20台。

2017年6月,甲厂发现乙厂的销售行为后,遂与乙厂交涉,但乙厂认为自己的行为不构成侵权。在这种情况下,甲厂准备向法院起诉。

问题:

(1) 该案的一审管辖法院是(　　)。

A. 最高人民法院　　B. 某直辖市高级人民法院

C. 某直辖市中级人民法院　　D. 某市某区基层人民法院

(2) 乙厂的行为(　　)。

A. 构成了对甲厂实用新型专利权的侵犯,因为任何人未经专利权人许可,都不得以营利目的实施专利权人的专利

B. 不构成对甲厂专利权的侵犯,因为乙厂依法享有先用权

C. 不构成对甲厂实用新型专利权的侵犯,因为乙厂的N型高压开关是自己独立完成的

D. 不构成对甲厂实用新型专利权的侵犯,因为甲厂的专利不具有新颖性

(3) 乙厂认为,甲厂研制的技术在其专利申请日以前已由乙厂完成并进行试生产,因此甲厂的实用新型专利没有新颖性而失效。乙厂的观点(　　)。

A. 正确　　B. 错误

(4) 我国专利法规定产品专利先用权成立的条件是(　　)。

A. 在专利申请日以前已制造相同产品或者做好了制造的必要准备,并且仅在原有范畴内继续制造

B. 在专利申请日以前已制造相同产品或者做好制造的必要准备,并且事后获得专利权人的授权

C. 在专利授权日以前已制造相同产品或者做好制造的必要准备,并且事后向专利权人支付报酬

D. 在专利授权日以前已制造相同产品或者做好了制造的必要准备,并且继续制造

(5) 乙厂如希望宣告甲厂的专利权无效,则应当(　　)。

A. 向专利局提出专利权无效宣告的请求

B. 向专利复审委员会提出专利权无效宣告的请求

C. 向地方专利管理机关提出专利权无效宣告的请求

D. 向人民法院提出专利权无效宣告的请求

第十六章

商 标 法

2012 年,迈克尔·乔丹以乔丹体育争议商标的注册损害其姓名权等为由,向中国国家工商行政管理总局商标评审委员会提出申请,要求乔丹体育撤销争议商标,但未获得支持,商标评审委员会裁定争议商标予以维持。随后,迈克尔·乔丹向北京市第一中级人民法院提起行政诉讼,该院判决维持商标评审委员会裁定。此后,迈克尔·乔丹又向北京市高级人民法院提起上诉,被驳回。2015 年,迈克尔·乔丹向最高人民法院申请再审。2016 年 12 月 8 日,最高法院公开审理此案,并宣告了终审判决。法院认为,此商标的注册损害了再审申请人对“乔丹”享有的在先姓名权,违反《中华人民共和国商标法》(以下简称《商标法》)第三十二条有关“申请商标注册不得损害他人现有的在先权利”的规定,应予撤销,故判决撤销商标评审委员会作出的被诉裁定及一、二审裁决,判令商标评审委员会针对争议商标重新作出裁定。关于拼音“QIAODAN”,由于再审申请人对拼音“QIAODAN”“qiaodan”不享有姓名权,争议商标的注册未损害再审申请人的在先姓名权。争议商标也不属于《商标法》第十条第一款第(八)项规定的“有害于社会主义道德风尚或者有其他不良影响”,以及第四十四条第一款规定的“以欺骗手段或者其他不正当手段取得注册”的情形,故判决维持二审判决,驳回再审申请人的再审申请。

第一节 商标法律关系

一、商标权的客体

(一) 商标的概念和分类

商标是商品的生产者、经营者在其生产、制造、加工、拣选或者经销的商品上或者服务的提供者在其提供的服务上采用的,用于区别商品或服务来源的,由文字、图形、字母、数字、三维标志、颜色组合和声音等,以及上述要素的组合,具有显著特征的标志。经国家核准注册的商标为“注册商标”,受法律保护。

根据不同的标准,商标的分类也不同。

1. 按商标结构分类

按商标的结构划分,可分为以下几类。

(1) 文字商标,是指仅用文字构成的商标,包括中国汉字和少数民族字、外国文字和阿拉伯数字或以各种不同字组合的商标。

(2) 图形商标,是指仅用图形构成的商标。

(3) 字母商标,是指用拼音文字或注音符号的最小书写单位,包括拼音文字、外文字母如英文字母、拉丁字母等所构成的商标。

(4) 数字商标。即用阿拉伯数字、罗马数字或者是中文大写数字所构成的商标。

(5) 三维标志商标。又称为立体商标,是指用具有长、宽、高三种度量的三维立体物标志构成的商标,它与我们通常所见的表现在一个平面上的商标图案不同,而是以一个立体物质形态出现,这种形态可能出现在商品的外形上,也可以表现在商品的容器或其他地方。

(6) 颜色组合商标。颜色组合商标是指由两种或两种以上的彩色排列、组合而成的商标。文字、图案加彩色所构成的商标,不属颜色组合商标,只是一般的组合商标。

(7) 声音商标。以音符编成的一组音乐或以某种特殊声音作为商品或服务的商标。

(8) [上述(1)~(7)的]组合商标。指由两种或两种以上成分相结合构成的商标,也称复合商标。

2. 按商标使用者分类

按商标使用者划分,可分为以下几种。

(1) 商品商标。商品商标就是商品的标记,它是商标的最基本表现形式,通常所称的商标主要是指商品商标。其中商品商标又可分为商品生产者的产业商标和商品销售者的商业商标。

(2) 服务商标。服务商标是指用来区别其他同类服务项目的标志,如航空、导游、保险和金融、邮电、饭店、电视台等单位使用的标志,就是服务商标。

(3) 集体商标。这是指以团体、协会或者其他组织名义注册,供该组织成员在商事活动中使用,以表明使用者在该组织中的成员资格的标志。

3. 按商标用途分类

按商标用途划分,可分为以下几种。

(1) 营业商标。它是指生产或经营者把特定的标志或企业名称用在自己制造或经营的商品上的商标,也有人称这种标志为“厂标”“店标”或“司标”。

(2) 证明商标。它是指由对某种商品或者服务具有监督能力的组织所控制,而由该组织以外的单位或者个人使用于其商品或者服务,用以证明该商品或者服务的原产地、原料、制造方法、质量或者其他特定品质的标志;如绿色食品标志、真皮标志、纯羊毛标志、电工标志等。

(3) 等级商标。等级是指在商品质量、规格、等级不同的一种商品上使用的同一商标或者不同的商标。这种商标有的虽然名称相同,但图形或文字字体不同,有的虽然图形相同,但为了便于区别不同商品质量,而是以不同颜色、不同纸张、不同印刷技术或者其他标志作区别,也有的是用不同商标名称或者图形作区别。

(4) 组集商标。组集商标是指在同类商品上,由于品种、规格、等级、价格的不同,为了加以区别而使用的几个商标,并把这个几个商标作为一个组集一次提出注册申请的商标。组集商标与等级商标有相似之处。

（5）备用商标。备用商标也称储藏商标，是指同时或分别在相同商品或类似商品上注册几个商标，注册后不一定马上使用，而是先储存起来，一旦需要再使用。

（6）防御商标。防御商标是指驰名商标所有者为了防止他人在不同类别的商品上使用其商标，而在非类似商品上将其商标分别注册，该种商标称为防御商标。目前我国商标法律并未有“防御商标”的相关规定。

（7）联合商标。联合商标是指同一商标所有人在相同或类似商品上注册的几个相同或者近似的商标，有的是文字近似，有的是图形近似，这些商标称为联合商标。这种相互近似商标注册后，不一定都使用，其目的是防止他人仿冒或注册，从而更有效地保护自己的商标。

4. 按商标享誉程度分类

按商标享誉程度划分，可分为以下两种。

（1）普通商标。在正常情况下使用未受到特别法律保护的绝大多数商标。

（2）驰名商标。它是指在较大地域范围（如全国、国际）的市场上享有较高声誉，为相关公众所普遍熟知，有良好质量信誉，并享有特别法律保护的商标。

5. 按法律样态分类

按商标的法律样态划分，可以分为以下两种。

（1）注册商标。注册商标是商标法保护的对象，其所有人享有商标专用权。

（2）未注册商标。未注册商标可以自行在市场上使用，但其使用人不享有商标专用权，一般情况下，无权禁止他人使用相同商标，也无权阻止他人就相同商标提出注册申请。

（二）商标的特征和作用

1. 商标的特征

商标具有如下特征：

（1）商标是用于商品或服务上的标记，与商品或服务不能分离，并依附于商品或服务。

（2）商标是区别于他人商品或服务的标志，具有特别显著性的区别功能，从而便于消费者识别。

（3）商标是由文字、图形、字母、数字、三维标志、颜色组合和声音等，以及上述要素的组合的可视性标志。

（4）商标具有独占性。使用商标的目的就是区别于他人的商品或服务，便于消费者识别。所以，注册商标所有人对其商标具有专用权、受到法律的保护，未经商标权所有人的许可，任何人不得擅自使用与该注册商标相同或相类似的商标，否则，即构成侵犯注册商标权所有人的商标专用权，将承担相应的法律责任。

2. 商标的作用

从广义上讲，通过对商标注册人加以奖励，使其获得承认和经济效益，而对全世界的积极和进取精神起到促进作用。商标保护还可阻止诸如假冒者之类的不正当竞争者用相似的区别性标记来推销低劣或不同产品或服务的行为。这一制度能使有技能、有进取心的人在尽可能公平的条件下进行商品和服务的生产与销售，从而促进国际贸易的发展。

（三）商标的绝对注册条件

商标的绝对注册条件是指注册商标本身应具备的条件。商标只有具备这些条件才有可能获得注册，而不具备这些条件便绝对不能获得注册。商标绝对注册条件包括积极条件和消极条件。

1. 商标的积极条件

（1）商标必须具有法定的构成要素。

《商标法》规定，任何能够将自然人、法人或者其他组织的商品与他人的商品区别开的标志，包括文字、图形、字母、数字、三维标志、颜色组合和声音等，以及上述要素的组合，均可以作为商标申请注册。

（2）商标必须具有显著性。

《商标法》规定，申请注册的商标，应当有显著特征，便于识别，并不得与他人在先取得的合法权利相冲突。显著性是指商标所具有的标示企业商品或服务出处并使之区别于其他企业之商品或服务的属性。商标的显著特征可以通过两种途径获得：一是标志本身固有的显著性特征，如立意新颖、设计独特的商标；二是通过使用获得显著特征，如直接叙述商品质量等特点的叙述性标志经过使用取得显著特征，并便于识别的，可以作为"第二含义"商标注册。

2. 商标的消极条件

《商标法》规定，下列标志不得作为商标使用：

（1）同中华人民共和国的国家名称、国旗、国徽、国歌、军旗、军徽、军歌、勋章等相同或者近似的，以及同中央国家机关的名称、标志、所在地特定地点的名称或者标志性建筑物的名称、图形相同的。

（2）同外国的国家名称、国旗、国徽、军旗等相同或者近似的，但经该国政府同意的除外。

（3）同政府间国际组织的名称、旗帜、徽记等相同或者近似的，但经该组织同意或者不易误导公众的除外。

（4）与表明实施控制、予以保证的官方标志、检验印记相同或者近似的，但经授权的除外。

（5）同"红十字""红新月"的名称、标志相同或者近似的。

（6）带有民族歧视性的。

（7）带有欺骗性，容易使公众对商品的质量等特点或者产地产生误认的。

（8）有害于社会主义道德风尚或者有其他不良影响的。

县级以上行政区划的地名或者公众知晓的外国地名，不得作为商标。但是，地名具有其他含义或者作为集体商标、证明商标组成部分的除外；已经注册的使用地名的商标继续有效。

《商标法》还规定，下列标志不得作为商标注册：

（1）仅有本商品的通用名称、图形、型号的。

（2）仅直接表示商品的质量、主要原料、功能、用途、重量、数量及其他特点的。

(3) 其他缺乏显著特征的。

前款所列标志经过使用取得显著特征,并便于识别的,可以作为商标注册。

以三维标志申请注册商标的,仅由商品自身的性质产生的形状、为获得技术效果而需有的商品形状或者使商品具有实质性价值的形状,不得注册。

(四) 商标的相对注册条件

商标的相对注册条件主要是指申请注册的商标必须满足不与其他人的在先权利相冲突的条件。这种条件和商标的绝对注册条件不同,它不能被注册不是因为商标本身不符合注册条件,而是商标与他人的在先权利有冲突从而商标局不予注册或经相关在先权利人在商标异议期内提出异议而不能获得注册或者获得注册后被在先权利人撤销。包括:

(1) 不得在相同或类似商品上与已注册或申请在先的商标相同或近似。

(2) 就相同或者类似商品申请注册的商标是复制、模仿或者翻译他人未在中国注册的驰名商标,容易导致混淆的,不予注册并禁止使用;就不相同或者不相类似商品申请注册的商标是复制、模仿或者翻译他人已经在中国注册的驰名商标,误导公众,致使该驰名商标注册人的利益可能受到损害的,不予注册并禁止使用。

(3) 未经授权,代理人或者代表人以自己的名义将被代理人或者被代表人的商标进行注册,被代理人或者被代表人提出异议的,不予注册并禁止使用;不得以不正当手段抢先注册他人已经使用并有一定影响的商标;不得侵犯他人的其他在先权利,如外观设计专利权、著作权、姓名权、肖像权、商号权、特殊标志专用权、奥林匹克标志专有权、知名商品特有名称、包装、装潢专用权等。

(4) 就同一种商品或者类似商品申请注册的商标与他人在先使用的未注册商标相同或近似,申请人与该他人具有前款规定以外的合同、业务往来关系或者其他关系而明知该他人商标存在,该他人提出异议的,不予注册。

二、商标权的主体

商标权主体又称商标权人,是指依法享有商标权的自然人、法人或者其他组织,包括商标权的原始主体和继受主体。

(一) 商标权的原始主体

根据《商标法》规定,自然人、法人或者其他组织在生产经营活动中,对其商品或者服务需要取得商标专用权的,应当向商标局申请商标注册。商标注册申请人有以下两类:第一,依法成立的企业、事业单位、社会团体、个体工商户和个人合伙,自然人;第二,符合法定条件的外国人和外国企业。根据《商标法》规定,自然人、法人或者其他组织可以共同申请注册同一商标,商标注册申请人共同申请注册的同一商标被核准注册后,该商标注册申请人就成为该注册商标的商标注册人、商标权的共有原始主体。外国人或者外国企业在中国申请商标注册的,应当按照其所属国和中华人民共和国签订的协议或者共同参加的国际条约办理,或者按照对等原则办理。

(二)商标权的继受主体

商标权的原始主体可以依法转让其注册商标。作为商标权原始主体的自然人死亡后,该注册商标可以依法移转给其继承人;作为商标权原始主体的法人或者其他组织终止后,该注册商标可以依法移转给有关法人或者其他组织。自然人、法人或者其他组织依法通过注册商标的转让或者移转取得商标权后,就成为该商标权的继受主体。

三、商标权的内容

(一)专有使用权

专有使用权是指注册商标所有人在核定使用的商品上使用核准注册的商标的权利。专有使用权是商标权最重要的内容,是商标权中最基本的核心权利。它的法律特征为,商标权人可在核定的商品上独占性地使用核准的商标,并通过使用获得其他合法权益。商标的使用方式主要是直接使用于商品、商品包装、商品容器,也可以是间接地将商标使用于商品交易文书、商品广告宣传、展览及其他业务活动中。使用权的效力范围,以核准注册和商标和核定使用的商品为限。即注册商标只能在注册时所核定的商品或者服务项目上使用,而不能用类似的商品或者服务项目;商标权人也不得擅自改变构成注册商标的标志,也不能使用与注册商标近似的商标。

(二)禁止权

禁止权指商标所有人禁止任何第三方未经其许可在相同或类似商品上使用与其注册商标相同或近似的商标的权利。禁止权的效力范围大于使用权的效力范围,不仅包括核准注册的商标、核定使用的商品,还扩张到与注册商标相近似的商标和与核定商品相类似的商品。禁止权的效力涉及以下四种情形:第一,在同一种商品上使用相同的商标;第二,在同一种商品上使用近似商标;第三,在类似商品上使用相同商标;第四,在类似商品上使用近似商标。

(三)许可权

许可权是指注册商标所有人通过签订许可使用合同,许可他人使用其注册商标的权利。许可使用是商标权人行使其权利的一种方式。许可人是注册商标所有人,被许可人根据合同约定,支付商标使用费后在合同约定的范围和时间内有权使用该注册商标。商标使用许可关系中,许可人应当提供合法的被许可使用的注册商标,监督被许可人使用其注册商标的商品质量。被许可人应在合同约定的范围内使用被许可商标,保证被许可使用商标的商品质量,以及在生产的商品或包装上应标明自己的名称和商品产地。

(四)转让权

转让是指注册商标所有人按照一定的条件,依法将其商标权转让给他人所有的行为。转让商标权是商标所有人行使其权利的一种方式,商标权转让后,受让人取得注册商标所有权，原来的商标权人丧失商标专用权，即商标权从一主体转移到另一主体。转让注册商标，除了由双方当事人签订合同之外，转让人和受让人应共同向商标局提出申请，经商标局核准，并予以公告。未经核准登记的，转让合同不具有法律效力。

(五) 商标续展权

注册商标的有效期为10年，但商标所有人需要继续使用该商标并维持专用权的，可以通过续展注册延长商标权的保护期限。续展注册应当在有效期满前6个月内办理；在此期间未能提出申请的，有6个月的宽展期。宽展期仍未提出申请的，注销其注册商标。每次续展注册的有效期为10年，自该商标上一届有效期满次日起计算。续展注册没有次数的限制。

一、名词解释题

商标　商标续展　商标权

二、问答题

1. 简述商标的构成要件。
2. 简述商标权的内容。

第二节　商标权的取得

一、商标权取得的原则

(一) 注册取得商标权原则

世界上关于商标权取得的原则有以下三种：①使用原则。使用原则即使用取得商标权原则，是指商标权因商标的使用而自然产生，商标权根据商标使用事实而得以成立。②注册原则。注册原则即注册取得商标权原则，是指商标权因注册事实而成立，只有注册商标才能取得商标权。③混合原则。混合原则即折中原则，是指在确定商标权的成立时，兼顾使用与注册两种事实，商标权既可因注册而产生，也可因使用而成立。我国商标注册采取注册取得商标权原则。

(二) 自愿注册原则

商标使用人是否将自己使用的商标予以注册，完全取决于自己的意愿。愿意注册的，可以提出注册申请；不愿意注册的，可以不注册，但仍可以继续使用。如果商标不注册，使用人不享有商标专用权。

(三) 申请在先原则

申请在先原则又称注册在先原则，是指两个或者两个以上的商标注册申请人，在同一种商品或者类似商品上，以相同或者近似的商标申请注册的，申请在先的商标，其申请人可获得商标专用权。在后的商标注册申请予以驳回。如果是同一天申请,初步审定并公告使用在先的商标,驳回其他人的申请,不予公告;同日使用或均未使用的,申请人之间可以协商解决,协商不成的,由各申请人抽签决定。

(四) 优先权原则

1. 国际优先权

商标注册申请人自其商标在外国第一次提出商标注册申请之日起6个月内,又在中国就相同商品以同一商标提出商标注册申请的,依照该外国同中国签订的协议或者共同参加的国际条约,或者按照相互承认优先权的原则,可以享有优先权。即以在国外申请之日为申请日。依照前款要求优先权的,应当在提出商标注册申请的时候提出书面声明,并且在3个月内提交第一次提出的商标注册申请文件的副本;未提出书面声明或者逾期未提交商标注册申请文件副本的,视为未要求优先权。

2. 国内优先权

商标在中国政府主办的或者承认的国际展览会展出的商品上首次使用的,自该商品展出之日起6个月内,该商标的注册申请人可以享有优先权。即以首次展出之日为申请日。依照前款要求优先权的,应当在提出商标注册申请的时候提出书面声明,并且在3个月内提交展出其商品的展览会名称、在展出商品上使用该商标的证据、展出日期等证明文件;未提出书面声明或者逾期未提交证明文件的,视为未要求优先权。

二、商标注册的申请

(一) 商标注册申请的要求

商标注册申请人应当按规定的商品分类表填报使用商标的商品类别和商品名称,提出注册申请。商标注册申请人可以通过一份申请就多个类别的商品申请注册同一商标。商标注册申请等有关文件,可以以书面方式或者数据电文方式提出。为申请商标注册所申报的事项和所提供的材料应当真实、准确、完整。

(二) 商标注册申请的文件

申请商标注册的,应当向商标局提交下列文件:

(1)《商标注册申请书》一份,其填写必须遵循一类商品一商标一份申请的原则,即一份申请书填报的商品或服务只能限定在我国《类似商品和服务区分表》中的一个类别之内。委托商标代理组织代为办理的,还应提交《商标代理委托书》一份。

(2) 商标图样5份;指定颜色的,并应当提交着色图样5份、黑白稿一份。商标图样必须清晰,便于粘贴,用光洁耐用的纸张印刷或者用照片代替,长或者宽应当不大于10厘米,不小于5厘米。

(3) 能够证明申请人身份的有效证件的复印件,如法人或者其他组织的《营业执照》复印件,自然人的身份证复印件。

(4) 用人物肖像作为商标申请注册的,必须提供肖像权人的授权书并经公证机关公证。

（5）申请注册集体商标、证明商标的，应当提交申请人主体资格证明和使用管理规则。

（6）商标申请文件应当使用中文，外文文件应当附送中文译文。

三、商标注册的审查与核准

商标审查是商标主管机关对商标注册申请是否符合商标法的规定所进行的一系列活动。对申请注册的商标是初步审定、予以公告，还是驳回申请、不予公告；是核准注册还是不予注册，都要经过商标主管机关的审查后确定。商标审查是决定授予商标专用权的关键。

（一）形式审查

形式审查是对商标注册申请的书件、手续是否符合法律规定的审查，主要就申请书的填写是否属实、准确、清晰和有关手续是否完备进行审查。通过形式审查决定商标注册申请能否受理。形式审查包括以下内容。

（1）申请人资格审查。主要审查申请人是否具有申请注册商标的主体资格和申请人申请商标所指定保护的商品是否符合法律规定。

（2）外国申请人是否委托了我国指定的商标代理组织。国内申请人委托代理人的，其委托书是否符合要求。

（3）申请书填写是否符合规定。包括申请人的名义与印章、营业执照是否一致；申请人的地址是否准确；申请人指定的商品或服务填写是否规范、具体，分类是否准确。

（4）商标及商标图样的规格、数量是否符合要求。

（5）应交送的证明文件是否完备，规费是否缴纳。

（6）审查一份申请是否只申报了一个商标。

（7）审查商标的申请日期，编定申请号，《商标法实施条例》规定，商标注册的申请日期，以商标局收到的申请书件的日期为准。通过审查认为申请手续齐备并按照规定填写申请书件的，编定申请号，发给《受理通知书》。

申请手续不齐备或者未按规定填写申请书件的，予以退回，申请日期不予保留。申请手续基本齐备或者申请书件基本符合规定，但是需要补正的，通知申请人予以补正。申请人在规定期限内补正并交回商标局的，保留申请日。

对于要求补正而未作补正或补正超过期限的，也同样予以退回，申请日不予保留。

（二）实质审查

实质审查是对商标是否具备注册条件的审查。申请注册的商标能否初步审定并予以公告取决于是否通过了实质审查。实质审查包括以下几个方面：

（1）商标是否违背商标法的禁用条款。

（2）商标是否具备法定的构成要素，是否具有显著特征。

（3）商标是否与他人在同一种或类似商品上注册的商标相混同，是否与申请在先的商标及已撤销、失效并不满1年的注册商标相混同。

注册申请经过实质审查,商标局认为申请注册的商标不符合《商标法》及其实施条例的规定或与他人在先注册或先申请的商标相混同的,驳回申请,发给申请人《驳回通知书》,简单陈述驳回理由,并将申请书及有关书件一并退回申请人或其代理人。

商标局如果认为商标注册申请虽有不符合规定之处,但可以修正的则发给《商标审查意见书》,限定修正时间。申请人在规定时间内未作修正或修改后仍不符合商标法规定的,驳回申请,发给申请人《驳回通知书》。

凡是经过实质审查,认为申请注册的商标符合商标法的有关规定并且有显著性的,予以初步审定,并予以公告。

(三)商标注册申请的初步审定及公告

初步审定是指对申请注册的商标经过形式审查和实质审查,认为符合商标法的有关规定,得出可以核准注册的结论的程序。对申请注册的商标,商标局应当自收到商标注册申请文件之日起9个月内审查完毕,符合《商标法》有关规定的,予以初步审定公告。申请注册的商标,凡不符合《商标法》有关规定或者同他人在同一种商品或者类似商品上已经注册的或者初步审定的商标相同或者近似的,由商标局驳回申请,不予公告。两个或者两个以上的商标注册申请人,在同一种商品或者类似商品上,以相同或者近似的商标申请注册的,初步审定并公告申请在先的商标;同一天申请的,初步审定并公告使用在先的商标,驳回其他人的申请,不予公告。申请商标注册不得损害他人现有的在先权利,也不得以不正当手段抢先注册他人已经使用并有一定影响的商标。初步审定的商标未经正式核准注册,该商标还未取得商标专用权。依照《商标法》的规定,初步审定的商标需要在《商标公告》上公布,这次公告称为初步审定公告。

(四)商标异议

《商标法》规定:对初步审定的商标,自公告之日起3个月内商标如果违反相对注册条件,在先权利人或者利害关系人可以提出异议。如果违反绝对注册条件,任何人均可以提出异议。这3个月的期间,就是异议期。任何一个商标注册申请都要在初步审定公告之后经过3个月的异议期,才能获准注册。

对初步审定公告的商标提出反对意见的人是异议人。

异议必须以书面形式提出,异议书应写明被异议商标的名称、图形、初步审定编号、商品类别及"商标公告"的期号、日期和异议理由,异议人如果是商标注册人或先申请人,还必须写明自己的注册商标或初步审定商标的名称、图形、核定商品及类别、注册号或初步审定号。

对初步审定公告的商标提出异议的,商标局应当听取异议人和被异议人陈述事实和理由,经调查核实后,自公告期满之日起12个月内作出是否准予注册的决定,并书面通知异议人和被异议人。有特殊情况需要延长的,经国务院工商行政管理部门批准,可以延长6个月。

商标局作出准予注册决定的,发给商标注册证,并予公告。异议人不服的,可以依照法律的规定向商标评审委员会请求宣告该注册商标无效。商标局作出不予注册决定，被异议人不服的，可以自收到通知之日起15日内向商标评审委员会申请复审。商标评审委员会应当自收到申请之日起12个月内作出复审决定，并书面通知异议人和被异议人。有特殊情况需要延长的，经国务院工商行政管理部门批准，可以延长6个月。被异议人对商标评审委员会的决定不服的，可以自收到通知之日起30日内向人民法院起诉。人民法院应当通知异议人作为第三人参加诉讼。

（五）核准注册

初步审定公告的商标，从公告之日起经过3个月，无异议的，由商标局核准注册，发给商标注册证，并予公告。核准注册标志着商标注册申请人取得商标专用权，商标一经注册，即为注册商标，受国家法律的保护。

四、注册商标的无效宣告

已经注册的商标，违反商标的绝对禁止条件的，或者是以欺骗手段或者其他不正当手段取得注册的，由商标局宣告该注册商标无效；其他单位或者个人可以请求商标评审委员会宣告该注册商标无效。商标局做出宣告注册商标无效的决定，应当书面通知当事人。当事人对商标局的决定不服的，可以自收到通知之日起15日内向商标评审委员会申请复审。商标评审委员会应当自收到申请之日起9个月内作出决定，并书面通知当事人。有特殊情况需要延长的，经国务院工商行政管理部门批准，可以延长3个月。当事人对商标评审委员会的决定不服的，可以自收到通知之日起30日内向人民法院起诉。

已经注册的商标，违反商标注册相对性条件的，自商标注册之日起5年内，在先权利人或者利害关系人可以请求商标评审委员会宣告该注册商标无效。对恶意注册的，驰名商标所有人不受5年的时间限制。商标评审委员会收到宣告注册商标无效的申请后，应当书面通知有关当事人，并限期提出答辩。商标评审委员会应当自收到申请之日起12个月内作出维持注册商标或者宣告注册商标无效的裁定，并书面通知当事人。有特殊情况需要延长的，经国务院工商行政管理部门批准，可以延长6个月。当事人对商标评审委员会的裁定不服的，可以自收到通知之日起30日内向人民法院起诉。人民法院应当通知商标裁定程序的对方当事人作为第三人参加诉讼。

法定期限届满，当事人对商标局宣告注册商标无效的决定不申请复审或者对商标评审委员会的复审决定、维持注册商标或者宣告注册商标无效的裁定不向人民法院起诉的，商标局的决定或者商标评审委员会的复审决定、裁定生效。

宣告无效的注册商标，由商标局予以公告，该注册商标专用权视为自始即不存在。

宣告注册商标无效的决定或者裁定，对宣告无效前人民法院作出并已执行的商标侵权案件的判决、裁定、调解书和工商行政管理部门作出并已执行的商标侵权案件的处理决定以及已经履行的商标转让或者使用许可合同不具有追溯力。但是，因商标注册人的恶意给他人造成的损失，应当给予赔偿。依照前款规定不返还商标侵权赔偿金、商标转让费、商标使用费，明显违反公平原则的，应当全部或者部分返还。

一、名词解释题

商标无效程序　申请在先原则

二、问答题

1. 简述商标申请的程序。

2. 简述商标申请的原则。

三、案例分析题

1. 甲厂自2012年起在其生产的衬衫上使用“长城”商标;2014年,乙服装厂也开始使用“长城”商标。2016年3月,乙厂的“长城”商标经国家商标局核准注册,其核定使用的商品为服装等。2017年1月,乙厂发现甲厂在衬衫上使用“长城”商标,很容易引起消费者的误认,乙厂要求甲厂停止使用“长城”商标,甲厂不同意,为此双方发生纠纷。

根据案情回答下列问题:

(1) 甲、乙两个厂,谁构成侵权?为什么?

(2) 侵权行为始于何时?请说明理由。

(3) 侵权方能否继续使用“长城”商标?请你提出可行性建议。

2. 甲厂的主要产品是土豆片、锅巴等小食品。三年前该厂在上述产品的包装上使用“香脆”二字做商标,由于其注重产品质量,“香脆”牌土豆片、锅巴受到消费者的认可和喜爱,产品销售地区不断扩大。现甲厂决定提出“香脆”商标注册申请,使用商品仍为土豆片、锅巴。

根据上述情况,回答下列问题:

(1) 说明该商标注册申请能否核准的理由。

(2) 如果商标局驳回该商标注册申请,应在何时向谁提出复审请求?

(3) 如果复审请求再次被复审机关驳回,甲厂能否继续使用该商标?为什么?

第七篇

经济纠纷的解决制度

第十七章

经济纠纷的仲裁解决

第一节　仲裁概述

A县与C、D、E、F四县相邻。A县甲公司和B县乙公司于2016年9月10日在C县签订买卖合同约定，“交货方式：卖方甲公司代办托运；履行地点：卖方在D县的仓库；发生纠纷的解决方式：在E县仲裁委员会仲裁，也可以向C县和E县的人民法院起诉”。

甲公司按照合同规定的时间发货后，乙公司收货发现该批产品质量不符合约定，准备追究甲公司的违约责任。双方应采用何种方式解决纠纷？

一、仲裁的概念和特征

（一）仲裁的概念

仲裁是指当事人根据他们之间在争议发生前或争议发生后订立的协议，自愿将争议交给仲裁机构裁决，并受该裁判约束的一种制度。仲裁和法院的审判活动一样，是解决民事争议的方式之一。

目前，仲裁的主要法律依据为第八届全国人民代表大会常务委员会第九次会议于1994年8月31日通过的《中华人民共和国仲裁法》（以下简称《仲裁法》），和自2006年9月8日起施行的《最高人民法院关于适用〈中华人民共和国仲裁法〉若干问题的解释》（以下简称《仲裁法》司法解释）。

（二）仲裁的特征

1. 仲裁的民间性

仲裁的本意是由社会通过自治来解决争议，仲裁机构通常是民间团体的性质，其受理案件和解决纠纷的权利来自双方协议。因此，仲裁源于认同和信誉而非国家权力，仲裁权只能通过当事人授权取得。仲裁机构和法院不同。

而法院行使国家所赋予的审判权，向法院起诉不需要双方当事人在诉讼前达成协议，只要一方当事人向有审判管辖权的法院起诉，经法院受理后，另一方必须应诉。

2. 仲裁的独立性

仲裁的独立性体现在两个方面：仲裁机构的独立性和仲裁过程的独立性。

根据《仲裁法》第八条规定:"仲裁依法独立进行,不受行政机关、社会团体和个人的干涉。"

《仲裁法》第十四条规定:"仲裁委员会独立于行政机关,与行政机关没有隶属关系。仲裁委员会之间也没有隶属关系。"

3. 仲裁的自愿性

当事人采用仲裁方式解决纠纷,应当双方自愿,达成仲裁协议。没有仲裁协议,一方申请仲裁的,仲裁委员会不予受理。

4. 仲裁的灵活性和简易性

与行政制度和司法制度相比,仲裁相对比较简单,仲裁的程序方便快捷,裁判方式具有很大的灵活性。

二、仲裁法的适用范围

《仲裁法》的适用范围,是指仲裁适用于解决哪些纠纷,即哪些纠纷具有"可仲裁性"。

《仲裁法》第二条规定:"平等主体的公民、法人和其他组织之间发生的合同纠纷和其他财产权益纠纷,可以仲裁。""婚姻、收养、监护、扶养、继承纠纷"和"依法应当由行政机关处理的行政争议"不能仲裁。可见,仲裁法的适用范围如下。

(一) 仲裁适用于民事法律关系

提请仲裁的当事人是民事法律关系的主体。

行政法律关系的当事人不能提请仲裁,行政争议不能仲裁解决。

(二) 仲裁适用于经济纠纷

1. 可仲裁解决的经济纠纷

可仲裁解决的经济纠纷包括合同纠纷和涉及财产权益的非合同纠纷。

另外,根据《仲裁法》规定,劳动争议和农业集体经济组织的内部农业承包合同纠纷不适用仲裁。因为劳动争议和农业集体经济组织内部的农业承包合同纠纷不同于一般的民事经济纠纷,因此只能另作规定予以调整。

2. 涉及人身关系的纠纷,不能仲裁解决

根据《仲裁法》规定,婚姻、收养、监护、扶养、继承纠纷虽然属于民事纠纷,且不同程度涉及财产权益争议,但这类纠纷往往涉及当事人本人不能自由处分的身份关系,不能通过仲裁解决。

三、仲裁的原则

(一) 自愿仲裁原则

自愿仲裁的原则是指根据《仲裁法》的规定,当事人是否将纠纷提交仲裁解决以及提交给哪个仲裁机构解决,均由当事人协商决定。当事人应当签订仲裁协议。

(二) 或裁或审原则

或裁或审的原则是指在仲裁和诉讼这两种解决纠纷的方式中,只能选取其中一种。当事人选择了仲裁后,不能再选择诉讼方式;反之亦然。

根据《仲裁法》规定,当事人达成仲裁协议后,一方当事人向人民法院起诉的,人民法院不予受理;但仲裁协议无效的除外。

因此,依法成立并生效的仲裁协议,排除了法院对当事人之间纠纷的管辖权。如果人民法院受理了当事人起诉,对方当事人可以依据仲裁协议向人民法院提出管辖权异议。

(三) 不公开原则

和法院审理案件的公开原则不同,仲裁一般以不公开为原则。仲裁过程、仲裁的案情和仲裁的结果均不公开,仲裁机构也不接受媒体的采访,《仲裁法》也规定了仲裁相关人员的保密义务。因此仲裁具有较强的保密性,有利于更好地维护当事人的商业秘密和商业利益。

(四) 以事实为依据,以法律为准绳原则

根据《仲裁法》的规定,仲裁应当根据事实,符合法律规定,公平合理地解决纠纷。

实践中,仲裁的裁判依据具有兼容性。除法律、法规和当事人的约定外,还要考虑日常生活中人们普遍遵守的社会行为准则和约定俗成的公序良俗。

第二节 仲裁机构和仲裁协议

一、仲裁机构

(一) 仲裁委员会

1. 仲裁委员会的设立

根据《仲裁法》的规定,仲裁委员会可以在直辖市和省、自治区人民政府所在地的市设立,也可以根据需要在其他设区的市设立,不按行政区划层层设立。仲裁委员会独立于行政机关,与行政机关没有隶属关系。仲裁委员会之间也没有隶属关系。

仲裁委员会由前款规定的市的人民政府组织有关部门和商会统一组建。

设立仲裁委员会,应当经省、自治区、直辖市的司法行政部门登记。

2. 仲裁委员会的条件

根据《仲裁法》的规定,仲裁委员会应当具备下列条件:

(1) 有自己的名称、住所和章程。仲裁委员会的章程应当依照《仲裁法》制定。

(2) 有必要的财产。

(3) 有该委员会的组成人员。

仲裁委员会由主任一人、副主任 2~4 人和委员 7~11 人组成。仲裁委员会的主任、副主任和委员由法律、经济贸易专家和有实际工作经验的人员担任。仲裁委员会的组成

人员中，法律、经济贸易专家不得少于2/3。

(4) 有聘任的仲裁员。

仲裁委员会应当从公道正派的人员中聘任仲裁员，并按照不同专业设仲裁员名册。

仲裁员应当符合下列条件之一：

从事仲裁工作满8年的；

从事律师工作满8年的；

曾任审判员满8年的；

从事法律研究、教学工作并具有高级职称的；

具有法律知识、从事经济贸易等专业工作并具有高级职称或者具有同等专业水平的。

(二) 仲裁协会

1. 仲裁协会的性质

根据《仲裁法》规定，中国仲裁协会是社会团体法人。仲裁委员会是中国仲裁协会的会员。中国仲裁协会的章程由全国会员大会制定。

2. 仲裁协会的职能

中国仲裁协会是仲裁委员会的自律性组织，根据章程对仲裁委员会及其组成人员、仲裁员的违纪行为进行监督。

中国仲裁协会依照本法和《民事诉讼法》的有关规定制定仲裁规则。

二、仲裁协议

仲裁协议是指发生民事纠纷的当事人在合同中订立的仲裁条款和以其他书面方式在纠纷发生前或者纠纷发生后达成的请求仲裁的协议。

仲裁协议是仲裁机构受理争议案件，行使仲裁权的依据。

(一) 仲裁协议的形式和内容

1. 仲裁协议的形式

根据《仲裁法》及其司法解释的规定，仲裁协议应当采用书面形式，包括以合同书、信件和数据电文(包括电报、电传、传真、电子数据交换和电子邮件)等形式达成的请求仲裁的协议。

2. 仲裁协议的内容

仲裁协议应当具有下列内容：

(1) 请求仲裁的意思表示。

(2) 仲裁事项。

仲裁事项是指当事人共同协商确定的提交仲裁的纠纷范围。根据仲裁的自愿原则，仲裁机构只能受理仲裁该协议中规定的仲裁事项。仲裁协议中没有规定的事项，或者当事人提交的仲裁申请书中未明确的事项，仲裁机构不能受理。

当事人概括约定仲裁事项为合同争议的，基于合同成立、效力、变更、转让、履行、违约责任、解释、解除等产生的纠纷都可以认定为仲裁事项。

仲裁协议对仲裁事项没有约定或者约定不明确的,当事人可以补充协议。

(3) 选定的仲裁委员会。

当事人应在仲裁协议中确定解决纠纷的具体仲裁会员会。

仲裁协议对仲裁委员会没有约定或者约定不明确的,当事人可以补充协议。

如果仲裁协议约定的仲裁机构名称不准确,但能够确定具体的仲裁机构的,应当认定选定了仲裁机构。

仲裁协议仅约定纠纷适用的仲裁规则的,视为未约定仲裁机构,但当事人达成补充协议或者按照约定的仲裁规则能够确定仲裁机构的除外。

仲裁协议约定两个以上仲裁机构的,当事人可以协议选择其中的一个仲裁机构申请仲裁。

仲裁协议约定由某地的仲裁机构仲裁且该地仅有一个仲裁机构的,该仲裁机构视为约定的仲裁机构。该地有两个以上仲裁机构的,当事人可以协议选择其中的一个仲裁机构申请仲裁。

实践中,仲裁协议一般还包括仲裁地点、仲裁费用的负担等内容。

(二) 仲裁协议的效力

合法有效的仲裁协议排除了人民法院对相关纠纷的管辖权。仲裁协议作为双方当事人协商订立的合同,应满足《合同法》规定的合同生效要件。

仲裁协议独立存在,合同的变更、解除、终止或者无效,不影响仲裁协议的效力。

当事人订立仲裁协议后合并、分立的,仲裁协议对其权利义务的继受人有效。

仲裁庭有权确认合同的效力。

1. 仲裁协议效力的确认

根据《仲裁法》的规定,当事人对仲裁协议的效力有异议的,可以请求仲裁委员会对协议的效力作出决定或者请求人民法院作出裁定。一方请求仲裁委员会作出决定,另一方请求人民法院作出裁定的,由人民法院裁定。

当事人向人民法院申请确认仲裁协议效力的案件,由仲裁协议约定的仲裁机构所在地的中级人民法院管辖;仲裁协议约定的仲裁机构不明确的,由仲裁协议签订地或者被申请人住所地的中级人民法院管辖。

当事人在仲裁庭首次开庭前没有对仲裁协议的效力提出异议,而后向人民法院申请确认仲裁协议无效的,人民法院不予受理。

仲裁机构对仲裁协议的效力作出决定后,当事人向人民法院申请确认仲裁协议效力或者申请撤销仲裁机构的决定的,人民法院不予受理。

合同成立后未生效或者被撤销的,仲裁协议效力的认定适用《仲裁法》第十九条第一款的规定。

当事人在订立合同时就争议达成仲裁协议的,合同未成立不影响仲裁协议的效力。

仲裁协议被认定无效或者被撤销的,视为没有仲裁协议。

2. 无效仲裁协议的情形

除了满足《合同法》规定的合同生效要件之外,有下列情形之一的,仲裁协议无效:

(1) 约定的仲裁事项超出法律规定的仲裁范围的。

(2) 无民事行为能力人或者限制民事行为能力人订立的仲裁协议。

(3)一方采取胁迫手段,迫使对方订立仲裁协议的。

(4) 仲裁协议对仲裁事项或者仲裁委员会没有约定或者约定不明确,且无法达成补充协议的。

(5) 当事人约定争议可以向仲裁机构申请仲裁也可以向人民法院起诉的,仲裁协议无效。

这种情况下,一方向仲裁机构申请仲裁,另一方未在仲裁法规定期间内提出异议的除外。

一、名词解释题

民事争议　仲裁　仲裁协议

二、问答题

1. 简述仲裁的特点。
2. 简述仲裁的原则。
3. 仲裁协议的效力应如何确定?
4. 简述仲裁协议的内容。

第三节　仲裁程序

仲裁程序是指仲裁机构解决纠纷的程序。主要包括以下程序。

一、申请和受理

(一) 申请

1. 申请仲裁的条件

当事人申请仲裁应当符合下列条件:

(1) 存在有效的仲裁协议。

(2) 有具体的仲裁请求、事实和理由。

(3) 属于仲裁委员会的受理范围。

2. 仲裁时效

仲裁时效是指权利人向仲裁机构请求保护其权利的法定期限,也即权利人在法定期限内没有行使权利,即丧失提请仲裁以保护其权益的权利。

《仲裁法》第七十四条规定:"法律对仲裁时效有规定的,适用该规定。法律对仲裁时效没有规定的,适用诉讼时效的规定。"

当事人申请仲裁应在仲裁时效内提出。

3. 申请仲裁的方式

当事人申请仲裁,应当向仲裁委员会递交仲裁协议、仲裁申请书及副本。

仲裁申请书应当载明下列事项：

(1) 当事人的姓名、性别、年龄、职业、工作单位和住所，法人或者其他组织的名称、住所和法定代表人或者主要负责人的姓名、职务。

(2) 仲裁请求和所根据的事实、理由。

(3) 证据和证据来源、证人姓名和住所。

(二) 受理

仲裁委员会收到仲裁申请书之日起5日内，经审查认为符合受理条件的，应当受理，并通知当事人；认为不符合受理条件的，应当书面通知当事人不予受理，并说明理由。

仲裁委员会受理仲裁申请后，应当在仲裁规则规定的期限内将仲裁规则和仲裁员名册送达申请人，并将仲裁申请书副本和仲裁规则、仲裁员名册送达被申请人。

被申请人收到仲裁申请书副本后，应当在仲裁规则规定的期限内向仲裁委员会提交答辩书。仲裁委员会收到答辩书后，应当在仲裁规则规定的期限内将答辩书副本送达申请人。被申请人未提交答辩书的，不影响仲裁程序的进行。

当事人达成仲裁协议，一方向人民法院起诉未声明有仲裁协议，人民法院受理后，另一方在首次开庭前提交仲裁协议的，人民法院应当驳回起诉，但仲裁协议无效的除外；另一方在首次开庭前未对人民法院受理该案提出异议的，视为放弃仲裁协议，人民法院应当继续审理。

(三) 仲裁庭的组成

仲裁庭是行使仲裁权的主体。仲裁庭的组成必须按照法定程序进行。

1. 仲裁庭的形式

在我国，仲裁庭的组成形式有两种，即合议仲裁庭和独任仲裁庭。

1) 合议仲裁庭

合议仲裁庭由3名仲裁员组成，设首席仲裁员。

当事人约定由3名仲裁员组成仲裁庭的，应当各自选定或者各自委托仲裁委员会主任指定一名仲裁员，第3名仲裁员由当事人共同选定或者共同委托仲裁委员会主任指定。第3名仲裁员是首席仲裁员。

2) 独任仲裁庭

独任仲裁庭由1名仲裁员组成。

当事人约定由1名仲裁员成立仲裁庭的，应当由当事人共同选定或者共同委托仲裁委员会主任指定仲裁员。

当事人没有在仲裁规则规定的期限内约定仲裁庭的组成方式或者选定仲裁员的，由仲裁委员会主任指定。

仲裁庭组成后，仲裁委员会应当将仲裁庭的组成情况书面通知当事人。

2. 仲裁员的回避

仲裁员的回避是指仲裁员具有可能影响案件公正裁决的情形时，依照法律的规定，自行申请退出仲裁庭，或者根据当事人的申请退出仲裁庭。

回避制度是仲裁制度的基本制度之一，其目的是保障当事人平等行使权利，保证仲裁员公正处理案件，避免仲裁员的徇私舞弊、枉法裁决情况的出现，以保证仲裁裁决的公正性。

仲裁员有下列情形之一的，必须回避，当事人也有权提出回避申请：

(1) 是本案当事人或者当事人、代理人的近亲属。

(2) 与本案有利害关系。

(3) 与本案当事人、代理人有其他关系，可能影响公正仲裁的。

(4) 私自会见当事人、代理人，或者接受当事人、代理人的请客送礼的。

因回避而重新选定或者指定仲裁员后，当事人可以请求已进行的仲裁程序重新进行，是否准许，由仲裁庭决定；仲裁庭也可以自行决定已进行的仲裁程序是否重新进行。

仲裁员有私自会见当事人、代理人，或者接受当事人、代理人的请客送礼的情形，情节严重的，或者在仲裁该案时有索贿受贿，徇私舞弊，枉法裁决行为的，应当依法承担法律责任，仲裁委员会应当将其除名。

二、仲裁裁决的程序

(一) 开庭通知

仲裁委员会应当在仲裁规则规定的期限内将开庭日期通知双方当事人。

当事人有正当理由的，可以在仲裁规则规定的期限内请求延期开庭。是否延期，由仲裁庭决定。

申请人经书面通知，无正当理由不到庭或者未经仲裁庭许可中途退庭的，可以视为撤回仲裁申请。

被申请人经书面通知，无正当理由不到庭或者未经仲裁庭许可中途退庭的，可以缺席裁决。

(二) 开庭

仲裁应当开庭进行。当事人协议不开庭的，仲裁庭可以根据仲裁申请书、答辩书以及其他材料作出裁决。

仲裁不公开进行。当事人协议公开的，可以公开进行，但涉及国家秘密的除外。

当事人应当对自己的主张提供证据。

仲裁庭认为有必要收集的证据，可以自行收集。

仲裁庭对专门性问题认为需要鉴定的，可以交由当事人约定的鉴定部门鉴定，也可以由仲裁庭指定的鉴定部门鉴定。

当事人在仲裁过程中有权进行辩论。辩论终结时，首席仲裁员或者独任仲裁员应当征询当事人的最后意见。

仲裁庭应当将开庭情况记入笔录。当事人和其他仲裁参与人认为对自己陈述的记录有遗漏或者差错的，有权申请补正。如果不予补正，应当记录该申请。笔录由仲裁员、记录人员、当事人和其他仲裁参与人签名或者盖章。

(三) 裁决

1. 仲裁裁决的作出

裁决应当按照多数仲裁员的意见作出,少数仲裁员的不同意见可以记入笔录。仲裁庭不能形成多数意见时,裁决应当按照首席仲裁员的意见作出。

裁决书应当写明仲裁请求、争议事实、裁决理由、裁决结果、仲裁费用的负担和裁决日期。当事人协议不愿写明争议事实和裁决理由的,可以不写。裁决书由仲裁员签名,加盖仲裁委员会印章。对裁决持不同意见的仲裁员,可以签名,也可以不签名。

仲裁庭仲裁纠纷时,其中一部分事实已经清楚,可以就该部分先行裁决。

2. 仲裁裁决的生效

《仲裁法》规定,仲裁实行一裁终局。

裁决书自作出之日起发生法律效力。当事人不服裁决,不能就同一纠纷向仲裁委员会再申请仲裁或者向人民法院起诉。

(四) 仲裁中的和解和调解

1. 和解

当事人申请仲裁后,可以自行和解。达成和解协议的,可以请求仲裁庭根据和解协议作出裁决书,也可以撤回仲裁申请。

当事人达成和解协议,撤回仲裁申请后反悔的,可以根据仲裁协议申请仲裁。

2. 调解

仲裁庭在作出裁决前,可以先行调解。当事人自愿调解的,仲裁庭应当调解。调解不成的,应当及时作出裁决。

调解达成协议的,仲裁庭应当制作调解书或者根据协议的结果制作裁决书。调解书应当写明仲裁请求和当事人协议的结果,由仲裁员签名,加盖仲裁委员会印章。

调解书经双方当事人签收后,即发生与裁决书同等的法律效力。在调解书签收前当事人反悔的,仲裁庭应当及时作出裁决。

三、仲裁裁决的执行

仲裁裁决的执行是指当事人对仲裁裁决的履行。当事人应当履行仲裁裁决。如果一方当事人不履行仲裁裁决,对方当事人可以依照《民事诉讼法》的规定向人民法院申请执行。

四、人民法院和仲裁的关系

人民法院和仲裁的关系,主要体现在两个方面:一是法院对仲裁活动的协助,二是法院对仲裁活动的监督。

(一) 人民法院对仲裁的协助

法院对仲裁的协助,主要体现在仲裁中的财产保全、证据保全和仲裁裁决的执行等方面。

1. 财产保全

财产保全是指人民法院为保障将来的生效判决能够得到执行或者避免财产遭受损失,依法对当事人的财产或者争议的标的物,采取限制当事人处分的强制措施。

在仲裁活动中,一方当事人因另一方当事人的行为或者其他原因,可能使裁决不能执行或者难以执行的,可以申请财产保全。

当事人申请财产保全的,仲裁委员会应当将当事人的申请依照《民事诉讼法》的有关规定提交人民法院。

申请有错误的,申请人应当赔偿被申请人因财产保全所遭受的损失。

2. 证据保全

证据保全是指人民法院依法对可能灭失或今后难以取得的证据,予以调查收集和固定保存的行为。

在仲裁活动中,当事人在证据可能灭失或者以后难以取得的情况下,可以申请证据保全。当事人申请证据保全的,仲裁委员会应当将当事人的申请提交证据所在地的基层人民法院。

3. 仲裁裁决的执行

(1) 仲裁裁决的执行机构是人民法院。

如果被申请人的住所或其财产所在地在中国境内,根据《民事诉讼法》规定,一方当事人不履行仲裁机构的裁决的,对方当事人可以向有管辖权的人民法院申请执行。受申请的人民法院应当执行。

当事人申请执行仲裁裁决案件,由被执行人住所地或者被执行的财产所在地的中级人民法院管辖。

当事人请求不予执行仲裁调解书或者根据当事人之间的和解协议作出的仲裁裁决书的,人民法院不予支持。

(2) 另外,由于《承认和执行外国仲裁裁决公约》于 1987 年 4 月 22 日对中国生效,因此如果被申请人的住所或其财产所在地位于中国境外,而且其所在国也加入了 1958 年联合国《承认及执行外国仲裁裁决公约》,则申请人可以根据该公约向该国有管辖权的法院申请承认和执行。向外国法院申请承认和执行裁决时,应按其要求提交执行申请书并附具仲裁协议和裁决书的正本及其相关的译本等证明文件。仲裁委员会作出的仲裁裁决可以根据该公约在 140 多个国家和地区的法院得以执行。

(二) 人民法院对仲裁的监督

为了确保仲裁裁决的合法性,保护当事人的合法权益,《仲裁法》规定人民法院依法对仲裁进行监督。

人民法院对仲裁的监督,主要体现在以下方面。

1. 确认仲裁协议的效力

人民法院审理仲裁协议效力确认案件,应当组成合议庭进行审查,并询问当事人。

2. 撤销仲裁裁决

当事人申请撤销裁决的,应当自收到裁决书之日起6个月内提出。

(1) 没有仲裁协议的。

(2) 裁决的事项不属于仲裁协议的范围或者仲裁委员会无权仲裁的。

(3) 仲裁庭的组成或者仲裁的程序违反法定程序的。

违反法定程序包括违反仲裁法规定的仲裁程序和当事人选择的仲裁规则可能影响案件正确裁决的情形。

(4) 裁决所根据的证据是伪造的。

(5) 对方当事人隐瞒了足以影响公正裁决的证据的。

(6) 仲裁员在仲裁该案时有索贿受贿,徇私舞弊,枉法裁决行为的。

根据《仲裁法》第五十八条的规定,当事人提出证据证明仲裁裁决有下列情形之一的,可以向仲裁委员会所在地的中级人民法院申请撤销裁决。人民法院经组成合议庭审查核实裁决有前款规定情形之一的或者认定该裁决违背社会公共利益的,应当裁定撤销。

另外,当事人以仲裁裁决事项超出仲裁协议范围为由申请撤销仲裁裁决,经审查属实的,人民法院应当撤销仲裁裁决中的超裁部分。但超裁部分与其他裁决事项不可分的,人民法院应当撤销仲裁裁决。

人民法院受理当事人撤销仲裁裁决的申请后,另一方当事人申请执行同一仲裁裁决的,受理执行申请的人民法院应当在受理后裁定中止执行。

人民法院应当在受理撤销裁决申请之日起两个月内作出撤销裁决或者驳回申请的裁定。

当事人在仲裁程序中未对仲裁协议的效力提出异议,在仲裁裁决作出后以仲裁协议无效为由主张撤销仲裁裁决的,人民法院不予支持。

当事人以不属于《仲裁法》第五十八条或者《民事诉讼法》第二百五十八条规定的事由申请撤销仲裁裁决的,人民法院不予支持。

3. 通知仲裁庭重新仲裁

人民法院受理撤销裁决的申请后,认为可以由仲裁庭重新仲裁的,可以通知仲裁庭在一定期限内重新仲裁,并裁定中止撤销程序。

人民法院依法通知仲裁庭重新仲裁的应属于下列情形之一。

(1) 仲裁裁决所根据的证据是伪造的。

(2) 对方当事人隐瞒了足以影响公正裁决的证据的。

仲裁庭拒绝重新仲裁的,人民法院应当裁定恢复撤销程序。

仲裁庭在人民法院指定的期限内开始重新仲裁的,人民法院应当裁定终结撤销程序;未开始重新仲裁的,人民法院应当裁定恢复撤销程序。

当事人对重新仲裁裁决不服的,可以在重新仲裁裁决书送达之日起6个月内依据《仲裁法》第五十八条规定向人民法院申请撤销。

4. 不予执行仲裁裁决

不予执行仲裁裁决是指一方当事人向有管辖权的人民法院申请执行仲裁裁决时,被申请人提出证据证明仲裁裁决符合法定情形的,人民法院裁定不予执行该裁决。

根据《民事诉讼法》第二百三十七条规定，有下列情形之一的，经人民法院组成合议庭审查核实，裁定不予执行，裁定书应当送达双方当事人和仲裁机构。

(1) 当事人在合同中没有订有仲裁条款或者事后没有达成书面仲裁协议的。

(2) 裁决的事项不属于仲裁协议的范围或者仲裁机构无权仲裁的。

(3) 仲裁庭的组成或者仲裁的程序违反法定程序的。

(4) 裁决所根据的证据是伪造的。

(5) 对方当事人向仲裁机构隐瞒了足以影响公正裁决的证据的。

(6) 仲裁员在仲裁该案时有贪污受贿，徇私舞弊，枉法裁决行为的。

人民法院认定执行该裁决违背社会公共利益的，裁定不予执行。

仲裁裁决被人民法院裁定不予执行的，当事人可以根据双方达成的书面仲裁协议重新申请仲裁，也可以向人民法院起诉。

当事人向人民法院申请撤销仲裁裁决被驳回后，又在执行程序中以相同理由提出不予执行抗辩的，人民法院不予支持。

当事人在仲裁程序中未对仲裁协议的效力提出异议，在仲裁裁决作出后以仲裁协议无效为由提出不予执行抗辩的，人民法院不予支持。

当事人在仲裁程序中对仲裁协议的效力提出异议，在仲裁裁决作出后又以此为由提出不予执行抗辩，经审查符合《仲裁法》第五十八条或者《民事诉讼法》第二百一十七条、第二百六十条规定的，人民法院应予支持。

问答题

1. 仲裁的基本程序包括哪些阶段？
2. 人民法院对仲裁的监督如何体现？
3. 人民法院对仲裁的协助如何体现？

本章主要参考法律法规

1.《中华人民共和国仲裁法》；
2.《最高人民法院关于认真贯彻仲裁法依法执行仲裁裁决的通知》；
3. 国务院办公厅《关于贯彻实施〈中华人民共和国仲裁法〉若干问题的通知 》；
4.《最高人民法院关于实施〈中华人民共和国仲裁法〉几个问题的通知 》；
5.《最高人民法院关于适用〈中华人民共和国仲裁法〉若干问题的解释》。

第十八章

民事诉讼

甲公司为重庆市的一家服装生产企业，乙公司为上海市的一家面料生产企业。2017年1月1日，甲公司和乙公司在上海市签订一份200万元的面料买卖合同，合同中约定如果发生争议，由北京市的人民法院管辖。合同签订后，双方因乙公司交货的质量问题发生争议，甲公司首先向北京市朝阳区人民法院递交了诉状，但北京市朝阳区人民法院审查后，认定双方协议管辖无效，北京市朝阳区人民法院对本案没有管辖权，最终裁定不予受理本案。

第一节 民事诉讼概述

当事人之间发生经济纠纷，其性质属于民事争议，可依法提起民事诉讼，适用民事诉讼程序。根据2017年最高人民法院工作报告，2016年各级人民法院"维护市场经济秩序。坚持依法保护产权、尊重契约自由、倡导诚实守信，各级法院审结一审商事案件334.7万件，同比上升20.3%"。"保护民主权益，各级法院审结一审民事案件622.8万件，其中涉及消费、教育、医疗、住房、就业等案件72.2万件。"上述经济纠纷案件的审理，有效地维护了当事人的合法权益，推进了法治建设、促进了经济社会发展。

一、民事诉讼的概念和基本原则

（一）民事诉讼的概念

民事诉讼是指人民法院、当事人和其他诉讼参与人在审理民事案件的过程中所进行的各种诉讼活动。即代表国家行使审判权的人民法院，在各方当事人和其他诉讼参与人的参与下，审理和解决经济纠纷的各种活动。

民事诉讼的主要法律依据是《民事诉讼法》及其司法解释。《民事诉讼法》于1991年4月9日第七届全国人民代表大会第四次会议通过。根据2007年10月29日第十届全国人民代表大会常务委员会第三十次会议，《关于修改〈中华人民共和国民事诉讼法〉的决定》进行了第一次修正，自2008年4月1日起施行。根据2012年8月31日第十一届全国人民代表大会常务委员会第二十八次会议，《关于修改〈中华人民共和国民事诉讼法〉的决定》第二次修正，新的《民事诉讼法》于2013年1月1日起生效。

(二)民事诉讼的基本原则

根据《民事诉讼法》的规定,民事诉讼活动中,人民法院审理国内经济纠纷案件,主要有以下基本原则。

1. 处分原则

处分原则是指在诉讼过程中,当事人有权在法律规定的范围内处分自己的民事权利和诉讼权利。

2. 平等原则

平等原则是指当事人在诉讼过程中平等地享有和行使诉讼权利,平等地承担诉讼义务。当事人不论身份和社会地位如何,在诉讼过程中地位平等,不享有任何诉讼上的特权。

人民法院审理民事案件,应当保障和便利当事人行使诉讼权利,对当事人在适用法律上一律平等。

3. 调解原则

民事诉讼中的调解作为一种结案方式,是指双方或多方当事人就争议的实体权利、义务,在人民法院、人民调解委员会的主持下,自愿进行协商,通过教育疏导,促成各方达成协议、解决纠纷的办法。人民法院审理民事案件,应当根据自愿和合法的原则进行调解;调解不成的,应当及时判决。

因此人民法院审理民事案件,在整个诉讼过程中均贯彻调解原则,包括第一审程序、第二审程序和审判监督程序。

4. 辩论原则

辩论原则是指当事人在人民法院的主持下,在诉讼过程中有权就纠纷的事实和适用法律等各种争议问题,陈述自己的主张,进行答辩和相互之间的反驳,从而通过辩论维护自己的民事权益。当事人的辩论活动也有利于人民法院查明案件事实,正确适用法律和审理案件。

5. 支持起诉原则

支持起诉原则是指国家机关、社会团体、企业事业单位对损害国家、集体或者个人合法利益的行为,可以支持受损害的人向人民法院起诉。

支持起诉的要件是:

(1) 支持起诉的主体是机关、团体、企业事业单位。

(2) 支持起诉的前提是法人或者自然人有损害国家、集体或者个人民事权益的违法行为。

(3) 支持起诉的时机必须是受损害的单位或个人造成了损害,而又不能、不敢或者不便诉诸法院。

6. 同等和对等原则

同等和对等原则是针对在我国参加民事诉讼活动的外国人、无国籍人、外国企业和组织。具体包括两方面:

首先,同等原则体现为,外国人、无国籍人、外国企业和组织在人民法院起诉、应诉,同中华人民共和国公民、法人和其他组织有同等的诉讼权利义务。

其次，对等原则体现为，外国法院对中华人民共和国公民、法人和其他组织的民事诉讼权利加以限制的，中华人民共和国人民法院对该国公民、企业和组织的民事诉讼权利实行对等原则。

二、民事诉讼的管辖

民事诉讼的管辖是指在人民法院内部，各级人民法院和同级人民法院之间，受理第一审民事案件的分工和权限。它是在人民法院系统内部划分和确定某级或者同级中的某个人民法院对某一民事案件行使审判权的问题。确定了第一审案件的管辖后，第二审案件的管辖相应确定。民事诉讼的管辖主要通过级别管辖和地域管辖来确定。

（一）级别管辖

级别管辖是从纵向上划分上下级法院之间受理第一审民事案件的分工和权限。我国法院一共有四级：基层人民法院、中级人民法院、高级人民法院和最高人民法院。（此外还有专门法院即军事法院、海事法院、铁路运输法院。）这四级人民法院依法都可以受理第一审民事案件，但受理案件的范围不同。

1. 基层人民法院

基层人民法院是中华人民共和国地方最低一层的人民法院，根据《中华人民共和国人民法院组织法》，在县、县级市、自治县、市辖区设立基层人民法院。

根据《民事诉讼法》第十七条的规定，基层人民法院管辖第一审民事案件，但《民事诉讼法》另有规定的除外。因此，一般民事案件都由基层法院管辖，即除了法律规定由中级法院、高级法院、最高法院管辖的第一审民事案件外，其余一切民事案件都由基层法院管辖。

在人民法院的组织系统中，基层人民法院的数量最多，分布最广，审判人员的数量最多，且只审理第一审案件，不审理上诉案件，因此，基层人民法院承担了较大比例的第一审案件。

2. 中级人民法院

根据《中华人民共和国人民法院组织法》第二十二条之规定，中级人民法院包括：在省、自治区内按地区设立的中级人民法院，在直辖市内设立的中级人民法院，省、自治区辖市的中级人民法院，自治州中级人民法院。

根据《民事诉讼法》第十八条的规定，中级人民法院管辖下列第一审民事案件。

1）重大涉外案件

涉外案件是指具有外国因素的民事案件，如原告或被告是外国人、涉及的财产在外国等。重大涉外案件是指争议标的额大、案情复杂，或者居住在国外的当事人人数众多或当事人分属多国国籍的涉外案件。

2）在本辖区有重大影响的案件

在本辖区有重大影响的案件一般是指在政治上或经济上有重大影响的案件。前者主要是指诉讼当事人或诉讼标的及标的物涉及的人或事在政治上有重大影响，如当事人是党、政、军界要员或人大代表等。后者主要是指诉讼标的金额较大、争议的法律关系涉及国家经济政策的贯彻等类案件。

3）最高人民法院确定由中级人民法院管辖的案件

最高人民法院确定由中级人民法院管辖的案件主要有海事和海商案件、专利纠纷案件、商标侵权案件、公益诉讼案件。海事、海商案件只能由海事法院管辖（海事法院与普通中级法院同级），其他法院不能管辖。专利纠纷案件由知识产权法院、最高人民法院确定的中级人民法院和基层人民法院管辖。

3. 高级人民法院

高级人民法院设于省、自治区、直辖市，是省级的最高审判机关。高级人民法院的主要任务是对本辖区内中级人民法院和基层人民法院的审判活动进行指导和监督，审理不服中级人民法院判决、裁定的上诉案件。

高级人民法院也管辖少量的第一审民事案件。根据《民事诉讼法》第十九条的规定，高级人民法院管辖在本辖区有重大影响的第一审民事案件。

中级人民法院和高级人民法院管辖的第一审案件中均有本辖区内重大影响的案件。重大影响的标准由最高人民法院根据各地区具体情况作出规定。根据最高人民法院发布的 2008 年 4 月生效的《全国各省、自治区、直辖市高级人民法院和中级人民法院立案标准》，以北京市和上海市为例：北京市高级人民法院管辖诉讼标的额在 2 亿元以上的第一审民商事案件，以及诉讼标的额在 1 亿元以上且当事人一方住所地不在本辖区或者涉外、涉港澳台的第一审民商事案件；中级人民法院、北京铁路运输中级法院管辖诉讼标的额在 5 000万元以上的第一审民商事案件，以及诉讼标的额在 2 000 万元以上且当事人一方住所地不在本辖区或者涉外、涉港澳台的第一审民商事案件。

上海市高级人民法院管辖诉讼标的额在 2 亿元以上的第一审民商事案件，以及诉讼标的额在 1 亿元以上且当事人一方住所地不在本辖区的第一审民商事案件或者涉外、涉港澳台地区的第一审民事案件；中级人民法院管辖诉讼标的额在 5 000 万元以上的第一审民商事案件，以及诉讼标的额在 2 000 万元以上且当事人一方住所地不在本辖区的第一审民商事案件或者涉外、涉港澳台地区的第一审民事案件。

4. 最高人民法院

根据《民事诉讼法》第二十条的规定，最高人民法院管辖下列第一审民事案件。

1）在全国有重大影响的案件

在全国有重大影响的案件是指在全国范围内案件性质比较严重、案情特别复杂、影响重大的案件，这类案件为数极少。

2）认为应当由本院审理的案件

最高人民法院认为应当由本院审理的案件是指只要最高人民法院认为某一案件应当由其审理，不论该案属于哪一级、哪一个法院管辖，它都有权将案件提上来自己审判，从而取得对案件的管辖权。这是法律赋予最高审判机关在管辖上的特殊权力。

由最高人民法院作为第一审管辖的民事案件实行一审终审，不能上诉。

根据 2017 年最高人民法院工作报告，2016 年最高人民法院受理案件 15 985 件，审结 14 135 件，比 2014 年分别上升 42.6％和 43％；地方各级人民法院受理案件 1 951.1 万件，审结、执结1 671.4万件,结案标的额4万亿元,同比分别上升24.7%、21.1%和54.5%。

(二) 地域管辖

地域管辖又称属地管辖或者土地管辖,是指确定同级别的人民法院之间受理第一审民事案件的分工和权限。在级别管辖明确的基础上再通过地域管辖确定具体的受诉法院。

在确定地域管辖中,两个以上人民法院都有管辖权的诉讼,原告可以向其中一个人民法院起诉;原告向两个以上有管辖权的人民法院起诉的,由最先立案的人民法院管辖。

地域管辖主要分为一般地域管辖、特殊地域管辖、专属管辖、共同管辖和协议管辖等。

1. 一般地域管辖

一般地域管辖是指按照当事人的住所与其所在地法院的隶属关系确定的管辖。

1) 一般地域管辖的原则

一般地域管辖的原则是"原告就被告"。

对公民提起的民事诉讼,由被告住所地人民法院管辖;被告住所地与经常居住地不一致的,由经常居住地人民法院管辖。

对法人或者其他组织提起的民事诉讼,由被告住所地人民法院管辖。

同一诉讼的几个被告住所地、经常居住地在两个以上人民法院辖区的,各该人民法院都有管辖权。

2) 例外

"原告就被告"原则也有例外。下列民事诉讼由原告住所地人民法院管辖:原告住所地与经常居住地不一致的,由原告经常居住地人民法院管辖:对不在中华人民共和国领域内居住的人提起的有关身份关系的诉讼;对下落不明或者宣告失踪的人提起的有关身份关系的诉讼;对被采取强制性教育措施的人提起的诉讼;对被监禁的人提起的诉讼。

2. 特殊地域管辖

特殊地域管辖又称特别地域管辖,是指以被告住所地、诉讼标的所在地、法律事实所在地为标准确定的管辖。在特殊地域管辖中至少有两个法院都有管辖权,且当事人可以选择其中一个法院进行起诉。因此,特殊地域管辖从当事人角度看属于"选择管辖",从法院角度看属于"共同管辖"。特殊地域管辖主要包括下列情形:

(1) 因合同纠纷提起的诉讼由被告住所地或者合同履行地人民法院管辖。

(2) 因保险合同纠纷提起的诉讼,由被告住所地或者保险标的物所在地人民法院管辖。

(3) 因票据纠纷提起的诉讼,由票据支付地或者被告住所地人民法院管辖。

(4) 因公司设立、确认股东资格、分配利润、解散等纠纷提起的诉讼,由公司住所地人民法院管辖。

(5) 因铁路、公路、水上、航空运输和联合运输合同纠纷提起的诉讼,由运输始发地、目的地或者被告住所地人民法院管辖。

(6) 因侵权行为提起的诉讼,由侵权行为地或者被告住所地人民法院管辖。

(7) 因铁路、公路、水上和航空事故请求损害赔偿提起的诉讼,由事故发生地或者车辆、船舶最先到达地、航空器最先降落地或者被告住所地人民法院管辖。

(8) 因船舶碰撞或者其他海事损害事故请求损害赔偿提起的诉讼,由碰撞发生地、碰撞船舶最先到达地、加害船舶被扣留地或者被告住所地人民法院管辖。

(9) 因海难救助费用提起的诉讼,由救助地或者被救助船舶最先到达地人民法院管辖。

(10) 因共同海损提起的诉讼,由船舶最先到达地、共同海损理算地或者航程终止地的人民法院管辖。

3. 专属管辖

专属管辖是指法律强制规定某类案件只能由特定法院管辖,其他法院无权管辖,也不允许当事人协议变更管辖。与其他法定管辖相比,专属管辖具有优先性、排他性与强制性。下列案件实行专属管辖:

(1) 因不动产纠纷提起的诉讼,由不动产所在地人民法院管辖。

(2) 因港口作业中发生纠纷提起的诉讼,由港口所在地人民法院管辖。

(3) 因继承遗产纠纷提起的诉讼,由被继承人死亡时住所地或者主要遗产所在地人民法院管辖。

4. 共同管辖

共同管辖指根据《民事诉讼法》关于管辖的规定,两个以上的法院对同一案件都享有管辖权。例如,《民事诉讼法》第二十一条规定同一诉讼的几个被告住所地、经常居住地在两个以上人民法院辖区的,各该人民法院都有管辖权。发生共同管辖时,根据《民事诉讼法》第三十五条规定,原告可以向其中一个人民法院起诉;原告向两个以上有管辖权的人民法院起诉的,由最先立案的人民法院管辖。

5. 协议管辖

协议管辖又称合意管辖或者约定管辖,是指合同或者其他财产权益纠纷的当事人可以书面协议选择被告住所地、合同履行地、合同签订地、原告住所地、标的物所在地等与争议有实际联系的地点的人民法院管辖,但不得违反《民事诉讼法》对级别管辖和专属管辖的规定。这里的其他财产权益纠纷包括因物权、知识产权中的财产权而产生的民事纠纷。

(三) 移送管辖、指定管辖和管辖权转移

1. 移送管辖

移送管辖是指人民法院发现受理的案件不属于本院管辖的,依法将该案件移送给有管辖权的人民法院。

受移送的人民法院应当受理。受移送的人民法院认为受移送的案件依照规定不属于本院管辖的,应当报请上级人民法院指定管辖,不得再自行移送。

移送管辖的适用应当具备以下条件:

(1) 人民法院已经受理案件。

若尚未受理的案件,经审查不归本法院管辖的,不存在移送管辖问题,应告知当事人向有管辖权的人民法院起诉。

(2) 受理案件的人民法院对该案无管辖权。

受理案件的人民法院对该案无管辖权,因此无权审理该案件。

(3) 接受移送案件的人民法院依法享有管辖权。

移送管辖中不得随意移送,只能向有管辖权的人民法院移送。

(4) 不得再自行移送。

不得再自行移送是指移送案件的人民法院所作出的移送案件裁定,对接受移送案件的人民法院具有约束力。即受移送案件的法院必须受理,不得以任何理由再自行移送。如受移送案件的人民法院认为该院依法确无管辖权时,应报请上级人民法院指定管辖。

2. 指定管辖

指定管辖主要有两种情况:有管辖权的人民法院由于特殊原因,不能行使管辖权的,由上级人民法院指定管辖。

人民法院之间因管辖权发生争议,由争议双方协商解决;协商解决不了的,报请它们的共同上级人民法院指定管辖。

3. 管辖权的转移

上级人民法院有权审理下级人民法院管辖的第一审民事案件;确有必要将本院管辖的第一审民事案件交下级人民法院审理的,应当报请其上级人民法院批准。

下级人民法院对它所管辖的第一审民事案件,认为需要由上级人民法院审理的,可以报请上级人民法院审理。

三、民事诉讼中的诉讼参与人

诉讼参与人是在诉讼活动中享有一定诉讼权利,并承担一定诉讼义务的除国家专门机关工作人员以外的人。民事诉讼中的诉讼参与人主要包括以下类型。

(一) 当事人

1. 当事人的概念

当事人是指民事诉讼中以自己的名义要求人民法院保护民事权利或者法律关系、受人民法院裁判约束的起诉方和被诉方。公民、法人和其他组织可以作为民事诉讼的当事人。法人由其法定代表人进行诉讼。其他组织由其主要负责人进行诉讼。

2. 当事人的种类

当事人有狭义当事人和广义当事人之分,狭义当事人仅包括原告和被告,广义的当事人除原告、被告外,还包括共同诉讼人和第三人。

1) 原告

原告是指认为自己的合法权益被侵害,或者与他人发生争议后,以自己的名义向人民法院提起诉讼,请求法院保护其权益的人。

2) 被告

被告是指被原告起诉侵害了原告合法权益或者与原告发生争议,被人民法院通知应诉的人。

3. 当事人的诉讼权利和义务

1）当事人的诉讼权利

当事人依法享有诉讼权利，其诉讼权利主要包括：当事人有权委托代理人；有权提出回避申请，收集、提供证据，进行辩论，请求调解，提起上诉，申请执行；当事人可以查阅本案有关材料，并可以复制本案有关材料和法律文书。

2）当事人的诉讼义务

当事人依法承担诉讼义务，其诉讼义务主要包括：当事人必须依法行使诉讼权利；遵守诉讼秩序；履行发生法律效力的判决书、裁定书和调解书。

另外，双方当事人可以自行和解；原告可以放弃或者变更诉讼请求。被告可以承认或者反驳诉讼请求，有权提起反诉。

诉讼参与人还包括证人、鉴定人、翻译人员等。

（二）共同诉讼人

当事人一方或者双方为二人以上，其诉讼标的是共同的，或者诉讼标的是同一种类、人民法院认为可以合并审理并经当事人同意的，为共同诉讼。

共同诉讼的一方当事人对诉讼标的有共同权利义务的，其中一人的诉讼行为经其他共同诉讼人承认，对其他共同诉讼人发生效力；对诉讼标的没有共同权利义务的，其中一人的诉讼行为对其他共同诉讼人不发生效力。

（三）诉讼代表人

当事人一方人数众多的共同诉讼，可以由当事人推选代表人进行诉讼。

诉讼标的是同一种类、当事人一方人数众多在起诉时人数尚未确定的，人民法院可以发出公告，说明案件情况和诉讼请求，通知权利人在一定期间向人民法院登记。

向人民法院登记的权利人可以推选代表人进行诉讼；推选不出代表人的，人民法院可以与参加登记的权利人商定代表人。

代表人的诉讼行为对其所代表的当事人发生效力，但代表人变更、放弃诉讼请求或者承认对方当事人的诉讼请求，进行和解，必须经被代表的当事人同意。

人民法院作出的判决、裁定，对参加登记的全体权利人发生效力。未参加登记的权利人在诉讼时效期间提起诉讼的，适用该判决、裁定。

（四）第三人

第三人包括有独立请求权和无独立请求权两种情况。

对当事人双方的诉讼标的，第三人认为有独立请求权的，有权提起诉讼。

对当事人双方的诉讼标的，第三人虽然没有独立请求权，但案件处理结果同他有法律上的利害关系的，可以申请参加诉讼，或者由人民法院通知他参加诉讼。人民法院判决承担民事责任的第三人，有当事人的诉讼权利义务。

(五) 诉讼代理人

无诉讼行为能力人由他的监护人作为法定代理人代为诉讼。法定代理人之间互相推诿代理责任的,由人民法院指定其中一人代为诉讼。

当事人、法定代理人可以向人民法院提交由己方签名或者盖章的授权委托书,委托1～2名符合《民事诉讼法》规定的人作为诉讼代理人。

授权委托书必须记明委托事项和权限。诉讼代理人代为承认、放弃、变更诉讼请求,进行和解,提起反诉或者上诉,必须有委托人的特别授权。诉讼代理人有权调查收集证据,可以查阅本案有关材料。

四、诉讼保全

诉讼保全是指人民法院对于可能因当事人一方的行为或者其他原因,使判决难以执行或者造成当事人其他损害的案件,裁定对其财产进行保全,责令其作出一定行为或者禁止其作出一定行为。

(一) 诉讼保全的种类

根据诉讼保全的前提,可分为三种情况。

1. 当事人申请的保全

人民法院对于可能因当事人一方的行为或者其他原因,使判决难以执行或者造成当事人其他损害的案件,根据对方当事人的申请,可以裁定对其财产进行保全、责令其作出一定行为或者禁止其作出一定行为。

2. 人民法院主动裁定的保全

当事人没有提出保全申请的,人民法院在必要时也可以裁定采取保全措施。

上述两种情况下人民法院采取保全措施,可以责令申请人提供担保,申请人不提供担保的,裁定驳回申请。

人民法院接受申请后,必须在48小时内作出裁定;裁定采取保全措施的,应当立即开始执行。

3. 利害关系人申请的保全

利害关系人因情况紧急,不立即申请保全将会使其合法权益受到难以弥补的损害的,可以在提起诉讼或者申请仲裁前向被保全财产所在地、被申请人住所地或者对案件有管辖权的人民法院申请采取保全措施。申请人应当提供担保,不提供担保的,裁定驳回申请。

人民法院接受申请后,必须在48小时内作出裁定;裁定采取保全措施的,应当立即开始执行。

申请人在人民法院采取保全措施后30日内不依法提起诉讼或者申请仲裁的,人民法院应当解除保全。

财产纠纷案件,被申请人提供担保的,人民法院应当裁定解除保全。申请有错误的,申请人应当赔偿被申请人因保全所遭受的损失。

(二) 保全的范围和措施

1. 保全的范围

保全限于请求的范围,或者与本案有关的财物。

2. 保全的措施

财产保全采取查封、扣押、冻结或者法律规定的其他方法。人民法院保全财产后,应当立即通知被保全财产的人。

五、诉讼费用

当事人进行民事诉讼,应当按照规定交纳案件受理费。财产案件除交纳案件受理费外,并按照规定交纳其他诉讼费用。诉讼费用的交纳主要依据为国务院颁布的2007年4月1日起施行的《诉讼费用交纳办法》。

(一) 诉讼费用交纳原则

当事人进行民事诉讼、行政诉讼,应当依照本办法交纳诉讼费用。

本办法规定可以不交纳或者免予交纳诉讼费用的除外。

在诉讼过程中不得违反本办法规定的范围和标准向当事人收取费用。

国家对交纳诉讼费用确有困难的当事人提供司法救助,保障其依法行使诉讼权利,维护其合法权益。当事人可依法向人民法院申请缓交、减交或免交。

(二) 诉讼费用的交纳范围

1. 案件受理费

(1) 第一审案件受理费。

(2) 第二审案件受理费。

(3) 再审案件中,依照本办法规定需要交纳的案件受理费。

2. 申请费

(1) 申请执行人民法院发生法律效力的判决、裁定、调解书,仲裁机构依法作出的裁决和调解书,公证机构依法赋予强制执行效力的债权文书。

(2) 申请保全措施。

(3) 申请支付令。

(4) 申请公示催告。

(5) 申请撤销仲裁裁决或者认定仲裁协议效力。

(6) 申请破产。

(7) 申请海事强制令、共同海损理算、设立海事赔偿责任限制基金、海事债权登记、船舶优先权催告。

(8) 申请承认和执行外国法院判决、裁定和国外仲裁机构裁决。

(三) 诉讼费用的交纳标准

1. 案件受理费的交纳标准

1) 财产案件

财产案件根据诉讼请求的金额或者价额,按照比例分段累计交纳。如不超过1万元的,每件交纳50元;超过1万~10万元的部分,按照2.5%交纳;超过10万~20万元的部分,按照2%交纳;超过20万~50万元的部分,按照1.5%交纳;超过50万~100万元的部分,按照1%交纳;超过100万~200万元的部分,按照0.9%交纳;超过200万~500万元的部分,按照0.8%交纳;超过500万~1 000万元的部分,按照0.7%交纳;超过1 000万~2 000万元的部分,按照0.6%交纳;超过2 000万元的部分,按照0.5%交纳。

2) 非财产案件的交纳标准

侵害名称权、名誉权以及其他人格权的案件,每件交纳100~500元。涉及损害赔偿,赔偿金额不超过5万元的,不另行交纳;超过5万~10万元的部分,按照1%交纳;超过10万元的部分,按照0.5%交纳。

其他非财产案件每件交纳50~100元。

3) 知识产权民事案件

没有争议金额或者价额的,每件交纳500~1 000元,有争议金额或者价额的,按照财产案件的标准交纳。

4) 行政案件

商标、专利、海事行政案件每件交纳100元,其他行政案件每件交纳50元。

2. 申请费的交纳标准

(1) 依法向人民法院申请执行人民法院发生法律效力的判决、裁定、调解书,仲裁机构依法作出的裁决和调解书,公证机关依法赋予强制执行效力的债权文书,申请承认和执行外国法院判决、裁定以及国外仲裁机构裁决的交纳标准是:

没有执行金额或者价额的,每件交纳50~500元。

有执行金额的,按照执行金额分段按比例交纳。

(2) 申请保全措施的,根据实际保全的财产数额依法交纳:

财产数额不超过1 000元或者不涉及财产数额的,每件交纳30元;超过1 000元至10万元的部分,按照1%交纳;超过10万元的部分,按照0.5%交纳。但是,当事人申请保全措施交纳的费用最多不超过5 000元。

(3) 依法申请公示催告的,每件交纳100元。

(4) 申请撤销仲裁裁决或者认定仲裁协议效力的,每件交纳400元。

(5) 破产案件依据破产财产总额计算,按照财产案件受理费标准减半交纳,但是,最高不超过30万元。

一、名词解释题

民事诉讼　当事人　级别管辖　地域管辖　起诉　专属管辖　移送管辖

二、问答题

1. 民事诉讼的基本原则有哪些？
2. 民事诉讼的当事人有哪些？
3. 什么是诉讼保全？
4. 民事诉讼级别管辖应如何确定？
5. 民事诉讼地域管辖包括哪些种类？
6. 民事诉讼费用应如何确定？

第二节　第一审程序

原告甲方于2017年5月30日因买卖合同纠纷起诉被告乙方。案件应适用简易程序。但原告提供的被告的居住地址无法送达，且原告未能在合理的期限内提供被告的其他联系方式，又无证据证明被告下落不明，致使无法向被告送达，据此，法院视为原告的起诉无明确被告。根据《民事诉讼法》第一百零八条、第一百四十条之规定，裁定驳回原告的起诉。

民事诉讼程序包括附属程序、民事审判程序、民事执行程序。审判程序又包括非争议案件和争议案件的审判程序。本章主要介绍对争议案件的审判程序和执行程序。我国民事诉讼实行两审终审制，审判程序包括第一审程序、第二审程序和审判监督程序。

民事诉讼的第一审普通程序主要包括以下步骤。

一、起诉和受理

（一）起诉

1. 起诉的概念

民事诉讼法中的起诉，是指民事法律关系主体因自己的或依法受其管理、支配的民事权益受到侵犯，或者与他人发生争议，以自己的名义请求法院予以审判保护的诉讼行为。人民法院审理的各种案件，是以公诉机关或者原告的起诉为前提，如果没有人起诉，法院对任何案件都不主动审理。即所谓“不告不理”的原则。

2. 起诉的条件

起诉必须符合下列条件：

（1）原告是与本案有直接利害关系的公民、法人和其他组织。

只有因为自己的合法民事权益受到侵害或者与他人发生争议，才能以原告身份向人民法院提起诉讼。

对污染环境、侵害众多消费者合法权益等损害社会公共利益的行为，法律规定的机关和有关组织可以向人民法院提起诉讼。

（2）有明确的被告。

原告提起诉讼时必须指出侵犯其合法权益或者与之发生争议的人。

根据《民事诉讼法》规定,原告的起诉状应当列明:"当事人的姓名、性别、年龄、民族、职业、工作单位和住所,法人或者其他组织的名称、住所和法定代表人或者主要负责人的姓名、职务。"

(3) 有具体的诉讼请求和事实、理由。

(4) 属于人民法院受理民事诉讼的范围和受诉人民法院管辖。

起诉应当向人民法院递交起诉状,并按照被告人数提出副本。

起诉状应当记明原告与被告的姓名、性别、工作单位、住所等信息,法人或者其他组织的名称、住所等信息;诉讼请求和所根据的事实与理由;证据和证据来源,证人姓名和住所。

当事人起诉到人民法院的民事纠纷,适宜调解的,先行调解,但当事人拒绝调解的除外。

(二) 受理

受理是指人民法院对原告的起诉进行审查,认为符合法律规定的起诉条件的,决定立案审理的行为。

人民法院接到原告的起诉后,对符合起诉条件的,必须受理,应当在7日内立案,并通知当事人;不符合起诉条件的,应当在7日内作出裁定书,不予受理;原告对裁定不服的,可以提起上诉。

二、审理前的准备

审理前的准备是指人民法院立案后,在开庭审理之前,依法所做的各项主要工作。

审理前的准备工作包括:送达起诉状副本和答辩状副本;告知当事人诉讼权利义务;告知当事人合议庭组成人员;审查核实诉讼材料,调查收集必要的证据;追加当事人。

(一) 送达起诉状副本和答辩状副本

人民法院应当在立案之日起5日内将起诉状副本(包括原告口头起诉的,也应以书面形式)送达被告,被告应当在收到之日起15日内提出答辩状。人民法院应当在收到答辩状之日起5日内将答辩状副本发送原告。被告不提出答辩状的,不影响人民法院审理。

(二) 告知当事人诉讼权利义务

为了保障当事人的诉讼权利的行使和诉讼义务的履行,人民法院应当在受理案件通知书和应诉通知书中向当事人告知有关的诉讼权利义务,或者口头告知。

(三) 告知当事人合议庭组成人员

审理案件的合议庭组成人员确定后,人民法院应当在3日内告知当事人。

(四) 审查核实诉讼材料,调查收集必要的证据

承办该案件的审判人员必须认真审核当事人提交的起诉状、答辩状、证据等诉讼材

料，从而了解案情，确定双方证据是否充分，是否需要人民法院调查和收集必要的证据。对案件必需的当事人无法提供的证据，人民法院应当进行调查和收集。

（五）追加当事人

如果人民法院发现必须共同进行诉讼的当事人没有参加诉讼的，人民法院应当通知其参加诉讼。当事人也可以向人民法院申请追加当事人。

三、开庭审理

开庭审理是指人民法院、当事人以及其他诉讼参与人，按照法定的程序和步骤，对案件进行审理的诉讼活动。

开庭审理应当公开进行。人民法院审理民事案件，除涉及国家秘密、个人隐私或者法律另有规定的以外，应当公开进行。离婚案件，涉及商业秘密的案件，当事人申请不公开审理的，可以不公开审理。

（一）开庭审理的阶段

包括开庭准备、法庭调查、法庭辩论、案件的评议和宣判几个阶段。

1. 开庭准备

人民法院审理民事案件，应当在开庭 3 日前通知当事人和其他诉讼参与人。公开审理的，应当公告当事人姓名、案由和开庭的时间、地点。

开庭审理前，书记员应当查明当事人和其他诉讼参与人是否到庭，宣布法庭纪律。

开庭审理时，由审判长核对当事人，宣布案由，宣布审判人员、书记员名单，告知当事人有关的诉讼权利义务，询问当事人是否提出回避申请。

2. 法庭调查

法庭调查按照下列顺序进行：

（1）当事人陈述。

（2）告知证人的权利义务，证人做证，宣读未到庭的证人证言。

（3）出示书证、物证、视听资料和电子数据。

（4）宣读鉴定意见。

（5）宣读勘验笔录。

当事人在法庭上可以提出新的证据。

当事人经法庭许可，可以向证人、鉴定人、勘验人发问。

当事人要求重新进行调查、鉴定或者勘验的，是否准许，由人民法院决定。

原告增加诉讼请求，被告提出反诉，第三人提出与本案有关的诉讼请求，可以合并审理。

3. 法庭辩论

法庭辩论按照下列顺序进行：

（1）原告及其诉讼代理人发言。

（2）被告及其诉讼代理人答辩。

(3) 第三人及其诉讼代理人发言或者答辩。

(4) 互相辩论。

法庭辩论终结,由审判长按照原告、被告、第三人的先后顺序征询各方最后意见。

4. 案件的评议和宣判

法庭辩论终结,应当依法作出判决。判决前能够调解的,还可以进行调解,调解不成的,应当及时判决。

人民法院对公开审理或者不公开审理的案件,一律公开宣告判决。

当庭宣判的,应当在10日内发送判决书;定期宣判的,宣判后立即发给判决书。

宣告判决时,必须告知当事人上诉权利、上诉期限和上诉的法院。

人民法院适用普通程序审理的案件,应当在立案之日起6个月内审结。有特殊情况需要延长的,由本院院长批准,可以延长6个月;还需要延长的,报请上级人民法院批准。

(二) 诉讼的中止和终结

1. 诉讼的中止

诉讼中止是指在诉讼过程中,诉讼程序因特殊情况的发生而中途停止的一种法律制度。有下列情形之一的,中止诉讼:

(1) 一方当事人死亡,需要等待继承人表明是否参加诉讼的。

(2) 一方当事人丧失诉讼行为能力,尚未确定法定代理人的。

(3) 作为一方当事人的法人或者其他组织终止,尚未确定权利义务承受人的。

(4) 一方当事人因不可抗拒的事由,不能参加诉讼的。

(5) 本案必须以另一案的审理结果为依据,而另一案尚未审结的。

(6) 其他应当中止诉讼的情形。

中止诉讼的原因消除后,恢复诉讼。

2. 诉讼的终结

诉讼的终结是指在诉讼进行中,由于出现特定情形,使诉讼程序不能继续进行下去,或者失去了继续进行的意义,从而结束诉讼程序的。有下列情形之一的,终结诉讼:

(1) 原告死亡,没有继承人,或者继承人放弃诉讼权利的。

(2) 被告死亡,没有遗产,也没有应当承担义务的人的。

(3) 离婚案件一方当事人死亡的。

(4) 追索赡养费、扶养费、抚育费以及解除收养关系案件的一方当事人死亡的。

四、判决和裁定

(一) 判决和裁定的概念与区别

1. 民事判决

民事判决是人民法院代表国家行使审判权,依照法律,对审理终结的诉讼案件或者非诉讼案件,就当事人民事实体权利义务的争议,或者就确认具有法律意义的事实作出的决定。民事判决的书面形式就是民事判决书。

2. 民事裁定

民事裁定是人民法院审理民事案件或者在民事案件执行的过程中,为保证审判工作的顺利进行,就发生的诉讼程序问题作出的决定。民事裁定的书面形式就是民事裁定书。

3. 判决和裁定的区别

判决和裁定都是人民法院在民事诉讼过程中作出的决定,二者的区别主要是:裁定解决诉讼中的程序问题,判决解决的则是诉讼中的实体问题;裁定发生于诉讼的各个阶段,一个案件可能有多个裁定;判决在案件审理终结时作出。裁定可采用书面形式,也可采用口头形式;判决只能采用书面形式;除不予受理、对管辖权的异议、驳回起诉的裁定可上诉外,其他裁定一律不准上诉;一审判决可以上诉。

(二) 判决书

判决书应当写明判决结果和作出该判决的理由。判决书应包括如下内容。

(1) 案由、诉讼请求、争议的事实和理由。

(2) 判决认定的事实和理由、适用的法律和理由。

(3) 判决结果和诉讼费用的负担。

(4) 上诉期间和上诉的法院。

判决书由审判人员、书记员署名,加盖人民法院印章。

最高人民法院的判决、裁定,以及依法不准上诉或者超过上诉期没有上诉的判决、裁定,是发生法律效力的判决、裁定。

公众可以查阅发生法律效力的判决书、裁定书,但涉及国家秘密、商业秘密和个人隐私的内容除外。

一、名词解释题

起诉　受理　判决　裁定　诉讼中止　诉讼终结

二、问答题

1. 简述起诉的条件。
2. 第一审民事普通程序包括哪些阶段?
3. 简述诉讼中止的原因。
4. 简述诉讼终结的原因。
5. 判决书包括哪些内容?

第三节　第二审程序和审判监督程序

一、第二审程序

民事诉讼当事人不服地方各地人民法院未生效的第一审判决、裁定,在法定期限内提出上诉状请求上一级人民法院进行审判的诉讼行为,称为上诉。当事人的这一诉讼权利称为上诉权;提起上诉的案件,称为上诉案件。

第二审程序是指当事人不服一审尚未生效的判决、裁定,依照法定程序向上一级人民法院提起上诉,由上一级法院对案件进行审理所适用的程序。由于第二审程序是审理上诉案件的程序,因此也称为上诉审程序。

(一)上诉的条件

1. 上诉主体

根据《民事诉讼法》的规定,提起上诉的主体即是享有上诉权或可依法行使上诉权的人。一般而言,上诉的主体主要是第一审案件中的当事人,包括原告、被告、共同诉讼人、有独立请求权的第三人,均有权提起上诉;无独立请求权的第三人,人民法院判决其承担民事责任的,也享有上诉权。

上诉权可以由当事人自己行使,也可以委托他人代为行使。但是代为行使上诉权的,必须是法律明文规定可以行使上诉权的人。

第一审案件中,公民作为当事人的,只要具有民事诉讼行为能力,都可由自己行使上诉权依法提起上诉;无民事诉讼行为能力,由他的法定代理人,或者人民法院指定的代理人,代理被代理人行使上诉权,但上诉人仍为无行为能力或限制行为能力人。法人作为当事人的,由法人的法定代表人行使上诉权;其他组织作为当事人的,由他们的主要负责人行使上诉权。

必要共同诉讼人可以全体提起上诉,也可以一人或部分人提起上诉。普通共同诉讼人,各自都可以独立行使上诉权。当事人一方人数众多的共同诉讼,由诉讼代表人行使上诉权。

经过当事人特别授权的委托诉讼代理人,向人民法院提交特别授权委托书的,可以代理被代理人行使上诉权,但上诉人仍是被代理人。不享有上诉权的人,或者不是法律规定可以代为行使上诉权的人,都不能以自己的名义或者当事人的名义提起上诉;提出上诉的,人民法院应裁定予以驳回。有的案件原、被告双方和第三人都提起上诉,只要都享有上诉权,应当都列为上诉人。

2. 上诉客体

上诉的客体是依法允许上诉的经过人民法院第一审的尚未生效的判决和裁定。

3. 上诉的期限

当事人必须在法定期限内提起上诉。

当事人不服地方人民法院第一审判决的,有权在判决书送达之日起15日内向上一级人民法院提起上诉。

当事人不服地方人民法院第一审裁定的,有权在裁定书送达之日起10日内向上一级人民法院提起上诉。

4. 上诉方式

上诉人应当通过原审人民法院提交上诉状,并按照对方当事人或者代表人的人数提出副本。当事人直接向第二审人民法院上诉的,第二审人民法院应当在5日内将上诉状移交原审人民法院。

上诉状的内容应当包括：当事人的姓名，法人的名称及其法定代表人的姓名或者其他组织的名称及其主要负责人的姓名；原审人民法院名称、案件的编号和案由；上诉的请求和理由。

原审人民法院收到上诉状，应当在5日内将上诉状副本送达对方当事人，对方当事人在收到之日起15日内提出答辩状。人民法院应当在收到答辩状之日起5日内将副本送达上诉人。对方当事人不提出答辩状的，不影响人民法院审理。

（二）第二审的具体程序

原审人民法院收到上诉状、答辩状，应当在5日内连同全部案卷和证据，报送第二审人民法院。

第二审人民法院应当对上诉请求的有关事实和适用法律进行审查。

第二审人民法院审理上诉案件，除依照《民事诉讼法》特别规定外，适用第一审普通程序。

1. 审理

第二审人民法院对上诉案件，应当组成合议庭，开庭审理。经过阅卷、调查和询问当事人，对没有提出新的事实、证据或者理由，合议庭认为不需要开庭审理的，可以不开庭审理。

第二审人民法院审理上诉案件，可以进行调解。调解达成协议，应当制作调解书。调解书送达后，原审人民法院的判决即视为撤销。

2. 审理的结果

第二审人民法院对上诉案件，经过审理，按照下列情形分别处理。

1）维持原判

原判决、裁定认定事实清楚，适用法律正确的，以判决、裁定方式驳回上诉，维持原判决、裁定。

2）依法改判

原判决、裁定认定事实错误或者适用法律错误的，以判决、裁定方式依法改判、撤销或者变更。

原判决认定基本事实不清的，裁定撤销原判决，可查清事实后改判。

3）发回重审

原判决遗漏当事人或者违法缺席判决等严重违反法定程序的，裁定撤销原判决，发回原审人民法院重审。

原判决认定基本事实不清的，裁定撤销原判决，可发回原审人民法院重审。

原审人民法院对发回重审的案件作出判决后，当事人提起上诉的，第二审人民法院不得再次发回重审。

第二审人民法院的判决、裁定，是终审的判决、裁定。

二、审判监督程序

审判监督程序即再审程序，是指人民法院对已经发生法律效力的判决、裁定，依法对案件进行再审的程序。

审判监督程序的性质是由特定主体提起的一种纠错程序、司法救济程序。

(一) 审判监督程序的提起

1. 人民法院提起再审

1) 各级人民法院院长认为需要再审的

各级人民法院院长对本院已经发生法律效力的判决、裁定、调解书,发现确有错误,认为需要再审的,应当提交审判委员会讨论决定。

2) 上级法院决定的再审

最高人民法院对地方各级人民法院已经发生法律效力的判决、裁定、调解书。

上级人民法院对下级人民法院已经发生法律效力的判决、裁定、调解书,发现确有错误的,有权提审或者指令下级人民法院再审。

2. 当事人向人民法院申请再审

当事人对已经发生法律效力的判决、裁定,认为有错误的,可以向上一级人民法院申请再审。

当事人一方人数众多或者当事人双方为公民的案件,也可以向原审人民法院申请再审。

当事人申请再审的,不停止判决、裁定的执行。

1) 当事人申请再审的条件

当事人的申请符合下列情形之一的,人民法院应当再审:

(1) 有新的证据,足以推翻原判决、裁定的。

(2) 原判决、裁定认定的基本事实缺乏证据证明的。

(3) 原判决、裁定认定事实的主要证据是伪造的。

(4) 原判决、裁定认定事实的主要证据未经质证的。

(5) 对审理案件需要的主要证据,当事人因客观原因不能自行收集,书面申请人民法院调查收集,人民法院未调查收集的。

(6) 原判决、裁定适用法律确有错误的。

(7) 违反法律规定,管辖错误的。

(8) 审判组织的组成不合法或者依法应当回避的审判人员没有回避的。

(9) 无诉讼行为能力人未经法定代理人代为诉讼或者应当参加诉讼的当事人,因不能归责于本人或者其诉讼代理人的事由,未参加诉讼的。

(10) 违反法律规定,剥夺当事人辩论权利的。

(11) 未经传票传唤,缺席判决的。

(12) 原判决、裁定遗漏或者超出诉讼请求的。

(13) 据以作出原判决、裁定的法律文书被撤销或者变更的。

(14) 审判人员审理该案件时有贪污受贿,徇私舞弊,枉法裁判行为的。

(15) 当事人对已经发生法律效力的调解书,提出证据证明调解违反自愿原则或者调解协议的内容违反法律的,可以申请再审。经人民法院审查属实的,应当再审。

2）当事人申请再审的方式

当事人申请再审的，应当提交再审申请书等材料。人民法院应当自收到再审申请书之日起 5 日内将再审申请书副本发送对方当事人。对方当事人应当自收到再审申请书副本之日起 15 日内提交书面意见；不提交书面意见的，不影响人民法院审查。人民法院可以要求申请人和对方当事人补充有关材料，询问有关事项。

3）再审的法院

因当事人申请裁定再审的案件由中级人民法院以上的人民法院审理，但当事人依照《民事诉讼法》第一百九十九条的规定选择向基层人民法院申请再审的除外。最高人民法院、高级人民法院裁定再审的案件，由本院再审或者交其他人民法院再审，也可以交原审人民法院再审。

3. 人民检察院提起抗诉

1）人民检察院提起抗诉的情况

(1) 最高人民检察院提起抗诉。

最高人民检察院对各级人民法院已经发生法律效力的判决、裁定，上级人民检察院对下级人民法院已经发生法律效力的判决、裁定，发现有《民事诉讼法》第二百条规定情形之一的，或者发现调解书损害国家利益、社会公共利益的，应当提出抗诉。

(2) 地方各级人民检察院提起抗诉。

地方各级人民检察院对同级人民法院已经发生法律效力的判决、裁定，发现有《民事诉讼法》第二百条规定情形之一的，或者发现调解书损害国家利益、社会公共利益的，可以向同级人民法院提出检察建议，并报上级人民检察院备案；也可以提请上级人民检察院向同级人民法院提出抗诉。

2）当事人向人民检察院申请抗诉

有下列情形之一的，当事人可以向人民检察院申请检察建议或者抗诉：

(1) 人民法院驳回再审申请的。

(2) 人民法院逾期未对再审申请作出裁定的。

(3) 再审判决、裁定有明显错误的。

人民检察院对当事人的申请应当在 3 个月内进行审查，作出提出或者不予提出检察建议或者抗诉的决定。

3）人民检察院抗诉的方式

人民检察院决定对人民法院的判决、裁定、调解书提出抗诉的，应当制作抗诉书。

接受抗诉的人民法院应当自收到抗诉书之日起 30 日内作出再审的裁定；有《民事诉讼法》第二百条第一项至第五项规定情形之一的，可以交下一级人民法院再审，但经该下一级人民法院再审的除外。

(二) 审判监督程序对执行的影响

按照审判监督程序决定再审的案件，裁定中止原判决、裁定、调解书的执行，但追索赡养费、扶养费、抚育费、抚恤金、医疗费用、劳动报酬等案件，可以不中止执行。

(三)审判监督的程序

人民法院审理再审案件,应当另行组成合议庭。

人民法院按照审判监督程序再审的案件,发生法律效力的判决、裁定是由第一审法院作出的,按照第一审程序审理,所作的判决、裁定,当事人可以上诉;发生法律效力的判决、裁定是由第二审法院作出的,按照第二审程序审理,所作的判决、裁定是发生法律效力的判决、裁定;上级人民法院按照审判监督程序提审的,按照第二审程序审理,所作的判决、裁定是发生法律效力的判决、裁定。

一、名词解释题

第二审程序　上诉　审判监督程序

二、问答题

1. 简述上诉的条件。
2. 第二审程序包括哪些阶段?
3. 二审的裁判包括哪些种类?
4. 简述审判监督程序提起的条件。

第四节　民事执行程序

一、民事执行程序的概念和特点

(一)民事执行程序的概念

民事执行是指人民法院的执行组织,依照法定的程序,行使司法执行权,强制义务人履行已经发生法律效力的人民法院的判决、裁定或其他法律文书所确定的义务的活动。发生法律效力的民事判决、裁定,当事人必须履行,一方拒绝履行的,对方当事人可以向人民法院申请执行。民事执行所依照的程序即民事执行程序。

(二)民事执行程序的特点

民事执行程序具有以下特点:

(1)执行权由人民法院统一行使。无论生效的法律文书是由何种机构作出的,凡应通过民事执行程序加以实现的,只能由人民法院执行。

(2)执行程序的目的在于实现生效法律文书所规定的内容。

(3)执行手段具有强制性。

二、民事执行程序的条件

民事执行包括下列必备条件:

(1)必须具有作为执行根据的法律文书。

作为执行依据的法律文书包括人民法院的民事判决书、裁定书、调解书、支付令，仲裁机构作出的裁决书、调解书，公证机关制作的依法赋予强制执行效力的债权文书，行政机关制作的依法由人民法院执行的决定书。

(2) 作为执行根据的法律文书，必须已经发生法律效力，并具有给付内容。

(3) 负有义务的一方当事人故意拖延、逃避或拒绝履行义务。

(4) 当事人向人民法院申请执行。

当事人向人民法院申请执行，应提交申请书，申请书中应说明要求执行的事实、理由，被执行人不履行的情况、执行依据等，并提交相应的法律文书。

当事人申请执行，应当在法律规定的期限内提出。申请执行的期间为二年。该期间从法律文书规定履行期间的最后一日起计算；法律文书规定分期履行的，从规定的每次履行期间的最后一日起计算；法律文书未规定履行期间的，从法律文书生效之日起计申请执行时效的中止、中断，适用法律有关诉讼时效中止、中断的规定。

三、执行管辖

发生法律效力的民事判决、裁定以及刑事判决、裁定中的财产部分，由第一审人民法院或者与第一审人民法院同级的被执行的财产所在地人民法院执行。

法律规定由人民法院执行的其他法律文书，由被执行人住所地或者被执行的财产所在地人民法院执行。

《民事诉讼法》和有关法律规定，地方各级人民法院设执行组织或执行员，在院长领导下，负责执行本法院对第一审民事案件所作的判决和裁定。第二审案件的判决和裁定，原则上由原审人民法院执行。

人民法院自收到申请执行书之日起超过 6 个月未执行的，申请执行人可以向上一级人民法院申请执行。上一级人民法院经审查，可以责令原人民法院在一定期限内执行，也可以决定由本院执行或者指令其他人民法院执行。

被执行人或者被执行的财产在外地的，可以委托当地人民法院代为执行。受委托人民法院收到委托函件后，必须在 15 日内开始执行，不得拒绝。执行完毕后，应当将执行结果及时函复委托人民法院；在 30 日内如果还未执行完毕，也应当将执行情况函告委托人民法院。

受委托人民法院自收到委托函件之日起 15 日内不执行的，委托人民法院可以请求受委托人民法院的上级人民法院指令受委托人民法院执行。

四、执行措施

执行员接到申请执行书或者移交执行书，应当向被执行人发出执行通知，并可以立即采取强制执行措施。被执行人未按执行通知履行法律文书确定的义务，应当报告当前以及收到执行通知之日前一年的财产情况。

《民事诉讼法》规定的执行措施包括以下几种。

(1) 查询、冻结、划拨被执行人的储蓄存款。被执行人未按执行通知履行法律文书确定的义务，人民法院有权向有关单位查询被执行人的存款、债券、股票、基金份额等财产情况。人民法院有权根据不同情形扣押、冻结、划拨、变价被执行人的财产。人民法院查询、扣押、冻结、划拨、变价的财产不得超出被执行人应当履行义务的范围。人民法院决定扣押、冻结、划拨、变价财产,应当作出裁定,并发出协助执行通知书,有关单位必须办理。

(2) 扣留、提取被执行人的收入,包括工资、奖金、稿费等。被执行人未按执行通知履行法律文书确定的义务,人民法院有权扣留、提取被执行人应当履行义务部分的收入。但应当保留被执行人及其所扶养家属的生活必需费用。

人民法院扣留、提取收入时,应当作出裁定,并发出协助执行通知书,被执行人所在单位、银行、信用合作社和其他有储蓄业务的单位必须办理。

(3) 查封、扣押、冻结、拍卖、变卖被执行人的财产。被执行人未按执行通知履行法律文书确定的义务,人民法院有权查封、扣押、冻结、拍卖、变卖被执行人应当履行义务部分的财产。但应当保留被执行人及其所扶养家属的生活必需品。

财产被查封、扣押后,执行员应当责令被执行人在指定期间履行法律文书确定的义务。被执行人逾期不履行的,人民法院应当拍卖被查封、扣押的财产;不适于拍卖或者当事人双方同意不进行拍卖的,人民法院可以委托有关单位变卖或者自行变卖。国家禁止自由买卖的物品,交有关单位按照国家规定的价格收购。

(4) 对被执行人的财产进行搜查。被执行人不履行法律文书确定的义务,并隐匿财产的,人民法院有权发出搜查令,对被执行人及其住所或者财产隐匿地进行搜查。

(5) 强制被执行人交付执行文书中所指定的财物或者票证;强制被执行人迁出房屋或者退出土地。强制迁出房屋或者强制退出土地,由院长签发公告,责令被执行人在指定期间履行。被执行人逾期不履行的,由执行员强制执行。

法律文书指定交付的财物或者票证,由执行员传唤双方当事人当面交付,或者由执行员转交,并由被交付人签收。

有关单位持有该项财物或者票证的,应当根据人民法院的协助执行通知书转交,并由被交付人签收。

有关公民持有该项财物或者票证的,人民法院通知其交出。拒不交出的,强制执行。

(6) 通知有关单位办理有关财产权证照转移手续。在执行中,需要办理有关财产权证照转移手续的,人民法院可以向有关单位发出协助执行通知书,有关单位必须办理。

(7) 强制被执行人完成法律文书中指定的行为。对判决、裁定和其他法律文书指定的行为,被执行人未按执行通知履行的,人民法院可以强制执行或者委托有关单位或者其他人完成,费用由被执行人承担。

(8) 对迟延履行义务的被执行人,强制其支付迟延履行金或加倍支付迟延履行利息。被执行人未按判决、裁定和其他法律文书指定的期间履行给付金钱义务的,应当加倍支付迟延履行期间的债务利息。被执行人未按判决、裁定和其他法律文书指定的期间履行其他义务的,应当支付迟延履行金。

人民法院采取规定的执行措施后,被执行人仍不能偿还债务的,应当继续履行义务。债权人发现被执行人有其他财产的,可以随时请求人民法院执行。

另外,被执行人不履行法律文书确定的义务的,人民法院可以对其采取或者通知有关单位协助采取限制出境,在征信系统记录、通过媒体公布不履行义务信息以及法律规定的其他措施。

五、执行中的特殊情况

（一）执行中的和解

在执行中，双方当事人自行和解达成协议的，执行员应当将协议内容记入笔录，由双方当事人签名或者盖章。

申请执行人因受欺诈、胁迫与被执行人达成和解协议，或者当事人不履行和解协议的，人民法院可以根据当事人的申请，恢复对原生效法律文书的执行。

（二）暂缓执行

在执行中，被执行人向人民法院提供担保，并经申请执行人同意的，人民法院可以决定暂缓执行及暂缓执行的期限。被执行人逾期仍不履行的，人民法院有权执行被执行人的担保财产或者担保人的财产。

（三）执行中止

有下列情形之一的，人民法院应当裁定中止执行：

（1）申请人表示可以延期执行的。

（2）案外人对执行标的提出确有理由的异议的。

（3）作为一方当事人的公民死亡，需要等待继承人继承权利或者承担义务的。

（4）作为一方当事人的法人或者其他组织终止，尚未确定权利义务承受人的。

（5）人民法院认为应当中止执行的其他情形。

执行中止的情形消失后，恢复执行。

（四）执行终结

有下列情形之一的，人民法院裁定终结执行：

（1）申请人撤销申请的。

（2）据以执行的法律文书被撤销的。

（3）作为被执行人的公民死亡，无遗产可供执行，又无义务承担人的。

（4）追索赡养费、扶养费、抚育费案件的权利人死亡的。

（5）作为被执行人的公民因生活困难无力偿还借款，无收入来源，又丧失劳动能力的。

（6）人民法院认为应当终结执行的其他情形。

（五）执行回转

执行完毕后，据以执行的判决、裁定和其他法律文书确有错误，被人民法院撤销的，对已被执行的财产，人民法院应当作出裁定，责令取得财产的人返还；拒不返还的，强制执行。这里人民法院撤销的判决、裁定和其他法律文书只限于人民法院制作的法律文书。

法律规定由人民法院执行的其他法律文书执行完毕后，该法律文书被有关机关依法撤销，经当事人申请，也可适用执行回转。

由于原执行依据被依法撤销，只是表明原执行依据失效，并不具有要求原债权人返还财产的强制性。因此，根据《民事诉讼法》规定，应当由人民法院裁定执行回转，再以此裁定为新的执行依据，责令取得财产的原申请人返还财产或强制执行。

一、名词解释题

民事执行　执行中止　执行终结　执行和解　执行回转

二、问答题

1. 简述民事执行程序开始的条件。

2. 民事执行措施包括哪些种类？

本章主要参考法律法规

1.《中华人民共和国民事诉讼法》；

2. 最高人民法院《关于适用〈中华人民共和国民事诉讼法〉若干问题的解释》；

3. 最高人民法院《关于适用〈中华人民共和国民事诉讼法〉审判监督程序若干问题的解释》；

4. 最高人民法院《关于适用〈中华人民共和国民事诉讼法〉执行程序若干问题的解释》。

参考文献

[1] 漆多俊.经济法基础理论[M].北京:法律出版社,2008.

[2] 仉志余.经济法通论[M].北京:机械工业出版社,2008.

[3] 刘大洪.经济法[M].北京:机械工业出版社,2012.

[4] 王利明.物权法研究[M].北京:中国人民大学出版社,2002.

[5] 郑海味.经济法[M].北京:清华大学出版社,2011.

[6] 陈丽洁.新公司法详论[M].北京:经济科学出版社,2006.

[7] 张远堂.公司法实务指南[M].北京:中国法制出版社,2007.

[8] 企业法新解读.法律法规新解读[M].2版.北京:中国法制出版社,2010.

[9] 郭明瑞,王铁.合同法新论——分则[M].北京:中国政法大学出版社,1997.

[10] 江平.中华人民共和国合同法精解[M].北京:中国政法大学出版社,1999.

[11] 孔祥俊.合同法教程[M].北京:中国人民公安大学出版社,1999.

[12] 刘丹冰.金融法[M].北京:经济科学出版社,2008.

[13] 段红兵.合同法实用教程[M].北京:中国人民公安大学出版社,2005.

[14] 刘心稳.票据法[M].北京:中国政法大学出版社,2008.

[15] 唐波.商法案例与图表[M].北京:法律出版社,2010.

[16] 齐爱民,朱谢群.知识产权法新论[M].北京:北京大学出版社,2008.

[17] 杨巧.知识产权法[M].北京:法律出版社,2007.

[18] 徐隶枫,解恒,李友根.知识产权法[M].北京:科学出版社,2005.

[19] 王宾容,范小华,张颖.新编经济法教程[M].北京:科学出版社,2008.

[20] 种明钊.竞争法[M].北京:法律出版社,2008.

[21] 吕明瑜.竞争法教程[M].北京:中国人民大学出版社,2008.

教学支持说明

▶▶课件申请

尊敬的老师：

您好！感谢您选用清华大学出版社的教材！为更好地服务教学，我们为采用本书作为教材的老师提供教学辅助资源。鉴于部分资源仅提供给授课教师使用，请您直接手机扫描下方二维码实时申请教学资源。

任课教师扫描二维码
可获取教学辅助资源

▶▶样书申请

为方便教师选用教材，我们为您提供免费赠送样书服务。授课教师扫描下方二维码即可获取清华大学出版社教材电子书目。在线填写个人信息，经审核认证后即可获取所选教材。我们会第一时间为您寄送样书。

任课教师扫描二维码
可获取教材电子书目

清华大学出版社

E-mail: tupfuwu@163.com　　网址：http://www.tup.com.cn/

电话：8610-62770175-4506/4340　　传真：8610-62775511

地址：北京市海淀区双清路学研大厦B座509室　　邮编：100084